IRINEI GEORGIEVICH NOFAL'

ÉTUDES ORIE

LÉGISLATION MUSULMANE

FILIATION ET DIVORCE

Elibron Classics
www.elibron.com

Elibron Classics series.

ISBN 1-4212-0944-6 (paperback)
ISBN 1-4212-0943-8 (hardcover)

This Elibron Classics Replica Edition is an unabridged facsimile of the edition published in 1893 by Imprimerie Trenké & Fusnot, St-Pétersbourg.

ÉTUDES ORIENTALES.

LÉGISLATION MUSULMANE.

FILIATION ET DIVORCE

PAR LE

Professeur I. de NAUPHAL.

ST-PÉTERSBOURG.

Imprimerie TRENKÉ & FUSNOT, Maximilianovsky pér., № 13.

1893.

AVIS AU LECTEUR.

Les chiffres marqués entre parenthèse au cours de cette livraison ont pour objet de renvoyer à des notes explicatives ou justificatives qui seront publiées à part, dans un supplément général, à la suite du dernier fascicule.

Tous les passages du Coran cités dans cette livraison sont traduits par nous indépendamment de toutes les versions que nous possédons de ce livre. Partout où une parfaite exactitude était nécessaire pour l'intelligence de certains faits relatifs à l'histoire de l'Islam, nous nous sommes appliqués à presser le texte arabe d'aussi près que les allures quelque peu exclusives du français nous ont paru le permettre.

La filiation.

La législation musulmane se préoccupant comme toute légistation systématique, des preuves extérieures à raison desquelles la justice serait autorisée à établir la présomption de la paternité à l'égard des enfants nés pendant le mariage de leurs parents titulaires, fait intervenir, pour la formation de la certitude légale, les sept éléments de faits démonstratifs suivants, dont aucun ne saurait faire défaut sans porter atteinte à la valeur probante de tous les autres; le tout sans préjudice des dispositions spéciales qui régissent l'établissement de la paternité par voie d'aveu ou de reconnaissance volontaire (1):

1° Une union matrimoniale légalement constatée, ou susceptible de l'être.

2° Une durée de gestation suffisante, ou ne dépassant pas un certain maximum exceptionnel ou anormal, mais admis par la loi comme possible.

3° Absence de tout empêchement organique à l'exercice des fonctions sexuelles de la part du mari.

4° Absence, soit pendant la gestation, soit après l'accouchement, de tout désaveu qui aura été formulé en justice sous forme de *lia'nne.*

5° Possibilité matérielle de réunion entre les deux époux, n'excluant toutefois pas celle qui serait le résultat d'une intervention directe des puissances célestes ou surnaturelles.

6° Constatation de l'accouchement.

7° Constatation de l'identité de l'enfant.

1° Une union conjugale légalement constatée ou susceptible de l'être.

L'état conjugal se prouve par chacune des preuves ci-après, réunies ou séparées, sans préjudice des conditions physiques des époux qui pourraient former obstacle à l'établissement de la paternité, ou constituer une raison de désaveu d'enfant, mais sans infirmer la légitimité de l'union matrimoniale qui peut avoir existé entre les parents putatifs de l'enfant [1]):

a) Par la déposition de deux témoins en parfaite possession de leur aptitude légale, et qui auront assisté personnellement à la célébration du mariage.

b) Par l'aveu formel en justice de l'homme et de la femme en cause, alors qu'aucun fait légal ne s'opposerait à les reconnaître unis dans les liens du mariage (2).

c) Par un témoignage se fondant sur la notoriété publique [1]). Mais ici les hanéfites ont soin de formuler

---

[1]) Même disposition quant au nombre et au sexe des témoins que dans l'article précédent. C'est-à-dire : deux hommes, ou un seul homme et deux femmes.

La constatation juridique d'un mariage qui aura été contesté par des tiers ne peut avoir d'effet rétroactif que sur la filiation seulement. Tous les autres effets ne commenceront à se produire que du jour où cette constatation aura été légalement obtenue.

Cette disposition s'applique, bien entendu, au cas où le mariage n'aurait d'autre preuve juridique que l'aveu des époux.

cette curieuse réserve que les individus qui se rendraient les organes de cette notoriété, doivent, à peine de nullité, s'abstenir de toute indication, devant la justice, de la source à laquelle ils ont dû puiser leur témoignage. Ils pourront dire: nous témoignons que ces individus sont, ou étaient (à telle époque) unis par les liens du mariage, sans rien ajouter à cette déposition, tout insuffisante qu'elle puisse paraître à ceux qui auraient intérêt à contester la légitimité de cette union [1]).

Cette disposition se fonde sur une règle de procédure d'après laquelle il est loisible au juge de s'arrêter aux termes de la déposition telle qu'elle aura été formulée du premier jet, sans exiger aucune explication additionnelle, et sans la soumettre à aucun examen contradictoire. Dans cette législation la procédure est bien moins un moyen d'éclairer la conscience du juge et de préparer celui-ci à porter un jugement rationnel et juste, que de lui donner une raison légale de trancher la question en litige, dans le sens vers lequel il se sentirait porté par ses intérêts, ou par ses sympathies.

Sans doute, il ne sera point permis au magistrat de

---

[1]) Ce qui veut dire qu'il est loisible aux témoins de considérer le fait attesté par la notoriété publique comme égal, en certitude, à celui dont ils auraient été les témoins oculaires; mais que cette faculté ne s'étend pas à la justice. La résultante de ces deux dispositions opposées est que ces individus ne font qu'user de leur droit en se portant témoins, sur la foi de la notoriété, et que le juge, à qui la loi permet de ne point soumettre les témoins à un examen inquisitorial, use également du sien en acceptant leur témoignage comme s'il avait été l'expression d'une perception oculaire. Il se trouvera ainsi, d'après la casuistique musulmane, que juges et témoins ont, tous, agi dans les limites de leurs droits respectifs et que, par conséquent, le jugement a été, sinon *juste*, du moins parfaitement *licite*.

juger contre la vérité une fois *manifestée;* mais il aura le droit de *permettre* qu'elle ne se manifeste pas.

Remarquons, d'ailleurs, que tout individu de religion musulmane et en possession de ses aptitudes légales, peut bien, indépendamment même de cette notoriété, se porter témoin d'un mariage, alors même qu'il n'y aurait pas assisté, s'il a seulement constaté entre les deux individus en cause l'échange de certains procédés de tendresse ou de privautés familiales, telles que la loi n'en autoriserait l'usage qu'entre individus unis par les liens du mariage.

Nous n'avons guère besoin d'ajouter qu'un pareil témoignage serait foncièrement contraire au principe fondamental de toute preuve testimoniale. En effet, la législation musulmane reconnaît, sans réserve, qu'aucune déduction intellectuelle ne peut intervenir dans la formation du témoignage, qui doit rester, exclusivement, une simple transmission, par la voie de la parole, d'une perception purement sensorielle. Mais c'est là un des nombreux exemples où la législation musulmane quitte brusquement, et au moment le moins attendu, les sentiers réguliers de la science, et se jette à corps perdu dans les fantaisies erratiques d'un esprit resté foncièrement *nomade* et, en quelque sorte, organiquement antisocial.

2° Une durée de gestation légale.

D'après l'Ecole hanéfite la plus longue durée *possible* d'une gestation humaine ne saurait, dans aucun cas, dépasser l'espace de deux ans, ni la plus courte descendre au dessous de six mois [1]).

[1]) La raison qui réduit le *minimum* de la gestation à six mois est tirée d'une combinaison comparative de deux passages du Coran, le pre-

Cette dernière opinion est commune à toutes les Écoles sunnites.

La limite *maximum* se fonde sur des propos attribués à Aïcha, tendant à affirmer que l'enfant ne reste jamais plus d'une pareille période de temps dans le sein de sa mère. L'épouse bien-aimée aurait même formulé cette doctrine avec une précision et un ton de certitude qui trahissent, selon les hanéfites, la source prophétique à laquelle la célèbre favorite a dû puiser ses connaissances sur cette partie de la physiologie. Aucune gestation, aurait-elle assuré, ne peut dépasser ce terme, pas même de la durée (sur un point donné) de l'ombre (fugitive) que projette un fuseau pendant qu'il est en plein tournoiement sur lui-même. „Wa laou bi zilli migzal.“

Nous croyons devoir faire remarquer que cette figure, qui doit signifier une *mobilité d'une extrême vitesse,* ne se rencontre nulle part en dehors de cet exemple ; elle paraît même avoir été inconnue des auteurs musulmans eux-mêmes, des contemporains du prophète et des Arabes des temps antéislamiques (3).

Cette circonstance donne aux paroles prêtées à l'épouse du Prophète la marque d'un falsificateur un peu *trop habile,* qui aurait voulu imprimer à ces propos le cachet d'une expression de femme, en y introduisant une comparaison tirée d'une occupation féminine: *l'ombre d'un fuseau* qui tourne sur lui-même.

---

mier conçu en ces termes: l'enfant doit être sevré à l'âge de deux ans, XXXI, 13 ; le second contient cette étrange assurance que la grossesse et l'allaitement durent trente mois, XLVI, 14. Ce qui, en conséquence du premier passage qui assigne deux ans à l'allaitement, ne laisse que six mois pour la gestation, terme marquant, selon les docteurs, la durée la plus courte possible d'une gestation humaine.

Les docteurs réputés appartenir à la classe des „*Moujtaheds*" de l'Ecole hanéfite croient pouvoir affirmer que jamais la fille d'Abou-Bekr n'eût osé formuler un avis avec cette certitude sur une question évidemment si peu à portée de ses connaissances, si elle ne l'avait entendu formuler de la bouche même du maître, pour qui, naturellement, aucune loi, aucune vérité, à quelque ordre de choses qu'elle appartienne, ne pouvait ni ne devait rester inconnue (4).

Mais telle fut l'intensité des divergences qui se produisirent, dans la suite, sur ce sujet entre les légistes musulmans, et tel surtout fut le peu de crédit que ces paroles, attribuées à l'épouse du Prophète, rencontrèrent auprès de la majorité des croyants, que ni ces propos, ni les considérations auxquelles ils ont donné lieu, n'eurent la possibilité de faire adopter cette doctrine par les Imams des trois autres Ecoles sunnites.

Nous ajouterons que rien ne saurait mieux démontrer le peu d'importance que de tout temps on attacha à ces paroles attribuées à l'épouse du Prophète que les diverses opinions émises à ce sujet par les principaux représentants de la science musulmane. Leyth, jurisconsulte célèbre (5), fut d'avis que la gestation peut durer trois ans; Zahry, non moins marquant dans sa classe, porta le *maximum* de cette durée à six ans (6); Rabi'a — juriste connu pour l'indépendance de ses idées sur l'exégèse du Coran (7), poussait cette durée à sept ans; Abou-Oubeyda, renchérissant sur ces docteurs, d'ailleurs suffisamment *latitudinaires*, affirmait qu'aucune période temporelle ne saurait être fixée pour la durée de la gestation, attendu, assurait-il, que l'enfant peut bien rester dans le sein de sa mère aussi longtemps qu'elle n'aura pas cessé d'être apte à exercer les fonctions de la maternité (8).

Disons, enfin, que les fondateurs des trois autres Ecoles sunnites: Malek, Schafy et Hanbaly, sont d'accord sur ce point que la gestation peut durer quatre ans.

Tous les légistes de toutes les Ecoles sont unanimes à admettre qu'il est des femmes chez lesquelles la période de pureté peut se prolonger *indéfiniment*, au point qu'elle peut embrasser la vie tout entière. D'après cette opinion l'enfant de la femme divorcée par un divorce mineur, ou celui de la veuve, lesquelles n'auront pas encore déclaré avoir parcouru les trois phases de la retraite de vacuité. aura pour père le mari de cette femme, à quelque époque que remonterait la dissolution de son mariage.

Pour bien saisir le secret de cette étrange disposition il faut se reporter à une règle importante de jurisprudence musulmane d'après laquelle la justice doit toujours faire prévaloir la *présomption du bien* sur celle du *mal*, toutes les fois que la première ne serait pas absolument impossible.

Cette présomption consiste, pour le cas précité, à supposer que le mari, après avoir répudié sa femme par une répudiation mineure, a commercé avec elle au cours de l'une des trois époques de pureté, lesquelles, avec les trois phases de menstrues, composent le cycle légal de la retraite, et que cette époque de pureté, par une occurrence reconnue possible, a duré quinze ou seize mois.

Grâce à la doctrine universellement admise par toutes les Ecoles sunnites, qui ne pose aucune limite à la durée maximum d'une époque de pureté, il sera toujours loisible de réduire le temps, si long qu'il soit, qui se serait écoulé depuis le divorce jusqu'à l'accouchement, à une durée parfaitement légale, comme le démontrerait la double formule suivante : ∞ mois de pureté — 9 mois de gestation = une époque de pureté ; d'où : 9 mois + ∞ mois = une durée normale de gestation et une époque possible de pureté : deux quotités également sanctionnées par la loi.

La présomption du bien s'aiderait, dans le cas dont il s'agit ici, de la doctrine non moins *unanimement* admise par tous les sunnites que le divorce mineur ne prive le mari du droit de reprendre ses rapports intimes avec sa femme, *à titre de révocation expresse du divorce,* qu'après que celle-ci aura *achevé sa retraite.*

Il faut entendre par „achever sa retraite" le fait pour la femme d'avoir traversé trois phases de pureté et trois phases de menstrues, toutes *réelles et effectives.*

Ce qui ajoute à la bizarrerie de cette doctrine c'est qu'elle ne paraît nullement avoir été dictée par quelque sentiment d'indulgence pour de tardives faiblesses. L'Islamisme est très sévère à l'égard des défaillances de la chair ; il est des cas où il les punit de mort par lapidation. Il est vrai que les bons légistes se sont toujours ingéniés à rendre absolument impossible la constatation juridique de l'adultère et que, même au cas où cette constatation serait rendue possible par l'aveu des parties en cause (9), ils ne s'appliquent pas moins à ménager aux coupables une longue série de moyens légaux par lesquels ces derniers puissent échapper à la peine atroce que la loi, laissée à son extrême rigueur, leur infligerait ; mais on ne saurait, non plus, mettre en doute l'excessive sensibilité de la conscience musulmane et, en général, des races sémitiques à l'endroit de pareilles faiblesses. De tout temps la qualification d'„*adultère*" a présenté pour les sémites, l'imputation la plus injurieuse qu'il fût possible d'imaginer. Elle résumait en elle les injures les plus dégradantes et les plus odieuses : elle a toujours signifié sous la plume des auteurs sacrés de l'ancien Testament : *perfidie, trahison, idolâtrie, vénalité, hypocrisie,* etc. (10).

Une manière si dilatoire d'envisager le terme d'une gestation humaine ne peut être, chez une nation si rigide, si inexorable à l'égard des relations extra-légales, que le résultat d'une conscience subjuguée par une idée fixe et irrésistible. C'est bien précisément le cas pour les musulmans.

Il ne sera peut-être pas sans intérêt de s'arrêter un instant devant la cause qui a pu inspirer cette idée.

Nous croyons que ces procédés latitudinaires, cette tendance si fortement marquée à soustraire les adultères à toute punition sérieuse, proviennent, chez les grands Imams, d'une sorte de *réaction* morale succédant à une sévérité extrême.

Mais comment la généralité des musulmans de race sémitique ont-ils pu accéder à de pareils tempéraments, et surmonter ce sentiment de profonde horreur que leur inspire tout désordre antimatrimonial? Nous n'avons qu'une réponse à cette question:

C'est cette foi profonde, illimitée, enthousiaste en la sagesse des Imams qui produisit un pareil résultat. Pour la généralité des musulmans, des docteurs tels qu'Abou-Hanifa, Malek, Shafy, Hanbaly et même ceux qui ont mérité l'insigne honneur d'être comptés parmi les disciples immédiats de ces coryphées de la science musulmane, sont tenus pour presque *omniscients.* C'est à peine si l'on a concédé qu'une *dizaine de questions* d'un ordre plus que transcendant aient pu échapper à la science merveilleuse d'Abou-Hanifa, et devant lesquelles le grand Imam se soit résigné à dire avec une *sainte modestie: „Je n'en sais rien!"*

Le respect qu'on professe dans l'Islam pour ces docteurs tient presque du culte. On les honore, non seulement comme des légistes d'un ordre supérieur, mais, encore, comme des êtres dépassant les dimensions de la grandeur humaine (11) et à qui la Providence a commis une mission bien plus apostolique que magistrale. Les divergences d'avis qui se produisirent dans la suite entre les quatre principaux Imams, loin d'avoir fait tort à l'exactitude de leur science, ou d'avoir ébranlé la confiance de leurs adeptes respectifs en l'infaillibilité de leur doctrine, ne firent, au contraire, que raffermir leur autorité en lui donnant, comme moyen de raccordement, une base mystique et qui, par cela même, devait rester inaccessible à l'action de la raison. On leur attribua une sorte de science ésotérique dont ces grands Imams seuls possédaient le secret [1]).

[1]) D'après le système syncrétique musulman deux opinions contraires peuvent jaillir de sources également certaines et, par conséquent, procéder d'autorités également irréfragables, chacune, bien entendu, à un sens particulier et à un point de vue différent. Schorany, jurisconsulte célèbre, auteur d'un système de syncrétisme très estimé chez les sunnites, éleva cette doctrine à la hauteur d'un dogme. Son ouvrage intitulé „El mizanne", „la balance" se caractérise par une dialectique banale, parfois puérile et toujours d'une désespérante monotonie. Une phrase, sorte de *ritournelle* qui revient constamment et dans les mêmes termes à la fin de chaque explication, devient, au bout de quelques instants, une véritable *scie* — qu'on nous permette cette expression — un bourdon des plus exaspérants et rend la lecture de cet ouvrage, du reste non sans quelque intérêt, extrêmement pénible.

D'après cet auteur les divergences que l'on pourrait constater entre

En face d'un pareil sentiment si rapproché des adhésions absolues de la *„foi“*, les croyants n'avaient plus qu'une chose à faire: suivre la doctrine de leurs Imams respectifs, sans se préoccuper des raisons sur lesquelles ces doctrines ont dû être fondées. Un sentiment général, indéfinissable, domine toutes les consciences musulmanes; chaque croyant éprouve un soulagement intellectuel, une décharge assurée de toute responsabilité en se rapportant à l'avis de son Imam. — C'est assurément de la croyance *„à priori“* — ou une sorte d'entraînement rappelant celui de la foi, — et à ce titre elle aurait bien droit à notre respect, c'est-à-dire à ce sentiment d'équitable condescendance avec lequel tout homme conscient des imperfections de sa nature doit envisager les convictions des autres. Malheureusement ce n'est là qu'une fausse ressemblance. Une minute d'attention suffira à la faire évanouir complètement.

---

les quatre principales Ecoles de l'orthodoxie musulmane flottent, constamment, entre deux points ou limites extrêmes: une rigidité typique, exemplaire du principe, et une gracieuse mitigation de ce même principe par condescendance à la faiblesse de la nature humaine. Ces deux courants contraires de sentiments et de vues amènent nécessairement des conclusions différentes — sinon contraires — mais qui se raccordent dans l'unité de leur tendance finale, qui est le bonheur ou le salut des croyants. On peut adhérer indifféremment à l'une ou à l'autre des doctrines opposées, selon que l'on se sent assez fort pour supporter, sans vaciller, l'application du principe dans la plénitude de sa rigueur, ou assez faible, assez fragile pour avoir droit à un certain ménagement, et, par conséquent, à une certaine mitigation du devoir imposé. Cette règle de tolérance est exprimée, par le célèbre auteur, sous cette forme figurée dont a été tiré le titre même de l'ouvrage: *El mizanne.* Nous la signalerons ici à l'attention du lecteur avec une légère amplification explicative:

„Les deux doctrines opposées sont placées chacune dans un plateau „de la *balance*; l'une est rigoureuse, l'autre est mitigée. — C'est la préférence du croyant pour l'une ou l'autre de ces deux attributions qui „détermine la prépondérance de l'un de ces plateaux.“

Ces paroles sont répétées un nombre infini de fois!

La foi, du moins telle qu'elle est entendue dans l'Evangile, la foi qui sauve, la foi qui a droit à notre respect ne consiste point dans la répétition d'une formule destinée à ne refléter aucune image sensible sur notre esprit ou sur notre conscience. La vraie foi est une vision intuitive par laquelle l'âme assainie, fortifiée et inondée de clartés ineffables, *sent, flaire, saisit, voit, respire, goûte* le juste, le beau, Dieu lui-même, ses conseils et tout ce que, dans sa bonté et son amour infinis, il a fait ou il a dû faire de toute éternité. Il ne faut à cette âme, pour arriver à cette sublime clairvoyance, qu'une lueur de rayon, un souffle qui la pousse vers les immenses régions du beau idéal dont elle possède le principe dans le fond de sa substance, et qu'une voix sincère et sympathique lui dise: Ouvre les yeux et regarde! Cette ouverture des yeux, ce regard, cette vision de l'invisible c'est la *foi,* la seule qui constitue réellement un mérite, parce que c'est la seule qui révèle une âme *déjà restaurée* et mise en état de comprendre, de saisir, de pénétrer son modèle parfait, son type idéal: son Dieu [1]). La confiance illimitée qu'ont les

[1]) Nous avouons, en toute humilité, que la doctrine commune relative au mérite de la „foi" nous a toujours causé une profonde surprise.

Cette haute vertu théologale, telle qu'elle est entendue dans le monde, surtout dans les Eglises réformées, ne serait autre chose, au fond, qu'un acte d'adhésion à certaines affirmations auxquelles on *déclare avoir* cru, par pure déférence à l'autorité ou à la véracité de celui qui les a formulées ou annoncées. Ce serait quelque chose de flottant entre la *répétition machinale* d'une formule, à laquelle on serait invité à ne rien comprendre, et un état de *neutralité intellectuelle* qu'on s'efforcerait de garder en face de cette formule — c'est-à-dire de ne point admettre une formule contraire.

La foi, réduite à cette disposition de la volonté, ne saurait laisser, au fond de l'âme, aucune trace de sa présence. On ne croit pas, en vérité, à la formule; on croit seulement *qu'il faut y croire.*

Telle n'est pas la foi de l'Evangile, la foi qui remue et déplace les musulmans en leurs Imams et en général en tous les organes personnels de leur croyance, n'a rien de cette foi, de cette aperception intime si profonde et si indépendante à la fois dans le fait *actuel de son fonctionnement*, de toute autorité extérieure servile ou inconsciente. La foi musulmane n'est que de la *crédulité*, une crédulité vulgaire servile et telle qu'une théosophie encore dans l'enfance a pu la former.

Ajoutons enfin que pour une *croyance* si servile, si

---

montagnes; qui élève l'âme et lui assure un véritable mérite. Cette foi c'est une lumière qui dissipe les ténèbres, et non un voile de plus que l'on jetterait sur les mystères de l'inconnu. Et puis comprendrait-on le mérite d'un acte qui ne saurait être, dans ses meilleures conditions, qu'un simple fait *d'adhésion* à une chose vraie? A quel titre une adhésion pure et simple à une vérité serait-elle un mérite aux yeux de Dieu, et un mérite tel qu'il vaudrait à l'homme la satisfaction divine et la rémission de ses péchés?

La foi véritable, telle que l'Evangile tend à l'établir, est *un résultat* et non *un but;* elle est un symptôme, un indice, un reflet de *quelque chose* de nouveau et d'un ordre infiniment plus élevé qui s'est accompli en nous. Ce n'est pas la foi qui constitue le vrai mérite, — c'est cette *chose* interne dont la foi n'est que l'écho ou l'indice. Selon nous il ne faut pas dire: on est sauvé parce qu'on a la foi, mais: on a la foi, parce qu'on est sauvé. La foi, selon le christianisme, est une vision de l'âme réelle, complète, certaine, irrésistible; elle amène à la certitude de *persuasion interne,* aussi nettement, aussi positivement qu'une conception mathématique; elle est aussi engageante que la certitude provenant du témoignage des sens. Celui qui dit: je crois, doit pouvoir le dire avec le même droit que celui qui dit: Je vois; l'un décrit une vision de l'âme, l'autre une vision du corps.

Si l'homme qui a la foi est sauvé, ou, pour parler plus rigoureusement, s'il échappe *à la peine* qu'il avait méritée par sa désobéissance, ce n'est pas qu'il y eût là „*pardon*" dans le sens juridique du mot; mais c'est parce que le *coupable* auquel devait incomber la peine *a disparu*; parce que celui qui a pu offenser la justice n'est plus. — L'homme qui reste là, sous les yeux du juge suprême, n'est point *l'homme qui a péché*; si on le frappait, le coup tomberait sur l'homme *nouveau* qui n'a pas encore péché, et non sur le *pécheur* que la foi a déjà *détruit.*

tyrannique et, surtout, si expressément destinée à rester toujours à l'état d'une simple résonnance en l'air, aucune évidence ne saurait s'établir à l'encontre d'une donnée qui se rattacherait, ne fût-ce que par de vagues rumeurs, à l'un de ces Imams, ou à quelque autre docteur plus ou moins éloigné des temps présents. Ce n'est pas qu'on rejette l'évidence ou qu'on puisse la chasser du fond de la conscience; cela n'est guère possible; mais on croira qu'il est des considérations de culte, de rite, de convenances religieuses qui ne permettent pas de faire cas de cette évidence. Cela semble proclamer un principe absurde et même éminemment antireligieux, à savoir que Dieu a fait une chose d'une certaine façon et que, en même temps, il lui déplairait que nous la crussions telle qu'il l'a faite!

Rien, cependant, ne serait, en réalité, ni moins exact. ni moins juste que d'attribuer un pareil sentiment à quiconque croit en Dieu [1]). De ce qu'on admet une doctrine, il ne s'ensuit pas toujours qu'on se reconnaisse obligé d'adopter toutes celles qu'une stricte logique pourrait en déduire ; l'esprit humain a de ces *heureuses inconséquences* qui l'arrêtent parfois au bord même de l'abîme où une rigoureuse logique n'eût pas manqué de le précipiter.

C'est grâce assurément à cette déférence pour l'autorité d'un Imam, à cette crédulité servile et sans fond possible, que plus de cent millions de musulmans répandus sur la terre ont accepté ces opinions si peu fondées de

---

[1]) Le secret de cette apparente contradiction réside dans ce fait si simple et si fécond en résultats que les rêvasseries des directeurs religieux sont consacrées par certaines forces visibles dont le croyant a peur, tandis que les vérités scientifiques ne sont défendues que par leur propre valeur. Or c'est là une chose qui n'inspire de frayeur à personne!

leurs docteurs. Il est évident que si l'Ecole hanéfite a fixé le maximum de la gestation à deux ans, les autres Ecoles, à quatre, certains docteurs célèbres, à sept, ce n'est pas que personne ait jamais vu ou entendu citer un *seul cas* de nature à justifier de pareilles hérésies scientifiques; mais c'est uniquement parce qu'on croit, disons-le encore une fois, qu'un certain intérêt religieux les recommande, au moins sous la forme d'une *pratique méritoire*, quand il ne les impose pas, impérieusement, à titre de dogme fondamental.

On peut dire, à l'humiliation de notre espèce, que rien ne paraît aussi commun que cette sorte d'aberration de la conscience. Il y a peu d'années, un Oriental, probablement d'obédience shafite, homme d'ailleurs fort sensé et d'une piété incontestable, composa un gros livre sur ce thème: „La véritable religion ne fait aucun cas des données fournies par la science."

L'auteur s'y est appliqué sérieusement, je dirais presque saintement, à démontrer que certaines convenances religieuses peuvent imposer le devoir d'adopter des doctrines ou des pratiques rituelles basées sur des données scientifiquement fausses.

Et pourtant il serait bien injuste d'accuser cet homme de préférer les rêvasseries de ses docteurs religieux à ce qui a été fait de la main même de Dieu. Ajoutons que, pour peu que nous soyons disposés à être justes, nous pourrons rencontrer la même bizarrerie au sein même de la chrétienté, et pour des causes évidemment identiques. Tout le monde sait que l'Angleterre, qui se dit la région classique de la pensée sans entraves, resta, jusqu'au milieu du siècle passé, résolument opposée à ce que l'année durât seulement le temps que la sagesse de Dieu lui a fixé. Or, quel homme serait jamais assez insensé pour accuser le pays du grand Newton de placer les billevesées d'un *uléma anglican* au-dessus des œuvres sublimes de l'éternel *Démiurge* lui-même!

3° Absence d'empêchement organique a l'exercice des fonctions sexuelles.

L'incapacité physique ne peut être opposée à la légitimation des enfants nés pendant le mariage et endéans les termes légaux, ni constituer une cause suffisante pour la contestation de la paternité que si cette incapacité provient de l'absence totale, ou presque totale, de l'organe *érectile*. L'absence des organes *sécréteurs* n'est point un obstacle à la procréation, attendu que, d'après la science des légistes musulmans, partout où l'acte de la copulation peut s'effectuer dans sa partie mécanique, la présomption de la fécondation est autorisée sans réserve (12).

L'impotence résultant, non de l'absence de l'organe érectile, ou d'une grave défectuosité de cet organe, mais d'un état morbide interne, ne peut être une cause de désaveu d'enfant que si le fait de l'impotence pathologique n'est point contesté par la femme, ou si elle avait, au cours du mariage, introduit une action en dissolution de ce contrat pour cause d'incapacité virile, et que cette action, bien qu'abandonnée ou laissée sans suite, n'ait pas été annulée par une déclaration ultérieure établissant, d'une manière formelle, la disparition de cette cause.

Nous devons remarquer ici que dans aucun cas on ne pourra exiger du mari de fournir, par voie *expérimentale*, la preuve de sa puissance génitale, au cas où il serait intéressé à l'attester, contre une imputation d'impotence *pathologique* présentée par des individus désireux de contester sa paternité à l'égard d'un enfant qu'il prétendrait issu de ses œuvres. Cette disposition se fonde sur la considération, évidemment fort judicieuse, que la puissance virile est un phénomène physiologique essentiellement réfractaire à tout procédé de démonstration expérimentale en présence de témoins.

4° Absence, soit pendant la gestation, soit après l'accouchement, de tout désaveu qui aura été formulé en justice sous forme de lia'nne.

Il a été suffisamment traité des dispositions et des effets juridiques du lia'anne à propos des „*causes rescisoires*". Voir *système législatif*, mariage, page 147.

Nous croyons compléter notre étude sur ce sujet en donnant ici le *récit* d'une anecdote historique, au moins à ce degré d'historicité qu'il soit possible d'attribuer à une sorte de reportage *ambulant* où aucune condition de garantie ou d'anthenticité n'est possible. Nous y ajouterons quelques données jurisprudentielles relatives à la „*filiqtion*".

Le célèbre rapporteur „El Boukhary" raconte, sur l'autorité d'Ebn Abbasse, qu'un homme nommé Hilal ben Oumaïa se plaignit un jour au Prophète des relations coupables que sa femme entretenait avec un individu appelé Schérike ben Sahma, et ajoutait qu'il venait justement de la surprendre dans les bras de ce dernier. Prends garde, lui dit le Prophète, tu dois maintenant présenter la preuve de ton accusation, ou subir la peine que la loi inflige aux calomniateurs (littéralement): „la preuve (à l'accusatif) ou la peine derrière toi". Ainsi, observa Hilal, je surprendrais ma femme en flagrant délit, et il me faudrait aller chercher des témoins qui assistassent à sa honte? La preuve! la preuve! répéta le Prophète, ou la peine est derrière toi! Certes, reprit Hilal, je suis sincère — je n'ai dit que la vérité. — Je demande à Dieu de faire éclater cette vérité, puisque je ne saurais la démontrer moi-même, et de m'épargner la peine que mériterait le calomniateur. Sur cette prière de Hilal, le Prophète se retira tout perplexe, mais il ne fut pas plus tôt arrivé dans son logis qu'il reçut la visite de l'ange Gabriel lui portant, de la part de l'Eternel, le message suivant:

„Chacun de ceux [1]) qui accusent leurs femmes (d'adul„tère) sans avoir d'autres témoins à présenter que leurs „propres personnes, aura à jurer quatre fois, par le nom „de Dieu, qu'il dit la vérité et, à la cinquième fois, il „invoquera la malédiction de Dieu sur sa personne s'il a „menti. La femme, sera soustraite à toute peine si elle „jure quatre fois, au nom de Dieu que (son mari) a menti; „à la cinquième fois elle invoquera (sur sa tête) la colère „de Dieu si ce que son mari a allégué est vrai" XXIV, 6.

Le Prophète, désormais guidé par une procédure dictée par Dieu lui-même, manda sur-le-champ auprès de lui le mari et la femme, et les soumit aux dispositions de la loi qui venait de lui être communiquée. Hilal remplit jusqu'au bout cette formalité sans trahir le moindre signe

---

[1]) Ou, par une construction plus française: tout homme qui accuse sa femme (d'adultère) aura, etc.

d'hésitation ou d'inquiétude; mais la femme, arrivée à la cinquième partie du terrible serment où elle devrait appeler sur sa tête la colère de Dieu, si elle n'avait pas dit la vérité, hésita, s'embarrassa visiblement, et, par un brusque mouvement, quitta la salle d'audience en disant: „Je n'ai pas le droit de passer toute ma journée „à couvrir ma famille de confusion".

Cette soudaine interruption du serment par l'épouse accusée et cette apparente frayeur qu'elle ne put dissimuler inspirèrent au Prophète des doutes sérieux sur son innocence. Hilal désavouait l'enfant qu'elle portait encore dans son sein et l'attribuait aux œuvres de son rival. Attendez, dit le Prophète aux assistants, attendez l'accouchement de cette femme, et observez bien les formes de l'enfant qu'elle mettra au monde; si vous lui trouvez des yeux ornés de longs cils noirs, des hanches larges et puissantes, des jambes grosses et musclées, sachez alors que c'est bien le fils de Scherike.

Le résultat de cette observation confirma l'accusation du mari. Mahomet, informé de cette circonstance, dit avec indignation et non sans une nuance de dépit: „Si le livre de Dieu ne l'avait pas déjà mise à l'abri de toute punition ultérieure, cette femme aurait eu à faire à moi!" *Laoula Kitabon Sabak, la Kana li Wa laha Schanne* (13).

Une accusation d'adultère portée par un mari contre sa femme n'entraînerait le désaveu de l'enfant dont elle serait enceinte, ou dont elle *viendrait d'accoucher* que si cet enfant était directement et individuellement visé par l'accusation.

Dans le cas d'un désaveu le serment qui a eu pour objet direct de désavouer un enfant déterminé, et qui a été dûment prêté de part et d'autre, aura pour résultat immédiat de transférer au nouveau-né la qualité *d'enfant adultérin*, de l'incorporer à la famille de sa mère, et de le placer, d'ores et déjà, sous l'empire des lois, presque pénales, qui régissent la destinée sociale des enfants nés de pères inconnus.

Le désaveu d'enfant ne peut être pris, cependant, en considération qu'aux conditions réunies suivantes:

1° Si l'enfant est né après la dissolution du mariage et la séparation réelle et effective des époux.

2° S'il est né viable.

3° Si le désaveu a été formulé devant le juge de la localité pas plus tard que le sixième jour depuis l'accouchement.

4 Si l'enfant en question n'a été antérieurement reconnu, par le mari, ni directement, ni indirectement.

Les indices d'une reconnaissance indirecte sont de leur nature indéfiniment divers et multiples. Ils comprennent toute action faite par le mari en vue de pourvoir aux besoins de l'enfant attendu, ou qui, tout en étant relative à cet enfant, dans un sens quelconque, n'aura pas été accompagnée, précédée ou suivie d'un désaveu formel de sa paternité effective. Ainsi, par exemple, la justice le présumera avoir reconnu l'enfant, s'il a acheté ou consacré quelque chose à l'usage de ce dernier; s'il a pourvu à certains de ses besoins; s'il s'est montré soucieux de son bienêtre; si, à l'occasion de sa naissance, il a accepté les compliments de félicitations qu'on lui aura adressés; si dans ce cas il a gardé le silence; s'il s'est occupé des apprêts et des préparatifs des couches futures de sa femme, soit avant, soit après la dissolution du mariage, etc.

5° Si l'enfant mis en question, bien que désavouable, n'est point le frère jumeau d'un autre qui ne l'est pas, attendu que, s'il l'est, la reconnaissance forcée ou volontaire — en d'autres termes, la légitimité de l'un s'étend nécessairement à l'autre, parce qu'il n'est pas possible de leur attribuer des origines différentes.

Le lia'anne n'est permis qu'entre individus en parfaite possession de leur aptitude civile et capables de se porter témoins dans une cause où l'intérêt d'un musulman peut se trouver en jeu.

5° POSSIBILITÉ MATÉRIELLE DE RÉUNION ENTRE LES DEUX ÉPOUX, N'EXCLUANT TOUTEFOIS PAS CELLE QUI SERAIT LE RÉSULTAT D'UNE INTERVENTION DIRECTE DES PUISSANCES CÉLESTES OU SURNATURELLES.

Cette disposition est bien naturelle et on ne comprendrait pas qu'il fût possible d'en être autrement; mais un mysticisme outré a complètement détruit l'effet et la valeur protectrice de cette règle.

D'après les autorités musulmanes les plus imposantes, la distance par laquelle deux époux peuvent se trouver séparés, quelque grande qu'elle puisse être, ne saurait former une cause de désaveu qu'à l'égard des personnes connues pour incapables d'actions surnaturelles. Un homme, assure la théologie musulmane, peut, du fond de l'Orient, rendre mère en quelques instants, une femme demeurant à l'extrémité de l'Occident, dût l'espace qui le sépare de sa femme n'être franchissable qu'en plus de deux ans. [1])

Les bons docteurs affirment, que dans le cas d'une *conception opérée* à une si grande distance, rien ne s'opposera à faire intervenir l'hypothèse de charité, et à présumer que cette femme, si elle est musulmane, avait conçu des œuvres de son mari plus ou moins thaumaturge. Le fait s'explique, selon les plus célèbres docteurs, par cette considération qu'il n'est point *absolument* impossible que le mari soit un Waly — c'està-dire un favori de la divinité pour lequel la distance terrestre n'existe pas, ou bien un *magicien* en rapport avec les puissances invisibles qui l'auront transporté dans l'endroit habité par sa femme. Dans l'une et l'autre conjoncture, également possibles, la justice musulmane, qui ne doit jamais se départir du principe religieux qui commande de repousser la *présomption du mal*, par la *présomption du bien*, partout où cette

---

[1]) On peut s'étonner que des docteurs sérieux aient pu élever a la hauteur d'une doctrine jurisprudentielle une idée de cette nature; mais l'étonnement devient de la stupéfaction quand on pense que les plus grands docteurs, ceux-là mêmes dont s'honore, à juste titre, la science musulmane, ont préconisé cette doctrine, et l'ont couverte de tout le prestige de leur autorité magistrale (14)

Taftazany, dans son commentaire sur les doctrines de Nassafy, célèbre jurisconsulte que les auteurs musulmans, dans leur enthousiasme sans bornes, qualifient pompeusement de „docteur suprême des hommes et des anges" „Mufti-es-sakalaïnne" a dit clairement que les *Walis* jouissent du privilège d'opérer certains miracles d'un ordre secondaire. Le glossateur du „*Dorre*" nous informe que Nassafy, interrogé sur ce qu'il pouvait y avoir de vrai dans ce fait de tradition populaire que le temple de la ka'aba rendait annuellement visite, pendant l'époque du pèlerinage, à un homme pieux, mais qui n'était pas en état de faire lui-même le pèlerinage prescrit, Nassafy aurait répondu que la chose était possible en faveur d'un „Waly" et que la doctrine la plus rigoureusement orthodoxe n'y trouverait rien à redire (15).

dernière est *possible*, fait intervenir l'occurrence, religieusement possible, d'un fait surnaturel et sauve, haut la main, la réputation d'une épouse et d'une mère musulmane.

6° Constatation de l'accouchement.

L'accouchemeut se prouve par un témoignage parfait, c'est-à-dire par une déposition en justice dûment présentée par deux hommes ou, au moins, par un seul homme auquel se trouveraient jointes deux femmes.

Remarquons, cependant, que les deux célèbres disciples du grand Imam, Abou-Jousef et Mouhammud, se contentent du seul et simple témoignage de l'accoucheuse (la sage-femme).

L'avis de ces deux illustres docteurs de la première époque scientifique de l'Islam se fonde sur l'impossibilité de faire assister des hommes au travail de l'accouchement, de façon qu'ils puissent être témoins du fait de l'engendrement, tout en observant, avec exactitude, les conditions légales auxquelles se trouve subordonnée la validité du témoignage. Ajoutons que, selon la plupart des légistes, deux hommes peuvent se porter témoins du fait de l'engendrement physique s'ils y ont assisté par suite d'une coïncidence fortuite, indépendante de leur volonté. Si cette assistance avait été visée par eux de propos délibérés, ou si la femme ou les témoins s'étaient mis en position de rendre possible ce témoignage, leur déposition sera „*ipso facto*" frappée de nullité comme émanant d'individus *pervers* et par conséquent indignes de déposer en justice sur une pareille matière (16).

Si la grossesse avait été préalablement constatée par

des hommes irréprochables, le témoignage de ces derniers qui aura été présenté en justice avec abstraction des circonstances qui le rendirent possible, [1]) pourra faire foi, à cette seule réserve que l'aspect de la grossesse fût tel que personne n'aurait pu s'y tromper, autrement dit, qu'il fût possible à chacun de savoir que cette proéminence du ventre provient du fait d'une grossesse réelle, non simulée, et qu'elle n'est point non plus la conséquence d'un état pathologique quelconque.

7° Constatation de l'identité.

Cette partie des faits démonstratifs est assurément la plus difficile à établir dans le sein d'une société musulmane où les enfants, renfermés avec leurs mères dans

[1]) C'est encore là un exemple frappant de cette partie de la procédure musulmane qui paraît retrancher du rôle de la justice toute tentative *d'examen, d'enquête*, de *critique*, de *perquisition*, pour en réduire les fonctions à une simple application littréale de la loi que le juge, pourrait, bien souvent, choisir, à son gré, entre plusieurs parfois ouvertement *contradictoires*. Le fait, la réalité paraissent fort peu préoccuper la magistrature; ce qui importe, ce qui détermine l'action de la loi, ce qui suffit à sa pleine et sincère satisfaction c'est *l'expression* et presque rien que l'expression, eût-elle été évidemment et incontestablement *mensongère*, voire même *soufflée* par le juge lui-même appelé à statuer «*pro cathedra*» sur le fait auquel elle doit se rapporter.

Le magistrat musulman se conduit presque toujours, dans l'exercice de ses fonctions, à la manière d'un *renfort* disponible tout disposé à se joindre à un signe donné à l'une ou à l'autre des deux parties en face. Son attitude et son rôle sont tels qu'il a l'air de dire à l'individu vers lequel l'auront jeté sa sympathie ou sa vénalité: «Mon ami, vous n'êtes qu'un fripon; la raison est indubitablement du côté de votre adversaire, et vous avez visiblement tort; mais ne craignez rien! Répondez de telle ou telle manière; gardez-vous d'employer tel ou tel mot; arrêtez-vous à telle ou telle déclaration, et, ô merveilles de la science! ce sera vous qui aurez.... raison!» (17).

une sorte de cloître domestique, sont inaccessibles aux regards des témoins, et, par conséquent, fort peu susceptibles de constatation de personne ou d'identité à un degré suffisant. Aussi les légistes n'en parlent-ils qu'en passant et d'une manière fort laconique. Evidemment ils se sentent en face d'une exigence à laquelle les mœurs des musulmans ne permettent guère de satisfaire. Voici, d'ailleurs, tout ce que l'on trouve dans les auteurs de plus clair sur ce sujet :

Si le mari, tout en reconnaissant les deux faits concentriques de la grossesse et de l'accouchement, a, néanmoins, contesté l'identité de l'enfant, le témoignage de l'accoucheuse suffirait pour l'établir, alors même qu'il s'agirait d'un enfant né plus de deux ans après la dissolution du mariage par un divorce mineur (18).

Il doit résulter de cette disposition que dans le cas où la grossesse et l'accouchement n'auraient pas été reconnus par le mari, la femme devra commencer par prouver, successivement, l'un et l'autre de ces deux faits, afin de ramener la situation à ce point de la légalité où le témoignage de l'accoucheuse suffit pour établir l'identité de l'enfant.

Si le mari a contesté le fait de l'accouchement, la femme peut opposer à cette dénégation l'état de grossesse qui aura été légalement constaté, et qui s'est dénoué dans le dernier accouchement.

Pratique et application exemplaire des règles précédentes.

Premier cas :

Une femme en âge d'avoir des menstrues et qui avait été répudiée par répudiation *mineure*, met au monde un enfant *plus de deux ans* après la dissolution de son mariage.

Solution :

Si jusqu'à l'accouchement cette femme n'avait pas encore formellement déclaré avoir achevé sa retraite, l'enfant aura pour père le mari de cette femme.

Voir, pour le reste de la solution, ce qui a été dit plus haut page 9 à propos d'un cas identique.

Deuxième cas :

Même question, à cette seule différence que l'accouchement a eu lieu *moins* de deux ans depuis la dissolution du mariage, ou juste à l'expiration précise de ce terme.

Solution :

Il y a également lieu, et même par une raison à „*fortiori*" à faire intervenir la *présomption du bien*, et à invoquer la doctrine physiologique admise sur l'autorité des paroles prêtées à Aïcha. La gestation pouvant, selon ces paroles, durer deux ans, on supposera ou que la femme se soit trouvée enceinte au moment où elle venait d'être frappée de répudiation, ou que le mari ait commercé avec elle au cours d'une période de pureté prolongée [1]).

Troisième cas:

Même question, avec cette seule variante, que la femme avait déjà, en temps légal, déclaré avoir achevé sa retraite.

Solution:

La déclaration de la femme d'avoir achevé sa retraite aura nécessairement pour résultat de rattacher la grossesse à une cause postérieure au divorce et, par conséquent, de placer ce fait hors du régime matrimonial.

Cette circonstance donnera, naturellement, au mari le droit de désavouer l'enfant, si depuis cette déclaration jusqu'à l'accouchement il s'est écoulé non moins de six mois.

Si cet intervalle de temps a été de moindre longueur, la loi ne fera plus cas de la déclaration de la femme, et attribuera l'enfant au mari *obligatoirement*.

---

[1]) On a vu plus haut que toutes les Écoles sunnites sont d'avis qu'une période de pureté peut se prolonger indéfiniment, même chez les femmes menstruées et jouissant d'une santé parfaite.

Il doit y avoir sans le moindre doute des cas pathologiques caractérisés par un arrêt plus ou moins long, du flux menstruel. Nous estimons, pur conséquent, que les légistes musulmans sont bien fondés de prévoir ce cas, et même de faire abstraction des causes morbides qui pourraient l'occasionner.

Il est évident, en effet, que du moment que cette prolongation de la phase de pureté est possible, à quelque cause qu'elle puisse se rattacher, la justice devait nécessairement la considérer comme pouvant arriver à chaque femme parvenue à l'âge nubile.

La différence entre les effets juridiques de ces deux occurrences de temps se fonde sur cette règle de jurisprudence que la déclaration de la femme, sur une pareille matière, ne saurait faire foi que dans les cas où aucune circonstance de fait matériel n'en aurait démontré la fausseté d'une manière irréfragable. Or l'accouchement, dans ce dernier cas, ayant eu lieu avant même qu'un *minimum* de temps se soit écoulé entre la fin alléguée de la retraite et l'accouchement, il devient évident, au degré de la certitude, que cette déclaration n'était point conforme à la réalité.

Quatrième cas :

Une femme menstruée et qui avait été répudiée par une répudiation *majeure*, met au monde un enfant *juste* deux ans après la dissolution de son mariage.

Solution :

Il y aura à faire, pour ce cas, les distinctions suivantes :

Si la femme ainsi répudiée s'était, depuis le divorce jusqu'à l'accouchement, abstenue de toute déclaration pouvant impliquer un achèvement de retraite, ou si, en ayant fait une, elle le fit à une époque qui ne laisserait pour l'accomplissement de la retraite qu'un espace de temps *légalement insuffisant*, c'est-à-dire moins de *trente-neuf* jours, dans chacun de ces cas l'enfant aura pour père, *obligatoirement*, le mari divorçant.

Rien, en effet, ne s'opposerait, dans le cas dont il s'agit, à faire bénéficier la femme du terme *maximum* de la gestation, et à présumer qu'elle venait d'être enceinte des œuvres de son mari juste au moment où elle fut frappée de répudiation majeure.

Si l'accouchement a eu lieu à deux années *très précises* de la *répudiation* majeure, la justice, pour ne point attribuer à la gestation une plus longue durée que celle fixée par Aïcha, présumera que le mari avait répudié sa femme dans le moment même où il la rendait mère de son futur enfant!

Cette opinion, cependant, est loin d'être la plus dominante dans les digestes musulmans. La plupart des auteurs rattachent un accouchement qui aura eu lieu deux années précises après la dissolution du mariage, à une grossesse survenue postérieurement au divorce, et *autorisent* le mari à désavouer l'enfant, pour *excès de gestation*.

Cette dernière doctrine qui paraît avoir prévalu dans la législation musulmane se fonde sur la nécessité de placer un certain intervalle de temps entre l'acte de la fécondation et celui du divorce, actes considérés comme essentiellement contraires, incompatibles et, par conséquent, *peu susceptibles* d'une *réalisation simultanée*. Si l'accouchement, font observer les partisans de cette doctrine, a eu lieu à deux années précises du divorce, la grossesse qui, pour la *justification* de la femme, doit avoir *précédé* le divorce pour pouvoir remonter à l'époque matrimoniale, se trouverait avoir *duré plus de deux ans*, ce qui est *catégoriquement dénié* par l'épouse bien-aimée du Prophète.

L'auteur du „*Nahr*“ et le célèbre *Cadi-Khan* repoussent cette manière de voir et opposent, à l'observation relative à l'impossibilité d'une parfaite concomitance entre deux actes de caractères différents, la remarque qu'il n'aurait pas été absolument impossible pour le mari d'avoir prononcé, par *distraction*, par plaisanterie, par *absence momentanée* d'esprit, des paroles de répudiation dans l'instant même où il transmettait à sa femme le principe fécondant. La coïncidence serait bien *singulière* sans doute ; mais elle est matériellement *possible*, et cela suffit, selon la casuistique musulmane, pour l'imposer, par voie de *préférence*, à toute autre présomption qui serait de nature à porter *atteinte à l'honneur* d'une croyante.

Si cette femme avait déclaré, en temps légal, avoir achevé sa retraite et que l'accouchement ait eu lieu, pas moins de six mois après sa déclaration, la grossesse sera considérée comme un fait survenu en dehors du mariage. Dans ce cas le mari a le droit de désavouer l'enfant, sans préjudice de la faculté que la législation lui réserverait de le reconnaître, si tel était son bon plaisir, et qu'aucune circonstance de *fait* ou de *condition légale* ne s'opposât à cette reconnaissance.

Cinquième cas :

Même question sauf que la femme n'avait pas annoncé la fin de sa retraite, et que l'accouchement a eu lieu *plus de deux ans* après la dissolution du mariage.

Solution :

Il y a divergence d'avis sur cette question. En principe général le divorce parfait supprime, dès l'instant qu'il a été prononcé, toute possibilité de relations matrimoniales entre les époux.

On ne pourrait donc présumer une *reprise* de ces relations par le mari au cours de la retraite, nommément pendant une phase de pureté qui se serait anormalement prolongée, attendu qu'une pareille présomption serait, en réalité, une *accusation*, et non une issue de faveur

En face de cette situation, il sera tout aussi loisible au mari de désavouer l'enfant que de le reconnaître, si d'ailleurs les circonstances d'âge ou de condition légale le permettent.

Certains auteurs (19), cependant, recommandent de recourir, même dans ce cas, à la *présomption du bien*, et de supposer que le mari, par ignorance ou par une méprise fondée sur l'apparence d'une *analogie* entre le divorce *majeur* et le divorce *mineur*, avait cru pouvoir commercer avec sa répudiée pendant sa retraite, comme il eût pu le faire si le divorce avait été mineur. [1])

Or il est de règle qu'un acte accompli sous l'empire d'une méprise sur la *vraie portée* d'une loi [2]), ou par suite d'une interprétation incorrecte donnée à une doctrine jurisprudentielle générale, produit ses effets juridiques, tout comme si cet acte avait été accompli en parfaite conformité avec les vœux de la loi. On supposera donc que le mari, en conséquence d'une *théorie erronée*, mais explicable, avait assimilé les effets juridiques d'un divorce majeur à ceux d'un divorce mineur, et que, dans cette disposition d'esprit que l'on désigne sous la quali-

---

[1]) Une telle infraction ne sera point imputée à crime. Dès qu'il s'agit d'adultère les circonstances absolvantes se présentent en foule innombrable. Généralement, il suffit que l'auteur du méfait déclare avoir agi par *ignorance*, c'est-à-dire sans se douter du caractère *illicite* du fait qu'on lui reproche, pour se mettre, par cela même, à l'abri de la peine, même malgré le caractère purement *matériel* de sa *méprise* (20).

[2]) Qui existe réellement dans une formule pouvant donner lieu, par sa structure même, à quelque incertitude d'entendement, ou qui a été, effectivement, l'objet de certaines divergences d'opinions de la part de quelques docteurs que la science musulmane a placés dans la classe des *moujtaheds*.

fication technique de: *choubhatou a'akde* „méprise sur une question de droit" [1]) il commerça avec sa femme pendant sa retraite et la rendit mère de l'enfant auquel elle donna le jour plus de deux ans après la dissolution de son mariage.

Mais les adversaires de ce procédé d'accommodement lui objectent une règle jurisprudentielle non moins générale, à savoir: que la méprise qui n'arrête point les effets d'un acte civil, c'est celle qui peut servir d'*excuse* en matière *pénale* et qui consiste en un simple écart, en *exégèse* ou en interprétation de la doctrine établie: „*choubhatou hokm*" [2]) et non la méprise *matérielle* qui ne se motiverait d'aucune *apparence* de raison, [3]) c'est-à-

[1]) Littéralement „*méprise* ou *apparence* de *contrat*. Ce qui veut dire: une méprise consistant à croire que le contrat qui existait, avant le divorce, dans la plénitude de sa vigueur, *subsiste* encore, dans une partie de ses effets, malgré l'acte *radicalement* résolutoire du *divorce majeur* dont il a été frappé dans la suite.

[2]) Littéralement: méprise en jugement, la même que la précédente.

[3]) Exemple pour la première catégorie: Un homme se permet des privautés sexuelles avec une femme de condition servile appartenant à son fils. Le cas est réprouvé; mais on reconnaît, en même temps, qu'il existe un hadice, lequel, incorrectement interprété, pourrait bien induire en erreur et faire croire à la légitimité de pareils rapports entre un individu et l'esclave de son fils. Le Prophète aurait dit à quelqu'un, à propos d'une question relative à la puissance paternelle: «Tu appartiens à ton père, toi et tout ce que tu possèdes». «*Anta Wamalaka li Abike*». En considération de cette circonstance le fait délictuel est excusé de plein droit, alors même que l'auteur de ce délit n'aurait point invoqué, pour son excuse, le fait de sa méprise d'interprétation, manifestement motivée par la tournure absolue, du moins en apparence, des paroles précitées sur l'étendue de la puissance paternelle. L'enfant qui naîtrait de ces rapports, serait imputé à son père naturel, s'il *consentait* à le reconnaître, et non au patron légitime de cette esclave. Exemple de la seconde: Un homme, se méprenant sur l'identité d'une personne qu'il trouve, la nuit, à côté de lui, la traite en épouse légitime. — Il commet là une erreur de fait, et, par conséquent, une méprise rendant l'acte

dire qui ne saurait se rattacher à aucun texte coranique, ou de hadice qu'on aurait incorrectement interprété: *choubhatou fi'l* [1]). Cette dernière méprise, observent-ils, frappe de *stérilité* tout acte qui aurait été accompli sous son influence. Un mariage, ou un rapport sexuel réalisés sous l'empire d'une pareille méprise, ne saurait donc créer aucun rapport de parenté entre la victime de cette méprise et l'enfant qui en fut le résultat [2]).

Or, concluent-ils, le mari qui aura repris ses relations conjugales avec la femme qu'il avait répudiée par une répudiation majeure, ne pouvait avoir commis à cet égard qu'une méprise purement *matérielle*, et, par conséquent, entièrement indépendante de toute conception

---

qu'elle avait déterminé absolument stérile, c'est-à-dire sans effet dans tous les sens possibles. En raison de cette règle, l'homme victime d'une pareille méprise ne sera ni responsable du fait délictueux, ni en droit de reconnaître l'enfant, fruit de cette méprise, alors même que toutes les circonstances concorderaient à lui en imputer la paternité.

[1]) Méprise en fait, elle s'appelle aussi «*choubhat ichtibah.*» C'est-à-dire un *semblant* de méprise, ce qui signifie une méprise incomplète et, selon la dialectique musulmane, *incapable* de produire les effets d'une véritable méprise. Or une véritable méprise produit tous les effets d'un acte régulier, par cette raison, assez spécieuse, qu'elle mérite une *indulgence* ou une rémission parfaite. On voit que les docteurs musulmans confondent quelquefois *la tolérance* avec *la validité.*

[2]) Il faut remarquer qu'en justice pénale les infractions à la loi, commises sous l'influence de la méprise en *exégèse*, sont tenues pour excusables, *alors même* que l'auteur de l'infraction n'aurait point invoqué, en sa faveur, le fait d'une pareille méprise, et même au cas où il aurait, *formellement*, déclaré avoir eu connaissance *préalable* et *certaine* du caractère *illicite* ou *délictuel* du fait accompli par lui.

Quant à la méprise *matérielle* ou de fait, elle ne pourrait servir d'excuse à l'acte répréhensible ou accompli en contravention à une doctrine établie, qu'autant que l'individu, justiciable de cette infraction, aura, formellement, déclaré *avoir cru* que cet acte était licite, bien qu'il ne puisse alléguer aucun texte législatif qui explique la cause de cette méprise.

jurisprudentielle ou scientifique quelconque (21). Cette remarque se fonde sur ce fait qu'il n'*existe* aucun *texte législatif* qui autorise ou qui *explique* seulement la cause ou la genèse d'une pareille méprise. Cette circonstance, conclut-on, supprime du coup le bénéfice de la *présomption du bien* ou de *faveur* d'après laquelle le mari aurait *repris* ses rapports intimes avec sa femme au *cours* de sa *retraite*.

Les partisans de l'opinion adverse réfutent ces objections, en faisant observer que la *méprise* qui frappe de stérilité les actes accomplis sous l'influence de son action, c'est la méprise *purement matérielle*, qui ne tient, dans aucun sens, à une erreur de système ou d'interprétation exégétique quelconque, ce qui n'est pas le cas pour les faits de l'exemple précité. Selon ces docteurs, la reprise des relations conjugales avec une répudiée de répudiation majeure, ne peut être que le résultat d'une erreur *mixte*, et, par conséquent, encore capable de laisser à l'acte, qu'elle aura déterminé, tous ses effets juridiques.

Le mélange de caractère qui lui est attribué provient de cette considération que le mari répudiant n'avait jamais pu se méprendre sur la portée de cette doctrine primitive que le divorce : *brise les liens* du mariage et rend les époux étrangers l'un à l'autre. Si malgré cela le mari approcha de sa femme pendant sa retraite, c'est évidemment qu'il *croyait* à la légitimité de cet acte et que, par une raison d'analogie, il assimila les effets d'une répudiation majeure à ceux d'une répudiation mineure.

Il y a là ainsi une *méprise matérielle* qui aura consisté pour le mari dans ce fait pur et simple de s'être comporté envers une *étrangère* comme envers une femme légitime, et, en même temps, une méprise de *système* ou d'*exégèse* consistant en une croyance, manifestement suggérée par une défectueuse analogie, au caractère légal de ces rapports, ce qui fait précisément le caractère *mixte* de la méprise en question, et permet à l'acte accompli sous l'empire de cette erreur de sortir tous ses effets juridiques.

Ce n'est, certes, pas pour la première fois que nous nous trouvons en face d'un de ces traits de dialectique musulmane qui, tout en dénotant chez les légistes de cette religion de grandes aptitudes intellectuelles, trahissent une déplorable *précocité* de science et de spéculations philosophiques.

Sixième cas:

Une femme qui se déclarait non encore nubile (menstruée), mais qui a déjà atteint l'âge de neuf ans [1]) et avait été initiée aux mystères de la vie conjugale [2]), est

---

[1]) La présomption de nubilité n'est admise en droit qu'à partir de l'âge de neuf ans pour les femmes, et de douze pour les hommes; et encore à la condition qu'ils auront formellement déclaré avoir atteint la puberté, et que leur aspect physique correspondra, visiblement, à cette déclaration.

[2]) Cette circonstance: *l'initiation* de l'*impubère* aux *mystères* de la vie conjugale, est supposée dans cet exemple afin de pouvoir rendre cette femme *passible* d'un divorce *mineur*, et, par conséquent, révocable au gré du mari divorçant. Tout divorce accompli dès avant la consommation du mariage donne à cet acte, sous quelque forme qu'on l'ait effectué, le caractère d'un divorce *majeur* de second degré, *Baïenne*. Ce genre de répudiation, un peu moins intense en propriétés *répulsives* que le divorce *triple*, n'en détermine pas moins la rupture *instantanée* de tous les liens du mariage sans en laisser subsister aucune trace. La femme ainsi répudiée recouvre *immédiatement* son indépendance personnelle envers le mari, et celui-ci ne pourra plus la reprendre qu'en vertu d'un nouveau contrat. Les mêmes effets sont produits par le divorce triple, avec cette aggravation que la femme triplement répudiée ne pourra re-

répudiée par un acte de répudiation mineure. Elle accouche au bout d'un temps qui peut varier entre neuf mois et deux ans, de la dissolution de son mariage.

Solution :

Posons d'abord les règles suivantes :

A. Les femmes encore non menstruées ou qui ne le sont plus (les femmes arrivées à l'âge critique) comptent les phases de leur retraite par nombre de mois, et non par nombre de menstrues et de pureté alternatives.

B. La retraite imposée à la femme dont il s'agit dans cet exemple est de trois mois.

C. Les preuves juridiques qui pourraient constater une fin de retraite ne devant plus, dans cette occurrence, avoir pour objet des faits contingents, peuvent être fournies par d'autres sources que la déclaration même de la femme.

Cette circonstance rend la durée de cette retraite moins susceptible d'extension arbitraire, et, par conséquent, bien plus aisée à déterminer en justice indépendamment de tout concours personnel de la part de la femme en question elle-même.

Ceci posé, remarquons que le caractère *mineur* du divorce dont cette femme est atteinte permet de présumer une reprise des rapports intimes entre les deux époux survenue pendant la retraite légale, c'est-à-dire pendant les trois premiers mois à partir du divorce.

---

tourner à son premier mari qu'après avoir convolé à un nouveau mariage avec un autre homme, et, enfin, après avoir, *effectivement*, consommé ce mariage avec son second mari. Si, après cela, elle obtient la dissolution de cette union appelée mariage de licitation, elle pourra retourner à son premier mari en vertu d'un nouveau contrat.

Il est constant, tout d'abord, qu'ayant été répudiée avant d'avoir atteint sa nubilité, elle ne peut avoir conçu qu'à une époque postérieure au divorce.

Cette situation autorise à faire intervenir, avec une égale raison, les deux présomptions suivantes:

1° Qu'elle est entrée en nubilité dans cet espace de temps qui s'est écoulé depuis la dissolution du mariage jusqu'au moment où elle devint enceinte.

2° Que la gestation a duré au moins six mois entiers. Ce qui fait, avec les trois mois *fixes de retraite* qui lui sont assignés, neuf mois complets. Conséquences:

Si elle accouche avant neuf mois entiers de la répudiation, cette circonstance formera un de ces cas où le fait matériel doit prévaloir sur la preuve juridique. Sa déclaration sera tenue pour nulle et non avenue. L'enfant sera attribué au mari *obligatoirement*, attendu que le fait matériel de l'accouchement a prouvé qu'elle était déjà enceinte au moment du divorce.

Si elle devient mère à plus de neuf mois du divorce, l'enfant sera également imputé au mari, mais cette fois à la faveur d'une présomption qui entraînerait, avec la constatation de la légitimité, la révocation du divorce et la réintégration de la femme dans sa condition matrimoniale, à partir du jour où le mari a repris avec elle ses rapports ordinaires du mariage et où la grossesse s'est produite dans les premiers mois de la retraite.

Si elle accouche au bout de neuf mois complets du divorce, la légitimité de son enfant ne serait plus qu'un fait possible, mais nullement certain ni même probable. En effet, l'hypothèse la plus favorable pour la femme serait, dans ce cas, celle qui réduirait le plus la durée de la gestation afin de la ramener, si c'est possible, à l'époque du régime matrimonial. Or, en supposant même que le mari ait repris ses relations conjugales à la dernière minute du troisième et dernier mois de la retraite, il restera encore assez de temps pour une gestation possible, alors même qu'elle n'aurait pris naissance que quelque temps après l'achèvement de la retraite, c'est-à-dire alors où toute relation entre les époux devenait absolument illicite. Ce qui, dans tous les cas, formerait obstacle légal à l'affirmation absolue de la légitimité de l'enfant, et confère au mari le droit facultatif de le reconnaître ou de le désavouer [1]).

Nous préférons cette opinion, que nous estimons assez rationnelle, à celle qui, voyant dans la limitation de la retraite, par nombre de mois, une précision préalable absolument inaccessible à des modifications de durée par suite d'accidents physiques, assimile l'expiration pure et simple de ce délai à une déclaration formelle de fin de retraite, et tient, par conséquent, tout accouchement qui aura eu lieu, six mois entiers depuis l'achèvement de la retraite, comme équivalent, en droit, à l'accouchement d'une répudiée nubile qui serait survenu *six mois* après avoir déclaré *la fin* de sa retraite.

---

[1]) Comme il est de possibilité égale que la femme ait eu une gestation de deux ans, ou qu'elle ait subi les approches du mari dès avant la fin de la retraite, on ne saurait conclure de la simple contingence de l'un de ces faits à sa réalisation effective; aussi la loi, tout en admettant la légitimité de la naissance de l'enfant, ne tiendra-t-elle pas, dans ce cas, le mariage pour rétabli entre les époux divorcés.

Elle impose la paternité au mari par égard pour l'enfant, mais elle le laisse libre pour ce qui regarde la réintégration rétrospective du mariage, qu'il pourra reconnaître ou contester à son gré.

REMARQUES GÉNÉRALES.

Dans tous les cas où la filiation naturelle serait matériellement possible, tout invraisemblable qu'elle pourra paraître, le mari acquiert la faculté de revendiquer son droit à la paternité alors même que sa femme, la mère de l'enfant, l'aurait ouvertement contesté.

En conséquence de cette doctrine l'aveu de l'épouse qui aurait pour objet d'imprimer à son enfant la flétrissure d'une naissance illégitime, ne saurait valoir en justice que s'il a été fait subsidiairement, à la suite d'une accusation en adultère portée par le mari contre cette femme même.

Partout où la filiation aura été admise sur la présomption d'une reprise légitime des rapports sexuels au cours de la retraite, il sera également présumé, et à raison du même fait, que le mariage a été rétabli dès l'époque à laquelle on pourra faire remonter la reprise de ces rapports.

Dans tous les cas où une supputation de phases devient nécessaire, il faudra le faire dans l'esprit de ce principe que le terme le plus long de la gestation et la présomption d'une phase de pureté *indéfinie* sont des contingences possibles, mais très rares, et qu'on n'est, par conséquent, autorisé à les admettre que dans les trois cas réunis suivants: *A* si le recours à la contingence exceptionnelle est inévitable pour sauver l'honneur d'une croyante. *B* si le fait favorable à présumer est matériellement possible. *C* si l'hypothèse de bien ou de faveur n'est point manifestement et à la fois contraire et au fait normal et à l'aveu de la femme elle-même dont il s'agit de sauver l'honneur compromis par le fait anormal de son accouchement.

En cas de contestation entre les époux sur la date à laquelle remonte leur mariage, et en l'absence de preuves juridiques de part et d'autre, l'affirmation pure et simple de la femme fera foi.

Ni la revendication ni l'aveu de paternité ne sont reçus en justice qu'à l'égard des enfants issus, soit d'une femme esclave de l'avouant, soit d'une femme étrangère mais qui n'est point en possession de mari, et *dans le cas seulement* où les rapports d'âge entre l'avouant et l'avoué rendent cette paternité matériellement possible.

Les enfants issus d'un mariage irrégulier „*fassed*" n'en seront pas moins tenus pour enfants légitimes et seront imputés, de plein droit, au mari de la mère, *obligatoirement*, tout irrégulier que son mariage a pu être.

Les enfants issus d'une esclave ou qui ont dû le jour à des relations motivées par une méprise matérielle pure, c'est-à-dire sans mélange d'erreur d'exégèse ou de système excusable, peuvent être désavoués par le patron, ou par la victime de la méprise, ou reconnus par eux, à leur libre choix.

Il peut se présenter, en ce qui regarde la filiation des enfants issus de femmes esclaves, un cas complexe bien étrange, mais dont l'occurrence n'aurait rien d'anormal dans une société musulmane.

Exemple: un homme de condition libre épouse une esclave qu'il répudie au bout d'un certain temps. Puis il l'achète et la rend ainsi à sa couche à titre de simple esclave, c'est-à-dire de *concubine légale*. Enfin, cette femme accouche au bout d'un certain temps.

On demande quelle est la condition civile dans laquelle son enfant a été mis au monde.

On résout ainsi ce problème : si l'enfant est né *moins* de six mois depuis l'entrée de sa mère dans le domaine personnel du patron, il est le fils de l'*épouse ;* il sera attribué, obligatoirement, à son père, et sera, par conséquent, de condition libre ; mais si la naissance a eu lieu à *six mois entiers* de ce fait, il sera *fils d'esclave* et il ne pourra être imputé au patron qu'en vertu de l'aveu formel et volontaire de ce dernier. Jusque-là il aura la condition de sa mère et pourra être vendu par le patron *avec elle* — c'est-à-dire à la seule condition *de faveur* de n'être point séparé de sa mère.

Il y a divergence d'avis sur la question de savoir s'il est permis, au point de vue de la morale religieuse, de reconnaître pour son enfant naturel un individu dont on saurait, avec certitude, n'être pas le père. L'idée prédominante est qu'une pareille reconnaissance constituerait une action éminemment immorale et, par conséquent, profondément répréhensible. La raison que l'on donne à l'appui de cette manière de voir nous paraît juste et bien fondée en droit. Outre le droit d'héritage, observe-t-on, qui — en cas d'aveu par pure complaisance — serait donné à un étranger, au préjudice d'héritiers légitimes et plus méritants, il est certain que la *qualité* de *fils* conférerait au titulaire le droit de voir des femmes à *visage découvert*, (le texte dit des *turpitudes féminines)* que la religion musulmane tient à *dérober* aux yeux de ses pareils.

C'est précisément ce dernier inconvénient qui remplit *d'épouvante* le cœur de ces bons *ulémas !*

En l'absence de preuves juridiques sur le temps réel

qu'a dû durer la retraite légale, et dans tous les cas où la précision de cette durée serait nécessaire pour pouvoir statuer sur certains droits relatifs à un contrat de mariage ou à des faits de parenté par alliance, les Hanéfites font intervenir, pour la présomption de cette durée, les règles suivantes, qui furent posées par Abou Jousef et Mouhammad, et qu'on préfère généralement à celles proposées, sur cette matière, par le grand imam lui-même:

1° Le *minimum* d'une phase de menstrues est de trois jours.

2° Le minimum d'une phase de pureté est de quinze jours.

3° Le maximum pour l'une et l'autre phase reste *indéfini*, attendu qu'il peut dépendre d'un état *pathologique* inaccessible à l'appréciation de la justice.

4° La détermination fictive de cette durée ne peut être basée que sur le *minimum des phases*.

5° Trois phases de menstrues successives et *entières* sont exigées.

6° A l'encontre de cette dernière condition, chaque partie, quelque minime qu'elle soit, d'une phase de pureté compte pour une *phase entière*.

Exemples:

N répudie sa femme au cours d'une menstrues. Elle sera censée avoir eu une retraite d'une durée ainsi supputée:

0 jours de menstrues + 15 j. de pureté + 3 j. de menstrues + 15 j. de pureté + 3 j. de menstrues + 15 j. de pureté + 3 j. de menstrues et le premier instant de son entrée dans la phase de pureté. Ce qui donne, pour la durée totale de cette retraite, commençant à une phase de menstrues: 0 + 15 + 3 + 15 + 3 + 15 + 3 + une seconde = 54 +".

2e exemple: N répudie sa femme dans le cours d'une phase de pureté — fût-ce à la dernière minute de cette phase. La supputation des phases alternatives dont se compose le cycle de la retraite se fera ainsi:

0 j. de pureté + 3 j. de menstrues + 15 j. de pureté + 3 j. de menstrues + 15 j. de pureté + 3 j. de menstrues et le premier instant de son entrée dans la phase de pureté. soit 0 + 3 + 15 + 3 + 15 + 3 + une seconde donnant pour le total 39 jours + 1'', ce qui donne à une retraite partant d'une phase de pureté quinze jours de moins que celle qui aurait couru d'une phase de menstrues.

Les cas où cette précision peut devenir nécessaire sont fort nombreux; mais on peut les renfermer tous dans la sphère des éventualités suivantes:

Toutes les fois qu'il importerait de savoir à quel moment ont cessé d'exister: 1° le droit de successibilité entre le mari et la femme, 2° toute parenté au degré dirimant entre lui et les parents, au même degré, de sa femme répudiée.

Ce *criterium* ne laisse en dehors de sa portée que deux cas: 1° celui où le mari de quatre femmes qui en aurait répudié une ne pourrait ajouter une quatrième aux trois restantes qu'après que sa femme répudiée aura achevé sa retraite, et 2° celui où la même attente s'imposerait au mari qui, ayant répudié une femme de condition libre, voudrait avoir le droit d'épouser une femme esclave, attendu qu'il n'est point permis de donner à une femme libre une rivale de condition servile (à l'encontre de l'inverse, qui est unanimement permise) et que le temps de la retraite est considéré comme tenant encore, par certaines de ses dispositions, au régime effectif du mariage.

Il ne faut pas confondre *l'aveu* d'enfant avec *l'adop-*

tion telle qu'elle est entendue dans notre législation. L'adoption, dans ce dernier sens, est inconnue dans le droit musulman. Elle existait aux temps antéislamiques, et il paraît même qu'elle était fort en usage parmi les Arabes contemporains du Prophète. Le Coran, à la suite d'un mémorable incident de la vie de Mahomet, l'abolit formellement (Voir mariage musulman, pages 38, 58). Son mariage conclu sans aucune formalité avec la femme de Zeyd, qui était son fils adoptif, détermina le divin législateur à proclamer comme règle absolue que l'homme ne peut avoir pour enfants *que ceux-là seulement* qu'il a engendrés par le *procédé physique* (Coran, chap. XXXIII, vers. 40) et qu'à l'avenir il sera interdit d'appeler un enfant autrement que par le nom de celui aux œuvres duquel il a dû la vie (même chapitre, vers. 5).

En conséquence de cette règle, l'adoption ne pourra plus s'effectuer que sous la forme précise d'un aveu d'enfant pur et simple, et à la suite d'une action expresse introduite en justice en revendication de paternité.

Il demeure donc de disposition essentielle que l'enfant qu'on veut reconnaître n'ait point de parents putatifs connus, et que le rapport d'âge entre lui et son père adoptif soit tel, que la paternité de ce dernier puisse être physiquement possible.

La casuistique musulmane s'est, de bonne heure, occupée d'un cas singulièrement compliqué. Pour en saisir le côté problématique on doit remonter à une doctrine jurisprudentielle d'après laquelle il serait possible de *répudier* une *femme* dès *avant de l'avoir épousée.*

D'après les Ecoles sunnites, tout divorce subordonné à une condition, quelle qu'elle soit, est valide et doit s'effectuer, *de plein droit,* à l'instant même où cette condition aura été réalisée [1]), dût-elle avoir consisté dans l'occurrence du fait même sans lequel le droit au divorce n'eût point existé.

Ainsi un hommepeut dire à une femme étrangère: „Si je t'épouse, que tu sois répudiée", et cet engagement aura pour effet d'opérer la répudiation de cette femme aussitôt que le mariage aura été contracté avec elle, sans aucune solution de continuité.

Nous croyons inutile de nous attarder à faire ressortir l'absurdité d'une pareille doctrine. Il suffira de remarquer qu'elle aboutit à cette conséquence inouïe qu'un homme peut épouser et répudier une même femme par un seul acte; ce qui reviendra à dire qu'il est possible d'accomplir, dans la même unité de temps, par une sorte de *pénétrabilité* matérielle, deux actions contraires et qui s'excluent réciproquement.

D'après cette doctrine un mariage qui aura été contracté par un homme après avoir dit: Si jamais j'épouse une telle, qu'elle soit répudiée, ne saurait durer que juste l'espace de temps matériel qu'il aura fallu employer pour l'échange des formules sacramentelles, et que, par conséquent, ce mariage sera *dissous, ipso facto,* dans l'instant *précis* où il aura été effectué.

Cette doctrine nous paraît d'autant plus singulière que

---

[1]) Si la condition est d'une réalisation impossible, elle n'en sera pas moins considérée, en toute question de simple *iskate* „désistement", comme déjà réalisée. Ainsi, si un homme dit à sa femme: „Tu es répudiée si tu „montes au ciel", il aura, par le seul fait d'avoir subordonné le divorce à un fait impossible, effectué directement et instantanément un acte de répudiation parfaitement régulier. La femme sera répudiée sur-le-champ, et la condition annulée comme absurde.

la jurisprudence musulmane en admet une autre, d'une tendance absolument contraire, qu'elle invoque, souvent, à propos des questions les plus graves, à savoir que la justice ne saurait faire le moindre cas de l'*abandon* par un homme d'un droit *éventuel*, c'est-à-dire qui n'aurait pas été encore acquis par cet homme au moment où il l'abandonne. Telle serait, par exemple, la renonciation d'un parent, au degré successible, du vivant de son *hérité (de cujus)* à tout droit d'hériter de ce dernier, et celui d'un légataire qui renoncerait, du vivant du testateur, au legs que ce dernier avait voulu lui faire. Dans tous ces cas l'abandon prématuré d'un droit éventuel ne produira aucun effet, et ne pourra être opposé au titulaire qui voudrait se prévaloir de ce même droit après la mort de l'*hérité* ou du donateur *posthume*.

Or il est, pour le moins, certain qu'il s'agirait dans ces deux exemples de droits bien plus rationnels que celui de répudier une femme à l'avance, et plusieurs années avant de l'avoir épousée, et même celle que l'acte de répudiation anticipée n'aura pas désignée personnellement, puisque, suivant toutes les Ecoles sunnites, on peut *opérer* un pareil divorce à distance par cette formule générale : „*Que la femme que j'épouserai soit répudiée*“. Au point de vue des *Sunnites* cette formule entraîne nécessairement, inévitablement, la mise en état de répudiation de *toute femme* que l'on pourrait épouser dans la suite, et immédiatement après l'avoir épousée.

Il est évident qu'en stricte logique cette doctrine doit impliquer une conséquence d'une outrecuidance inouïe, à savoir que l'homme qui aura une fois prononcé cette terrible formule, en d'autres termes, qui aura une fois ouvert les écluses à un pareil torrent de *divorces* — de mariages et démariages — l'homme, enfin, qui aura, en quelque sorte, trouvé ce *perpetuum mobile* de dissolutions matrimoniales, cet homme ne pourra plus, durant toute sa vie, contracter une seule union conjugale qui puisse durer une seconde au delà du temps matériel et strictement nécessaire à la formation légale de cette union. Sa vie tout entière ne sera plus qu'une sorte de fabrication automatique de divorces. Partout et chaque fois qu'il dira à une femme: „*je t'ai épousée*" et que celle-ci lui répondra: *j'ai accepté*, il aura, d'un seul coup, épousé et répudié cette femme (22).

Ceci posé, voici le cas qu'il s'agit de signaler:

Un homme avait dit — n'importe où et dans quelle circonstance: Que la femme que j'épouserai soit répudiée. Un temps quelconque, après cette déclaration, il contracte mariage, et *sa femme*, devenue en même temps *sa répudiée*, accouche au bout de six mois de son *mariage*, ou de son *divorce* (alternative à débattre ou à décider au choix du lecteur). On demande si l'enfant de cette femme peut être imputé obligatoirement au mari-divorçant.

En thèse générale, l'enfant né dans ces circonstances ne peut être qu'illégitime. En effet, la femme ayant été répudiée dès le premier instant qu'elle est devenue épouse légitime, la grossesse n'a pu avoir lieu qu'à un moment postérieur à la dissolution du mariage et, par conséquent, à la suite d'un fait impropre à être pris pour base d'une *présomption* de *bienveillance*. L'accouchement, d'ailleurs, s'étant effectué à six mois entiers du divorce (inséparable du mariage) c'est-à-dire à un terme suffisant et reconnu pour légalement possible, rien *n'obligerait* le mari à se reconnaître coupable d'un acte d'impureté grave en avouant cet enfant, c'est-à-dire en le reconnaissant pour dû à ses propres œuvres accomplies hors mariage.

Le procédé par lequel on autorise une présomption de faveur pour le cas dont il s'agit dans cet exemple mérite, assurément, un moment d'attention:

Une doctrine jurisprudentielle et une hypothèse sont mises, à cet effet, en avant. La première nous paraît mal appliquée, et sans rapport avec les faits de l'exemple précédent: la seconde, tout étrange qu'elle pourra paraître, est encore celle qui présente le plus de rationalité et qui paraît avoir le plus obtenu les suffrages des auteurs.

Voici en quoi consiste la substance de la première:

Dans toute obligation contractée par promesse, par serment, par convention, par renonciation, etc., les effets de l'engagement ne commencent à se produire qu'à partir du moment où le fait de remplir cet engagement sera devenu matériellement *possible.*

Il faut prendre le mot „*possible*" dans le sens le plus étendu: possibilité de temps, de moyen, de droit, de milieu, etc. Exemple: un homme jure qu'il ne mettra plus le pied dans l'endroit où il se trouvait au moment même où il prenait cet engagement. L'avis général des auteurs est que ce serment ne commence à s'imposer qu'à partir du temps où celui qui l'a prêté sera sorti de cet endroit.

Ceux qui font intervenir cette doctrine — incontestable en elle-même — pour autoriser une présomption du bien, font remarquer que le mari *virtuel* qui s'était imposé, par avance, l'obligation de répudier la femme qu'il épouserait, n'entendait, évidemment, épouser une femme que pour exercer sur elle le *droit* que le mariage lui aura conféré.

Le but naturel assigné aux unions matrimoniales et qui paraît le plus inséparablement connexe à cet acte, c'est la *jouissance sexuelle*. Il serait donc contre l'esprit et l'objet de ce contrat qu'un homme qui viendrait d'acquérir la qualité d'époux légitime, n'eût point — ne fût-ce que pour une seule fois — le droit de réaliser cette jouissance constituant tout à la fois l'essence, le mobile et la raison d'être de ce contrat.

D'après cette manière de voir l'acte ou la formule répudiatoire ne commencerait son action qu'après que l'acte matrimonial aura été *dûment* et *parfaitement* accompli. Or le mariage n'est réputé *parfait* qu'à la condition d'être *consommé*.

Mais cette hypothèse nous paraît forcée. La validité complète du mariage est indépendante de sa consommation. Si donc il y a eu mariage, il doit y avoir eu, aux termes de cette doctrine elle-même, dissolution concomitante, sans intermission, de ce même mariage et, par une conséquence inévitable, impossibilité légale de le consommer. Comment, d'ailleurs, pourrait-on consommer une chose qui n'existe plus?

Voici maintenant un résumé de l'hypothèse qui nous paraît bien plus rationnelle que cette dernière tentative apologétique du cas en question, bien que, en vérité, elle implique, à la charge du mari, une accusation grave: celle d'avoir commis un commencement de crime pouvant entraîner contre lui une peine sévère, même celle de mort par lapidation, dans le cas où il se serait trouvé, au moment du fait, en possession de femme légitime [1]) l'hypothèse dont il s'agit consiste à supposer que cet homme avait eu, tout d'abord, un commerce illicite avec la femme dont il est question dans ce dernier exemple, mais que, juste dans le moment même où le phénomène de la conception allait *s'effectuer* sous l'action actuelle du mari, celui-ci a dit à la femme, jusqu'ici étrangère et simple complice de débauche: *„je t'ai épousée"* (23).

A raison de cette présomption, qui ne manque pas d'une certaine finesse, la grossesse qui s'est dénouée en l'accouchement survenu à six mois entiers du divorce, sera ramenée sous le régime matrimonial, et l'enfant sera légitimé en vertu d'une raison parfaitement légale.

Il est évident que dans cette coïncidence du mariage avec l'acte de la fécondation, les trois faits intellectuellement séparables du *mariage*, de la *conception* et *du divorce*, n'auront eu qu'un seul point de départ et, par conséquent, une seule et même *date*.

On doit, en conscience, admirer cette solution, alors même qu'on ne partagerait pas les idées, plus ou moins discutables, qui ont pu l'inspirer.

La retraite qui s'impose à la femme par devoir de

---

[1]) Il y aurait dans le commencement de l'acte objet de cette hypothèse, tous les éléments d'une criminalité justiciable de la loi. On sait, d'ailleurs, que ce qui constitue le caractère illicite d'une jouissance extra-légale, c'est le seul fait constaté de la première évolution, sans égard à celle qui pourrait faire défaut et qui marquerait le dénoûment et l'objet final de l'acte en question. Mais la peine encourue par le fait d'avoir commencé ou entamé un acte illégal est conjurée par le fait réparateur du mariage subséquent survenu au cours même du fait criminel — ce qui, vu *l'unité* du fait dont la première partie seulement est illicite, a mérité au coupable le bénéfice de *l'indivisibilité* dans le sens de la partie licite et qui se trouve être, dans ce cas, la plus favorable au délinquant.

veuvage c'est-à-dire à la suite de la mort du mari, est de quatre mois et dix jours.

Les auteurs musulmans ne paraissent pas fort édifiés sur la cause qui a pu déterminer l'adoption de cette période de temps comme retraite de viduité, ni sur cette minutieuse précision qui semble devoir se rattacher à une raison claire et inéluctable.

Le commentateur du „*Dorre*“ risque, sur les origines *étiologiques* de ce terme et de la précision fractionnaire avec laquelle il est exprimé, la conjecture suivante, présentée avec une réserve assurément fort éloignée des allures souvent trop décidées de son langage.

Peut-être, dit-il, ce terme a-t-il été adopté en considération du fait connu que l'embryon commence à se mouvoir dans le sein de sa mère à la fin du troisième mois, s'il est du sexe „masculin, et au bout du quatrième s'il est du „sexe féminin. La loi, conclut-il, dans ce cas aurait „choisi, pour plus de sûreté, le terme le plus long“ (24).

On ne saurait cependant douter que le choix de ce terme et la précision avec laquelle il est exprimé ne se rattachent à un passage bien des fois répété dans le Coran.

On lit dans ce livre chap. XXII 5 les paroles suivantes: „Hommes! si vous êtes dans le doute par rapport à „la résurrection, songez que nous vous avons créés de „terre, puis d'une goutte de sperme, puis d'un vermisseau, „puis d'une pâte de chair formée (dans certaines de ses „parties), et non formée“ (dans certaines autres) et plus loin, au chap. XIII, 12, 13, 14: „Nous créâmes l'homme „d'un extrait d'argile, puis nous fîmes de lui une goutte „de sperme que nous plaçâmes au fond d'un récipient „solide, puis nous créâmes la goutte de sperme vermisseau,

„puis nous créâmes le vermisseau pâte de chair, puis nous „créâmes la pâte de chair (squelette) d'os, puis nous revê- „tîmes l'os de chair, ensuite nous fîmes de tout cela „une tout autre créature“ (25).

Cette histoire ou description du développement embryonnaire est reproduite dans les mêmes termes, quoique sous forme plus sommaire, aux chapitres XL 69 et LXXV 38.

Si, après avoir noté les six phases de transformation par lesquelles l'auteur fait successivement passer la première *goutte* de *sperme*, nous nous rappelons que le terme de six mois est regardé comme suffisant pour la formation complète de l'enfant, on est irrésistiblement porté à croire qu'on tient dans la main le fil qui mène aux origines du terme assigné à la retraite de viduité, c'est-à-dire au terme si bizarre en apparence de quatre mois et dix jours.

En effet, si une gestation de six mois suffisait pour faire parvenir l'embryon d'un être humain à sa dernière limite de croissance et de formation, il s'ensuivrait nécessairement que chacune des six phases signalées dans le Coran correspondrait à un mois de la durée *minimum* d'une gestation légale. A ce compte le premier mois correspondrait à l'état de *sperme* en incubation; le deuxième, à l'état de *vermisseau*; le troisième à la période pendant laquelle cet animalcule est transformé en une *pâte de chair;* le quatrième à la phase de *squelette* (charpente); le cinquième au *revêtement* du squelette d'une *couche* de *chair*, et enfin le sixième à l'époque où la résultante définitive de ces développements *essentiellement passagers* aura été formée, et qu'elle aura revêtu un aspect désormais fixe et, par conséquent, tout nouveau.

Nous croyons que cette nouvelle amplification que nous venons de donner à la sixième et dernière phase traduit exactement le sens de ces paroles du Coran „*et* „*ensuite nous en fîmes une tout autre créature*“.

Le quatrième mois correspond à la phase où l'embryon, déjà *charpenté,* aura acquis assez de force pour pouvoir s'agiter ou se mouvoir dans le sein de sa mère et donner, par ce fait, des signes *visibles* de son existence, et rendre, par là, impossible toute incertitude à cet égard. Les dix jours auront été ajoutés uniquement par surcroît de précaution, afin qu'il ne puisse rester aucune trace de doute sur le véritable état de cette femme.

On peut s'étonner que cette explication, si conforme aux passages précités du Coran, ait échappé aux auteurs les plus distingués de l'Islam et qui se sont le plus étendus sur cettte matière.

Ajoutons que cette manière d'envisager l'histoire du développement embryonnaire joue, en justice pénale, un rôle d'une importance majeure; elle sert de base à l'estimation du degré de criminalité qu'il y aurait lieu d'attribuer au fait d'un *infanticide* ou à celui d'un *avortement* artificiel. Nous remettons à en parler au moment où nous aurons à présenter un exposé de la législation pénale des peuples musulmans. Nous nous bornons, pour le moment, à constater ce fait, tout particulièrement grave, que la législation musulmane n'est nullement sévère à l'égard de pareils crimes, et que les moyens *abortifs,* de quelque nature qu'ils puissent être, ne sont regardés comme des faits *répréhensibles* qu'à partir du moment où, selon la physiologie coranique, l'embryon sera entré dans la phase de sa formation définitive *d'être vivant* et *humain.*

Divorce.

On a vu combien doivent être relâchés, dans une société musulmane, les liens des unions matrimoniales. Les traits distinctifs par lesquels un mariage musulman diffère des unions illicites et passagères sont si superficiels, et surtout si aisés à produire et à faire disparaître, en dehors de toute juridiction publique, qu'on est parfaitement autorisé à affirmer que dans la législation musulmane le mariage proprement dit n'existe pas. Cette union, ou, plutôt, cette manière de *légitimer* les *rapports sexuels* entre deux individus de sexes différents, s'établit, de plein droit, par la seule vertu magique de la formule sacramentelle échangée entre les deux parties, dût-elle avoir été arrachée par la force ou produite à la suite d'une méprise évidente; elle se défait encore plus facilement, par la simple énonciation de la formule non moins *cabalistique* du divorce, alors même que cette terrible formule aurait été prononcée sans *intention*, dans un moment de *colère*, d'absence *d'esprit*, par *plaisanterie*, sous l'influence de *l'ivresse* d'une manière enivrante non licite (26) par *contrainte*, voire même sous forme de condition subordonnée à la *volonté* d'un *tiers*, etc. Avons-nous besoin de faire ressortir .cette incontestable vérité que dans nos mœurs et sous l'empire de nos lois on met, souvent, plus de façon, plus de forme, bien plus de temps à se défaire d'une liaison *irrégulière* et que, généralement, une rupture de ce genre nous coûterait bien plus de peine que ne saurait le faire un divorce selon la loi musulmane.

Les seuls points de différence réelle entre une cohabitation extralégale et un mariage musulman consiste dans cette seule circonstance que le divorce entraîne, à l'égard de l'épouse divorcée, l'obligation d'une vacance forcée. pendant la retraite légale dont la durée est fixée à trois époques de menstrues, ou, en cas d'inaptitude à la production du flux mensuel, à trois mois d'attente ou de simple *abstinence sexuelle*. On peut, il est vrai, ajouter à ce petit nombre de traits distinctifs deux dispositions d'un ordre d'idées plus sérieuses, les *seules*, d'ailleurs, qui donnent aux unions musulmanes un caractère matrimonial: 1° que pendant la retraite légale qui fait partie de la période *active* du mariage la *successibilité* est maintenue entre les deux conjoints, en sorte que si l'un des époux vient à mourir, endéans le temps matrimonial, l'époux survivant est admis à hériter de l'époux décédé; 2° que les enfants qui naissent pas plus tôt que six mois depuis le mariage, et pas plus tard que deux ans depuis la rupture de cette union, sont imputés, *obligatoirement*, au mari de cette femme.

Mais il faut remarquer que rien n'est plus aisé que de prévenir la première disposition en divorçant sous forme triple, ou sous une forme de répudiation majeure, *Batte*. La seconde seule reste imposée; mais on peut également la *conjurer* en ayant soin de se marier, ou plutôt d'échanger la formule sacramentelle avec une femme de bonne composition qui consentirait à se prêter à cet acte sans intervention de témoins. Dans ce cas l'union, tout en restant parfaitement licite, pour ce qui regarde les rapports sexuels, gardera toujours le caractère d'un acte vicié et par conséquent susceptible de rescision à la demande de l'un ou l'autre des époux (27) et, sauf le droit *facultatif* à la paternité ou à la filiation réservé au mari, il ne produira aucun autre effet juridique, extérieur ou social.

L'absence du caractère matrimonial ne provient, donc, pas seulement de la faculté illimitée de contracter mariage en dehors de toute immixtion de l'autorité judiciaire, mais encore, et surtout, de cette facilité discrétionnaire accordée à l'époux de le dissoudre à volonté, sans aucune intervention de la justice et sans que l'exercice de cette faculté implique d'autre obligation à sa charge que de fournir à la femme divorcée une pension alimentaire durant le temps de l'attente. On sait, d'ailleurs, que cette période de la retraite dépasse rarement une trentaine de jours, et que selon l'avis des Schytes elle peut descendre jusqu'à 26 jours. La pension, d'ailleurs, est calculée sur la base d'un entretien purement matériel et contenu dans les limites du plus strict nécessaire. Le mari divorçant est tenu de fournir à la femme, durant le temps de sa retraite, une *ration* d'aliments *suffisante* à la *sustention* de la vie, et un vêtement approprié à la saison où le divorce a été prononcé. Aucun superflu, encore moins un entretien luxueux, ne peuvent être exigés.

Mais, chose vraiment frappante! c'est dans cette législation où le mariage diffère si peu des unions illicites et passagères, où il se confond, souvent, avec une sorte de concubinage ouvertement *salarié,* que les lois contre l'adultère sont, *en principe*, les plus sévères, les plus redoutables.

Il semble que le législateur musulman, qui a tout fait pour réduire les liens du mariage à une simple convention momentanée avec tout le caractère d'une union libre et absolument potestative du côté du mari, essentiellement mercenaire et forcée du côté de la femme, ait enlevé, par l'immense facilité qu'il a donnée à l'homme de varier les jouissances sexuelles, toute excuse à la recherche de plaisirs encore plus capricieux.

Sous la dénomination euphémique de „*mariage*“ la législation musulmane offre au croyant toutes les commodités des liaisons libres et toutes les séductions de la concupiscence la plus effrénée.

Un concubinage réel est doté du nom sacré de mariage, mais dans lequel, il faudra toujours le reconnaître, l'intérêt de la progéniture a été, sinon entièrement, du moins en grande partie, préservé et entouré de quelque mesure de protection qu'une organisation sociale, encore rudimentaire, devait, naturellement, trouver suffisante.

Enfin, il est certain que des trois grandes confessions qui dominent sur notre hémisphère, la religion mahométane est celle qui, en principe, sévit le plus sévèrement, le plus cruellement contre l'adultère, et cela précisément parce qu'elle a fait du mariage quelque chose de singulièrement approchant de l'acte même sur lequel elle avait déversé toute sa colère, et appelé les plus épouvantables châtiments!

Jetons d'abord un rapide coup d'œil sur le divorce d'après les deux grandes religions qui ont précédé l'Islamisme, ce sera le meilleur moyen de comprendre cette dernière législation, malgré les singularités et les contradictions sans nombre dont elle nous offre l'effrayant assemblage.

On lit dans le «Deutéronome» chap. XXIV, 1, 2, 3, et 11, où le divorce paraît toléré, mais en tant que décidé pour de justes causes, les paroles suivantes:

«Si un homme épouse une femme et que, après cela, «elle ne trouve pas grâce à ses yeux à cause de quelque «chose de honteux, (apparemment quelque chose de dé«goûtant) il écrira pour elle une lettre de répudiation, «la lui remettra dans la main et la mettra hors de sa «maison. Si après être sortie de chez son mari elle en «épouse un autre et que celui-ci la répudie encore, ou «qu'il vienne à mourir, son premier mari ne pourra plus «la reprendre, parce qu'elle est souillée et abominable (à «l'égard, sans doute, du premier mari) aux yeux du Sei«gneur».

La première partie de ce passage semble donner au mari une faculté illimitée de divorcer; elle n'est subordonnée qu'à une seule condition: n'avoir pas trouvé grâce aux yeux du mari; mais ce qui suit semble destiné à mettre quelque limite à ce pouvoir: — *en découvrant en elle quelque chose de honteux*, selon nous: de *dégoûtant* ou d'incompatible avec les fonctions à l'exercice desquelles elle est *destinée* à se prêter.

Cela tient, évidemment, du droit naturel de la vente, contrat auquel le mariage est assimilé dans toutes les religions, à l'exception du christianisme, qui *seul a* donné au mariage le caractère d'une *association* à titre égal, ou d'une union destinée à former *l'unité* finale et organique des deux sexes. En effet il est de droit naturel pour l'acheteur de résilier l'acte d'achat, et de rendre au vendeur les objets qu'il lui avait achetés, si, après la conclusion de ce contrat et la livraison des objets, l'acheteur a découvert en eux des défauts situés dans des endroits destinés à rester, jusqu'à *l'usage*, absolument invisibles, ou qui, en considération de certaines convenances, ne sont pas susceptibles d'être soumis à un examen d'inspection préalable.

L'Ecole de Hilel, disciple lui-même de Samma'ïas, qui vivait peu de temps avant l'ère chrétienne, enseignait que la moindre raison suffirait pour autoriser le mari à répudier sa femme; mais, enfin, il fallait une *raison*, ne fût-ce que celle de n'avoir pas plu à son mari, et puis, il fallait absolument *avoir voulu* ce divorce, ce qui devait être constaté par un document authentique remis à l'épouse divorcée. Cette circonstance met, à elle seule, le mariage juif bien au-dessus du mariage musulman. Nous verrons, en effet, que chez le peuple de ce nom le seul fait d'avoir prononcé les termes répudiatoires suffit pour briser les liens du mariage. L'intention et la *volonté* peuvent rester entièrement étrangères à l'exercice de cet acte.

Hillel, il faut l'avouer, mettait au nombre des motifs qui autorisent le divorce le cas où la femme serait incapable de faire au mari une *bonne cuisine*, et même celui où il aurait trouvé une autre femme qui lui plût davantage; mais ce sont toujours là des motifs exigeant, au moins, l'intervention de la volonté, ou le désir d'avoir une femme qui fût plus de son goût. Rien de cela n'est nécessaire dans la religion musulmane.

Quant au christianisme, pour lequel l'union matrimoniale représente l'accomplissement parfait du phénomène vital dans les êtres organiques et la femme, une partie intégrante de l'entité humaine, la désunion ou la dissolution du mariage est nécessairement envisagée avec le même sentiment de répulsion ou d'horreur que s'il s'agissait de l'amputation d'un des membres les plus importants du corps humain. Elle n'est permise que dans les cas extrêmes, et alors seulement où la conservation du reste du corps est au prix de cette cruelle mutilation.

«L'Evangile semble, en effet, limiter le droit de répu-
«dier sa femme au seul cas d'adultère. Il a été dit aux
«anciens, lisons-nous dans St-Mathieu, chap. V, 32, si
«quelqu'un répudie sa femme qu'il lui donne des lettres de
«divorce. Or moi je vous dis: Quiconque répudie sa femme
«*si ce n'est pour adultère*, il l'expose à devenir adultère,
«et celui qui épouse une femme répudiée, commet lui-même
«un adultère».

Ce passage a été interprété diversement par les Eglises chrétiennes. Toutes, à l'exception de l'Eglise romaine, ont vu dans cette réserve du Christ „*si ce n'est pour adultère*" une autorisation formelle de dissoudre le mariage pour cette cause.

Pour l'Eglise de Rome le passage ne renferme qu'un simple enseignement moral tendant uniquement à mettre les fidèles en garde contre les conséquences immorales du divorce. Il signifierait que la femme divorcée, *à moins d'avoir été déjà* adultère, sera exposée, par le fait même de son isolement, de sa faiblesse et de l'absence, pour elle, de tout surveillant ou protecteur, à présenter une proie facile à la tentation et aux séductions des sens. Quant à la seconde partie du passage où le mariage avec une femme répudiée est qualifié d'adultère, il ne ferait, selon cette Eglise, que renforcer la doctrine de l'indissolubilité du mariage. En effet, si aucune circonstance ne peut briser les liens du mariage, il en résultera que la femme qu'on croirait, suivant la loi de Moïse, avoir été légalement répudiée, n'en resterait pas moins liée par son mariage à son mari, alors même que celui-ci aurait cru l'avoir répudiée.

De là, concluent les docteurs catholiques, la qualification d'«adultère» appliquée au mariage qu'un étranger contracterait avec elle.

Quoi qu'il en soit, il ne serait que juste de demander si la dernière partie de ce passage... *„et quiconque épouse une „femme répudiée, commet une adultère"*, doit signifier que *le seul fait*, pour une femme, d'avoir été *répudiée*, lui mériterait une condamnation irrévocable à un éternel célibat. On peut, à la rigueur, comprendre cette interdiction pour le cas où le mariage de cette femme n'aurait pas été effectivement annulé pour cause d'adultère, et cela pour la raison bien simple qu'elle n'a pas été *répudiée* en réalité, et que celui qui l'épouserait, contracterait une union matrimoniale avec une femme encore en possession de mari; mais condamner la femme à cette éternelle privation de tout droit à l'exercice d'une faculté naturelle, uniquement parce qu'elle a *commis* un *péché*, et non parce qu'elle est encore mariée et, par conséquent, *incapable* de *convoler* à un *second mariage*, nous paraît peu conforme à l'esprit de l'Evangile. Pouvait-il, vraiment, entrer dans les vues du Christ, de l'Être le plus doux, le plus compatissant; qui pardonna à la Madeleine, et ne repoussa point les larmes d'une sincère pénitence; qui ne voulait pas que la femme fût *exposée* aux périls des *tentations* que l'état de femme divorcée pourrait lui susciter, peut-il entrer dans son intention de la vouer ainsi, faible et sans appui, à une lutte terrible, dangereuse, éternelle, et à laquelle, bien des fois, les plus forts ont succombé?

.....« Mais pour prévenir la fornication, disait saint Paul, que chaque homme ait sa femme et que chaque femme ait son homme, I Corinth. VII 2, et ici, en face de l'Eglise faisant du mariage un grand sacrement, (28), de l'Apôtre des gentils, qui en fait un moyen de sanctifier la femme même, ch. 14, de Jésus lui-même chassant la foule des accusateurs hypocrites, écrivant sur le sable de terrifiantes vérités, on placerait préalablement, froidement et de propos délibéré, une femme manifestement faible, *prise d'adultère*, en butte aux plus dangereuses des convoitises humaines; on la condamnerait à rester, durant toute sa vie, exposée aux dangers de retomber dans cette même faute pour laquelle elle a été répudiée [1])! Exiger d'une femme faible et qui venait justement de donner une preuve évidente de la fragilité de sa nature, des efforts exceptionnels pour rester chaste; la priver d'un droit organique d'exercer une faculté dont la nature elle-même a marqué la *destinée;* lui refuser jusqu'au moyen de se *réhabiliter* par *l'amour* véritable ou par la *maternité;* lui refuser surtout le moyen d'enlever à la chair le prétexte ou le mobile du désordre; exiger cela, serait, pensons-nous, méconnaître le cœur paternel du Maître divin, fermer la porte à la pénitence, à la réhabilitation et ouvrir la voie à tous les périls, à toutes les tentations!

---

[1]) *Ποιεῖ αὐτὴν μοιχᾶσθαι* en latin: Facit eam mœchari.

Il est surprenant que le sens si clair et si naturel de ce passage n'ait pas été saisi par la plupart des orientaux. En Syrie et en Palestine ces

Ces remarques nous paraissent bien naturelles, et, par conséquent, parfaitement justes, mais on ne saurait, non plus ne pas reconnaître, avec une égale raison, que, au point de vue de la raison législative et de l'ordre social, il serait absolument contraire à l'objet final de la loi de n'attacher d'autre suite aux infidélités de la femme que de lui procurer, par des voies légales, son affranchissement de toute dépendance matrimoniale, et de briser, en faveur de ses passions, les liens d'un mariage qu'elle abhorrait, ou dont elle ne savait respecter les devoirs. Ce serait faire d'une infraction future la prime d'une infraction passée ; une sorte d'autorisation légale à faire prévaloir sa passion, son caprice, sur les exigences de la loi. Si la femme coupable n'avait à recueillir de son désordre, de sa trahison, que la possibilité de satisfaire une passion criminelle, un caprice honteux, ou un mauvais penchant ; si elle devait enfin acquérir, à la faveur même d'un crime, la faculté d'épouser son complice, ou un autre individu qu'elle aurait préféré à son mari, le crime ne serait plus qu'un *brevet de crimes* et, finalement, la négation radicale et systématique du mariage.

Ces observations sont encore aussi justes, aussi vraies que les premières. Nous croyons que toute tentative de réfuter, soit les unes, soit les autres, n'indiquerait, dans le premier cas, qu'un certain penchant, d'ailleurs fort

---

paroles du Christ ont toujours été interprétées dans le sens d'une implacable condamnation de la femme coupable à un éternel célibat, c'est-à-dire (chose incroyable!) à être mise précisément dans cette même situation contre laquelle le Sauveur voulait nous mettre en garde en la déclarant *capable* de mener à *l'adultère!* (29)

naturel pour l'homme, à user de trop de sévérité à l'égard de la femme, et ne révèlerait, dans le second, qu'une connaissance imparfaite des véritables intérêts de la vie sociale.

Notre conclusion, toute contradictoire qu'elle pourrait paraître, serait toujours celle-ci : 1° qu'il serait éminemment inique et imprudent à la fois de condamner à un éternel veuvage la femme dont on aurait, à tort ou à raison, autorisé le divorce; 2° qu'il serait également inique et non moins dangereux de forcer un homme à rester engagé dans les liens du mariage avec une femme sur la fidélité de laquelle il lui serait, désormais, impossible de compter, et qui mettrait, à tout moment, ses affections et ses devoirs de père aux prises avec la terrible, l'affreuse incertitude de sa paternité à l'égard des enfants auxquels cette femme pourrait, dans la suite, donner le jour!

La résultante de ces deux propositions, en apparence irréconciliables, ne saurait être qu'une proposition tierce qui satisfasse à l'une et à l'autre indistinctement. Nous croyons rester dans les limites d'une exégèse parfaitement logique en avançant la proposition suivante, déduite des deux dernières, à savoir qu'il doit dépendre du mari offensé de garder sa femme convaincue d'adultère, ou de la répudier, et que le divorce une fois prononcé, si tant est qu'il soit juste et conforme au précepte évangélique et à l'intérêt social d'en venir à cet acte, doit nécessairement avoir pour conséquence de rendre à chacun des deux époux sa liberté pleine et entière, en sorte qu'il puisse contracter un autre mariage, à cette seule restriction pénale pour l'époux coupable qu'il lui sera à jamais interdit d'épouser la personne qui avait été son complice.

En face d'une situation si complexe on est forcé de reconnaître que le divorce est un des plus terribles problèmes de notre civilisation; mais, tout considéré, on doit préférer l'indissolubilité chrétienne, même absolue, au divorce musulman. Toute cause que l'on déclarreait suffisante pour le justifier, se transformerait, pour chacun, par la possibilité matérielle de sa réalisation, en un moyen légal de se *démarier* à volonté, et aboutira, en pratique, à la destruction du caractère constitutif du mariage.

Nous ne pouvons pas, cependant, nous dissimuler que le célèbre Origène, dont personne n'oserait mettre en doute ni la science exégétique ni la profonde sincérité de ses interprétations, ni surtout le respect sans bornes qu'il professait pour les traditions de l'Eglise, semble ne faire aucune difficulté d'admettre le divorce, non seulement pour le cas d'infidélité visé par le Christ, mais pour d'autres fautes encore, parmi lesquelles, sans doute, le péché d'impureté se présente comme un des nombreux et principaux exemples des cas où le divorce est autorisé.

Cette opinion du grand et excentrique magister n'est point partagée par les Pères de l'Eglise. Ceux-ci ont presque tous limité la faculté du divorce au seul cas d'adultère; mais c'est là, précisément, que gît le vrai problème; il ne paraît pas, au moins d'une manière suffisamment claire ou irréfragable, qu'ils aient entendu par l'acte du divorce la dissolution complète et définitive de toutes les attaches matrimoniales. Il paraît, plutôt, que, tout en l'admettant pour le cas d'infidélité matérielle, ils n'avaient guère d'avis bien arrêté à l'égard du droit des époux séparés par un divorce, pour quelque cause que ce soit, de convoler librement à de nouvelles noces. Tertullien, il est vrai, l'admet d'une manière positive, et Origène raconte que de son temps ce droit était accordé par *quelques* évêques; mais nous doutons que les Pères de l'Eglise proprement dits se soient exprimés catégoriquement dans ce sens (30 bis).

Un des canons attribués aux apôtres, le 48me, refuse formellement au conjoint qui aura répudié sa femme la faculté de se remarier avec une autre. Plusieurs papes des premiers temps de l'Eglise, tels que saint Sirice, qui régna de 385 à 398, et Innocent Ier, qui gouverna l'Eglise de Rome de 402 à 417, condamnèrent dans leurs décrétales les mariages contractés par des époux *divorcés*. Telle est jusqu'ici, d'ailleurs, la discipline de cette Eglise, qui repousse tout droit à une rupture définitive et parfaite des liens du mariage, même au cas où un *divorce légitime*, aux termes du précepte évangélique, aura été prononcé entre les deux époux. Elle soutient — sauf le cas d'une dispense suprême, — que les liens matrimoniaux restent indissolubles à leur égard, malgré le crime d'adultère dont l'un d'eux se serait rendu coupable, et nonobstant le divorce légal qui aura été obtenu contre ce dernier.

Disons, enfin, que la question a été traitée par saint Paul d'une manière sommaire, mais suffisamment magistrale pour mettre en évidence le sentiment du grand apôtre et les raisons sur lesquelles il les appuyait.

L'apôtre des Gentils paraît plutôt conclure dans le sens de *l'indissolubilité absolue* que dans le sens d'une rupture parfaite, même en cas d'adultère. „Que la femme, „écrit saint Paul, ne se sépare point de son mari, mais „si elle s'en sépare qu'elle ne contracte point un autre „mariage, ou qu'elle se réconcilie avec son mari.“ Corinth.

I, VII, 11. Ce qu'il dit immédiatement après ce précepte, qu'il présente comme étant émané directement de Dieu, autorise à penser qu'il entendait par la séparation une cessation des rapports conjugaux motivée par l'infidélité de l'un ou l'autre des deux conjoints, et qu'il subordonnait la légitimité de cette séparation au désir même de l'époux coupable, puisqu'il dit „quant aux autres (c'est-à-dire ceux „qui sont mariés), je leur dis, moi et non le Seigneur: „si quelque frère a une femme *infidèle* et qu'elle consente „à habiter (c'est-à-dire à vivre) avec lui qu'il ne la quitte „point; et si quelque femme a un mari *infidèle* et qu'il „consente à vivre avec elle, qu'elle ne le quitte point; car „le mari infidèle est sanctifié par la femme, et la femme „infidèle est sanctifiée par le mari, autrement vos enfants „seraient impurs, et cependant maintenant ils sont saints. „Si l'infidèle veut se séparer qu'il le fasse". Idem vers. 12, 13, 14, 15.

Il est évident qu'on ne saurait prendre le mot *infidèle* dans le sens de *mécréant* qu'en forçant le sens naturel de ces passages et en y introduisant un élément de difficultés dialectiques qu'aucune circonstance du récit apostolique ne paraît imposer à l'intelligence. En effet, *l'impureté* des enfants dont parle saint Paul ne peut être que le résultat d'une souillure corporelle et non, évidemment, la conséquence d'une *descendance* d'un parent *mécréant*, ou de la profession, par hérédité ou par conversion, d'une autre religion que celle du Christ. Des enfants ne peuvent être qualifiés d'impurs que dans le cas où ils auraient dû le jour à des rapports criminels ou *impurs*.

Une autre difficulté non moins sérieuse avait été

soulevée de très bonne heure au sein de l'Eglise, et elle reste encore, sinon entièrement ouverte, du moins susceptible de solutions diverses. — C'est la question de savoir si la femme possède, au même titre que l'homme, le droit de répudier son époux infidèle. Le 8me canon attribué aux apôtres semble dénier ce droit au sexe faible (30). Un des Pères les plus distingués de l'Eglise d'Orient, saint Basile, tout en reconnaissant au mari trompé le droit de répudier sa femme infidèle, conteste cette faculté à la femme victime d'un pareil méfait de la part de son époux (31). On sait que le droit français moderne n'admet, à cet égard, une réciprocité de droits entre les conjoints que dans le seul cas où le mari aurait ouvertement manqué aux devoirs du mariage en introduisant la complice de son désordre dans l'intérieur même du domicile conjugal (32).

L'Église n'inflige au conjoint infidèle que des peines canoniques ou de pénitence, mais dans lesquelles aucune interruption des rapports conjugaux n'est imposée au coupable. Cette circonstance permet de croire que dans le sentiment de l'Église, les liens du mariage ne sont point *rompus* par le fait même de l'infidélité de l'un des époux, mais qu'ils subsistent encore, malgré le crime d'adultère, dans toute leur intégrité sacramentelle, et que c'est précisément pour cette raison de fait, que l'époux coupable est soumis à une pénitence canonique. En effet, cette dernière obligation serait un acte absolument inexplicable si elle ne devait pas être unie à l'espoir autorisé et justifiable du pardon. Tout démontre, enfin, que selon les vues de l'Église, les époux ne pourront, dans aucun cas, cesser d'être liés entre eux par les liens du mariage, et que la morale chrétienne trouve inique et imprudent à la fois de condamner l'épouse adultère à être entièrement *déliée* de ses engagements matrimoniaux, par la seule raison qu'il lui a *plu* de s'en *délier,* et de lui infliger, ainsi, une peine qui ne serait, au fond, qu'une satisfaction offerte à des passions ou à des caprices aussi honteux qu'ils sont peu dignes d'être pris en considération.

Ajoutons que le divorce n'étant obligatoire dans aucun cas, il doit s'ensuivre que l'adultère, qui pourrait, selon une grande partie des Eglises chrétiennes, autoriser le divorce, ne l'impose cependant d'une manière obligatoire, de leur avis unanime, à personne.

Nous pouvons, d'ailleurs, déduire de la peine pénitentielle infligée à l'époux coupable la conséquence très intéressante que, au point de vue purement religieux, il est possible à l'époux infidèle d'obtenir la rémission de sa faute, de se réhabiliter et, par conséquent, de se réintégrer dans la plénitude de sa situation première, tout comme si la faute n'avait pas été commise. La pénitence, nous insistons sur ce point, serait moralement impraticable sans l'espoir du pardon et, partant, d'une complète réhabilitation de l'époux coupable.

Arrivé à ce point de notre étude nous trouvons opportun de rappeler, encore une fois, qu'on ne saurait signaler un seul des cas où le divorce serait autorisé, qui ne puisse être produit à *volonté*, et à un *moment donné*, par l'époux qui aurait le désir de briser les liens qui l'unissent à l'autre, et cela sans qu'il en résulte pour lui la moindre peine, ni le moindre dommage.

Le divorce se présentant, dans les deux religions juive et chrétienne, comme un fait juridique *connexe* au crime d'adultère, dans ce sens, au moins, que ce crime constitue, selon la législation de Moïse et la discipline de toutes les Eglises, à l'exception de celle de Rome, un fait *essentiellement dissolutoire* du mariage, nous trouvons inévitable de faire — en passant — un exposé sommaire de la manière dont l'adultère était regardé dans la Synagogue, dans presque toutes les Eglises chrétiennes, et, en général, chez les païens de l'ancien Orient.

En Occident, où les lois sur l'adultère étaient généralement plus douces que celles de l'Orient, la femme coupable était presque épargnée, en sorte qu'elle n'était soumise qu'à des peines spirituelles. L'Eglise d'Orient, qui avait admis le divorce dans certains cas extrêmement graves, sévissait avec plus de rigueur contre le péché d'impureté et donnait à cet égard un pouvoir très étendu au mari trompé. Justinien permettait à l'époux outragé de tuer son épouse surprise en flagrant délit, (33)—et cette loi a eu cours parmi de très fervents chrétiens. On sait que la loi française voit dans le flagrant délit une excuse du meurtre commis par le mari sur sa femme, aussi bien que sur la personne de son complice. Le code théodosien condamne l'époux adultère à être enfermé dans un sac cousu et à y rester jusqu'à sa mort (34); mais il ne paraît pas que cette terrible législation ait jamais reçu son exécution [1]). Le droit attribué au mari, au cas de *flagrant délit*, subsiste dans la législation de toute l'Europe moderne.

Solon permettait au mari outragé de punir sa femme

[1]) Ces peines paraîtraient bien douces à côté de celles imaginées par les Juifs et leurs serviles imitateurs, chez qui, cependant, la polygamie, c'est-à-dire la.... *déshumanisation* de la femme, et le divorce, c'est-à-dire la négation du mariage, sont inscrits en tête de leurs lois.

coupable, à volonté, sans référer le cas à la justice (35). Chez les anciens Egyptiens on punissait le seul fait de la fornication simple en infligeant à la femme mille coups de fouet, et à l'homme l'ablation du nez. C'est Diodore de Sicile qui l'affirme (36). En Europe l'empereur Macrin faisait brûler vifs les deux coupables (37). Constantin infligea un jour la même peine à un esclave qui abusait en secret de sa patronne (38). Ammien Marcellin raconte que du temps de Valentinien (371 de J.-C.) et sous Valens — c'est-à-dire au 4me siècle de notre ère — on faisait exécuter par le glaive les coupables de l'un et de l'autre sexe (39).

La Bible est pleine d'exemples de l'horreur incommensurable qu'inspirait ce crime aux anciens Juifs, et même à toute la race de Sem, dès avant la loi de Moïse. Job manifeste son horreur de l'adultère par cette violente imprécation: „Si mon cœur s'est laissé surprendre „par l'amour déréglé d'une femme; si j'ai dressé des em„bûches à la porte de mon ami, que ma femme soit dés„honorée par un autre et qu'elle soit exposée à une hon„teuse prostitution; car l'adultère est un crime énorme!" Job XXXI, 9—12.

L'idolâtrie, enfin, est souvent désignée dans ce livre sous le nom d'adultère et de prostitution. Se prostituer aux idoles, tomber dans l'adultère de l'infidélité, se livrer à la prostitution, etc., ce sont les expressions favorites des prophètes. Moïse, dans le Lévitique, met l'adultère au rang des crimes qui méritent le retranchement du milieu d'Israël — c'est-à-dire „*la mort*" Lévit. XVIII, 20, et ss.

Avant lui les mœurs étaient encore plus sévères. On lit dans la Genèse que Judas ayant appris que Thamar sa bru venait de commettre ce crime, s'écria qu'on la fasse venir et qu'on la brûle, Gen. XXXVIII, 24. On sait enfin que dans le temps appelé „patriarcal“ la polygamie et le divorce étaient la chose la plus naturelle du monde.

Chez les Juifs la peine qu'encouraient les coupables, c'était la peine de mort par lapidation, Deutéronome XXII 22 et Jean VIII 20.

Mahomet appliqua cette peine pour la première fois, par imitation des lois juives, à une femme d'origine hébraïque appelée El Gamédiatte, qui venait d'embrasser la nouvelle religion. Elle était tombée, suivant la *légende* musulmane, dans ce désordre peu de temps après sa conversion. Tourmentée par un sentiment de remords invincible, elle vint trouver le Prophète et lui dit: O apôtre de Dieu, j'ai commis un adultère, et je porte dans mon sein le fruit de mon crime, punis-moi selon la loi de Dieu. — Je n'ai reçu, répliqua le Prophète, aucune instruction, à cet égard, de la part de Dieu; mais dis-moi, ajouta-t-il, quelle peine inflige ta première religion à ceux qui se trouvent dans un cas pareil au tien[1])? —

[1]) En face de cet empressement de la coupable à venir spontanément réclamer la punition de sa faute, Mahomet, qui ignorait la loi judaïque sur l'adultère, devait, tout naturellement, penser que cette punition n'était rien moins que sévère. On ne vient pas ainsi *revendiquer* son droit à *la mort*, et à une mort si cruelle. De là cette question adressée à la pénitente «quelle peine inflige ta première religion au crime d'adultère». Le Prophète, auquel on ne saurait dénier un certain fonds de bonté envers les femmes, a dû se sentir bien péniblement désappointé en apprenant quelle peine atroce réservait cette religion à ce genre de méfaits.

L'indifférence presque philosophique avec laquelle les chroniqueurs musulmans racontent ce fait est vraiment surprenante. On ne les voit, nulle part, faire le moindre effort pour expliquer ce manque de savoir du plus grand des prophètes sur l'existence d'une loi *divine* révélée par l'organe d'un *confrère,* d'un législateur comme lui, et qui existait

La loi de Moïse, répondit la pénitente, punit de mort par lapidation le crime d'adultère — je te supplie de me

---

déjà depuis plus de deux mille ans! Ils ci tent ce fait, réel ou légendaire comme s'il s'agissait d'une chose bien simple, oubliant les dons incommensurables de science et de lumières qu'ils ont, eux-mêmes, attribués au Prophète. Il est certain, au moins, que cette scène, qui présentait le plus grand des prophètes s'enquérant auprès d'une simple femme de ce que fut une loi divine communiquée avant lui, et par un prophète comme lui, n'était guère propre à exalter la foi des croyants en la science sans limite de leur prophète. Mahomet avait dit un jour à sa fille Fatime, qui se plaignait de la dureté de sa couche nuptiale: «Patience, ma fille «Moïse passa dix ans avec sa femme, n'ayant, à eux deux, d'autre «couche que l'épaisseur d'un manteau de vil prix» (40).

Il serait vraiment bien étrange qu'un détail si minutieux et si futile à la fois de la vie de l'homme *privé* ne fût point ignoré de Mahomet, alors que l'une des *lois divines* les plus importantes du *législateur* public aurait échappé à la sapience surnaturelle du grand prophète.

On sait, d'ailleurs, que selon la foi musulmane, la lumière, c'est-à-dire la vie ou la faculté intellectuelle de Mahomet, fut créée plusieurs milliers d'années avant qu'une chose quelconque fût sortie de la main de Dieu. Des incrédules, enhardis par cette apparente ignorance, ne se diraient-ils pas, dans le fond de leur âme: ce n'était guère la peine pour le Prophète de dater de si loin, ou d'avoir existé depuis si longtemps s'il devait, en dépit de cette incommensurable ancienneté, ignorer les manifestations précédentes de la volonté de Dieu, lesquelles ont dû, nécessairement, se produire sous les yeux mêmes de l'apôtre quasi éternel.

On expliquera, sans doute, cette singularité par une hypothèse qui n'aurait, d'ailleurs, rien d'impossible, à savoir que l'ignorance témoignée par le Prophète n'était rien moins que réelle; qu'il avait voulu paraître ignorer cette loi si sévère de son prédécesseur, uniquement pour s'assurer du degré de sincérité qu'il fallait attribuer aux sentiments de contrition manifestés par cette singulière pénitente. En effet, en face de cette apparente ignorance du Prophète, et au cas où il y aurait eu quelque teinte d'hypocrisie dans l'expression de sa douleur, la Gamédiatte n'eût point hésité à assigner une peine plus légère au crime dont elle venait s'accuser aux pieds du Prophète.

On peut même avancer, comme apologie de cette circonstance, que Mahomet, envoyé pour mettre sa législation à la place de celle de Jésus, et non pour la substituer à celle de Moïse, qui était déjà abrogée par la première, ne crut point nécessaire d'approfondir une législation qui, *de juri*, n'existait plus et n'avait, depuis longtemps, aucune valeur légale.

soumettre à cette même peine. Mahomet, vivement impressionné de la profondeur de ce repentir, et voulant épargner à la pauvre femme les horreurs d'une peine encore inconnue des siens et qui n'aurait pas manqué de soulever l'indignation des Arabes, lui dit, avec douceur, et espérant, sans doute, que le temps calmerait un zèle si excessif: Tu es enceinte, va-t'en, et lorsque tu auras mis au monde l'être innocent que tu portes dans ton sein, reviens me trouver. Quelques mois après elle se rend chez le Prophète et lui annonce sa délivrance d'un garçon, et réclame la peine qu'il lui *avait fait espérer*. Ce n'est pas assez, lui fit observer le bienveillant Prophète, ton enfant a encore besoin de toi, va, et lorsque tu auras cessé d'être nécessaire à sa vie, reviens m'en parler, mais, ajouta-t-il, pas avant deux ans! L'acharnée pénitente revint en effet à l'expiration de ce terme, menant par la main son enfant mordant dans un morceau de pain. Tu vois, ô apôtre de Dieu, lui dit-elle en se présentant à lui, cet enfant n'a plus besoin de moi; il est déjà temps que j'expie ma faute. „Ce n'est pas assez, répéta le Prophète non moins persistant dans sa compassion que cette singulière pécheresse dans la violence de son repentir, il faudra que quelqu'un se constitue tuteur de cet enfant jusqu'à sa majorité . . . va-t'en!"

Ce dernier expédient, auquel Mahomet, à bout de prétextes plausibles, avait recours pour éconduire l'étrange *solliciteuse*, n'eut aucun succès. Il se trouva par malheur au milieu de l'assistance un homme fort zélé — mais à coup sûr non moins imbécile — qui crut accomplir une action de sublime dévouement en s'écriant qu'il était prêt à servir de tuteur à cet enfant après la mort de sa mère . . . Le Prophète, poussé à bout, et ayant déjà épuisé tous les moyens dilatoires dont il pût disposer, ordonna qu'il fût procédé à sa mise à mort par lapidation, et la pauvre Gamédiatte eut la satisfaction de rendre le dernier soupir sous une grêle de pierres que de pieux musulmans lui lançaient avec une *tendresse*, un empressement, un zèle pour le moins dignes d'une meilleure cause(41).

Philon, le célèbre Juif de l'Ecole d'Alexandrie, assure que la simple fornication est passible du dernier supplice, et que pour l'adultère tous les hommes pieux s'accordent à le reconnaître digne de *dix mille morts*, et à admettre que tout bon Juif qui surprend un homme en flagrant délit d'adultère avec une femme mariée, alors même qu'elle ne serait pas la sienne, aura le droit de *mettre* à *mort* les deux coupables sans aucune forme de procès. Nous verrons que tel est exactement sur ce point le sentiment des légistes musulmans (42).

On sait que la preuve juridique, dans la législation de Moïse relative à l'adultère, consistait dans la déposition de deux témoins. — En dehors de cette preuve aucune démonstration par voie de déduction, ou qui serait fondée sur des indices extérieurs, quelque probants qu'ils puissent être, ne saurait faire foi en justice. Les Juifs se contentaient de deux témoins. Nous verrons plus loin que les musulmans, plus logiques ou plus désireux de rendre impossible une pareille démonstration, en exigent quatre et soumettent ces facteurs de la preuve juridique à des conditions de précision telles, que s'il est au monde une chose, une réalité absolument réfractaire à toute démonstration juridique, c'est certainement un cas d'adultère devant un juge musulman!

Parmi les pratiques fondées sur la Bible que les Juifs avaient adoptées et qui n'ont d'autre source que l'enseignement des rabbins, nous pouvons remarquer l'épreuve par l'eau d'amertume à laquelle on soumettait, à la réquisition du mari, l'épouse accusée ou seulement soupçonnée d'adultère, ou celle contre laquelle on n'a pu citer des preuves testimoniales suffisantes.

Quand un homme animé par un esprit de jalousie désirait savoir à quoi s'en tenir sur la moralité de sa femme, il l'amenait devant les Juges et déclarait qu'il croyait avoir quelque raison pour douter de sa fidélité; que, en tous cas et pour en avoir le cœur net, il demandait qu'elle fût soumise à l'épreuve de l'eau d'amertume.

Les Juges devaient d'abord essayer d'arracher des aveux à la femme accusée. Pour arriver à cette fin ils pouvaient non seulement l'effrayer par des menaces terribles, mais la coutume leur donnait le droit de la soumettre à une sorte de torture extrêmement pénible. Elle consistait dans une marche forcée à laquelle on l'obligeait à se livrer pendant un temps très long, afin de la fatiguer et d'abattre son énergie. L'excessive lassitude qu'elle en ressentait la disposait à être plus profondément impressionnée par l'aspect épouvantable du cérémonial qui devait accompagner l'épreuve.

Nous trouvons un récit complet de ce rite à l'usage des maris jaloux dans le livre des Nombres, ch. V, depuis le verset 12 jusqu'à la fin du chapitre. Il paraît que les Juifs y ont ajouté, dans la suite, d'autres procédures de forme d'un caractère encore plus *saisissant*.

Après avoir placé la femme objet du cérémonial inquisitorial près la porte orientale du temple (cérémonie d'invention purement rabbinique), on lui ôtait ses habits ordinaires en présence de la foule et on la revêtait de noir. Un prêtre s'avançait et lui disait que si elle se savait innocente elle n'aurait rien à craindre, mais qu'elle devait s'attendre à souffrir tout ce dont la loi de Dieu la menaçait au cas où elle serait coupable. Elle devait répondre: Amen!

Le prêtre écrivait sur un vélin, avec une encre facile à effacer, l'exécration suivante:

„ Si un homme étranger ne s'est point approché de „ toi; si tu n'es point souillée, ces eaux amères ne te „ nuiront pas, mais si tu t'es éloignée de ton mari et que „ tu te sois souillée en t'approchant d'un autre homme, „ que le Seigneur te rende un objet d'exécration, et que „ tu deviennes un exemple pour Israël et que ton ventre „ s'enfle, etc., etc. “

Après cela venaient une foule d'autres cérémonies. Un autre prêtre se présentait et donnait à boire à la femme soupçonnée les eaux amères qui devaient attester son innocence et son triomphe, ou sa culpabilité et sa honte. Si elle sortait indemne de cette épreuve, toute accusation contre elle tombait, et le mari était forcé de se réconcilier avec elle; si elle était coupable on la voyait pâlir, ses yeux se troubler, et alors, de peur qu'elle ne souillât le temple en mourant dans l'enceinte sacrée, on se hâtait de la faire sortir hors du sanctuaire. On croyait que ces redoutables effets se produisaient sur son complice, bien qu'il fût absent et juridiquement, au moins, hors de cause.

Dans le cas où le mari aurait été lui-même aussi souillé d'adultère, les eaux amères qu'on aurait administrées à la femme restaient, absolument et dans tous les cas, sans effet sur elle (43).

Moïse devait être assurément bien certain des conséquences formidables de cette épreuve pour oser la décréter. Il eût suffi qu'elle manquât une seule fois à sa fin, ou qu'elle eût donné des résultats manifestement faux pour la discréditer à jamais. Son insuccès eût infailliblement rejailli sur toute la législation, et déterminé une véritable révolution dans les sentiments du peuple contre la race des *lévites* tout entière. Mais nous devons être trop pénétrés de l'effet de la frayeur sur une âme déjà troublée, pour douter du résultat pratique de cette épreuve.

Le cérémonial qui accompagnait cette épreuve, et qu'un esprit sceptique ou mondain serait disposé à qualifier de *charlatanesque* ou de sorcellerie de village, achevait de donner à l'épreuve un caractère de démonstration psychologique presque irréfragable! (44)

On comprend, cependant, quels terribles abus un prêtre prévenu contre la femme pouvait commettre au détriment de la vérité. Un sentiment de partialité pour elle pouvait amener le même résultat, mais il faut croire que le sentiment religieux des ministres du temple garantissait les fidèles contre de pareils méfaits.

Les musulmans ont emprunté une partie de cette épreuve [1]), en la modifiant de façon à la rendre plus adaptable au caractère plus audacieux d'une communauté religieuse encore naissante, chez laquelle la foi n'avait pas encore jeté de si profondes racines.

---

[1]) El lia'anne, dont il a été déjà question. Voir plus haut, pages 21, 22 et 23.

Abordons maintenant la législation musulmane relative à cette matière.

Aucune législation connue ne présente sur le divorce autant d'anomalies, de situations bizarres, de considérations absurdes que celle qui régit cette importante partie de la législation adoptée par la grande majorité des Sunnites musulmans. On peut même affirmer, par une sorte de certitude intuitive, qu'il restera éternellement impossible à l'esprit humain d'inventer une seule nouvelle bizarrerie capable de rivaliser, en extravagance, avec les doctrines préconisées par les trois Ecoles sunnites, nommément les Ecoles Hanéfite, Schafite et Hanbalite.

Cette législation, en grande partie repoussée par l'Ecole malkite et par la généralité des musulmans Schytes, est si manifestement irrationnelle, si remplie de dissertations puériles et prétentieuses à la fois ; il y règne un esprit d'outrecuidance si étonnamment sauvage, et parfois même si comique, qu'il serait, peut-être, impossible d'en parler sans soulever dans l'âme du lecteur européen des doutes sur l'exactitude de l'exposé qu'on pourrait faire, en toute conscience, de cette singulière législation. On ne comprendrait pas que de pareilles niaiseries aient pu s'imposer à la conscience et à l'esprit de plus de cent millions de Sunnites répandus sur une si grande surface de la terre!

En faisant abstraction, pour le moment, de l'action désastreuse que cette étrange législation a exercée sur la destinée des peuples musulmans, et en nous abstenant de toute comparaison entre deux doctrines législatives, dont l'une fait de la femme un puissant facteur de civilisation, et l'autre un simple instrument de jouissance passagère, nous nous contenterons d'arrêter, pour un instant, la pensée du lecteur sur les causes d'ordre intellectuel ou logique qui ont pu inspirer de pareilles doctrines, et celles à la faveur desquelles elles ont pu trouver accès auprès d'un si grand nombre d'êtres humains, parmi lesquels il s'est trouvé, en tout temps, des âmes d'élite et des intelligences supérieures. Rien, croyons-nous, ne saurait aussi vivement intéresser un esprit éclairé que de saisir l'erreur à son point de départ, dans son germe même, et de discerner la raison, nous allions dire le microbe de la folie intellectuelle, dont l'erreur n'est que le produit naturel et conséquent.

L'observation attentive des conceptions humaines dans leur genèse, dans leur développement, dans leurs transformations et dans les diverses modifications qu'elles subissent sous l'influence d'impressions ultérieures, présente un fait bien remarquable, à savoir que les idées le plus évidemment fausses, les erreurs les plus grossières germent, éclosent et se développent sous les auspices d'une vérité simple et incontestable. Le principe métaphysique que rien ne vient de rien est aussi vrai dans le domaine des idées abstraites que dans la sphère des existences matérielles. La folie — et nous croyons pouvoir appliquer ce nom à tout écart des voies naturelles de l'entendement humain — a son histoire, c'est-à-dire sa raison d'être, sa genèse, et même sa logique stricte et impérieuse, tout aussi bien que la raison. La législation musulmane sur le divorce, tout insensée qu'elle nous paraît, ne fait point exception à la règle; — elle aussi, comme toutes les erreurs humaines, recèle un germe, un élément de vérité incontestable; il ne s'agit que de le dégager du fond même de ces fantaisies enfantines auxquelles une science trop précoce et, par malheur, extrêmement radoteuse, ne pouvait manquer de se livrer.

Mais comment une vérité donnerait-elle naissance à une erreur? Une telle monstruosité est-elle possible dans le monde des idées? Et si elle est possible, par quel moyen parviendrait-on à discerner la raison de l'erreur alors que l'une et l'autre, suivant cette thèse, pourraient également se rattacher à un principe vrai et, par conséquent, avoir pour centre commun une vérité immuable et éternelle. Y aurait-il, d'une part, des prémisses fixes et, de l'autre, des conséquences mobiles, variables et contradictoires?

A cela on peut répondre que l'erreur peut remonter à une vérité, mais elle peut bien aussi ne point *la continuer;* elle peut en sortir, mais c'est quelquefois pour ne plus y revenir, et pour courir dans tous les sens, excepté dans celui du principe dont elle a été détachée. La vérité est immuable, mais les conséquences qu'un esprit prévenu, mal renseigné, ou bizarre, peut en tirer varient à l'infini, et, à l'exception *d'une seule,* elles seront nécessairement toutes fausses ou absurdes.

Tous les défauts — tous les égarements de la législation musulmane à l'endroit du divorce, proviennent, visiblement, des conséquences erronées que cette législation a tirées d'un fait vrai et absolument incontestable: la *subordination organique* de la femme, sous le rapport des fonctions *sexuelles,* à la volonté de l'homme, *sans appel possible.*

Le christianisme a vu, à un degré supérieur à toutes les législations qui l'avaient précédé, dans cette même subordination organique de la femme, un fait de dépendance *mutuelle*, c'est-à-dire ne se bornant pas à la femme, mais s'étendant, quoique sous une autre forme, à l'homme même et faisant des deux individus de sexes différents une seule entité humaine complète. En effet, l'Evangile, à raison même de cette *réciprocité* de *dépendance*, fait des deux *entités relatives* l'expression sommaire d'une seule entité ontologique absolue ou parfaite. „Ils ne sont „pas deux, mais un seul corps. C'est pour cela que „l'homme abandonnera père et mère et s'attachera à sa „femme[1])!" Evidemment parce qu'on ne s'attache jamais autant qu'à ce qui est un complément, ou une continuation de soi-même.

Il est évident qu'à ce point de vue si élevé et si conforme à la nature, il ne saurait exister, en raison de sexe entre ces deux parties d'un *seul tout* ontologique, aucune supériorité véritable. Les particularités différentielles par lesquelles se distinguent les sexes ne constitueraient, entre l'homme et la femme, d'autres éléments *d'altruité* que ceux qui existent entre un organe et un autre appartenant tous les deux à un seul et même corps.

Voici de quelle manière l'Islamisme a dû envisager cette subordination organique de la femme à son congénère du sexe fort:

Faisant, tout d'abord, abstraction de cette dépendance du côté de l'homme à l'égard de la femme, évidemment parce que la dépendance masculine n'affecte en rien ce que nous pouvons appeler *l'autonomie* des facultés sexuelles, l'Is-

---

[1]) Mathieu XIX. 6 7.

lamisme ne voit cette dépendance que du côté de la femme, et en conclut que celle-ci est faite pour servir d'instrument de plaisir ou de confort au profit de l'homme sous l'égide duquel elle est destinée à vivre.

Par l'intelligence qu'elle possède, presque à l'égal de l'homme; par l'exquise sensibilité dont elle est douée à un degré même supérieur; par la nature fine et déliée de son esprit, la femme affirme son droit naturel et irrécusable à *l'autonomie* individuelle qui constitue la plus haute prérogative de la condition humaine. Elle devrait par conséquent avoir les mêmes droits que l'homme dans tous les cas où la libre volonté doit présider aux actes d'un être humain intelligent. Mais un défaut grave affecte certaines de ses facultés, et modifie, sur un point très important, son droit à une parfaite égalité avec l'homme. Pour tout ce qui regarde l'exercice des fonctions sexuelles la femme paraît avoir été faite pour devenir, dans toutes les conditions possibles de son existence, un objet passif et entièrement subordonné à l'autorité et jusqu'aux caprices de l'homme. Il est même un cas où la volonté de l'homme, fût-elle visiblement fantaisiste ou malade, s'impose impérieusement à la femme à l'égal d'une loi: c'est lorsque cette volonté ou ce caprice devient la seule chose à laquelle il soit possible de faire droit.

A côté de l'homme, observe-t-on, la femme s'efface; elle ne peut ni ne veut, elle obéit; elle n'est plus homme, elle est machine; elle ne fonctionne pas, elle est mise en fonction; „*non agit sed agitur*“. Elle reconnaît elle-même qu'il n'est point possible qu'il en soit autrement. En effet, que peut-il lui valoir le droit qu'on lui reconnaîtrait d'exercer ses facultés sexuelles comme elle veut et quand elle veut ? Qu'on brise d'un seul coup toutes les chaînes de la femme; qu'une législation parfaitement égalitaire lui impute tous les droits de l'homme sans exception aucune; rien de tout cela ne l'avancerait d'une ligne au delà des limites que la nature elle-même lui a posées.

La possession d'un droit, fait-on, enfin, remarquer, implique le pouvoir de le défendre, de le réclamer, et, enfin, d'employer des moyens coercitifs dans le cas où celui sur lequel ce droit est dû manifesterait le désir de le méconnaître. Or imagine-t-on la femme réclamant son droit à l'exercice des fonctions sexuelles, et usant de la force pour contraindre l'homme à s'acquitter de ce devoir? On pourrait se heurter dès le premier pas à une *impossibilité physique!* L'engagement génétique de l'homme envers la femme, sous quelque forme qu'il l'eût pris, ne saurait jamais dépasser les limites d'une obligation foncièrement *potestative.* L'homme, quel qu'il soit, ne peut prendre envers la femme d'autre obligation que celle qu'il pourrait exprimer dans cette formule: Je m'engage à vous..... aimer aussi longtemps que je vous aimerai, ou que je pourrai m'acquitter de ce devoir, etc., etc.

Cette manière superficielle de la science musulmane d'envisager la *subordination sexuelle* de la femme a dû nécessairement donner au mariage, par lequel s'affirme et se constate cette dépendance, un aspect légal fort rapproché de l'esclavage par rapport à la femme, et, naturellement, à l'acte qui dissout le mariage, celui d'un affranchissement. Il suffit, en effet, de considérer le sens propre et *constant* du terme même par lequel la législation musulmane désigne le divorce pour être certain que tel fut, en effet, l'aspect sous lequel s'est présenté le mariage aux yeux du législateur musulman, et pour saisir, dans sa première impulsion, *l'idée-mère* qui a dû présider à la législation du divorce, et qui a exercé, dans la suite, une si fatale influence sur son développement ultérieur. Ce terme c'est le mot „*Talake*", qui signifie au propre «affranchissement d'une captivité.

Le verbe „*Talaka*" dont dérive le nom d'action „*Talake*" indique, étymologiquement, un acte de faveur, un bienfait, une délivrance d'une situation désavantageuse; il emporte, toujours, l'idée d'une réintégration de la femme dans un état meilleur d'où elle était déchue par suite de son mariage. Il renferme le germe de toute la législation qui régit le divorce jusque dans ses dispositions les plus insensées, les plus délirantes.

Deux causes primitives, mais qui au fond peuvent se réduire en une seule, ont dû présider au choix de ce vocable pour la désignation juridique de l'acte par lequel le mari met un terme à son droit de seigneur, ou de *propriétaire*, à titre *partiel*, de sa femme. La première c'est cet état physiologique de la femme sur lequel nous venons de jeter un rapide regard. Le second, qui dérive évidemment du premier, au moins comme d'une cause disposante, mais qui a pu agir sur l'esprit du législateur musulman comme une cause efficiente et indépendante de toute autre considération, c'est l'influence des mœurs et des coutumes séculaires des Arabes.

On ne peut, certes, attendre du Prophète de rompre, d'un seul coup, avec les traditions d'un peuple qui n'avait pour toute direction morale que ces traditions mêmes. On sait d'ailleurs que la plus grande partie du culte musulman a été empruntée aux rites du paganisme arabe: Ablutions, sacrifices, pèlerinage, ihram, course circulaire autour du Ka'aba, vénération de la pierre noire, etc. (45), et une partie non moins considérable de sa législation sociale: Polygamie, divorce, servitude ou esclavage, affranchissement, talion, rançon, vindicte personnelle, droit de guerre et de conquête, butin, dépouilles, droit de vie et de mort sur les captifs, etc. (46).

Il est certain, d'ailleurs, que le rôle généralement improductif de la femme pour tout ce qui regarde les moyens de pourvoir à la subsistance de la famille et à sa défense, ne pouvait guère élever la femme aux yeux de l'Arabe, pour lequel la vie tout entière devait être, *littéralement*, un continuel combat!

En stricte théorie, et en faisant abstraction des tendances physiques qui font de l'union des sexes un besoin réel pour la femme autant que pour l'homme, la femme, telle qu'elle a été imaginée par le législateur musulman, ne doit voir dans le mariage que l'affirmation de sa servitude, et dans l'acte qui enlève à l'homme tout droit de domination sur sa personne, un acte de faveur et de délivrance. De là cette *foudroyante promptitude* avec laquelle cette législation relève toute parole du mari de laquelle il serait possible de faire jaillir une lueur, un soupçon, quelque insignifiant qu'il fût, d'un acte, d'un désir, d'un penchant répudiatoire, dût cette parole avoir été dite sans intention, en badinant, sous l'empire de la contrainte, dans un moment d'ivresse, etc. Il en est de même de tous les actes appelés „*iskate*" par lesquels l'homme se désisterait d'un des droits excessifs tels que le droit de seigneur sur l'esclave, celui de mettre à mort les captifs, d'exiger la peine du talion, d'accomplir de son propre chef un acte de vindicte, etc. La législation musulmane se contente, pour la mise à néant de pareils droits, d'un *soupçon* de volonté, d'une faute, d'un fourchement de langue. Il est évident, en effet, que si elle ne soumet pas l'abandon de pareils droits à quelques formalités plus réfléchies, plus mûries, qui indiquât au moins une résolution prise avec *conscience*, c'est qu'elle considère comme excessifs les droits que ces actes sont destinés à détruire et que, au fond, elle n'est point fâchée que, pour un motif ou un autre, il soit possible de les voir tomber en déchéance ou en désuétude (47).

Remarquons, en outre, que dans un attroupement d'hommes où les moyens de subsistance dépendent presque exclusivement de la force, il est tout naturel de considérer la femme comme une sorte de charge, qui n'est guère compensée par le service que la nature de son organisme lui permet de rendre à la famille. Aussi la naissance d'une fille était-elle pour les Arabes un sujet de profonde tristesse; on s'en débarrassait quelquefois, même ouvertement, et en public, en les enterrant vivantes (48).

L'Arabe nomade avait, il est vrai, avant l'Islamisme, pour le sexe faible des égards qu'on peut presque appeler chevaleresques, mais ils étaient rarement témoignés à la femme en dehors des circonstances où ces procédés gracieux devaient, tout naturellement, se réfléchir en hommage à la force, à la bravoure et à la généreuse hospitalité de l'homme lui-même (49).

Dans ces vastes déserts où tout encadrement soit politique soit territorial était inconnu, où tout était pour tous, où rien n'était qu'à celui qui pouvait le prendre, où la tribu, c'est-à-dire la famille agrandie, présentait la plus complète expression d'une collectivité sociale possible, dans un pareil milieu la valeur personnelle devait naturellement constituer une condition essentielle de l'existence. L'homme, dans cette situation, devait être, avant tout, brave comme le lion à la recherche de sa proie ; s'il ne l'était pas suffisamment, il devait user de ruses et demander à des moyens subreptices ce qu'il n'avait pu obtenir par la force vive. Héros ou voleur, conquérant ou brigand, c'est la terrible alternative de la destinée réservée à un Arabe. Pour le nomade errant sur le dos de son coursier à la recherche d'une victime, d'une dépouille au prix de sa vie, la femme est un objet plein de charmes, un objet à acquérir et à défendre comme le pâturage dans lequel paissent ses chameaux, comme la source saumâtre près de laquelle il dresse sa tente; mais non comme le principal facteur de sa destinée humaine ou comme le complément essentiel de son existence. La femme le repose de sa fatigue, le sert pendant son repos et provoque chez lui la mise en jeu de ces mêmes qualités dont il vit : la force et le courage ; il l'entoure de prévenances, parce qu'elle est faible, et que lui, il est fort ; il la gouverne, parce qu'il la protége ; il la chante éternellement, parceque c'est, après le ciel et ses merveilles, la seule chose, dans cette immense désolation, sur laquelle puissent s'arrêter avec délices ses yeux fatigués, mais il se garde bien d'en faire son égale ; elle n'a, à ses yeux, aucune des qualités qui constituent la valeur humaine, le mérite humain ; il l'appuie sur sa forte poitrine, mais il ne l'élève pas à sa hauteur. Elle reste pour lui un objet chéri, un précieux joujou, si l'on veut, mais toujours *quelque chose* de bien fragile, et de forcément soumis à sa volonté et à ses désirs. Elle préside à la phase du repos; lui, il a pour part les fatigues et les périls des combats. Pourquoi s'obligerait-il à ne pas lui donner des rivales, puisque c'est pour lui et non pour elle qu'elle a été faite? Organisée pour lui, nourrie par lui, protégée par lui et lui devant jusqu'aux moyens les plus essentiels de son existence, quelle raison l'empêcherait-elle de s'en séparer dès qu'elle devient un sujet d'embarras, ou qu'il ne trouve plus dans son cœur le mobile qui le déterminait à faire tant de sacrifices pour pourvoir à sa conservation?

Le divorce ne peut avoir pour facteur que le con joint du sexe masculin; lui seul a droit de rompre les liens du mariage en vertu d'un pouvoir personnel, discrétionnaire, illimité et inhérent à sa condition de mari. Il peut l'effectuer de diverses manières et, surtout, à différents degrés d'intensité, selon la propriété plus ou moins dissolutoire des termes qu'il emploierait, le coefficient numéral dont il les accompagnerait; selon que la femme, objet de cet acte, a été déjà partiellement répudiée, ou qu'elle n'a été jusqu'alors frappée d'aucune formule répudiatoire, selon, enfin, que cette formule magique a été prononcée par le mari spontanément, „*proprio motu*" ou par adhésion à un désir, exprimé par la femme elle-même sous la forme d'une proposition transactionnelle appelée *kholo'o*, c'est-à-dire un divorce proposé par la femme sous forme de vœu *postulatoire* et accepté bénévolement par le mari, moyennant une rétribution qu'elle lui aura offerte en échange du *service* qu'il lui *rendrait* en l'affranchissant, par un divorce irrévocable, de toute servitude matrimoniale.

Tout, enfin, tend à établir de la manière la plus positive que le *Talake* est, par rapport à l'homme, l'acte d'un *propriétaire* qui dispose, à son gré, de son bien, sans devoir en rendre compte qu'à sa conscience, et, par rapport à la femme, un acte de faveur dont elle est censée avoir été l'objet de la part de son mari, puisqu'il constitue, en principe, sinon en fait, un affranchissement d'une dépendance dégradante, et qu'il la rétablit dans la plénitude de sa dignité humaine du haut de laquelle *la servitude sexuelle* l'avait fait déchoir.

Considéré comme une faveur, ou, plus exactement, comme une renonciation par l'homme à un droit excessif (50), il implique, tout naturellement, les trois principales conséquences légales suivantes: 1° qu'il ne peut être exercé que par celui des deux époux que la loi reconnaît pour le propriétaire de l'autre (51); 2° qu'il ne peut être soumis à aucune restriction en dehors de celles qui s'imposent, accidentellement et par voie d'exception, au droit naturel d'un propriétaire qui voudrait disposer de son bien; 3° que cet acte se présente, en principe, sous l'aspect d'une faveur estimée d'autant plus grande qu'il aura été effectué en termes plus irrévocablement dissolutoires, autrement dit, sous la forme qui aura le plus assuré l'affranchissement de la femme en supprimant le plus complètement le pouvoir du mari.

Pour distinguer la dissolution du mariage par voie de „*talake*" de celle qui s'opère spontanément par la voie d'une simple rescision „*Faskh*", c'est-à-dire par suite d'une circonstance dirimante qui aurait surgi, ou dont on aurait découvert l'existence, au cours du mariage, sans exiger l'intervention d'aucun acte d'autorité maritale, on ajoute, à la définition tirée de la *dénomination* même sous laquelle le divorce est désigné, une note spécificative qui achève de donner à la définition rationnelle du divorce le libellé amplifié suivant: „Le *talake*, c'est la dissolution du mariage „effectué en vertu des termes ou des formules répudia- „toires prononcés par le mari, avec ou sans intention [1]) de „produire la dissolution actuelle, immédiate ou future „du mariage".

---

[1]) Rappelons-nous que le divorce est un des nombreux actes juridiques qui peuvent s'accomplir validement, sous l'empire de la contrainte, en l'absence de toute intention, même de toute conscience de la part de celui qui aurait été — par un motif ou un autre — amené à en prononcer la formule; que cet acte serait également valide et obligatoire au cas où il aurait été simulé par manière de plaisanterie ou de jeu; qu'il en est de même du mariage, de l'affranchissement et, en général, de tous les actes appelés «*iskate*» «*désistement*, ou *renonciation à un droit*».

D'après cette doctrine, un mariage ou un divorce représentés sur la scène d'un théâtre par des acteurs jouant, en pleine comédie, seraient aussi obligatoires pour eux que s'ils les avaient effectués pour tout de bon, et en toute liberté d'esprit et de conscience.

Il va sans dire qu'on ne doit attacher à cette supposition d'un *mariage de comédie* que la valeur d'une hypothèse purement métaphysique. Toute vie sociale où la femme serait appelée à avoir sa part d'action ou d'influence est impossible sous l'empire de la religion musulmane. La littérature dramatique est interdite aux peuples qui ne peuvent emprunter aucune donnée positive à la promiscuité des sexes. La femme — nous l'avons déjà signalé — ne peut se présenter à visage découvert qu'à ceux d'entre les hommes avec lesquels elle est liée par les attaches d'une proche parenté (jusqu'au troisième degré inclusivement). Il ne saurait donc exister, en réalité, aucun danger de voir un acteur musulman jouer sur la scène un mariage ou un divorce avec des femmes de sa religion. Notre supposition n'a d'autre but que de démontrer combien sont restreintes ou mal développées, chez les peuples musulmans, les ressources civilisatrices de la vie sociale.

Valeur morale du divorce.

Le divorce, en tant qu'accompli pour de justes causes, est un acte louable et religieusement recommandable (52). Les docteurs mettent au nombre des raisons qui doivent en conseiller l'usage le fait pour le mari d'être victime d'un sortilège, d'un maléfice, c'est-à-dire d'une opération de magie noire qui, selon la science musulmane, paralyse l'action de l'appareil génital; l'infidélité constatée de la femme, ou fortement soupçonnée; l'emploi, à l'adresse du mari, de paroles outrageantes; la négligence des pratiques religieuses, telles que la prière en ses heures déterminées, les ablutions rituelles, dans les circonstances où elles sont prescrites; le jeûne de ramadanne, etc., etc.

Le divorce, sans s'imposer juridiquement au mari, peut, néanmoins, devenir par charité, ou par devoir moral envers la femme, une obligation de conscience, dont il pourrait être responsable devant la justice céleste, dans tous les cas où le mari serait atteint des défauts suivants: 1° l'émasculation complète, c'est-à-dire celle qui s'étend à tout l'appareil sexuel; 2° l'absence des organes sécréteurs; 3° l'impotence provenant d'une cause pathologique persistante; 4° l'habitude morbide du mari d'entrer prématurément dans la phase finale, dès avant d'avoir abordé le procédé initial *Esch-schakkaze;* 5° l'incapacité relative, c'est-à-dire celle qui ne se manifeste qu'à l'égard de sa femme, ou qui ne s'accuse que dans le moment où elle devient une *défaite*, pour disparaître entièrement dans toutes les circonstances où la puissance virile n'est point *sollicitée.* Enfin tous ces phénomènes d'insanités accidentelles que la médecine scientifique attribue à une excessive sensibilité nerveuse se rattachant à des causes plutôt morales que physiques.

Il est, cependant, un cas où ces divers accidents peuvent devenir, à la demande de la femme, une cause de divorce *juridiquement* obligatoire, c'est celui où le mari n'aurait jamais eu ni pu avoir, malgré des tentatives réitérées, des rapports intimes avec sa femme (la demanderesse); toutefois les légistes accordent aux hommes atteints de pareilles incapacités viriles un délai d'une année entière pour recouvrer leurs moyens, ou pour faire retirer la plainte dont ils ont été l'objet.

Le terme légal commence de courir à partir du jour où l'action en divorce, pour cause *d'impotence absolue*, aura été introduite en justice, et non depuis que la cause de la plainte peut avoir existé en fait.

La législation musulmane fait, à ce propos, une très importante réserve en faveur du mari. Elle n'admet la plainte de l'épouse, sur ce genre de lèse-droit féminin, que dans le cas où le mariage n'aurait pas été encore consommé. Si ce devoir incombant au mari a été rempli, ne fût-ce *qu'une fois* pendant tout le temps qu'aura duré ce mariage, aucune demande en divorce, du chef de l'une ou de l'autre des causes que nous venons de signaler, ne pourra plus être admise contre le mari (voir Mariage, pages 198 et 206).

Enfin, parmi les raisons qui imposent le divorce au mari comme un devoir de conscience et que l'on tient pour impliquées dans le précepte général du Coran qui ordonne de traiter avec bienveillance les femmes que l'on voudrait garder [1]), on place, en première ligne, la stérilité constatée et certaine de la femme, l'incapacité du mari de pourvoir aux besoins légitimes de son épouse : nourriture, vêtement, logement, objets de toilette, de purification ou d'agrément, etc., le tout en qualité et dans une mesure suffisantes, et, en seconde ligne, l'impossibilité pour le mari, au cas où il se trouverait engagé dans les liens du mariage avec plusieurs femmes, de les traiter toutes sur le pied d'une parfaite égalité, et, enfin, toutes les circonstances qui font du maintien du mariage une source de privations ou de désagréments pour la femme.

La répudiation de la femme ne s'impose juridiquement au mari que dans les quatre occurrences concentriques suivantes :

---

[1]) Coran, chapitre II, 229.

Nous croyons pouvoir rendre ce passage sous la forme amplifiée ou glosée suivante, qui lui servira à la fois de traduction exacte et de commentaire complet, et dans laquelle seuls les mots en italique seront textuels: *La répudiation* qui ne supprime pas tout droit du mari sur sa femme est celle qui ne se répète point au delà de *deux fois.* Arrivé à ce nombre de répudiations, il ne restera plus au mari qu'à choisir entre l'acte de *garder* sa femme, sous l'obligation de la traiter *convenablement*, et celui de consommer la dissolution du mariage par un troisième divorce; dans ce dernier cas il doit *user* de *générosité* envers elle *en lui faisant* quelque *don.*

Le texte pur et simple est ainsi conçu: *Le divorce deux fois, après quoi, ou garder avec bienveillance,* ou *libérer avec bienfait:* «Et talakou marratani, fa imsakon bi ma'roufe, aou tasrihon bi ihsanne».

1° Si le mari a abjuré la foi musulmane, ou s'il a paru adopter une proposition, une doctrine ou une formule manifestement antiislamique.

2° Si l'épouse, de mécréante qu'elle était, a passé à la religion musulmane et que le mari ait refusé de la suivre dans sa nouvelle croyance.

3° Si la femme a émigré en pays harbite *„el-louhoukou bi dar-il harbe"*.

4° Si elle a été prise en captivité par des harbites.

Il faut remarquer cependant que le fait de la dissolution du mariage qui peut être le résultat de ces circonstances se produit par voie de *rescision* „faskh" et non par répudiation. Si nous avons rangé ces cas dans la catégorie des ruptures par divorce, c'est qu'en effet ils produisent les mêmes conséquences légales que cet acte pour tout ce qui regarde la législation de la dot, le degré d'évanescence que subit le mariage par suite d'un divorce majeur, les rapports dirimants de la parenté par alliance, la retraite de vacuité, etc. [1]).

[1]) Dans tous les autres cas le divorce sera simplement licite, ce qui veut dire que, dans aucune autre circonstance, il ne saurait être imputé à péché, ni même considéré comme sujet à censure, quelle que soit, d'ailleurs, la cause qui l'aura déterminé. Le seul cas où la législation musulmane le tiendrait pour nul, c'est celui où il aurait été prononcé pendant le sommeil, ou sous l'influence d'une matière enivrante, mais licite en elle-même, telle que *l'opium*, les *graines* de *chanvre*, le *hachiche*, etc. On cite à l'appui de cette étrange doctrine relative à l'efficacité légale du divorce, même sans cause aucune, l'exemple du Prophète lui-même qui avait répudié sa femme Hafsa sans y avoir été déterminé par aucun des motifs que nous venons de signaler. Un légiste dit expressément à ce propos «bien qu'on ne puisse alléguer aucune raison qui justifiât cet acte de rigueur». Elle était, fait observer le glossateur du Dorre, sans défaut physique, et d'une conduite irréprochable. L'ange Gabriel, qui porta au Prophète l'ordre de reprendre Hafsa, attesta, au

Des procédés répudiatoires.

On peut effectuer le *talak*, en tant que dépendant de la valeur juridique des termes employés, des huit manières génériques suivantes:

1° Par les formules *dissolutoires* employées en propres termes et en sorte qu'elles ne puissent comporter aucun autre sens que celui que la science juridique leur avait assigné «*essarihe*».

2° Par les formules à sens indirect figuré, où métonymique «*el Kinayatte*».

3° Par des expressions sous forme hypothétique «*et-ta'alike*».

4° Par l'autorisation expresse du mari comprenant les deux subdivisions de ce genre de rupture, à savoir: l'autorisation rapportée à un acte volutionnaire de l'épouse «*et-ta'alikou bil machïatte*» et celle imputée au seul fait matériel de l'exécution, comme par une sorte de mandat donné par le mari à sa femme — *el amrou bil-yadd*.

5° Par le divorce sous forme transactionnelle, c'est-à-dire moyennant une rétribution proposée par l'épouse en

---

nom de l'Eternel, les vertus et les perfections de cette épouse. Omar, le célèbre Khalife, répudia Omme A'Asem; Ib'n A'aouf se sépara par divorce de Tamador; Magirat rompit successivement son mariage avec quatre épouses, tous le firent sans autre raison que leur propre désir (53). Hassan, enfin, le fils aîné d'Aly, poussa si loin la manie du divorce, ou, comme on l'appellerait bien, la passion du mariage *dégustatif*, que vers la fin de sa vie, qui fut loin d'être longue (46 ans), il s'est trouvé avoir déjà épousé et répudié successivement quatre-vingt-dix femmes! Les auteurs musulmans vantent sa piété, sa modestie et son détachement de tout intérêt mondain. Son père Aly disait bien du haut de la chaire à Koufa: Musulmans, mon fils est un divorceur! prenez garde de le marier avec aucune de vos filles, — mais le public, enchanté de s'allier à un homme d'une si illustre extraction, s'écriait en pleine mosquée: Non, non, nous lui donnerons toujours nos filles, et qu'il en fasse ce qu'il voudra (54).

échange de son affranchissement de la servitude matrimoniale: *el kholo'o*. (Voir plus haut, page 91)

6° Par le serment d'abstention de tout rapport sexuel avec sa femme et dont il (le mari) aurait maintenu l'obligation jusque et y compris le terme *dissolutoire*, c'est-à-dire pendant quatre mois entiers „*el-ila*".

7° Par la transformation votive des relations conjugales en actes incestueux «*ez-zihare*».

8° Par l'accusation d'adultère que le mari aura portée contre sa femme, sans avoir pu la justifier par une preuve juridique suffisante et à la suite de laquelle il aura été soumis, ainsi que sa femme, au serment par anathème «*el li a'anne*».

Il paraît que des musulmans sensés, qu'épouvantait la facilité antinomique du divorce, avaient imaginé une sorte d'engagement sous forme votive qui rendrait tout divorce à *jamais* impossible, sous quelque forme que ce soit, et servirait, par conséquent, de préservatif contre les entraînements de la colère, le danger des erreurs involontaires, des résolutions précipitées, des égarements de l'ivresse, etc. Cet engagement, ou ce *talisman anti-répudiatoire*, consiste dans une combinaison de formules dissolutoires faite de manière à s'exclure mutuellement.

On le désigne sous le nom technique de: *talakou-l-daoure*, divorce du cercle vicieux.

En voici la formule unique et invariable: „Si je te „répudie, tu auras été déjà, dès avant ce fait, répudiée „par trois fois," *inne tallaktouki, fa inti talikon kablahou çalaçanne*.

Cette adjonction d'un divorce partiel et actuel, à un divorce entier et déjà passé, c'est-à-dire déjà accompli.

constitue le secret de cette combinaison. En effet, si le divorce actuel devait s'effectuer sur-le-champ, il aurait pour effet d'effectuer rétrospectivement le divorce triple du passé; mais si le divorce passé et entier a eu lieu, le divorce partiel dans le présent devient impossible, puisqu'on ne peut rien ajouter à un divorce parfait; et si le divorce dans le présent n'a pas pu avoir lieu, il s'ensuivra que le divorce dans le passé, qui est subordonné à celui du présent, n'a pas pu, non plus, se réaliser (55)!

Tout cela est bien étrange, sans doute, mais ce qu'il y a de plus singulier encore, c'est l'espèce d'alarme que l'invention de ce procédé a jetée dans le camp des grands docteurs musulmans.

On tremblait que la ressource si *utile*, si *bienfaisante* du divorce ne fût perdue pour la société musulmane. Ce n'est pas sans raison, se disait-on, que le talak a été institué, or qu'adviendrait-il de cette raison si au moyen d'un pareil engagement on parvenait à la déjouer? Une campagne de dialectique fut organisée contre ce procédé; — on lui opposa de nombreuses objections, mais la principale, celle qui paraît lui avoir enlevé toute chance de succès, ce fut l'apparition du Prophète, dans un songe, à un saint musulman, disant à celui-ci: „L'homme qui a „prétendu que le divorce sous la forme du *daoure* aura „pour effet d'empêcher le divorce, celui-là a trompé mon „peuple". A partir de cette révélation le procédé *antirépudiatoire* a perdu sa valeur préservatrice aux yeux des bons musulmans, et a été rangé dans la catégorie des propositions condamnées par la généralité des croyants, à l'égal de la doctrine qui admet le retour, à son premier mari, de la femme qui aura été répudiée par trois fois, en vertu du seul fait d'une contractation de mariage qui aurait été suivie du divorce, même avant que le second mari ait eu le moindre rapport charnel avec cette femme [1]).

Appréciation du caractère religieux du divorce selon le mode d'exécution par rapport au nombre.

Tout porte à croire que ce passage du Coran: „le di„ vorce (se fait) deux fois, après quoi (il faudra retenir „ avec bienveillance, ou libérer (congédier) avec générosité" avait pour but de poser quelque limite au pouvoir excessif que les Arabes païens s'arrogeaient sur leurs femmes, et qu'ils conservaient, longtemps encore, après les avoir répudiées. D'après les coutumes de ce peuple, à demi sauvage, un mari pouvait répudier sa femme un nombre infini de fois, sans jamais perdre le droit de la reprendre et de la forcer même à réintégrer l'état conjugal, après chaque divorce dont elle aurait été frappée. Elle devait rester sous la dépendance et même à la disposition du

[1]) Rien de tout cela n'a pu empêcher d'attribuer au Prophète des paroles réprobatives à l'endroit du divorce. La conscience humaine se trouve heureusement représentée dans les rangs de cette sacrée milice des rapporteurs de *hadices*, par ceux d'entre eux qui placèrent dans la bouche du Prophète les paroles suivantes: «De toutes les choses licites, ce que Dieu abhorre le plus, c'est le divorce.» Paroles sympathiques rappelant la belle parabole juive sur le gémissement de l'autel toutes les fois qu'il est rendu témoin d'un divorce.

On comprend cependant avec quelle réserve il faudra toujours accueillir de pareils *hadices* dont rien ne garantit l'authenticité. On ne doit pas perdre de vue que le Prophète avait largement usé de cette *catégorie* des choses *licites*. Il ne serait pas raisonnable de dire que de tous les musulmans c'est le Prophète et son *bien-aimé* petit-fils Hassan qui ont le plus pratiqué le divorce, cette chose que Dieu *abhorre* le plus, et qu'ils sont, par conséquent, de tous les croyants, ceux qui ont le plus *contrarié* Dieu!

mari répudiant aussi longtemps qu'elle n'aurait pas achevé sa retraite d'attente légale, ce qui, sous le régime du paganisme arabe, pouvait aboutir, pour la femme, à une véritable et éternelle servitude. En effet, le mari pouvant, d'une part, répudier la même femme un nombre infini de fois, et jouissant, d'autre part, du droit de la reprendre à la suite de chaque répudiation, ne fût-ce qu'au tout dernier moment qui précède la fin de la retraite, il pourrait bien s'ensuivre que la vie entière de cette femme ne fût plus qu'une série de passages successifs et sans fin d'un retraite légale à une autre du même genre.

Le législateur a voulu fixer un terme à une pareille servitude et abréger, au profit de la femme répudiée, le temps de sa dépendance matrimoniale. Il a limité le droit de *reprise* à la deuxième répudiation, en sorte que, si une troisième répudiation venait ensuite à surgir, le mari serait instantanément déchu de tout pouvoir marital, et la femme affranchie de toute dépendance envers son mari, *dès avant* d'avoir achevé sa retraite. Dans ce cas la retraite n'aura plus d'autre but ni d'autre effet légal que de constater la vacuité ou l'occupation de la matrice, afin de pouvoir statuer, dans la suite, sur la filiation de l'enfant dont elle pourrait se trouver enceinte au moment où son mariage a été dissous.

Malheureusement pour les peuples musulmans cette sage réforme ne dura pas longtemps. L'Arabe s'accommode fort peu d'une loi qui impose de pareilles restrictions à son pouvoir sur sa femme. Tout imprégné encore de l'esprit nomade qui voit dans la force la suprême loi de la vie, et, dans la possibilité matérielle de se procurer une jouissance, une incitation *légitime* à l'acquérir, même par le moyen de ce que nous appellerions „*un forfait*“, l'Arabe, enfin, devait nécessairement regimber contre une obligation qui, en prétendant mettre des limites à son pouvoir de membre du sexe fort, semblerait blesser sa dignité seigneuriale — nous dirions mieux, peut-être „ses prérogatives léonines“. Il pouvait difficilement se faire à l'idée que son pouvoir sur sa femme pût être subordonné à quelque condition. La disposition latitudinaire qui ferait dépendre la répudiation définitive d'une certaine épreuve de temps pouvait bien lui paraître comme une offense à sa fierté et, dans bien des cas, comme une cruelle privations imposée à son vif et impatient sentiment de vengeance. Seul nourricier, seul protecteur de cet être si fragile et si improductif à la fois, il prétendait exercer sur sa personne un pouvoir absolu ; il voulait pour lui la faculté de s'affranchir, sur-le-champ et sans conditions, de tout devoir envers celle qui lui devait tout, et à laquelle, lui, ne devait que la protection du fort envers le faible ; il plaisait à ses penchants agressifs, à son esprit profondément vindicatif de rester maître du sort de sa femme, même après l'avoir répudiée. Les chroniqueurs musulmans nous rapportent, en effet, de nombreux faits de contravention commis contre la nouvelle loi, et qui se sont produits du vivant et sous les yeux mêmes du Prophète (56).

Il est vrai que lorsqu'un Arabe musulman contrevenait à cette loi, il avait toujours soin de légitimer sa contravention en *insérant*, dans la formule du divorce jusqu'alors en usage, le nombre magique *trois*, dont il est fait mention dans la nouvelle législation. Des docteurs fort estimés professaient sincèrement qu'il suffirait de dire : *Je fais cette chose un tel nombre de fois*, pour qu'elle ait aux yeux de Dieu la valeur d'une chose faite réellement le nombre de fois indiqué, alors même qu'on ne l'aurait pas même commencée

Plus tard des docteurs éminents tels que l'Imam Abou Hanifa, Shafy, Hanbaly, ont consacré, par leur autorité *canonique*, cette singulière exégèse des premiers musulmans.

Pour légitimer cette excentrique manière de comprendre la *numération* du divorce, il fallait une autorité qui égalât celle du Coran. Or ce livre n'en fournissait pas, mais la ressource du „*hadice*" était là en pleine activité, formant une sorte de *caisse publique* où chaque musulman des deux premiers siècles de l'Hégire avait droit à un *crédit* à peu près sans limite (57).

Voici de quelle manière on a usé de cette ressource :

On raconte que le fils d'Omar interpella un jour le Prophète en ces termes : Que dirais-tu, ô apôtre de Dieu, si je répudiais ma femme *par trois* fois d'un seul coup? — Je dirais, répliqua le Prophète : tu as désobéis à ton Dieu, et tu as perdu à jamais ton épouse" (58).

Cette dernière partie de l'effet attribué au divorce triple et instantané a été considérée, avec raison, comme une preuve de la validité juridique d'un pareil divorce, tout répréhensible, d'ailleurs, qu'il serait au point de vue d'une stricte et rigoureuse piété

Il est évident que dans la pensée du législateur l'expression numérale appliquée au divorce devait signifier le nombre des fois que cet acte aurait été réellement et effectivement accompli, et non le fait insignifiant du mari d'avoir placé devant le mot „*divorce*" l'adjectif numéral qui désigne ce nombre. C'est *la chose* même, et non le *signe* linguistique de cette chose, que le législateur pouvait avoir eu en vue. On fait un acte une, deux, trois, vingt fois en le faisant réellement autant, et non en disant seulement: je le fais tel ou tel nombre de fois.

Le législateur — il nous paraît impossible de le contester — demande que l'acte important, appelé à exercer une si grande influence sur le sort de la famille, soit suffisamment mûri, pesé, réfléchi, et que, avant de devenir *irrévocable*, et d'exposer le mari à de poignants regrets, il soit soumis à l'épreuve du temps, et que l'homme qui en sera venu à cette douloureuse extrémité envers sa femme, ait *deux fois*, au lieu d'une, la possibilité de revenir sur sa résolution. Or est-il nécessaire de prouver que le mot „*trois*" pas plus que le mot milliard ne saurait tenir lieu d'une durée de temps réelle, et que celle-ci, cependant, peut seule autoriser la présomption légale d'une certaine persistance de la volonté, et, par conséquent, présenter quelque garantie contre les inconvénients des mesures trop précipitées? Quel est l'homme, enfin, à qui il puisse être nécessaire de prouver que le coefficient numérique, quelque élevé qu'il puisse être, ne saurait jamais produire, sur le moral de celui qui l'emploierait, le moindre effet de la durée réelle visée par le législateur, et que pour prononcer le mot *milliard* on ne met pas plus de temps que pour prononcer tel autre mot qui désignerait un autre nombre, quelque petit qu'il soit?

En vérité, il est bien triste pour nous d'avoir à signaler des erreurs auxquelles on peut opposer de pareilles vérités!

En conséquence de cette étrange doctrine qui considère le seul fait d'avoir prononcé un coefficient comme équivalant à la répétition réelle de la chose marquée par ce signe numéral, les légistes musulmans divisent le divorce en trois espèces distinctes, à savoir: en divorce excellent ou *meilleur*, en divorce irréprochable, ou *bon*, et, finalement, en divorce de novateurs. 1° Ahssanne, 2° Hassanne, 3° Bouda'y. Mais ils tiennent ces trois sortes principales de divorce, même celui de la troisième catégorie, pour également efficaces dans leurs propriétés respectives de dissoudre le mariage (59).

Du divorce excellent.

Ce genre de divorce, appelé aussi «divorce de tradition», *talakou-s-sounnatte*, consiste dans un mode d'exécution réunissant, au point de vue musulman, les deux avantages légitimes de débarrasser le mari d'une union détestée, et de lui ménager, en même temps, la faculté de revenir sur sa résolution, au cas où elle aurait été le résultat d'un mouvement irréfléchi, et, par conséquent, suivie de sérieux regrets.

Pour assurer ce double résultat sans dépasser le but rationnel en vue duquel le divorce a été institué, du moins en principe, le mari ne doit répudier sa femme que par une seule fois, soit qu'il ait déjà commercé avec elle, ou qu'il n'ait pas encore usé de ce droit, et de choisir, pour l'exercice de cette faculté discrétionnaire de divorcer, une époque de pureté, pendant laquelle il n'aura encore eu avec elle aucun rapport sexuel.

Cette dernière disposition a évidemment pour but de s'assurer du caractère sérieux ou réfléchi de cet acte.

L'homme, font observer les légistes musulmans, est, généralement, assez mal impressionné par la présence des menstrues. C'est pendant l'époque de pureté qu'il paraît le plus sensible aux attraits naturels de la femme. En effet, la phase du flux mensuel présente, aux yeux des musulmans, comme à ceux des Juifs, dont ils sont, sur ce point, comme sur tant d'autres, de fidèles imitateurs, quelque chose de *souillé*, de *malpropre*, qui ne peut manquer de soulever chez l'homme une sorte de dégoût pour la personne objet de ce phénomène. Un divorce qui aurait été prononcé dans un pareil moment pourrait bien avoir été déterminé sous l'impression vive, mais souvent passagère, de ce sentiment. Pour prévenir cette éventualité, la loi recommande que le divorce irrévocable ou triple soit fait successivement, à des intervalles de pureté assez espacés pour permettre de juger du caractère de la raison qui l'aura déterminé.

Si le mari, non content d'une seule répudiation, veut accumuler, contre lui-même, les motifs d'irrévocabilité en poussant cet acte jusqu'au nombre *suprême* «trois», il pourra le faire, quoique moins *louablement* et à l'encontre de l'avis émis par l'Imam Malik, mais à cette condition de n'user, désormais, des deux répudiations restées disponibles que successivement, par une fois au cours de chacune des deux époques de pureté que la femme répudiée aura encore à traverser, avant de recouvrer son entière libération de toute servitude matrimoniale.

De cette façon l'irrévocabilité, c'est-à-dire la perte absolue de toute prérogative maritale et qui, par cela même, doit être toujours envisagée avec répugnance, ne s'établit que lentement, au bout de plus de trois mois, délai assez étendu pour autoriser une présomption légale sur la nature des raisons qui avaient amené le mari à rompre son mariage, et pour offrir à ce dernier, en cas de ravisement, la possibilité d'annuler son divorce, et de réintégrer la femme dans l'état matrimonial.

Du divorce bon ou irréprochable el-hassanne.

C'est un divorce qui se fait dans les mêmes conditions que celles du divorce *meilleur*, à cette seule différence que la femme aura été répudiée au cours d'une phase de menstrues avant d'avoir été l'objet d'aucun acte de privauté conjugale de la part de son mari. Ce qui veut dire que le caractère délictueux d'un divorce prononcé au cours d'une phase de menstrues serait — toutes choses restant d'ailleurs égales, — moins grave ou moins répréhensible que si la femme qui en a été frappée avait déjà subi les approches du mari. Zoufar (60) est le seul légiste de l'école hanéfite qui tienne la répudiation d'une pareille femme en temps de menstrues pour une grave dérogation à la pratique ou à l'enseignement du *sounnatte* et qui, par conséquent, la range dans la catégorie des divorces répréhensibles dits «des *novateurs*».

Sans doute le célèbre juriste considère l'absence des rapports intimes comme une puissante incitation aux désirs encore non satisfaits, et, conséquemment, comme peu propre à déterminer chez le mari un mouvement, ou un sentiment de répulsion irréfléchie à l'égard d'une pareille épouse.

Du divorce des «*novateurs*» el-boudaʾie.

C'est le divorce fait par deux ou par trois fois d'un seul coup en vertu de la seule énonciation du coefficient numérique, ou d'une certaine répétition des termes répudiatoires ou, enfin, à raison du sens juridique qui s'attache à ces termes. Le cas délictueux devient encore plus grave si un pareil divorce a été accompli au cours d'une époque d'impureté, ou pendant une phase, même de pureté, mais au cours de laquelle le mari aurait commercé avec sa femme.

Remarquons, encore une fois, que chacune de ces trois sortes ou procédés de divorce est parfaitement efficace pour tout ce qui regarde ses effets *dissolutoires,* et que, sous ce rapport, il ne saurait exister entre un mode et un autre aucune différence juridique. La supériorité que l'on reconnaît au *meilleur* sur le *bon,* et à ce dernier sur celui des *novateurs*, demeure purement théorique, ou, tout au plus, d'une valeur purement morale, dont le mari abusant n'aurait à rendre compte qu'à Dieu seul.

Règles générales.

Le droit de divorce peut être exercé par le mari réunissant en sa personne les quatre attributions de fait suivantes: 1° l'état marital, 2° la possession actuelle ou seulement potentielle de ses facultés mentales, 3° l'état de veille, 4° la nubilité.

La qualification „potentielle“ a pour but d'indiquer que la répudiation effectuée par le mari à l'instant où il se trouvait dans un état d'ivresse sera valable, bien qu'il y ait eu chez lui absence momentanée des facultés mentales. — La nullité d'un divorce prononcé par un mari encore impubère ou atteint de folie se fonde sur l'autorité des paroles suivantes attribuées au Prophète: „Tout

„divorce est valable. à l'exception de celui qui aurait été „effectué par l'enfant en bas âge ou par un homme atteint „d'aliénation."

On voit, par cet exemple, que dans la législation musulmane toute disposition légale, quel qu'en soit l'objet. ne saurait se justifier devant la conscience musulmane, ni, par conséquent, s'imposer aux justiciables qu'en tant qu'elle serait l'expression directe ou régulièrement déduite de la volonté de Dieu ou de celle de son Prophète. Si les actes d'un fou, *moutbak*, c'est-à-dire celui dont la folie n'est traversée par aucun intervalle de lucidité, *sont invalides;* si un enfant de trois ou quatre ans (61) est reconnu incapable de prendre des engagements juridiques; s'il ne faut pas tuer les gens que l'on peut rencontrer dans la rue, s'il faut punir les criminels, etc., etc., ce n'est pas que ces devoirs soient impliqués dans l'existence même de la société, mais uniquement parce qu'ils sont prescrits par un passage du Coran ou par un *hadice* du Prophète [1]).

---

[1]) Cette manière erronée de comprendre la raison sur laquelle doit reposer l'autorité d'une législation a été une des principales causes perturbatrices qui ont arrêté la marche de la civilisation chez les peuples musulmans. Elle provoqua, tout d'abord, cette longue série d'impostures qui, sous le nom de «*hadices*» ou paroles du Prophète, ont marqué le développement législatif et religieux de l'Islam pendant les deux premiers siècles de l'Hégire. On en forgeait de tous les côtés, soit pour combler un vide qui venait de se faire sentir (62), soit pour faire passer une mesure, un avis intéressant la communauté (63), soit pour faire triompher un intérêt personnel ou, enfin, pour se tirer de quelque difficulté casuistique (64) et écraser du coup un questionneur incommode ou trop raisonneur (65). Elle eut, ensuite, pour résultat d'habituer les musulmans à cette pensée désastreuse qu'aucune loi, et quel qu'en soit l'objet, ne saurait s'imposer à la conscience des hommes que si elle

Le droit au divorce ne peut s'exercer que : 1° sur une femme légalement ou régulièrement mariée „*el mankouhatou sahihanne*", 2° sur la femme répudiée partiellement „*el moutallakatou douna-ç-çalace*". Dans ce cas on peut répéter la répudiation jusqu'à concurrence du nombre suprême *trois*, en comptant les répudiations précédentes 3° sur l'épouse frappée d'un divorce révocable „*el moutallakattou er-raj' yatte*", et, dans tous les cas, endéans le temps qui sera consacré à l'attente légale et que la loi considère comme se rattachant encore, par quelques points importants, au régime actif du mariage.

Nonobstant le pouvoir, presque sans limite, que l'Islam accorde au patron sur son esclave, et l'assimilation de ce dernier, par rapport à son maître, à un objet vénal susceptible de devenir propriété mercantile, au même titre qu'un animal domestique, cette législation, par une heureuse inconséquence, ne reconnaît point au patron le droit de répudier la femme de son esclave, alors même

pouvait se présenter à eux comme l'expression réelle, concrète et même littérale, de la volonté et de la sagesse de Dieu ou de son Prophète! Mais ces deux sources surnaturelles de savoir et de direction ne pouvaient pas durer indéfiniment. — On ne peut ouvrir, à chaque instant, les portes du ciel pour faire descendre une loi toute faite et comme taillée sur mesure pour chaque nouveau cas qui surgirait inopinément. — Les révélations canoniques, aussi bien que les communications prophétiques, devaient nécessairement finir par s'arrêter par la mort de celui qui en était l'organe merveilleux et seul responsable. La source de la révélation directe tarie, l'intermédiaire entre Dieu et les hommes disparu, le ciel fermé à nouveau, il ne resta plus aux peuples musulmans que l'idée *mortelle*, planant au-dessus de cet immense chaos législatif, que leur législation est un idéal incomparable de sagesse et de perfections divines (66)!

Aucun progrès n'est possible sous l'action délétère, paralysante d'un pareil préjugé.

que celle-ci serait également esclave de ce même patron.

La cause juridique de cette restriction exceptionnelle imposée aux droits principièrement absolus du maître repose sur un „hadice“ admis par toutes les Ecoles sunnites, et d'après lequel les maîtres sont formellement exclus du droit de dissoudre le mariage de leurs esclaves.

La forme dans laquelle le *hadice* en question est censé avoir été libellé par le Prophète, présente une particularité fort curieuse, et révèle un trait de mœurs arabes assez significatif pour nous déterminer à en donner, autant que le langage français le permettrait, une traduction exacte et imitative à la fois. On raconte qu'un jeune esclave aborda un jour le Prophète au moment où celui-ci allait monter en chaire pour faire sa prédication, et lui dit : Mon maître m'avait marié à sa propre esclave, et aujourd'hui il veut nous séparer. A ces mots, le Prophète monta sur la chaire, et ouvrit son discours par ces paroles : „Hommes ici présents, à quelle étrange pra-„tique vous livrez-vous ! Vous mariez vos esclaves à vos „servantes, et ensuite vous prétendez les séparer par une „répudiation que vous prononceriez vous-mêmes. — Or „sachez qu'une femme ne peut être répudiée que par ce-„lui-là seul qui a eu le droit de lui soulever . . . . les „jambes!“ *innama-t-talak li manne akhaza bi-s-sake* (67).

Le point particulièrement remarquable dans ce récit des rapporteurs, c'est assurément cette insipide affectation attribuée au Prophète d'avoir fait rimer les deux incises de sa courte période. Il est bien douteux que Mahomet ait tenu, du haut de la chaire, un langage si grivoisement pittoresque ; il est encore plus douteux qu'il y ait été entraîné par le charme d'une vaine consonnance! Dans tous les cas nous ne concevons aucun doute sur l'excellente intention de celui qui s'est plu à le lui attribuer [1]). En mettant dans la bouche du Prophète une expression *rimée*, le pieux faussaire croyait sincèrement servir la cause du grand législateur, rehausser la valeur de sa parole et lui faire dire une chose vraie dans le style même de Dieu, qui — le Coran l'avait déjà démontré — n'aime à parler qu'en prose rimée! Pour une oreille arabe la rime c'est tout, c'est l'éloquence, c'est la beauté, c'est la poésie—en un mot, c'est la *raison!* [2]).

[1]) Ce hadice est rapporté par Ibn Majat, considéré, dans l'Ecole, comme un des rapporteurs les plus recommandables (68).

[2]) Nous ne saurions trop rappeler cette maladie de la rime dont la race arabe est si profondément atteinte, ni donner trop d'exemples de cet autre trait de *psychopathie* qui lui est propre, et qui consiste à forger des discours — souvent rimés — c'est-à-dire, selon le goût morbide des Arabes, sous la forme la plus transcendante du *beau dire*, et de les attribuer, en toute sainteté d'intention, aux personnages les plus aimés et les plus vénérés de sa religion.

L'Arabe qui se livre à une pareille œuvre de faussaire, ne croit point mentir; le sentiment qu'il éprouve pour les compositions sonores est tel, qu'il est tout porté à prendre son imposture pour un hommage rendu à la personne à laquelle il a attribué le produit de sa propre facture. Il a l'air de se dire: si ces paroles ne sont point authentiques, elles n'en seront pas moins dignes de l'homme éminent dans la bouche duquel je les ai placées.

Ces sortes d'impostures — en quelque sorte *désintéressées* ou commises par *pure vénération*,— sont si fréquentes dans l'histoire de la civilisation arabe; elles ont, souvent, pour auteurs des hommes si pieux, si recommandables par leur probité publique, qu'il serait impossible de ne pas les rattacher à quelque disposition *anormale* de l'esprit ou de la conscience arabe. C'est, certainement, une maladie organique, et nous pouvons même ajouter que, comme telle, elle se présente avec toutes les apparences d'un mal *incurable*.

Nous attribuons à cet amour insensé de la *sonorité creuse* une grande partie des causes qui ont amené la décadence politique et morale des Arabes. Réduits à un langage mécanique, sans âme, sans con-

On donnerait une idée de cette désastreuse maladie de l'oreille arabe en présentant ce *hadice, plus que douteux,* sous le libellé suivant, que nous allons hasarder, en forçant

---

science, sans fond intellectuel, les Arabes, ou plutôt leurs *leaders* qui dirigeaient leurs destinées, avaient dû traverser une infinité de crises sociales privés, presque toujours, des précieuses ressources de la vraie éloquence, et, dans certains cas graves, de ses puissantes incitations. L'art de persuader fut converti, entre les mains de ces éternels enfants, en une sorte de jeu de patience, d'habileté manuelle — ou, tout au plus, d'un travail technique dont l'objet n'a jamais été défini et qui, dans tous les cas, n'a aucun rapport avec les facultés cognitives ou affectives d'une âme humaine.

Rappelons ici un fait qui met en parfaite évidence les anomalies psychiques que nous venons de relater: un historien musulman des plus distingués rapporte un épisode émouvant des derniers moments de Housseyne, martyr de Kerbela. Nous le résumerons ainsi: . . . . Voyant que, à la suite de tant de combats, son armée était réduite à 32 cavaliers et 40 fantassins, le petit-fils du Prophète demanda à parlementer. Les Syriens, que le succès avait rendus intraitables, rejetèrent sa demande. Housseyne prit alors la résolution de s'adresser personnellement à l'ennemi et, seul, sans autre compagnon qu'un de ses enfants en bas-âge, se dirigea vers les Syriens et lorsqu'il fut près de leurs rangs il s'écria: Musulmans, vous serait-il permis de me tuer, moi le petit-fils de votre prophète et le fils de son cousin? Mais cet appel fait au souvenir de son grand-père n'eut pas plus de succès que ses propositions de paix. Se voyant perdu sans ressource il met pied à terre, s'assied sur le sol, prend son enfant dans ses bras et demande à boire; on lui apporte de l'eau, mais au moment où il portait la coupe à ses lèvres, une flèche, décochée par un homme des Beni Assad, le blessa à la joue, et la coupe se remplit de sang. Housseyne la jeta et levant les yeux au ciel il s'écria: «*Allahoumma, ahsi hem a'adada, oua-ktolhom badada, oua la tazarre minhom ahada* (69).

Ce que nous hasarderons de rendre de la manière imitative suivante:

«Dieu, embrasse de ta colère la totalité de leur *nombre*; fais-les «entrer tous dans la nuit *sombre*, et ne laisse d'eux sur la terre ni «traces ni *ombre.*»

Quelques instants après Housseyne rendait le dernier soupir sous les coups de ses ennemis acharnés et implacables.

L'homme qui met une pareille prière dans la bouche d'un agonisant, s'il n'est pas encore complètement fou, ne doit plus en être très éloigné!

tant soit peu l'ordre normal de la phraséologie française: „La femme légitime ne peut être *divorcée*, que par celui „qui, à lever les jambes l'aura *forcée*" (70).

Qu'on se figure de pareilles paroles, où la prétention au beau-dire, l'affèterie la plus fade, le disputent au cynisme le plus vulgaire, et on jugera si jamais un homme dans la situation de Mahomet a pu prononcer, en plein temple, une pareille incongruité!

Soit qu'on doute de l'authenticité de ce hadice, soit qu'on la tienne pour incontestable, on doit toujours déplorer le sort d'une nation qui en arrive à admirer de pareilles expressions!

Du divorce par les termes propres „es-sarih".

Nous entrons, dès maintenant, dans cette sphère immense d'idées, de doctrines, de dissertations scolastiques où l'esprit erratique de la race arabe et le radotage effréné d'un savoir, encore dans l'enfance, se sont donné libre carrière; où le sérieux se mêle au burlesque; où des traits d'esprit, de génie peut-être, se trouvent comme noyés dans les abîmes d'une sagesse banale, d'une dialectique futile, et, souvent, d'une incroyable ignorance de toute organisation sociale. Nous aurons à remarquer, par-dessus tout cela, *ce ton* superbe, tranchant, supérieurement magistral avec lequel sont exposées, expliquées, détaillées des doctrines juridiques que l'on prendrait en Europe pour de mauvaises plaisanteries, ou pour une sorte de bavardage délirant!

Nous espérons que le lecteur désireux de surprendre l'esprit de l'Islam en pleine activité dialectique, de sonder l'avenir qui lui est réservé et de pressentir les crises qu'il est appelé à traverser à mesure que des circonstances ou des besoins imprévus le placeront de plus en plus en contact avec la civilisation moderne, nous espérons qu'il ne se laissera point rebuter par les allures enfantines, obsédantes ou fastidieuses de la jurisprudence musulmane sur le divorce. En nous livrant à l'étude de cette singulière législation nous ne saurions avoir pour but de la proposer à l'admiration de l'Europe, encore moins d'y puiser quelque vérité, quelque idée lumineuse dont nous puissions faire notre profit. Nous faisons, tout simplement, une opération *d'autopsie* morale; nous cherchons à découvrir le mal *interne* auquel a succombé si prématurément la civilisation musulmane, mal que l'Europe chrétienne, l'Europe philosophique même, paraissent avoir si imparfaitement saisi. Or toute dissection a ses dégoûts, ses phases rebutantes; sachons les endurer en vue du résultat que nous pouvons en attendre. Nous sommes en face de près de cent cinquante millions d'âmes humaines gisant, comme hypnotisées, sous l'action engourdissante de cette législation. Sachons, au moins, signaler la cause du mal qui mine les sociétés musulmanes, sinon dans leur propre intérêt — puisqu'il est douteux qu'un mal qui a sa source dans les croyances religieuses, une maladie dont la cause est dans le ciel, puisse être guérie ici-bas, signalons-le au moins dans le nôtre, à nous autres chrétiens de l'Europe; que cette constatation soit comme un avertissement à ceux d'entre nous qui, grâce à des données superficielles sur l'Islamisme, paraissent affectés, dans ces derniers temps, en Angleterre surtout, d'un certain engouement pour un système de *direction morale* qui a déjà donné des preuves irrécusables de sa fragilité, de son insuffisance et de ses irrémédiables défectuosités [1]).

[1]) Ceux qui connaissent les excentricités religieuses de la grande et puissante race anglo-saxonne, ne seront pas étonnés d'apprendre qu'une vingtaine de personnes, en Angleterre, se sont mises — on dirait presque sérieusement — à professer la religion musulmane, et que, pour comble d'originalité, ces zélés convertis ont choisi une *dame* pour caissière de leur société naissante!

On ne dit pas si cette dame, en fidèle musulmane qu'elle doit être, s'est déjà imposé le voile et la claustration cellulaire conformément à l'un des préceptes les plus intelligibles du Coran, et si, par conséquent, elle ne communique plus avec les hommes que bien couverte des pieds à la tête, de derrière une cloison, ou, enfin, par l'entremise d'un *eunuque* authentique et *dûment constaté* — (pour la tranquillité de son mari au cas où elle en aurait un, ne fût-ce qu'en commun avec de nombreuses copartageantes), mais nous devons le supposer. Une femme anglaise n'embrasse pas la foi de Mahomet uniquement pour le plaisir de prier Dieu en langue arabe, ou pour se donner la fière et noble satisfaction de faire partie d'un nombreux *harem.* Elle doit avoir entrevu d'autres attraits dans cette foi — et pour une femme — cela ne pouvait être que dans le précepte musulman qui fait d'elle une joyeuse captive pour la vie tout entière. Le Coran, il est vrai — lui ouvre des horizons de joie et de bonheur intérieur inconnus à sa race: il lui donne généreusement trois coépouses pour lui tenir compagnie dans sa sainte et éternelle solitude, et un nombre infini de femmes esclaves pour concourrir, avec elle, à charmer, par une variété illimitée des félicités conjugales, les heures perdues du maître. Mais une Anglaise — nous le craignons fort — peut avoir d'autres penchants que ceux d'une *native* du pays d'où est sortie la législation religieuse de l'Islam. On peut bien, à la rigueur, imaginer une Anglaise traversant Regent street, ou la grande artère de Piccadilly hermétiquement couverte d'un voile qui la soustrait aux yeux des hommes, et surtout aux regards éminemment *contaminateurs* des ennemis de Dieu, lisez: les Anglais, les Français, les Russes, etc., etc.; mais peut-on se figurer une Anglaise mêlée à une nombreuse compagnie de coépouses, de concubines esclaves achetées à prix d'argent, ou de captives enlevées de vive force à l'ennemi, lisez encore: aux Anglais, aux Français, aux Russes, etc., etc., faisant toutes humblement, pieusement, longuement, queue à la porte de leur seigneur et maître et attendant chacune leur tour d'audience, ou une gracieuse jetée de mouchoir!

Il ne paraît pas que ce soit là une situation qui puisse convenir à une Anglaise.

Faut-il croire à la sincérité de ces intéressants catéchumènes, ou

Les mots que la loi range dans la catégorie des termes propres et à sens évident ou certain ne peuvent être, en théorie linguistique, que déterminés, ou susceptibles de l'être. Les procédés du langage ne peuvent varier que dans les expressions figurées ou indirectes. Les juristes définissent ou plutôt marquent les termes *répudiatoires* propres par ce trait général qu'ils ne sont jamais employés dans un autre sens que celui de la répudiation légale. Sans examiner la valeur philologique de cette spécification, nous pouvons constater, de prime abord, qu'elle ne saurait reposer que sur une raison purement *empirique* et absolument *actuelle*, c'est-à-dire qu'elle ne saurait répondre à la réalité que par rapport à une certaine époque déterminée.

---

bien ne faut-il voir dans toute cette histoire qu'une des formes multiples du «*humbug*» qui fait toujours florès sur le sol britannique? C'est là une question que le temps seul pourra résoudre.

En supposant qu'une fille d'Albion puisse s'accommoder d'une pareille destinée, nous n'en resterons pas moins perpléxes par rapport à la manière dont des musulmans anglais doivent se comporter à l'égard de la polygamie. Renonceraient-ils, ces pieux partisans de l'Islam — par respect pour une loi des *Kafirs* — à une loi de Dieu, et dont le plus saint des hommes: le Prophète lui-même, avait si largement usé?

Et puis de quel œil doivent-ils envisager, depuis leur conversion, la nationalité anglaise dans laquelle ils ont eu la mauvaise fortune de naître? Il est certain que, comme vrais croyants, ils ne peuvent obéir à d'autre souverain qu'à *émir—oul mou'ménim* (71), ni avoir d'autre attribut collectif que la foi du Prophète, ni d'autres amis que ceux qui professent comme eux la religion musulmane, ni d'autre devoir que de soumettre l'Angleterre, par la force si c'est possible, à un pouvoir musulman et, dans certains cas, d'en exterminer tous les habitants (72).

Mais ne voilà-t-il pas que nous parlons des lois musulmanes, de foi musulmane, de conscience musulmane à propos de certaines gens qui, s'il est une chose au monde qu'ils ont *su ignorer* avec une admirable profondeur, c'est précisément cette religion même qu'ils viennent d'embrasser, et dont ils paraissent si convaincus, et, surtout, si sérieusement édifiés!

Un usage fréquent et prolongé finit toujours par donner à une *désignation* figurée la valeur ou le caractère d'un terme propre — témoin en arabe le mot *tazaouaja*, qui, signifiant étymologiquement devenir couple, ne devrait indiquer l'action de se marier que d'une manière figurée, a fini cependant par devenir, dans la législation musulmane, avec le mot «*nakaha*», le terme propre qui signifie l'action de prendre femme, ou de se marier.

On peut ajouter à ce trait distinctif des termes propres qui les caractérise sous le rapport lexicologique cette autre marque, d'un caractère exclusivement juridique, à savoir que l'efficacité légale des *termes propres* est indépendante de l'intention et, en général, de toute intervention d'une faculté *subjective* ou *consciente* quelconque, et cela au double point de vue de la conscience et de la justice extérieure «*kadâ'ane oua dianatanne*".

On ne reconnaît en jurisprudence musulmane qu'un seul *terme propre* qui exprime l'action de mettre sa femme hors mariage. C'est le verbe «*tallaka*» conjugué, ayant le mari pour sujet et la femme pour régime, ou employé substantivement.

Dans ce dernier cas, le mot dérivé de la racine primitive „*talaka*" ou, pour parler plus exactement, des trois lettres consonnes constitutives de cette racine, ne saurait produire son effet dissolutoire qu'en tant qu'il aurait eu pour objet, d'une manière évidente, la femme que ce terme est destiné à mettre hors mariage. Ainsi, par exemple, une formule adressée par le mari à son épouse en ces termes: *si tu sors, il y aura répudiation,* ne produit point d'effet, alors même que la condition répudiatoire se réaliserait par la femme. Mais si le mari, au lieu de s'arrêter à la proposition impersonnelle, ajoutait, sans intervalle, „*pour toi*", toutes choses restant d'ailleurs égales, le mot „*talak*" ainsi appliqué ne manquerait pas de sortir son effet. Il reste également efficace s'il est employé comme attribut ou prédicat dans une proposition où la femme figure comme sujet, exemple: *tu es une répudiation.*

La prononciation fautive de ce terme par suite d'une permutation ou d'une transposition irrégulières des lettres ne l'invalide pas, à moins que le mari n'ait déclaré préalablement, en présence de témoins, qu'il prononcerait ainsi ce terme, uniquement pour le rendre inefficace. Dans ce cas la formule est effectivement frappée de *stérilité.*

Le terme propre sera également *stérilisé* si, au lieu d'avoir la femme pour objectif, il tend à donner cette attribution au mari même.

D'après cette règle, des paroles de répudiation qui revêtiraient cette forme: *je suis répudié,* ou *je me répudie de toi,* ne produiraient aucun effet dissolutoire, attendu qu'il y aurait dans cette expression une interversion de rôles qui annule la valeur légale du *terme,* pour *attribution fausse* ou *illégale.*

Le terme propre opère la répudiation alors même qu'il aurait été prononcé par surprise, par distraction, par citation des paroles d'un autre, par mégarde, par fourchement de langue, par plaisanterie, par parodie, sous la pression d'une contrainte, sous l'empire de l'ivresse, d'une matière prohibée, etc., [1]) alors même que celui qui

---

[1]) La validité du divorce effectué par un homme en état d'ivresse repose sur une raison assez spécieuse pour mériter un moment d'attention. On lit dans le Coran, disent les juristes, un commandement adressé

l'emploie n'en comprendrait ni le sens, ni la portée juridique, ou qu'il les aurait proférées dans une langue qui lui est inconnue. — Le texte dit proprement: alors même qu'il — c'est-à-dire le musulman arabe — „les aurait prononcées „en langue persane".

Nous croyons que cette expression: *en langue „persane"* autorise à penser qu'il en serait exactement de même si ces paroles avaient été formulées en toute autre langue inconnue du mari.

Le vocable *„a'ataka"* qui signifie *affranchir*, peut seul remplacer le terme propre *"tallaka"* s'il est adressé à une femme de condition libre.

Cette unique similitude admise par les auteurs entre le terme propre *répudier* et un autre dont il n'est, cependant, pas le synonyme *„affranchir"* ne peut que confirmer nos vues relativement à la manière dont le mariage est envisagé, par rapport à la femme, dans la législation musulmane. Il est évident que, selon ces au-

directement aux hommes pendant qu'ils sont ivres — ce qui, selon ces docteurs — prouve que Dieu les tient pour justiciables de sa loi et passibles de ses commandements, même lorsqu'ils se trouvent dans un état d'ivresse certaine. Voici ce passage: *O ceux qui avez cru, n'abordez pas la prière pendant que vous êtes ivres; attendez que vous puissiez comprendre ce que vous direz.* Chap. IV, 46.

Il est évident, selon ces auteurs, que c'est là un commandement qu'on est invité à *se rappeler* et auquel on doit *obéir* pendant qu'on *est ivre.* Cette obligation, concluent-ils, prouve que les hommes, ou du moins les croyants, restent, même pendant l'ivresse, justiciables de la loi et parfaitement passibles de ses commandements.

Il est cependant bien plus naturel, selon nous, de penser que ce passage vise les premiers moments de l'ivresse, alors que l'homme, sans avoir encore perdu la conscience de ses actions, sent pourtant s'approcher le moment où il ne sera plus maître de soi-même. C'est lorsqu'on est dans un pareil état que l'on doit se rappeler ce commandement et s'abstenir de la prière rituelle.

teurs, le mariage crée à la femme une situation dont la cessation peut être qualifiée *d'affranchissement*, dans le sens le plus propre de ce mot, sans la moindre nuance de métaphore.

L'expression par écrit du terme propre produit le même effet et avec la même instantanéité que s'il avait été proféré de vive voix, en face et à l'audition de l'épouse sur laquelle ce mot terrible aurait été lancé. Ainsi, si un homme écrit à sa femme: *tu es répudiée,* le mariage est dissous dans l'instant où la dernière lettre de cette expression achevait de se former sous la plume du mari. Les docteurs posent, toutefois, cette réserve que la formule écrite ne produit un pareil effet que si elle a été tracée sur une matière solide propre à la fixer, au moins assez de temps pour permettre au regard de la parcourir pendant qu'elle est encore entière. Cette réserve a pour but d'indiquer que malgré l'action foudroyante du terme propre, cette action resterait sans effet, si on traçait le mot magique sur l'eau, sur un liquide quelconque ou sur le sable mouvant sous le souffle d'une tempête, mais si la formule qui contient le terme propre ne s'est effacée ou déformée qu'après son entier retracement, elle ne perd rien de ses effets, au point de vue de l'efficacité interne, *dianatanne*, bien que, sous le rapport de la justice externe, *kada'anne* elle doive rester subordonnée à la preuve juridique ordinaire [1]).

[1]) On tire de cette règle de jurisprudence *transcendante* la faculté légitime d'user d'un biais juridique fort curieux, et que les bons légistes mettent *généreusement* au service des maris désireux de calmer des jalousies incommodes, sans qu'il en coûte le moindre sacrifice à leur goût pour une certaine ramification de l'amour conjugal

Voici comment:

Une épouse, jusqu'alors sans compagnes, apprend que son mari vient

Le terme propre produit son effet dissolutoire, même quand il est seulement sous-entendu. Ainsi, si, en réponse à une question posée au mari en ces termes : *as-tu répudié ta femme*, celui-ci dit simplement : *oui*, sa femme

de lui adjoindre une rivale qu'il entretient secrètement dans un logis à part. De là reproches, lamentations, pleurs—enfin la paix du ménage est détruite.

Le mari oppose aux reproches de sa femme les dénégations les plus mal fondées. — La loi le lui permet dans certains cas, entre autres celui ou il s'agirait de faire taire un enfant, ou d'apaiser une femme jalouse ou en colère (73). Enfin, poussé à bout, le mari s'arrange de façon à justifier une communication par écrit avec sa femme, et trace sur le papier les mots suivants : « Je veux que toute femme avec laquelle « j'aurais été marié *excepté* toi et *Fatime* (supposé que ce soit le nom « de la nouvelle rivale), soit répudiée par trois fois ! »

Evidemment rien n'est plus rassurant ; mais la science n'a pas encore dit son dernier mot. Le mari, avant de faire parvenir cet écrit à sa femme aura soin *d'effacer* le nom de *Fatime* et de remplir le vide de son mieux. D'après la règle dont il est question, la rivale ne sera point répudiée, attendu que l'*exception* fixée un moment sur le papier conservera sa valeur, même après l'effacement du *nom* sur lequel elle devait porter.

Nous n'avons guère besoin de faire ressortir le côté périlleux d'une pareille doctrine et les ressources qu'un pareil biais, admis comme légitime, pourrait offrir aux faussaires et aux faux témoins. Ces misérables n'auraient qu'à s'arranger de façon à rendre indispensable une transmission par écrit de leurs témoignages, pour avoir le droit d'en effacer préalablement, après l'avoir écrite, telle partie qu'il leur importerait de laisser dans l'ombre ou de la soustraire à la connaissance de la justice.

L'analogie autoriserait ce procédé dans tous les cas où une *exception* modifierait le caractère du fait sur lequel il y aurait à statuer.

Mais on peut se demander comment des femmes musulmanes, si particulièrement intéressées à savoir tout ce qui se rapporte à leur destinée matrimoniale, pourraient ignorer la possibilité ou la légitimité d'un pareil biais, et, dans ce cas, quel effet il produirait sur l'esprit d'une femme déjà avertie ?

A cela on peut répondre 1° que pour les musulmans la science du droit ou la jurisprudence forme un genre de sagesse providentielle inaccessible à la raison des femmes en particulier, et en général à tous ceux qui n'y auraient pas été initiés sous la direction de quelque savant (uléma) éminent ; 2° que, en conséquence de ce sentiment généralement répandu parmi la classe des juristes, il n'est pas rare de voir des auest répudiée dès l'instant où il a proféré le mot affirmatif. Il faut remarquer que dans ce cas le divorce s'effectue en vertu de la réponse elliptique du mari, bien que le mot divorce n'ait pas été prononcé et qu'il n'y ait eu aucun acte de répudiation antérieure au moment où cette question a été posée, c'est-à-dire malgré *la fausseté* positive de l'affirmation en tant que se rapportant à un divorce antérieur à la question. Pour justifier cette doctrine, malgré l'irrégularité du procédé, les légistes considèrent la réponse du mari, non comme un acte d'*information* portant sur un *fait passé*, mais comme un acte de *formation* ayant pour objet la production d'un fait dans le *moment actuel*, et, par conséquent, d'un fait indépendant de toute condition de véracité narrative.

La propriété foudroyante des termes propres est telle que, dans certains cas, le divorce s'accomplit sous leur action dissolvante avant que le mari ait eu le temps d'en prononcer la dernière syllabe. Exemple : le mari dit, en s'adressant à sa femme, soit expressément, soit par distraction, par méprise, par plaisanterie, etc., *ô talé... ô divorcée* (le mot plein est: „*ô taleke*") le divorce s'effectue immédiatement. On explique cette promptitude par une règle de grammaire arabe appelée : *et-tarkhime*, d'après laquelle il est permis de retrancher la dernière syllabe d'un nom mis au vocatif. Ici encore ni la volonté

---

teurs distingués terminer leurs dissertations sur certains cas de conscience par cette curieuse observation : C'est là une vérité que l'on doit savoir, mais que l'on ne doit découvrir devant personne (74) *haza mimma iou'oulam, oua la ioukal.* Parfois on voit un auteur scrupuleux conjurer l'étudiant en jurisprudence de ne point divulguer le secret d'un biais légitime, mais jugé par lui quelque peu dangereux pour la morale publique ! (75)

ni l'intention ne sont point exigées pour la validité de la répudiation. La valeur lexicologique du terme employé suffit, et rend toute autre indication inutile ou superflue.

Appliqué, par une sorte de *synecdoque*, à certaines parties du corps de la femme, le terme propre produit son effet tout aussi efficacement que s'il avait été appliqué à la personne entière et indivisible de l'épouse. Ces *parties* propres à représenter *le tout* sont déterminées par les légistes sur l'autorité de quelques passages du Coran ou sur l'usage constant et général des Arabes. Ce sont: le cou, la tête, l'âme, l'œil, le corps, le visage. le vagin, la gorge et la matrice. [1]) D'après cette doctrine on peut répudier sa femme en disant: Je répudie ton, ou (si elle est absente) son cou, sa tête, son visage, etc.[2]).

---

[1]) Il faut, cependant, remarquer que si le mari, au moment où il appliquait le divorce à l'une ou l'autre de ces parties représentatives, a placé sa main sur la partie nommée ou qu'il l'ait indiquée par un geste précis, la formule répudiatoire ainsi *assignée* ne produira plus aucun résultat. Il est évident, en effet, que dans ce cas, la précision ou la détermination de la partie ne permet pas de la rapporter au tout. Cette circonstance donnerait à un pareil divorce le caractère des actes absurdes ou impossibles, et serait, par conséquent, considéré comme nul *in radice* et non avenu.

[2]) Les passages du Coran qui paraissent autoriser l'emploi, par synecdoque, de certaines parties du corps humain, nommément l'âme, le visage, le cou, le vagin, sont les suivants, que nous citerons ici dans le même ordre de liste que les parties que nous venons de nommer.

En parlant des lois données aux Juifs par l'Eternel, le Coran dit: *nous leur avons prescrit: âme pour «âme»*, ce qui veut dire *qu'un homme* sera mis à mort en expiation du meurtre qu'il aura commis. Autrement dit: homme pour homme. Chap. V, vers. 49.

Aux prodiges de la création dignes de l'admiration des croyants, le Coran ajoute le fait suivant, qui atteste l'éternelle immuabilité de Dieu... «et alors la *face* glorieuse seule de ton Seigneur restera». Chapitre LV, 27.— Il est certain qu'il s'agit de l'essence ou de la personne même

Mais on ne saurait la répudier en appliquant le terme propre à des parties non comprises dans la liste des sections représentatives du corps féminin. Les légistes citent les parties suivantes comme impropres à cet usage: les mains, les pieds, la partie *naticale*, la cuisse, la jambe, les cheveux, le nez, le dos, le ventre, la langue, la bouche, l'oreille, la poitrine, le menton, la dent, la salive, le sang, la sueur, la mamelle, le téton . . . parce que, ont-ils toujours soin d'ajouter, il n'est pas dans l'usage de se servir de ces parties à la place du tout[1]).

de Dieu. On lit dans un passage relatif à l'expiation d'un serment violé: «.... *alors* (on devra) *l'affranchissement d'un cou* croyant», chap. IV, 94. Il est évident qu'on doit comprendre par «*cou*» un être humain.

Enfin des rapporteurs citent les paroles suivantes attribuées au Prophète: «*Dieu a maudit les vagins sur les selles*». la'ana-l-lahou-l-fourouje a'la-s-sourouje». — Evidemment il s'agit des femmes montant sur des selles à la manière des hommes.

Reste *la tête*, pour laquelle le Coran ne fournit aucun exemple, mais on fait observer que l'emploi de ce mot sous forme de synecdoque, pour signifier un être vivant, est très fréquent en Arabe. — On dit communément: *On peut tout tolérer, pourvu que la tête reste sauve;* on entend sans doute dire: pourvu que l'*homme* reste *en vie.*

Le mot *main* donne lieu à certaines observations distinctives dont il ne serait pas inutile de prendre note. Les auteurs remarquent que ce mot a été employé dans le Coran en synecdoque dans ce passage: Périssent les mains d'Abi-lahab et dans ces paroles attribuées au Prophète: *toute main doit* (rendre) ce *qu'elle a pris.* Chap. XI, 1.

Dans l'un et l'autre passage l'emploi représentatif du mot *main* est incontestable; mais les auteurs font remarquer que l'usage de ce vocable, dans ce sens, est fort rare et qu'il est, en général, peu familier aux Arabes, à l'encontre — ajoutent-ils — des Turcs, qui l'emploient fréquemment à la place du mot homme (!). En considération de cette circonstance, on ne doit reconnaître à ce vocable que la valeur d'une *métonymie* qui ne produit un effet juridique qu'en tant qu'il a été intentionnellement visé par celui qui l'a employé (76).

[1]) Heureusement pour ceux qui désirent apprendre la législation musulmane, les auteurs ont oublié de soulever la question de savoir si

Le terme propre conserve sa valeur entière alors même qu'il aurait pour coefficient une fraction. — Mais cette disposition est indépendante de sa valeur linguistique ; elle résulte d'un principe général d'après lequel le divorce n'est point susceptible de *fractionnement.* — Une partie de divorce, quelque minime qu'elle puisse être, aura toujours — lorsqu'il est régulier — la valeur d'un divorce entier. Ainsi un divorce prononcé de cette manière : *tu es divorcée d'un demi, d'un tiers, d'un sixième* de divorce, etc., produit un divorce simple, mais entier. L'estimation du nombre des répudiations effectuées d'après la valeur numérique des termes employés est une des parties les plus curieuses, les plus enfantines de la législation du divorce. On ne disserte pas, on divague, on radote, on délire et on se livre à une véritable débauche de suppositions, plus bizarres les unes que les autres, pour apprécier la valeur numérique de toutes les expressions pouvant contenir une idée de pluralité quelconque.

Nous croyons devoir en donner quelques exemples.

Si un homme dit à sa femme : *tu es divorcée par* trois tiers de divorce, il l'aura divorcée par trois fois ; mais

les parties internes ou invisibles du corps, telles que les viscères, les cartilages, les nerfs, les veines, les organes lactifères, les diverses parties de l'ossature humaine, etc., etc., peuvent être employées en synecdoque, à la place de la *personne.* On ne trouve aucune dissertation sur un pareil sujet, qui aurait pu, cependant, offrir un vaste champ pour les discussions, dont ces auteurs sont ordinairement si friands. En face de cette lacune on ne saurait dire avec certitude quel serait l'effet d'un divorce appliqué au cœur, à l'estomac, à l'épine dorsale, à une vertèbre, au cerveau, etc. Les docteurs auraient pu, au moins, nous dire qu'un semblable mode de répudier sa femme *n'aurait point d'effet.* Mais il est permis de déduire de leur silence, sur une matière de cette *gravité,* que ces parties sont dénuées de toute capacité d'être employées, par *synecdoque* à la place du *tout.*

s'il lui dit: „*Tu es divorcée par un demi-divorce, par le „tiers du divorce et par le sixième du divorce*", il ne l'aura répudiée que par une seule fois, tandis que si, au lieu d'avoir *déterminé*, par l'article, le mot *divorce*, il avait dit: tu es répudiée par la moitié *d'un* divorce, par le „tiers *d'un* divorce, et par le sixième *d'un* divorce", il l'aura positivement répudiée par trois fois. Voici pourquoi: Dans le premier exemple le mot divorce est déterminé; or, d'après les règles du langage, quand deux ou un plus grand nombre de choses sont répétées sous forme déterminée, on doit comprendre qu'il s'agit d'une seule et même chose. — Il est même indifférent, dans ce cas, que la chose nommée la première soit déterminée ou qu'elle ne le soit pas.—Exemple: on lit dans le Coran . . . . „Nous avions envoyé *un apôtre* auprès de Pharaon, „et Pharaon a désobéi à *l'apôtre*". Il s'agit pour le premier et le second «*apôtre*» de Moïse seul. On déduit de cette manière de voir, fort judicieuse en elle-même, que les deux derniers divorces fractionnaires: le tiers et le sixième, se rapportent à ce même divorce représenté, dans la première fraction, par la moitié de l'unité, ce qui donne une moitié, plus le tiers et le sixième de cette même moitié, soit $\frac{9}{12}$, quantité inférieure à l'unité et valant, par conséquent, une répudiation entière.

Dans le second exemple le mot divorce, régime des coefficients fractionnaires, est partout indéterminé, ce qui signifie, d'après les mêmes principes du langage, qu'il s'agit de trois divorces différents et indépendants l'un de l'autre. Soit trois fractions de trois divorces entiers: la moitié d'un divorce entier, le tiers d'un pareil divorce, et le sixième d'un divorce également entier. Cela fait trois fractions de trois répudiations et, par conséquent, trois répudiations entières, chaque fraction devant, dans ce cas, s'élever à la valeur de l'unité, à moins que cette fraction ne soit celle d'une autre déjà exprimée.

Si la somme des fractions figurant comme des coefficients pour autant de divorces indéterminés, additionnés les uns aux autres, dépasse l'unité, le nombre du divorce effectué sera égal à une unité augmentée de la fraction additionnelle devenue elle-même unité. Ainsi une formule conçue en ces termes: „Je te répudie par la moitié, le tiers et le quart d'un divorce“ produit deux divorces, parce que $\frac{1}{2} + \frac{1}{3} + \frac{1}{4} = 1, + \frac{2}{24}$, soit un divorce résultant de la somme d'une partie des fractions, et une fraction de divorce qui a été élevée à la valeur de l'unité.

Si — la question restant d'ailleurs la même — au lieu du quart, il y avait un sixième, le divorce aurait été triple, attendu qu'il y aurait eu trois fractions d'un égal nombre de répudiations *indéterminées*, et constituant, par conséquent, trois répudiations parfaites. Mais si, dans la même question, le mot divorce était déterminé, la répudiation ne serait que *double* seulement. En effet $\frac{1}{2} + \frac{1}{3} + \frac{1}{4} = 1, + \frac{1}{12}$, soit un divorce résultant de la somme d'une partie des fractions, et d'une fraction $\frac{1}{12}$ élevée à la valeur entière de l'unité.

Si la femme objet d'un pareil divorce n'avait pas encore subi les approches du mari, elle ne sera passible que d'une seule répudiation, attendu que le mariage d'une pareille femme, encore non *introduite* dans la couche nuptiale, se dissout *en entier* ou *irrévocablement*, par *une seule* répudiation. La seconde qu'on y ajouterait ne saurait l'atteindre, par la raison qu'elle la rencontrerait déjà étrangère et, par conséquent, inaccessible à un divorce additionnel ou subséquent (74).

Les fractions de divorces sont annulées lorsqu'elles sont l'objet d'une exception. — Ainsi une formule conçue en ces termes: *tu es répudiée par deux fois, moins une demie*, produit une double répudiation; — parce que, dans ces exemples, la fraction objet de l'exception ne sera point élevée à l'unité, ni même maintenue à l'état fractionnaire, mais tout simplement annulée *in radice*, tandis que celle-ci: *tu es répudiée par deux fois et demie*, produit un divorce triple; car la demie se transforme en unité. C'est le contraire du cas précédent.

Ces dispositions dérivent toutes du principe général que dans les formules répudiatoires chaque fraction additionnelle est considérée comme équivalente à l'unité, et que la fraction soustraite ou exceptée est constamment tenue pour nulle et non avenue. *„el gez'ou sahihon fi-l-yka'a, lagouon fi-l-istiçna"* (75).

Abou Iousef, cependant, fut d'avis que toute fraction, additionnée ou soustraite, doit être également élevée à l'unité. Mais il ne paraît pas que cet avis ait prédominé aux yeux de la justice musulmane. Il est évident que, dans cet exemple, comme dans bien d'autres, la doctrine qui réunit le plus de suffrages et pour laquelle les auteurs hanéfites paraissent avoir le plus de prédilection, c'est, précisément, celle qui réalise — nous dirions mieux, qui expédie le plus promptement — un acte de répudiation, et qui met le plus complètement terme à l'autorité et aux prérogatives maritales. Les juristes musulmans — on ne saurait trop insister sur ce point — sont toujours portés, peut-être même inconsciemment, à considérer le mariage, par rapport à la femme, comme un état de servitude dont il serait, pour le moins, charitable de la délivrer diligemment et sans trop de cérémonie! Ils semblent tout particulièrement heureux et fiers de leur savoir toutes les fois qu'ils trouvent le moyen de présenter le mariage sous l'aspect le plus *volatil* qu'il soit possible de rêver. *Tu es répudiée par une fois et demie;* la fraction grossit, devient unité parfaite, et le divorce s'effectue immédiatement par deux fois! tandis que dans la formule: *tu es répudiée par trois fois, moins une demie;* la fraction, non seulement n'éprouve aucun grossissement, mais elle disparaît encore tout entière, et le divorce se réalise *triple* infailliblement!

Si la numération d'un divorce exprimé par le mot propre a été indiquée sous une forme latitudinaire entre deux coefficients extrêmes, le divorce aura le nombre du terme initial augmenté du nombre intermédiaire, à l'exclusion du terme final. Ainsi un divorce effectué en raison de cette formule: *„Je te répudie entre une et trois répudiations"* se produit double; il aura, également, le même nombre si la formule portait: *entre deux et trois*, c'est-à-dire que ce sera, dans l'un et l'autre cas, le nombre initial augmenté du nombre intermédiaire, et à l'exclusion du nombre terminal.

On doit, toutefois, remarquer que cette règle ne s'applique qu'aux actes pour la *répétition* ou pour la *somme* desquels la loi a posé des limites, telles que le divorce révocable (fixé à deux reprises). S'il s'agit d'un acte ou d'un engagement indéfiniment susceptible de répétition, ou pour lequel la loi n'a posé aucune limite, les deux nombres extrêmes ainsi que le nombre médial formeront, facultativement, la somme dilatoire du nombre que l'on sera censé avoir eu en vue. Ainsi une offre exprimée en ces termes : „*prenez de mon argent entre cent et mille*" concède le droit *facultatif* de prendre, à son gré, depuis cent jusqu'à mille inclusivement ; attendu qu'aucune loi ne pose des limites aux dons volontaires (76).

Si la numération d'un pareil divorce est représentée par le produit d'une multiplication, elle sera toujours égale au *multiplicande* seul, c'est-à-dire avec élimination du *multiplicateur*. De cette manière une répudiation par le terme propre qui serait formulée ainsi : „*Je te répudie* (par) *une* (répudiation multipliée) *par deux*" ne produit qu'un divorce simple ; il en sera de même de cette autre formule : „*Je te répudie deux par trois*" car elle ne produirait non plus qu'un nombre de divorce égal au multiplicande: *deux*.

Cette doctrine paraît s'écarter des tendances habituelles des légistes musulmans à tout interpréter dans le sens qui réalise le plus rapidement et le plus irrévocablement la dissolution du mariage. On devrait, assurément, s'en féliciter si elle ne reposait sur une considération scientifique absolument inacceptable, à savoir que la *multiplication* n'augmente pas, en réalité, les unités d'un nombre, mais accroît seulement les parties dont ces unités se composent, et qu'une expression telle que celle-ci : 3×3 signifie tout simplement que les parties dont se compose le nombre 3 sont devenues trois fois plus nombreuses ! Afin de ne laisser aucun doute sur le sens de cette remarque, ils ajoutent, sous forme d'exemple démonstratif, la réflexion suivante, que nous reproduisons littéralement : „Si la multiplication pouvait augmenter

„les unités d'une quantité quelconque, il ne *resterait* plus „de *pauvres* sur la terre, attendu que chacun se mettrait „à multiplier son avoir par cent, et puis par mille, et „ainsi de suite jusqu'à l'infini" (77).

On ne s'attend pas, assurément, à voir des *légistes* imaginer de tels arguments à l'appui de leurs doctrines. C'est, évidemment, ce qu'on peut appeler hardiment: la *sottise raisonnante*, et qui est bien plus funeste, bien plus désastreuse dans ses effets perturbateurs, dans sa marche aberrante, que la sottise sincère et sans prétention qui provient, comme par nécessité logique, d'un simple fait d'ignorance accidentel. Mais tout cela n'est presque rien encore à côté des aberrations intellectuelles que nous allons passer en revue à propos de cette partie si profondément, si savamment insensée de la législation musulmane.

Reprenons cette étrange dissertation sur les propriétés indicatives de la multiplication en ce qui regarde le nombre des répudiations dont un mari *peut avoir voulu frapper* sa femme :

Les légistes font cette remarque lexicologique que la préposition „*fi*" (littéralement: „dans") qui régit en arabe le multiplicateur, et qui, par conséquent, correspond, sous ce rapport, à la préposition française „par", peut être remplacée par la conjonction *oua* „et" ou par la conjonction *ma'h* „avec". Mais il faut ajouter que la justice ne peut tenir compte de cette extension d'usage que si elle est formellement alléguée, par le mari, comme seule conforme au sens qu'il entendait exprimer par le mot „*fi*". Dans ce cas il sera invité à préciser lequel des deux mots : *oua*, ou *ma'h* est celui dont il avait entendu attribuer le sens au mot *„fi“* qu'il prétend avoir employé tant soit peu improprement.

Dans le cas où le mari affirmerait que c'est le sens de la conjonction *„et“* qu'il avait entendu donner à ce vocable, le divorce, dans la formule ci-dessus, aura été *prononcé* par trois fois, si la femme objet de cette répudiation avait déjà *frayé* avec le mari ; et par une seule fois, si elle se trouvait dans le cas opposé.

Au cas où le mari assurerait avoir employé le mot *„fi“* dans l'acception du mot *avec,* le divorce aura été effectué *triple*, tant à l'égard d'une femme qui n'aurait pas encore été introduite dans la couche nuptiale, qu'à l'égard de celle qui aurait déjà subi les approches du mari.

La raison de cette différence d'effet entre ces sortes d'épouses repose sur les propriétés lexicologiques de ces deux termes. La conjonction „et“ exprime une idée d'addition et, nécessairement, l'idée de plusieurs nombres ajoutés successivement les uns aux autres. Il demeure donc évident que dans cette formule : *tu es répudiée* (par) *une et deux* (répudiations), le coefficient *une* a dû précéder le nombre *deux* et, selon la dialectique musulmane, avoir produit son effet dès avant que le mari ait eu le temps de prononcer le nombre additionnel *deux.* La femme, objet d'une pareille répudiation, n'ayant pas été encore introduite dans la couche nuptiale, devient, par le seul effet d'un divorce simple, absolument dégagée de toute dépendance matrimoniale, et, par conséquent, inaccessible au divorce additionnel qui avait pour coefficient le nombre *deux.*

Mais il en serait tout autrement si, au lieu d'avoir

entendu donner au mot „*fi*“ le sens de la conjonction „et“, c'était le sens du vocable „*avec*“ qu'il avait mentalement attribué à cette préposition.

En effet, dans cette formule : *tu es répudiée* (par) *une* (fois) *avec deux*, le coefficient *un* se trouve inséparablement lié au nombre deux. De cette manière la répudiation marquée par l'adjectif numéral *une* et celle qui a pour compteur le nombre deux ne se produiraient pas successivement, mais simultanément, et atteignent, par conséquent, la femme d'un seul coup et par une seule *lancée* de trois répudiations.

DES DIVERS PROCÉDÉS DÉTERMINATIFS DU DIVORCE PAR VOIE DE DESCRIPTION.

En outre de la détermination numérique directe, les légistes signalent une série interminable de procédés descriptifs qui modifient la portée légale de cet acte sous le rapport de la révocabilité, du degré d'évanescence des prérogatives maritales, et même sous le rapport du nombre, malgré l'absence de tout coefficient numérique explicite.

La détermination du degré d'intensité ou de gravité que l'on entend imprimer à un divorce, par le moyen d'une comparaison à une certaine étendue de l'espace, ne peut produire qu'un divorce simple et mineur, c'est-à-dire révocable et ne dépassant pas l'unité. „*wahidatanne raj' y yatte*“; ainsi cette formule „*tu es répudiée d'ici jusqu'à Damas*, effectue un divorce par une fois, c'est-à-dire un divorce que le mari peut révoquer au cours de l'„*iddatte*“ (la retraite de l'attente légale).

Cette doctrine s'explique par la considération *magistrale* que le divorce lorsqu'il est effectué ne se limite pas à tel ou tel point de l'espace, mais il garde la plénitude de sa valeur et de son efficacité en tout lieu sans restriction. Il devient donc évident que la comparaison de cet acte à une portion limitée de l'espace doit être entendue dans le sens d'une *réduction* et non dans le sens d'une *exagération* ni même d'une *extension* qui puisse lui faire dépasser le *minimum* du nombre et de l'intensité auquel un divorce puisse descendre.

Il faut remarquer, toutefois, que si la comparaison à une étendue d'espace a été employée en explication *exemplaire* d'une attribution ou d'une qualification *abstraite*, la distance ou l'étendue de l'espace qui aura été prise pour terme de comparaison devient une expression *d'exagération* et élève le divorce au degré de l'intensité, c'est-à-dire jusqu'à l'irrévocabilité simple. D'après cette manière de voir une formule conçue en ces termes: *Je te répudie par un divorce long* comme d'ici à Damas, produit un divorce irrévocable „*bayenne*".

Le divorce par le terme propre effectué par rapport à *un endroit* déterminé, se réalise incontinent, et ne sera point considéré par la justice comme un divorce *hypothétique* subordonné au fait par la femme de se trouver dans cet endroit. A ce point de vue, si quelqu'un dit à sa femme „*tu es répudiée à Damas, en route, à l'ombre, au soleil, à cheval,* etc., il effectue un divorce *immédiat*, c'est-à-dire sans subordination à l'accomplissement de la condition à laquelle ce divorce semble avoir été limité.

Il en sera de même si le divorce a été prononcé comme devant être connexe à un certain mode de vêtement, de mise, de posture, comme dans cette formule : tu es répudiée sous un habit d'homme, de servante, en ta veste noire, pendant que tu es assise à l'ombre, au soleil, en marche, etc.; dans tous ces cas le divorce s'effectue, également, dans l'instant même où une pareille formule aura été prononcée, sans subordination au fait auquel le mari aura voulu l'attacher.

Mais le divorce connexe à une période de la *durée future* (non comparé à l'étendue linéaire) est essentiellement conditionnel et ne peut, par conséquent, se réaliser que dans le moment précis où cette portion de la durée future sera arrivée.

Ainsi un divorce effectué de cette manière : *tu es répudiée* dans un an, au commencement du mois, ou dans un hiver, ne réalise le divorce qu'à la fin d'une année entière, après qu'un jour et une nuit du mois prochain seront passés, ou, enfin, à l'équinoxe du printemps. L'instant précis où le divorce se réalise à l'entrée de ces diverses périodes de temps est l'objet de sérieuses préoccupations de la part des auteurs. — Nous aurons bientôt l'occasion d'en parler.

On voit par ces exemples que la dépendance temporaire produit un divorce hypothétique, c'est-à-dire qui ne peut se réaliser qu'à l'arrivée réelle du temps auquel se rapporte le divorce, tandis que la *dépendance locale*, de *mise*, ou de *posture*, entraîne la réalisation instantanée du divorce, indépendamment de tout rapport hypothétique avec les trois accidents circonstanciels précités.

Les auteurs expliquent cette différence par cette *grave* considération que l'idée du temps présente certains rapports, certaine analogie, avec l'idée du divorce, attendu que l'une et l'autre ont pour objet un fait passager, qui disparaît immédiatement après s'être formé. — En effet, le divorce une fois prononcé, produit son action, et disparaît exactement, affirment-ils, comme le temps, qui arrive, produit son effet et disparaît de suite sans s'arrêter. Il ne saurait en être de même pour le *lieu*, la *mise*, et la *posture*, attendu, font-ils remarquer, très gravement, que ce sont des choses tangibles, douées de stabilité et qui, par conséquent, peuvent subsister même après que le fait qui leur a été connexe aura passé. Or, concluent-ils, on ne peut faire dépendre une chose d'une autre avec laquelle elle n'aurait aucun rapport existentiel possible. C'est-à-dire qu'on ne peut concevoir quelque rapport de dépendance entre des objets qui n'ont rien de commun entre eux.

Le raisonnement n'est sans doute pas correct [1]; il se

[1] Nous qualifions ce raisonnement d'incorrect, non en considération des prémisses qui s'y trouvent relatées, mais à cause de cette fausse conception d'un trait d'analogie ou de rapport entre deux idées si essentiellement différentes: le *temps* et le *divorce*, et cela uniquement parce que l'un et l'autre sont des *choses passagères* — c'est-à-dire qu'ils ne se réalisent que pour s'*achever* et pour disparaître immédiatement après — en d'autres termes — pour devenir une chose qui n'existe plus que par les effets qu'elle aura produits au moment où elle s'est réalisée. Il est évident que, à ce point de vue, toute action, tout fait survenu, tout mouvement, conscient ou non, présenterait un rapport existentiel avec le divorce. Cela, d'ailleurs, serait vrai qu'on ne comprendrait pas davantage la portée *juridique* de cette vaste analogie exclusivement fondée sur un fait d'une universalité sans limite. Quelle est l'action, le fait, le phénomène qui n'a pas son point *d'achèvement*, aussi bien que son point de formation? Le temps est instable ou passager dans ce sens qu'il court sans interruption, sans arrêt; l'action est passagère, mais non dans ce sens, l'action ne court pas, ne fuit pas, en un mot, elle ne passe pas dans le sens du temps, — elle s'accomplit *pour exister*, et en s'accomplissant, elle s'achève par cette simple raison qu'elle ne peut s'accomplir qu'à la condition de s'achever. Or, c'est précisément cet achè-

distingue par cette espèce de *paralogisme* si habituel aux dialecticiens musulmans. Mais — il faut le reconnaître — il était difficile de trouver, à l'appui de cette doctrine, un argument plus sérieux.

Si, dans les formules se rapportant aux temps, le mari a mis la préposition „*li*" *à cause, pour*, à la place de la préposition „*fi*" *dans*, le divorce se produit immédiatement, et n'aura aucun caractère de dépendance d'un autre fait. Cette distinction se fonde sur la propriété causative, ou explicative, de la préposition „*li*". Celui qui dit à sa femme : tu es répudiée *à cause* de tes menstrues, *de* ta robe rouge, *de* ton entrée dans cette maison, etc., présente les *menstrues*, la *robe rouge*, le fait de l'*entrée* dans cette maison comme la *cause* déterminante du divorce. Or la cause *précède* son effet, donc le divorce qui a été prononcé a été la conséquence d'un fait qui a déjà existé, et qui, par conséquent, est devenu indépendant de toute éventualité future [1]).

---

vement formatif de l'action que les auteurs musulmans appellent *instabilité*, pour en faire un trait de ressemblance entre le divorce, ou l'action de dissoudre le mariage, et le temps.

Cette assimilation entre deux choses si diverses nous rappelle un argument fort curieux, présenté par un théologien chrétien à l'appui de l'utilité des prières pour le bonheur des morts. — En voici le résumé:

C'est par la queue que l'oiseau dirige son vol dans les airs.

La queue c'est la partie terminale du plumage.

Elle est placée derrière l'oiseau.

La prière pour les morts se fait dans l'Eglise après — (lisons derrière) les trépassés et fera, par conséquent, office de queue en dirigeant la destinée (faut-il lire le vol?) des âmes dans le.... ciel!

Ce qui prouve — disons-le sans trop d'ostentation — que les ulémas musulmans ne sont pas les seuls docteurs de leur espèce qui soient en état d'imaginer de pareils rapprochements.

[1]) Il faut remarquer que si un divorce subordonné aux menstrues a été prononcé au cours du flux mensuel, l'acte dissolutoire ne produira

Le divorce par le terme propre produit son effet dissolutoire alors même que le mari n'aurait fait qu'épeler ce terme. Aussi les docteurs regardent-ils comme indifférent pour l'efficacité de la formule que le mari l'ait proférée d'un seul jet, ou qu'il l'ait prononcée en nommant séparément chacune des lettres dont elle est composée (78).

Si par une étrange coïncidence la femme, objet de la question, avait pour prénom le mot même de „*répudiée*" et que le mari, en lui adressant la parole, dise: *ô talek*, cette vocation sera considérée, par voie de distinction, ou comme une simple désignation de nom propre, ou comme un acte de divorce pur et formel, selon l'intention ou la résolution que le mari affirme avoir formée au moment où il prononçait ce mot, c'est-à-dire selon le sens qu'il prétendrait avoir voulu lui donner.

La formule du divorce par le terme propre, employée comme procédé d'affirmation, contracte, à la fois, le caractère *certificatif* du serment juridique, et celui du serment promissionnel. Dans l'un et l'autre cas le divorce s'effectue *conditionnellement*, c'est-à-dire à la réalisation du fait qu'on a en vue d'affirmer. Dans ces sortes de divorces *conditionnels*, l'emploi *explicite* de la forme hypothétique n'est point nécessaire. Ainsi si le mari dit *le divorce s'impose à moi, je ne le ferai pas*, ou que le divorce devienne obligatoire pour moi, telle chose est ainsi il sera censé avoir dit „si je fais telle chose, ou si telle „chose n'est pas ce que j'ai dit, que ma femme soit ré„pudiée", etc. Si celui qui avance une pareille affirmation

---

son action qu'au premier moment des menstrues suivantes. Ce n'est, d'ailleurs, qu'une conséquence régulière d'un principe général régissant les obligations prises par serment.

n'est point marié, son affirmation sera assimilée à un serment *promissionnel*, et au cas où le fait affirmé ne serait point vrai, ou ne se réaliserait pas, il sera passible de la peine expiatoire qu'encourt la contravention aux serments obligatifs, c'est-à-dire qu'il devra s'acquitter de l'expiation canonique ordonnée par la loi (79).

Les auteurs qui se piquent de profondeur proposent ici à la sagacité de l'étudiant le problème suivant relaté dans ce vers didactique:

„O Hinde, si tu uses de douceur envers moi, ton „repos sera plus certain, si tu t'irrites, tu t'exposes à te „rendre réprouvable, „or *tu es un divorce*, et le divorce „est un acte *sérieux* par *trois fois*".

D'après ces auteurs, le seul prononcé de ce vers produit immédiatement, ou un divorce *simple*, ou un divorce *triple*, selon la manière dont le mari aura entendu l'analyse grammaticale des deux vocables „*divorce*" et „*trois*". S'il a voulu donner à cet adjectif numéral la valeur d'un prédicat ayant pour sujet le mot divorce, et qu'il l'ait décliné en conséquence, le mari n'aura répudié sa femme que par une fois; s'il a entendu par le second „*divorce*" un complément modificatif ou adverbial du participe répudiée, et par le mot „*trois*" un appositif au mot divorce mis à l'*ablatif* (et non au *nominatif*), le divorce aura été effectué par trois fois. Dans la première hypothèse le sens de cette formule ainsi libellée correspondrait à une rédaction française qui aurait cette forme: „tu es répudiée". „Maintenant je „désire t'apprendre que le divorce sérieux c'est celui qui „se fait par trois fois". La remarque faite ainsi incidemment, sous forme d'une superfétation, n'aura aucun rapport avec le fait que l'on vient d'annoncer; dans la seconde, le sens du vers répudiatoire se rendrait en français ainsi: „tu es répudiée par un divorce sérieux", or le divorce sérieux c'est celui qui se fait par trois fois (80).

Dans le cas où le divorce par le terme propre aurait été rapporté à un temps futur, comportant une certaine étendue déterminée de la durée, il y aura à faire les distinctions suivantes :

Si l'adverbe de temps n'est point régi par la préposition „*fi*" *dans*, le divorce se produit au premier moment où cette portion de la durée aura commencé à courir, mais si le vocable qui exprime le temps est régi par cette particule, l'acte dissolutoire pourra bien se rapporter à l'étendue temporaire qui marque la partie mitoyenne ou finale de cette portion de la durée. D'après cette doctrine une formule qui serait ainsi libellée: „*tu es répudiée demain*, le *mois prochain*, l'*année future*, etc., produira son effet dissolutoire à la première pointe du jour suivant, au premier jour du mois, ou de l'an, c'est-à-dire, selon les supputations orientales, au coucher du soleil du dernier jour du douzième mois (81).

Les mêmes périodes temporaires précédées de „*fi*" „dans" *pourraient* bien en marquer la partie finale. Cette *possibilité* admise aura pour conséquence d'autoriser le mari, qui aura employé une pareille formule, à déclarer avoir *entendu* effectuer le divorce à n'importe quel moment qui serait compris entre le commencement et la fin de cette partie de temps. Exemples pour une formule sans préposition: tu es répudiée *demain*, le *mois prochain*, *Ramadanne*, l'*année suivante*, etc., une pareille expression signifierait, *normalement*, un divorce qui s'effectuera au commencement précis de chacune de ces portions de la durée, et *intentionnellement*, un moment quelconque pris dans cette portion. Exemple pour une formule avec préposition: *tu es répudiée dans* (la journée de) *demain*, *dans* le *mois* prochain, *en Ramadanne*, *en l'année suivante*, etc. Cette rédaction annoncerait, *normalement*, un temps mitoyen ou final, et *intentionnellement*, le premier moment où cette portion de temps commencera à courir(82).

Si le mari a rapporté le divorce, non à une seule étendue ou division de la durée, mais à plusieurs portions, soit égales soit diverses, nommées successivement, on fera intervenir les distinctions suivantes :

La répétition de la particule aura pour effet de répéter d'autant l'acte de la répudiation, ainsi la formule: *Tu es répudiée dans le jour et la nuit*, ne produirait, *normalement*, qu'un divorce simple, tandis que celle-ci: *tu es répudiée dans le jour et dans la nuit*, produit un divorce double qui s'effectuera successivement à l'arrivée de chacune de ces deux divisions du temps, mais si le mari rapporte ces deux adverbes à la femme elle-même, le divorce se réalisera simple et sur-le-champ. Exemple: *Tu es répudiée dans ton jour et dans ta nuit*. Le divorce est simple et instantané.

La raison assignée à la première formule est assez saisissable et elle a été déjà signalée; la seconde se fonde sur une règle de Grammaire Générale d'après laquelle la répétition de la préposition indique une addition de choses diverses, comme dans cet exemple: Je t'aimerai *dans* la prospérité et *dans* l'adversité; la troisième comprend les deux grandes divisions du temps qui lui est *attribué*, ce qui équivaut à l'expression: *toute ta vie*, ou *toujours.*— A ce point de vue les compléments ajoutés à la proposition principale ne seraient que de simples amplifications de l'acte du divorce, mais auquel elles n'ajouteraient aucune autre intensité dissolutoire.

1° Si l'adjonction s'est faite sous forme de doute, d'hésitation de reprise, de bégaiement, comme dans ces expressions: *tu es répudiée aujourd'hui, demain, ou demain, aujourd'hui* (83), le second adverbe sera annulé, et il ne sera tenu compte que de celui qui aura été prononcé le premier. Dans l'exemple de cette formule: *tu es divorcée le mois prochain, demain,* le divorce n'aura lieu qu'au coucher du soleil du dernier jour du mois courant; et dans celle-ci: *tu es répudiée la nuit, le jour,* le divorce ne se réalisera qu'à l'entrée de la nuit, c'est-à-dire immédiatement après le coucher du soleil, et dans tous ces cas le divorce se réalisera simple par une seule fois.

Il en sera exactement de même si l'adjonction a été faite moyennant la conjonction „*aou*", „ou" qui est une sorte d'exposant explicite de doute et d'hésitation et qui, dans tous les cas, exprime une idée de possibilité *alternative* excluant toute idée de réunion simultanée ou successive entre les objets placés sous son régime.

Mais si l'adjonction est faite à l'aide de la conjonction normale ou copulative *ouaou* „et", on aura égard aux circonstances suivantes:

Si l'adverbe de temps mentionné le premier répond à une division actuelle de la durée, et le second à une division future, il n'y aura, normalement, d'effectué qu'un seul divorce — et c'est celui qui se rattache à la portion de temps exprimée la première. Dans le cas inverse—

c'est-à-dire si le terme temporaire exprimé le premier se rapporte à une partie de la durée future, et le second à la partie actuelle, le divorce s'effectuera absolument double, d'abord dans l'instant même où l'adverbe du temps actuel aura été prononcé, et ensuite, à l'entrée de la période future.

Ainsi la formule: *tu es répudiée aujourd'hui et demain*, ne produirait normalement (c'est-à-dire, sauf l'intention du contraire) qu'un divorce simple, attendu que le divorce *du lendemain* peut bien n'être qu'une continuation de l'effet produit par le divorce de la veille, ou une simple *qualification* de l'état qui lui a été créé le jour d'avant. La formule présentée en exemple serait interprétée ainsi: „*je te répudie aujourd'hui* — ce qui aura pour „conséquence que *demain tu seras — comme aujourd'hui*: „une femme *répudiée*". Il est évident qu'à ce compte il n'y aurait d'effectué qu'un seul divorce, puisque celui du lendemain peut parfaitement—sauf intention du contraire—n'être que la continuation de celui de la veille.

---

[1]) La femme est invitée, dans ces circonstances, à se comporter envers son mari d'après les conditions de l'hypothèse *normale*, à moins que le juge n'ait décidé dans le sens de la présomption *intentionnelle*. Dans ce dernier cas, et alors même que cette décision serait manifestement injustifiable, ou basée sur un faux témoignage, au su même de l'épouse, celle-ci est autorisée à se livrer sans scrupules aux caresses du mari si le fait reconnu par le jugement est de nature à liciter ces rapports. La décision magistrale, *régulièrement* rendue, vaut licitation radicale pour la femme autant que pour le mari. Les auteurs vont plus loin encore : ils avancent que l'étranger qui aura obtenu, à l'aide d'un faux témoignage, la reconnaissance judiciaire de sa qualité de mari à l'égard d'une femme non mariée, acquiert, par cette décision, toute frauduleuse qu'elle fût, le droit de se comporter en toute conscience comme tel envers cette étrangère, et cela alors même qu'elle aurait opposé aux prétentions de l'étranger les dénégations les plus absolues (84). Voir Mariage, page 92.

Mais si le mari avait dit: *tu es répudiée demain* et *aujourd'hui*, le divorce se produira obligatoirement double, parce qu'on ne saurait considérer le divorce d'*aujourd'hui* comme la *continuation* de celui du *lendemain* (85).

Il en serait de même d'un divorce rapporté à deux temps différents, mais dans l'ordre inverse de leur succession. Exemple: *tu es divorcée cette nuit et ce jour*, (on était au jour) le divorce se produit également double, pour la même raison déjà indiquée que le présent ne peut être pris pour la continuation du futur.

La même règle s'applique au cas où le mari aurait rapporté le divorce à un temps passé et à un autre présent, comme dans cet exemple: *tu es répudiée hier et aujourd'hui*. — Le divorce d'aujourd'hui peut bien être une simple continuation de celui d'hier, tandis que la même expression, modifiée seulement par la mise dans un ordre inverse de ces deux adverbes, produirait un divorce double. — La même interprétation s'impose, avec la même règle relative à la succession directe ou inverse, dans le cas où les portions de la durée auxquelles se rapporte le divorce exprimeraient, l'une un temps passé et l'autre, un temps futur, comme dans cet exemple: *tu es répudiée hier et demain*, ou *demain et hier*. Dans le premier exemple il peut n'être question que d'un seul divorce (sauf intention); dans le second le divorce est double d'une manière absolue.

Si le divorce se rapporte à deux événements contingents liés entre eux par un rapport quelconque, il y aura à considérer la nature de ce rapport, et, en général, la règle relative à *l'ordre* de liste dans lequel ces événements ont été mentionnés. Si le rapport est *conjonctif* et, par conséquent, exprimé par la particule copulative *ouaou*, „et“, le divorce ne peut s'effectuer qu'à la réalisation, soit successive, soit simultanée, de ces deux événements. Si le rapport est alternatif, optatif, ou hésitatif, le divorce s'effectue à l'événement qui arrivera le premier. Exemples pour le premier cas: le mari dit à sa femme: „*tu es répudiée,* lorsque *un tel et un tel* sera ou seront *arrivés*“ le divorce, sauf intention contraire, s'accomplira *simple,* lorsque ces deux individus seront arrivés tous les deux, soit ensemble, soit séparément. Exemple pour le second: „tu es répudiée lorsque Paul ou Pierre, sera ou seront arrivés“ le divorce se produira simple à l'arrivée de celui qui aura le premier réalisé cette condition. Il se produira également simple si les deux individus arrivent tous deux ensemble.

Il en sera exactement de même si les deux faits objets de la condition ont été exprimés l'un à la suite de l'autre, sans aucun lien conjonctif apparent, comme dans cet exemple: „tu es répudiée quand Pierre, Paul viendra“ ou, selon la construction arabe: „quand viendra Pierre, Paul“.

Mais il faut remarquer que, si l'action formant la proposition conditionnelle est répétée, il y aura autant de di-

[1]) On doit observer qu'en arabe le verbe se place avant le sujet et que dans ce cas il reste toujours au singulier, alors même qu'il aurait pour sujet un mot mis au pluriel. En conséquence de cette règle la formule répudiatoire en question doit être entendue comme si elle prenait en français la forme suivante: «tu es répudiée si *arrive* un tel et un tel». Il est évident que si on pouvait mettre le verbe au pluriel pour le faire concorder avec son sujet, l'équivoque serait impossible, et la subordination du divorce à l'*arrivée* des *deux* individus serait une condition assez clairement indiquée par la construction grammaticale même, pour rendre inutile toute dissertation jurisprudentielle sur ce sujet.

vorces effectués que le mot qui exprime cette action aura été répété (jusqu'au nombre trois inclusivement). En conséquence de cette règle, si une pareille formule a été appliquée à une épouse non encore *introduite* dans la couche nuptiale, le divorce se produirait double seulement, attendu que le troisième la rencontrerait devenue déjà entièrement démariée depuis le deuxième divorce, et, par conséquent, absolument inaccessible aux effets d'un divorce ultérieur.

Si le divorce est rapporté à une série successive de divisions temporaires périodiques, il se produira simple ou multiple, selon que le terme distributif régissant la division temporaire a été exprimé d'une manière générale, sans spécification de partie, ou avec un terme qui marque cette spécification. Ainsi la formule: „*tu es répudiée chaque jour; chaque semaine; chaque année*“, etc., produit *normalement* un divorce simple, c'est-à-dire qui n'augmentera pas à l'arrivée de la période similaire suivante — tandis que si ce terme a été précédé d'une spécification *de partie*, le divorce se répétera jusqu'au nombre „*trois*“ inclusivement, au passage périodique de chacune de ces parties.

Exemple pour le premier cas: *tu es répudiée chaque jour*, semaine, mois, etc. Elle ne subira qu'un seul divorce, et ce sera celui qui s'effectuera au moment où la première période nommée suivante aura commencé à courir.

Exemple pour le second cas: „*tu es répudiée au commencement*, ou à la fin de *chaque* jour, semaine, mois, année“, etc. Le divorce se réalisera successivement jusqu'à *trois fois*, à l'arrivée de chacune de ces divisions temporaires périodiques.

Si le mari — la question restant d'ailleurs la même — a fait précéder le terme distributif *chaque* d'une préposition *amplificative ou locative*, il y aura à distinguer entre les divers effets d'un pareil emploi selon la valeur linguistique de la préposition mise en usage. La préposition *fi* „dans" implique *normalement* un divorce *latitudinaire* qui peutf se réaliser sur un point quelconque de cette étendue de temps comprise entre le premier moment de la période en question et celui qui en marque la fin. Il se produira, *normalement*, simple, mais *progressif* jusqu'à concurrence du nombre suprême «trois» et, *intentionnellement*, susceptible de *fixité* à l'une ou l'autre des trois premières périodes similaires qui se suivront à partir du moment où la formule dissolutoire aura été prononcée.

Si c'est la préposition *ma'a* „avec" correspondant, pour ce cas, aux termes français : „à", „dès que", „aussitôt que", etc., que le mari aura employée devant „*chaque*", le divorce se produira absolument *simple* et *instantané.*

Si le mari a employé l'adverbe itératif : *koullama* „toutes les fois que", le divorce s'effectuera *absolument* à l'entrée de chacune de ces périodes, et croîtra successivement jusqu'au nombre „trois".

Si le divorce par le terme propre est rapporté à un fait *hypothétique* et qui n'est indiqué que par une comparaison à un autre fait également hypothétique, le divorce sera effectué à la réalisation de celui de ces faits à l'accomplissement duquel le divorce aura été virtuellement subordonné. Exemple : un mari s'adressant à deux de ses épouses leur dit : *je répudie maintenant celle d'entre vous* à qui Dieu a accordé la vie la plus longue. Le divorce, en vertu de cette formule, ne s'effectuera qu'à la mort de l'une de ces deux femmes. La survivante sera répudiée parce qu'il aura été démontré que ce fut à elle que Dieu a accordé la plus longue vie. Dans ce cas la survivante sera atteinte d'un divorce rétroactif, pour tout ce qui regarde les effets civils du mariage, mais sans entraîner aucune raison de censure du chef des privautés maritales que le mari a pu, dans l'intervalle, se permettre sur sa femme. Il est, en effet, évident qu'un pareil divorce ne saurait interdire les rapports conjugaux que depuis la mort de la rivale, c'est-à-dire depuis que le divorce s'est réalisé, et que le mari a acquis la certitude de cette réalisation.

Ce cas donne lieu à une distinction qu'on pourrait appeler une *grossière subtilité;* elle tient, comme tout le reste de cette partie du droit musulman, plus de la *psychopathie* que de la science du droit. Nous la signalerons comme un frappant exemple des terribles égarements de l'ignorance lorsqu'elle est unie à une intelligence naturelle d'un ordre supérieur.

Voici cette distinction :

Si un mari dit à sa femme „tu es répudiée *un mois* avant que Pierre (alors absent) arrive ici", le divorce s'effectuera dans le moment même de l'arrivée de Pierre sans avoir aucun effet rétroactif. On explique la raison de cette différence entre les deux cas, sous le rapport de l'effet rétroactif, par cette considération : que dans l'exemple de la rétroactivité, le divorce n'est soumis à une condition qu'en apparence seulement. La subordination d'un acte à un fait quelconque ne prend le caractère d'un engagement *conditionnel*, que si ce fait appartient à la catégorie des *choses contingentes*, et qu'il soit, par cela même, susceptibles d'être placées sous le régime d'une condition. Si le fait à la production duquel s'attache l'engagement est d'une occurrence absolument certaine, la condition ne sera plus qu'une figure exprimant un surcroît de certitude, comme dans cet exemple : *si demain le soleil se lève je ferai telle chose.* On veut dire qu'on fera cette chose sans le moindre doute. Or, fait-on remarquer, la formule qui subordonne le divorce de l'une des deux épouses à la mort de l'autre, énonce une éventualité certaine qui ne saurait manquer d'arriver. — C'est donc comme si le mari avait dit à l'une de ses femmes „*tu es ou seras répudiée* tel jour, tel mois, ou tant de jours avant le mois de Ramadanne". Dans tous ces cas le divorce s'effectuera aux dates nommées et il ne sera nullement possible d'en empêcher la réalisation, parce qu'il n'est point possible d'arrêter la marche du temps.

Certes, cette considération n'est point dénuée de raison ; mais les auteurs font volontairement abstraction du côté éminemment hypothétique ou *contingent* de la formule, à savoir la *chance de la survie* entre les deux épouses, chance qui demeure d'une occurrence parfaitement contingente, et, par conséquent, parfaitement propre à être placée sous le régime d'une condition juridique rationnelle — c'est-à-dire qui n'est, en elle-même, ni impossible, ni illicite, ni potestative.

Voici maintenant d'autres procédés ou formes de subordination d'un caractère vraiment stupéfiant. Ils ont pour propriété juridique de faire dépendre le divorce — non pas d'un acte positif de répudiation, — mais de la négation même de cet acte. En parcourant cette partie n'oublions pas que nous sommes en face d'enfants jouant aux docteurs casuistes, et que, à l'époque où cette législation a été inventée, l'idée du *droit* social était si peu familière aux docteurs musulmans, elle répondait si peu à leurs mœurs et à leurs traditions, qu'ils étaient absolument incapables de la concevoir pure de tout mélange des habitudes de la vie, à moitié sauvage, de leurs ancêtres.

Le curieux procédé dont il va être question a été, croyons-nous, inventé pour rendre le divorce radicalement inévitable.

Il consiste à dire à sa femme: „*tu es répudiée aussi longtemps que je ne t'aurai pas répudiée*" „anti talikon ma lamm outallik-ki". On assimile cette formule, ainsi libellée, aux six modèles d'expressions répudiatoires négatives suivantes, sans préjudice des distinctions casuistiques auxquelles elle pourraient donner lieu selon le caractère ou la portée lexicologique de la négation employée:

1° „*Tu es répudiée lorsque je ne t'aurai pas répudiée.*"

2° „*Tu es répudiée partout où je ne t'aurai pas répudiée.*"

3° „*Tu es répudiée au moment où je ne,*" etc.

4° „*Tu es répudiée dans le temps que je ne,*" etc.

5° „*Tu es répudiée toutes les fois que je ne,*" etc.

6° „*Tu es répudiée si je ne te répudie pas.*"

Voici un résumé des effets respectifs de ces formules:

Les numéros 1, 2, 3 et 4 impliquent un divorce simple qui s'effectuera, au premier silence du mari, ou à la première pause ou reprise d'haleine qui suivra le prononcé de cette formule.

Le numéro 5 produira un divorce suivi immédiatement d'un second, suivi à son tour d'un troisième, le tout dans l'instant même où la formule à base négative aura été suivie d'un silence, d'une pause ou d'une reprise d'haleine par le mari.

Le numéro 6 n'effectuera le divorce qu'au dernier moment de la vie, attendu que la particule conditionnelle *inne* rapporte le fait qu'elle régit au futur. Or, comme ce futur n'est point déterminé, il ne pourra avoir pour mesure ou dernière limite que l'étendue même de la vie tout entière. C'est-à-dire qu'il comprendrait l'espace du temps renfermé entre le moment où cette formule aura été prononcée et le moment qui précède la mort et qui marque l'arrêt des mouvements volutionnaires de l'âme et l'évanouissement de la conscience. Voir premier fascule, page 157.

Il faut remarquer qu'un divorce effectué en vertu de la formule № 6 sera nécessairement considéré comme un divorce accompli par un malade et au cours même de la maladie à laquelle il aura succombé. Un pareil divorce est appelé „*talak-oul farre*" „divorce de l'homme qui déserte", c'est-à-dire qui cherche à se soustraire à la loi qui appelle sa femme à hériter de lui.

En conséquence de cette intention que la justice est autorisée à prêter, dans ce cas, au mari, la loi considère un pareil divorce, eût-il été triple, comme nul et non avenu pour tout ce qui regarde les effets civils du mariage, en tant que favorables à l'épouse, nommément le droit d'hériter de son mari, droit que le divorce accompli au cours de la dernière maladie ne saurait atteindre dans aucun sens.

Nous disons „*en tant que favorables à l'épouse*“ afin de marquer, par cette réserve, que dans le divorce dit *du déserteur*, la femme seule est admise à hériter de l'époux prédécédé, et que dans le cas inverse, c'est-à-dire si c'est la femme divorcée qui prédécède, la réciproque ne pourra point avoir lieu.

La cause rationnelle de cette distinction est assez saisissable. La femme subit le divorce, elle ne l'exerce pas. Le mari, à qui seul ce droit est dévolu, doit seul, à son tour, supporter les conséquences de ses propres actes.

Si à la fin des formules № 1—4 le mari répète la proposition positive, le divorce—*sauf intention contraire*— restera simple, comme dans cet exemple „tu es répudiée aussi longtemps que je ne t'aurai pas répudiée *tu es* épudiée“.

On remarquera que dans cette formule la proposition positive „*tu es répudiée*“ se trouve répétée deux fois et que, cependant, le divorce est resté simple. Cela tient à cette présomption légale que la dernière a été prononcée avec les mots qui la précèdent sans aucune interruption, d'une seule haleine, ou, pour exprimer cette circonstance selon notre système de ponctuation, comme si on l'avait écrite en une langue européenne sans intervention de la virgule.

De cette manière on considérera la seconde proposition positive comme une répétition ou une reprise par bégaiement de la première, en sorte que les deux propositions n'en auraient fait, en réalité, dans l'intention du mari, qu'une seule et même proposition.

Mais voici une formule d'un divorce inévitable que les auteurs signalent, non sans quelque ostentation de savoir, à raison du moyen légal par lequel on pourrait le déjouer, et que les bons auteurs indiquent avec une touchante sollicitude pour le mari qui se serait pris à regretter de l'avoir prononcé :

Un mari dit à sa femme „*si je ne te répudie aujourd'hui, tu es répudiée par trois fois*“, formule terrible, puisqu'elle doit enlever du coup au mari le pouvoir de reprendre sa femme au cours de la retraite légale, et qu'elle paraît rendre le divorce triple inévitable, par cette étrange raison que l'abstention même de le prononcer aura pour effet de l'effectuer triplement.

Avant d'indiquer le procédé *prophylactique* signalé par les auteurs, expliquons le principe jurisprudentiel sur lequel il est fondé, et qui présente, selon nous, un véritable intérêt au point de vue *des restrictions mentales* qu'il semble autoriser.

Le principe en question est formulé ainsi: *El moukayadou iadkhoulou tahta-l-moutlak.* (Le limité est compris dans l'absolu.)

Nous n'avons trouvé dans les digestes musulmans aucun autre cas d'application de ce principe en dehors de celui dont il est question à propos de ce singulier genre de divorce; mais nous croyons que les règles relatives au jugement par analogie doivent permettre de l'étendre à tous les engagements susceptibles de contractation, et avec d'autant plus de raison que de tous les actes de „désistement „*iskate*“ ou de concession bénévole „*tabarro'h*“ le divorce est, incontestablement, celui qui s'impose le plus irrévocablement et le plus impérieusement à la conscience de ses facteurs.

Le problème qu'il s'agit de résoudre c'est de ne point répudier une femme qui, si elle n'était pas répudiée, le serait par trois fois, c'est-à-dire de ne point répudier cette femme, malgré l'engagement déjà contracté envers Dieu que si on s'abstenait de la répudier, elle sera, en vertu de cette abstention même, répudiée triplement.

Voici la solution:

En conséquence du principe déjà relaté d'après lequel *le limité est compris dans l'absolu* — ou, comme nous nous serions exprimé „le général embrasse le particulier“ il est possible d'annuler les effets d'une promesse, d'un engagement annoncés d'une manière générale en les subordonnant, au moment de l'application, à une condition inacceptable, en d'autres termes, en convertissant un engagement *général* ou *absolu*, en un engagement *particulier* et *limité* — ce qui — d'après le principe que nous venons de signaler — n'altérerait en rien le caractère de l'obligation contractée. Le rejet de la condition autorisera le mari à retirer son engagement et, par conséquent, à mettre à néant le triple divorce qu'il s'était imposé d'une manière *générale.* Ceci posé, le mari qui aura prononcé cette formule de répudiation aura soin de dire à sa femme, avant que le jour pris pour terme de répudiation soit passé: *je te répudie à la condition de me donner mille dinars, ou que tu feras telle chose que je désignerais.* La femme refuse cette proposition, et le divorce hypothétique sera annulé ou plutôt conjuré de plein droit.

Il faut, cependant, remarquer que la condition qu'il y aurait à proposer à la femme, et que celle-ci aurait à repousser pour empêcher la réalisation du divorce, doit être formulée de façon à la présenter comme inséparable de l'acte dissolutoire qu'il entend effectuer.

Libellée comme nous venons de le faire, uniquement

pour en montrer le défaut. la condition serait légalement nulle, et le divorce *seul* resterait obligatoire. En disant: *je te répudie*, ou *tu es répudiée* par trois fois, le mari a déjà dissous le mariage, en sorte que quand il arrivera à la proposition conditionnelle, la femme aura été, depuis un certain temps, entièrement mise hors du régime matrimonial.

Pour prévenir un pareil résultat, les légistes indiquent la préposition *sur*, comme la plus propre à rendre la condition inséparablement connexe au divorce. Dans cette formule „*je te répudie sur paiement de mille dinars*“, la clause *postulatoire* ne se présentera pas comme une condition, mais comme partie intégrante de l'engagement contracté. A ce point de vue, le divorce visé serait un fait complexe, formant, avec cette clause, un acte unique et indivisible, qu'on pourrait exprimer par écrit de cette manière: un divorce-sur-paiement-de-mille-dinars.

Si le temps auquel est rapporté le divorce est désigné sous le mot *jour*, il y aura à faire les distinctions suivantes:

Le fait qui représente la condition et qui forme le complément du mot *jour*, est-il susceptible d'extension, de durée active ou fonctionnelle, le sens de ce mot s'étendra à toute la journée; autrement — c'est-à-dire si ce fait consiste en une action ou en un état dont la durée fonctionnelle est instantanée [1]) — le mot *jour* signi-

[1]) On peut diviser les actions, sous le rapport du mode de réalisation qui leur est propre, en deux grandes catégories. La première comprend les actions qui s'accomplissent en *ligne*, ou par jet uniforme et continu, et dans lesquelles chaque partie qui se réalise est exactement semblable ou égale à celle qui la précède. Telles sont, par exemple, les actions exprimées par les verbes neutres qui se conjuguent en français avec le

fiera : *temps, moment*, et sera traduisible en français par *quand, lorsque*, etc. Exemple pour le premier cas : *tu es répudiée le jour où Pierre se promènera ;* l'action de marcher étant susceptible de prolongation, donc, le mot jour signifiera *journée*, et comprendra l'espace de temps contenu entre le lever et le coucher du soleil. — On remarquera que si Pierre se promène la nuit, le divorce hypothétique n'aura pas lieu. Exemple pour le second : *tu es répudiée le jour où Pierre affranchira son esclave.* L'action d'affranchir est *fonctionnellement* instantanée, donc, le mot jour doit signifier *temps, minute*, etc., et la formule sera interprétée ainsi : tu seras répudiée quand Pierre accomplira cet acte de faveur à l'égard de son esclave.

---

verbe auxiliaire avoir, comme les verbes *dormir, marcher, penser*, etc., et la seconde embrasse celles qui s'accomplissent pour ainsi dire en point, instantanément, et ne sont susceptibles d'aucune prolongation, comme le sont en général les actions indiquées dans les verbes neutres qui se conjuguent avec le verbe être, retourner, sortir, arriver, etc.

Nous pouvons donner respectivement aux deux catégories : la dénomination suffisamment descriptive d'actions divisibles, et d'actions indivisibles.

Cet aperçu d'une portée essentiellement grammaticale, et qui nous appartient en propre, puisque c'est nous qui l'avons signalé les premiers dans notre cours de *grammaire comparée*, pourra servir à nous faire distinguer ces mêmes catégories lorsqu'on les envisagerait sous le point de vue juridique qui fait l'objet de l'article ci-dessus.

Envisagés sous le rapport purement juridique, le prolongement et l'instantanéité de l'action sont considérés selon l'étendue de l'effort opératif qui a servi à la produire. Ainsi, par exemple, l'action *d'affranchir* est un fait opérativement ou fonctionnellement instantanée ; il s'accomplit, mais il ne se prolonge pas ; ses effets seuls restent et continuent, mais l'action elle-même — en tant que cause efficiente mise en jeu — ne fonctionne qu'une fois et en l'espace d'un instant. C'est à cette catégorie d'actions qu'il est fait allusion dans ce chapitre et dont le discernement est appelé à jouer un certain rôle dans la science du droit musulman.

Si le mari a subordonné la répudiation de sa femme par le „sarih" au cas où elle *n'obéirait* pas à un ordre qu'il lui aurait donné, la détermination du moment précis où la rupture du mariage aura eu lieu est soumise à certaines distinctions que nous résumerons de la manière suivante:

1° Si l'action ordonnée par le mari n'est point susceptible d'extension *fonctionnelle* „gaïr moumtadde" [1]; 2° si cette action est évidemment destinée à répondre à un besoin actuel et passager, *li-l-faour;* 3° si l'expression qui l'indique a été prononcée d'un seul jet, sans intervention d'aucune pause de nature à rompre l'unité du discours „*bila inkita'a*". Dans tous ces cas, il est entendu que le divorce

---

[1]) Il faut entendre par *durée fonctionnelle, le temps* que mettrait une action donnée, pour se former, une première fois, en entier, et non *celui* pendant lequel cette même action pourrait se prolonger par voie de *répétition*, c'est-à-dire par des *reprises successives* séparées par des intervalles d'inaction inévitables.

L'extensibilité légale de l'action s'apprécie, non seulement d'après la nature même de l'action, mais encore suivant les cas ordinaires d'une pratique plus ou moins universelle. C'est à raison de cette considération que l'action de *parler*, bien que susceptible d'absorber l'espace d'une journée, est rangée dans la catégorie des actions inextensibles, vu que, ordinairement, un homme ne parle pas d'une manière continue pendant une journée entière.

Nous n'avons guère besoin d'ajouter que l'action ordonnée par le mari et qui fait la matière de l'exemple donné d'un divorce subordonné à un cas de désobéissance, constitue de sa nature une action *limitée* de fait matériel, autant que d'objet final. Il en est de même d'un *contrat* de mariage, d'achat, de vente, de divorce, d'affranchissement et, en général, de tout acte dont le procédé formatif n'est point susceptible de se prolonger l'espace d'une journée entière. Le lecteur ne doit pas confondre, en pareil cas, le mariage, qui est un état durable, avec le contrat de mariage qui crée cet état, la vente ou l'achat qui subsistent dans leurs résultats, avec l'acte formel qui opère ces résultats, c'est-à-dire: la *transmission* de la propriété en vertu d'un certain échange de droits ou d'avantages.

se réaliserait au premier retard *injustifiable* que la femme aurait apporté à satisfaire à la volonté du mari.

Exemple : un mari dit à sa femme, au moment où elle se refusait à certaines complaisances conjugales : „Si tu n'entres pas dans la couche nuptiale, tu es répudiée par trois fois".

Si la femme, tout en finissant par obéir à son mari, ne le fait cependant qu'au bout d'un certain temps *légalement* incompatible avec le cas *d'urgence*, le divorce l'aura atteinte dès le premier instant qu'aura commencé la phase du retard *injustifiable*.

On entend par retard „injustifiable" toute *attente* que la femme ferait subir au mari, et qui ne serait pas motivée par quelque occupation ayant pour objet final d'accomplir, dans des *conditions meilleures*, l'action commandée par ce dernier.

Les auteurs citent, pour l'illustration de cette doctrine, des exemples didactiques d'une crudité de langage telle, que les disciples du naturalisme moderne le plus hardi seraient embarrassés à formuler. Nous essayerons d'en donner, au moins, une idée approximative :

Si la femme, ont-ils soin de remarquer sous forme de réserve, a dû, avant de se prêter au désir du mari, vaquer à une occupation *urgente*, telle que : *visicam aut visceram exhaurire*, ou de pur agrément, comme celle qui consisterait à : „*corpori partem abditam abluere, aut idemque unguentem imbuere*" vu que de pareilles actions peuvent bien être considérées comme compléments de celle ordonnée par le mari. Si elles n'ont absorbé qu'un temps *normal*, la femme n'aura point désobéi au mari ni, par conséquent, mérité la peine dont elle avait été menacée.

Mais il faut noter que ces mêmes actions accomplies par le mari constitueraient un fait *de retard injustifiable*, et, partant, une contravention au principe de l'instantanéité qui s'attache aux cas d'urgence, c'est-à-dire aux actions dont la durée *fonctionnelle* ne serait jamais assez longue pour absorber l'espace d'une journée entière.

On peut expliquer cette différence par cette considération qu'il ne sert de rien à établir, sous ce rapport, une parfaite réciprocité entre les deux époux, vu qu'il dépend toujours du mari de prolonger improprement l'une ou l'autre de ces actions et, par conséquent, d'entraîner un cas de divorce inévitable. — Les retards venant de son fait, on ne saurait affirmer avec certitude s'ils ont été volontaires, ou seulement imposés par une nécessité inopinément survenue, à l'encontre de son désir. En face de cette incertitude, la prudence commanderait de considérer tout retard provenant du fait même du mari comme une application pure et simple par ce dernier du divorce dont il avait menacé sa femme. Un autre procédé risquerait de jeter, dans ses bras, une femme qui peut bien lui être déjà devenue complètement étrangère.

Le divorce «*sarih*» d'une esclave, uni à son affranchissement, donne lieu à des complications casuistiques qui préoccupent considérablement les légistes musulmans.

On sait, par exemple, que la femme esclave ne peut être répudiée d'une manière «révocable» *raj'ianne* qu'une seule fois, à la seconde elle devient *bayenne* «éloignée» ou *mabtouta* „retranchée" comme le serait une femme de condition libre, à la troisième fois. Les docteurs se posent le problème suivant:

Un homme a dit à son esclave mariée à un homme de condition ingénue «*demain tu seras libre*». Le mari de l'esclave, présent à cette déclaration d'affranchissement futur, s'adressant à sa femme, ajoute sur-le-champ, et *demain tu seras répudiée*. Les légistes se demandent: cette femme serait-elle répudiée, le lendemain, comme femme libre ou comme une femme esclave, en d'autres termes serait-ce l'affranchissement qui précèderait le divorce, ou bien est-ce ce dernier acte qui s'accomplirait avant l'autre?

Les légistes sont loin d'être d'accord sur la solution qu'il importerait de donner à ce problème; mais le sentiment qui paraît le plus accrédité parmi les Hanéfites c'est celui qui, en considération de la simultanéité des deux actes, attribue au divorce la priorité temporaire, comme par une mesure de prudence magistrale, dans ce sens qu'elle n'exposerait, en cas d'erreur, qu'à des conséquences sans gravité. En effet, si la priorité du divorce n'est point la vérité, elle ne saurait causer d'autre inconvénient que d'avancer de quelques jours seulement une dissolution qui ne pouvait manquer de se produire à l'expiration de la retraite légale, tandis que si l'on admettait, *sans raison*, l'antériorité de l'affranchissement, on exposerait les époux à continuer des rapports devenus illicites, à donner lieu à des successibilités illégales et, enfin, à introduire un élément de trouble et d'incertitude dans les questions relatives à l'établissement de la paternité et de la filiation légales.

On compte parmi les partisans de l'opinion contraire le célèbre juriste Mouhammad, un des principaux disciples d'Abou-Hanifa. Il fut d'avis que c'est l'affranchissement qui se réaliserait le premier. La liberté, fait-il observer, c'est l'état normal, naturel et primitif dans lequel l'homme a été créé; le divorce est un acte licite, mais que Dieu abhorre; or il doit être plus facile, et, par conséquent, d'une exécution plus rapide de rendre une chose à l'état primitif d'où elle a été accidentellement arrachée, que de faire une chose que Dieu envisage avec répugnance ou mécontentement.

Remarquons maintenant que si le mari a dit «*tu es répudiée* (conjointement) *avec ton affranchissement par ton seigneur*», il aura rendu l'acte de la répudiation inséparablement connexe à l'affranchissement, et, dans ce cas, le divorce l'atteindrait à l'état d'une esclave déjà affranchie.

Si le nombre du divorce «sarih» est indiqué par un geste ou par un procédé mimique quelconque, il y aura à observer les règles d'interprétation suivantes:

Le geste se faisant de la main, le nombre des répudiations sera représenté par celui des doigts dépliés ou redressés.

Dans le cas où le mari, présentant la main tout ouverte, dirait: *tu es répudiée comme cela*, il aurait exprimé un divorce *normalement* triple [1]), et *intentionnellement*, un nombre de fois inférieur, qu'il affirmerait avoir entendu exprimer par son geste, et sans exclure la possibilité d'un divorce simple, mais irrévocable, *bayenne* «éloignant». Toutefois cette hypothèse ne saurait avoir de l'effet qu'au

---

[1]) Parce que les doigts dépliés représentant le nombre «cinq» dépassent de deux unités le nombre possible auquel un divorce peut être effectué. Cette circonstance donne à la formule la valeur de cette expression: tu es répudiée par (5—2) c'est-à-dire par trois.

point de vue purement religieux, *dianatanne*, la justice *extérieure* n'étant point autorisée à l'admettre.

Si, dans la même circonstance, le mari, au lieu d'employer le mot *ka*, «comme», s'était servi du vocable «*missl*» „semblable" et qu'il ait dit: *tu es répudiée semblablement à cela* (la main toujours ouverte), il aurait, *normalement*, effectué un divorce irrévocable, mais simple: *bayenne*, sans exclure la possibilité d'un divorce *intentionnel* triple, mais non double.

La première disposition fondée sur le sens du mot «semblable» s'explique par cette considération que le mot *ka* «comme» éveille une idée de similitude de genre, d'espèce, de catégorie, c'est-à dire ayant pour base une communauté d'essence, de matière, de type, etc., et que le mot *missl* „semblable" exprime une parité d'aspect, de qualité, de forme. C'est à raison de cette différence, fait-on remarquer, que l'Imam Abou-Hanifa a pu dire «ma foi est comme celle de l'ange Gabriel, „*ka ï mani Gibril*", c'est-à-dire de même genre quant à la certitude, mais non de même qualité quant à l'aperception de la vérité, qui chez les anges doit être, en raison de leur proximité du trône divin, ou de son majestueux éclat, beaucoup plus intense que chez de simples mortels.

Si, en faisant ce signe, le mari a tourné le dos de la main vers la femme, le divorce aura pour nombre celui des doigts fléchis. Si, dans cette position de la main, il a dirigé horizontalement ses doigts vers la personne à laquelle il parle, on prendra en considération les circonstances suivantes: a-t-il défléchi les doigts, de fléchis qu'ils étaient, c'est par le nombre des doigts a-t-il présentés qu'il faudra compter le nombre des majestueux effectuées; les a-t-il, au contraire, pliés, de tendus qu'ils étaient, c'est par le nombre des doigts pliés ou par les phalanges que l'on devra compter le nombre du divorce effectué.

DU DIVORCE «SARIH» QUALIFIÉ.

Toute qualification faite sous forme d'adjectif comparatif exprime un divorce *bayenne*. Comme le comparatif, fait-on observer, est destiné à exprimer quelque chose de plus que le positif, on doit, en l'absence d'indication explicite, s'arrêter au premier degré du divorce majeur, à savoir au divorce qui, tout en mettant instantanément terme à toute prérogative maritale. et tout en plaçant la femme en position de ne plus être forcée par le mari à réintégrer l'état matrimonial, ne rend point nécessaire le procédé de licitation *coïtale*. Ainsi si un homme dit à sa femme: *je te répudie par la plus grande*, ou *par la plus mauvaise*, ou *par la plus vile des répudiations*, cela signifiera qu'il la répudie par une répudiation *majeure*, *(bayenne)* mais non *triple*. La raison de cette modération dans *l'estimation* d'un divorce ainsi dépeint, c'est, nous le répétons, que la forme comparative a pour objet de marquer *une différence*, or cette différence se réalise dès le premier degré du *bayenne*, et cela suffit pour autoriser la justice à s'y arrêter.

La qualification par des épithètes augmentatives ou péjoratives produit également un divorce majeur et simple, — c'est-à-dire de premier degré. Ainsi la formule „tu es répudiée par une répudiation comme une montagne“; comme la mer“; comme la ville“; plein la maison“; comme le monde“, etc., ne produira qu'un divorce majeur simple.

La qualification du divorce par l'une des trois dimensions implique également un divorce *bayenne* simple. La formule serait, dans ce cas *„tu es répudiée par une longue, large, profonde répudiation.* Il se produit également majeur et simple *bayenne*, par des formules semblables à celles-ci : *tu es répudiée par une forte répudiation, par une grosse répudiation*, et même par l'emploi d'une qualification mise au superlatif, comme dans ces exemples : *tu es répudiée par le plus grand, par le plus fort, par le plus méchant, par le plus diabolique des divorces,* etc. Il peut sembler que ces qualifications, surtout la dernière, doivent déterminer un divorce triple; mais les auteurs ne lui attribuent que la propriété d'effectuer un divorce *bayenne.* Cette *modération* relative dans l'estimation d'un fait qu'ils sont ordinairement portés à exagérer, s'explique, selon ces auteurs, par cette même raison métaphysique déjà signalée que l'objet essentiel de toute qualification, c'est d'établir une différence distinctive entre la chose qualifiée et celles avec lesquelles elle pourrait se confondre. Or cet objet est réalisé dès le moment où le divorce entre dans la catégorie des divorces irrévocables, et on doit s'y arrêter.

Les qualifications formellement et purement laudatives produisent *normalement* un divorce simple et révocable à la fois, et, *intentionnellement*, un divorce capable de produire une répudiation triple, mais successivement, par accumulation, dans l'ordre et dans les délais sanctionnés par la tradition apostolique. *es-sounnatte* (voir plus haut, page 106); ainsi des formules qui seraient ainsi libellées : *„tu es répudiée par le meilleur, par le plus juste, par le plus beau (sic), par le plus traditionnel des divorces"* auront pour conséquence *normale* de produire une seule répudiation qui n'atteindra la femme que dans le moment où elle se trouverait, soit actuellement. soit ultérieurement, dans une phase de pureté au cours de laquelle elle n'aura point encore subi les approches du mari, et, pour conséquence *intentionnelle*, un divorce susceptible de répétition jusqu'à *trois fois*, à chaque nouvelle phase de pureté libre de tout rapport charnel avec le mari.

On doit néanmoins faire cette réserve importante que si le mot *répudiation* a affecté la forme grammaticale de «l'unité» *El-marratte*, l'intention du nombre n'aurait point d'effet. Ainsi la formule «je te répudie par une répudiation *tatlikatanne* traditionnelle, *sunnite*, belle, magnifique, juste,» etc., ne saurait produire, dans tous les cas, qu'un divorce simple et, selon l'avis le plus répandu, révocable, *raj'i*

Mais si le mot *tatlikatte* est qualifié par des épithètes péjoratives ou seulement exagératives, le divorce s'effectue *bayenne* d'une manière absolue, c'est-à-dire inaccessible à l'influence de l'intention. Ex: Tu es répudiée par un méchant divorce; par un fort divorce, etc.

Il en serait de même si le mari a dit „*tu es répudiée par une répudiation qui te fait rentrer en possession de toi-même*. L'interprétation légale de cette formule reconnaîtra un divorce effectué au premier degré des dissolutions matrimoniales irrévocables — en d'autres termes, au premier point de départ où commence le divorce *bayenne*, („l'irrévocable").

S'il a dit „tu es répudiée par une répudiation qui m'enlève tout droit de reprise sur toi», le divorce se produit, selon les uns *bayenne*, et, selon d'autres, révocable *raji* et simple. L'opinion la plus accréditée c'est celle qui exclut le droit de reprise, c'est-à-dire celle qui se prononce pour le „*bayenne*".

Mais voici une formule bien problématique, dont tout *uléma* digne de cette haute qualification doit savoir estimer avec exactitude la portée et les conséquences juridiques. Elle consiste à dire à sa femme „*tu es répudiée par un acte de répudiation qui n'est ni peu, ni très nombreux*" „*la kalil oua la kacire*".

Le glossateur du *Dorre* est d'avis qu'un pareil divorce s'effectue *triple*. Pourquoi? — Pour cette raison, fait-il remarquer triomphalement,—que le divorce de cette femme est devenu un fait accompli à partir du moment où le mari a prononcé cette partie de la formule, tu es répudiée „par un acte qui n'est ni peu—mot à mot par un divorce „qui n'est pas minime".—Or, pense-t-on, la négation de la *minimité* est une affirmation de la *maximité*. — Donc le divorce s'est effectué *triple*, puisque c'est le *maximum* du nombre auquel il soit possible de porter un acte de divorce. Le reste de la formule „*ni très nombreux*" ne saurait plus avoir d'effet, attendu qu'elle aurait pour but d'annuler un divorce déjà réalisé — ce qui est impossible, un acte d'*iscatte*, une fois accompli, n'est plus susceptible de reprise, ni de modification, dans aucun sens.

Les partisans de l'opinion d'après laquelle cette formule ne produirait qu'un divorce *bayenne*, se fondent simplement sur cette considération fort naturelle, que lorsqu'il y a exclusion des deux points extrêmes, c'est le point intermédiaire qui sera censé avoir été affirmé—ni peu ni beaucoup — équivaut à un *moyen*, or le divorce moyen c'est le *bayenne*.

Si le mari a dit „tu es répudiée plusieurs fois, tu es répudiée par la généralité du divorce, par la plus grande partie du divorce», la dissolution du mariage s'effectuera par un divorce *bayenne;* mais s'il a dit: «tu es répudiée par plusieurs milliers de fois, ou par le plus grand nombre du divorce (possible),» la rupture du mariage s'effectuera *absolument* triple. Mais si le mari a dit seulement „*tu es* répudiée mille[1]) fois, ou un grand nombre de fois, il l'aura répudiée *normalement*, dans le premier exemple par trois fois et, *intentionnellement*, par un divorce *bayenne*, attendu que le mot mille peut bien avoir été employé comme un trope d'exagération équivalant à l'usage que nous en faisons dans nos locutions familières: „vous êtes mille fois „bon, vous avez mille fois raison", etc., pour dire: „vous „êtes très bon, il est incontestable, il est évident que vous „avez raison", etc., avec abstraction de toute idéede nombre, et dans le second exemple, il l'aura répudiée par deux fois, attendu que l'expression „grand nombre" peut bien, à son tour, ne signifier que le nombre *deux*, qui est, en effet, *grand* relativement au nombre *un*. Dans l'un et l'autre cas — nous l'avons déjà expliqué — on doit s'arrêter au premier nombre, ou au premier degré d'intensité que la structure de la formule permettrait de le faire.

---

[1]) Le mot mille est pris au hasard. La même règle est applicable à tout nombre assez grand pour comporter une idée d'exagération indépendante de toute précision numérale. Nous croyons que, par rapport au divorce, les quantités exagératives commencent à compter à partir du nombre «vingt» pour s'étendre ensuite à toutes les dizaines complexes, telles que: 30, 40, 50, 100, 1000, etc., sans accompagnement d'unités; attendu que, dans ce cas, elles marqueraient une précision numérale visée par l'auteur même, ce qui, d'ailleurs, ne modifierait en rien la portée juridique de la formule relativement au divorce, qui aura toujours, pour limite extrême, le nombre «trois».

Si le nombre du divorce est explicitement exprimé il sera toujours égal à la valeur du coefficient employé, alors même qu'il aurait eu pour complément direct toute autre chose que le divorce. Ainsi la formule: «tu es répudiée par deux *plats*, ou par deux *couleurs*, ou par deux *jets*» etc., que le mot divorce ait suivi, en régime complémentaire, les mots plat, couleur, jet, etc., ou qu'il soit resté sous-entendu, dans tous ces exemples ces mots seront éliminés et remplacés virtuellement par le mot *divorce*.

Si le mari dit: je t'ai répudiée par la majeure partie de «trois fois», le divorce s'effectuera double, mais s'il dit: je te répudie par la dernière *des* trois répudiations, le divorce s'effectuera triple, tandis que celle-ci, qui n'en diffère que par la non-détermination du mot «trois»: je te répudie par la dernière *de* trois répudiations", ne pourrait réaliser qu'un divorce simple. La différence, dit le glossateur du *Dorre*, est subtile et intéressante. L'article employé dans le premier exemple indique qu'il s'agit de trois répudiations *connues*. Or elles ne sauraient être connues que si elles ont existé, en d'autres termes, si elles ont eu lieu— donc il s'agit *des* trois répudiations déjà effectuées, étant donné que l'article équivaut à un pronom démonstratif.

La formule: «tu es répudiée par toute une répudiation» produit un divorce simple, mais celle qui consisterait en ces termes: «tu es répudiée par toute répudiation», produit un divorce triple.

Si le mari a dit à sa femme «tu es répudiée par un nombre de fois égal à celui de la poussière», il l'aura répudiée par une répudiation simple, mais si à la place de «poussière» il avait prononcé le mot *sable*, le divorce s'effectuerait absolument triple.

Cette différence s'explique par la nature même des molécules dont la poussière est composée. L'extrême ténuité des atomes formant cette substance lui donne à nos yeux l'aspect d'une masse unique d'un seul tenant. comme le seraient, par exemple, la vapeur ou la fumée, c'est-à-dire ne présentant, d'un atome à un autre, aucune solution de continuité, tandis qu'un monceau de sable offre, par la forme saillante des grains de cette matière, l'aspect d'une agrégation de choses, théoriquement au moins, séparables, et par conséquent susceptibles d'être comptés. Il présente, enfin, une masse de nombre comme un tas de blés ou de semences, et non une masse d'étendue semblable à un nuage de vapeur ou de fumée.

Cette particularité permet de *soustraire* d'une pareille masse les trois unités nécessaires pour la formation du nombre suprême et définitif du divorce.

La législation musulmane a poussé ses prévisions scientifiques jusqu'au cas inexplicable où le mari aurait dit à sa femme: *„tu es répudiée autant de fois qu'il y a de poils dans le corps de Satan"*. Cette formule, assurent les ulémas, produit un divorce simple. — Probablement pour cette raison que personne ne sait, au juste, s'il y a des poils ou s'il n'y en a point sur le *corps* de l'*esprit* malin. Or ce que nous ne savons nullement est parfaitement semblable, pour nous, à ce qui *n'existe pas*.

Il en sera de même, et pour une raison encore plus évidente, si le mari s'est servi d'une formule pareille à celle-ci: «tu es répudiée autant de fois qu'il y a de poils dans la paume de ma main». La proposition déterminative du nombre sera tenue pour nulle, et le divorce restera réduit au seul résultat dissolutoire qu'aura produit la partie initiale de la formule: «*tu es répudiée*». Mais s'il a comparé le divorce qu'il a entendu produire aux poils qui couvrent le dos de la main ou à ceux qui se trouvent parsemés sur sa jambe, ou sur celle de sa femme, ou aux poils qui couvrent les parties secrètes de cette dernière, ou au nombre des poissons qui vivent dans cet étang, le divorce, dans tous ces cas, s'effectuera triple.

Si la femme a dit: «tu n'es point un mari pour moi», et que le mari ait répondu: «tu as raison», l'affirmation ainsi exprimée équivaudra à un divorce simple, mais si à une question ainsi formulée: «n'as-tu pas répudiée ta femme», le mari a répondu «oui» „*na'am*“, aucun divorce n'aura été effectué, tandis que s'il a répondu si, si fait, „*bêla*“ la femme sera tenue pour avoir été immédiatement divorcée.

Si le mari répudie triplement la femme avec laquelle il contracta un mariage entaché d'un vice de forme rescisoire, le divorce ne s'effectuera nullement, et le mari pourra renouveler son mariage avec elle sans qu'il soit nécessaire d'avoir recours au procédé de licitation «*et-tahlil*» (par un mariage en règle et sa consommation avec un autre mari), voir mariage, page 89.

Si le mari a dit: «*tu es répudiée, tu es bayenne*», il aura effectué un divorce double, si la femme est déjà *introduite* dans la couche nuptiale, et un divorce simple, si elle ne l'était pas encore en ce moment. S'il a dit à cette dernière: «*tu es répudiée et tu es bayenne*», la seconde partie de la formule «et tu es bayenne» restera sans effet. Ce qui aura pour résultat de ne produire qu'un divorce simple. Il en serait de même s'il lui avait dit: *tu es répudiée, et ensuite tu es bayenne*, à cause de la même raison déjà signalée à propos des premiers exemples, que la partie terminale ou additionnellé de la formule rencontrerait la femme non-introduite déjà hors mariage, et, par conséquent, inaccessible à un nouvel acte de répudiation.

Mais le divorce s'effectuera *absolument* double si le mari s'est servi de l'une ou de l'autre des quatre formules suivantes :

1° „tu es répudiée par une répudiation *suivie* d'une autre".

2° „ . . . . . . *précédée* d'une autre".

3° „ . . . . . . s'effectuant avec une autre".

4° „ . . . . et *avec* cette répudiation une autre."

Voici comment s'explique la dualité du divorce dans ces exemples :

Il est de règle qu'une formule de divorce qui rapporterait cet acte à une époque passée, ne saurait avoir, *en tant que* purement *formative* [1]), qu'un effet actuel et nullement rétroactif. C'est-à-dire qu'elle ne produira un effet dissolutoire du mariage que dans le moment même où elle sera prononcée.

Ainsi si un homme dit à sa femme : *tu es répudiée hier*, le divorce s'effectuera seulement dans le présent, et ne produira aucun effet sur le passé.

---

[1]) On comprend, en Jurisprudence musulmane, par «*expression formative*» une déclaration par laquelle on énonce, sous forme subjective, la volonté de produire un effet juridique quelconque, *Ibaraton incha'y—yatte*, et par «*expression informative* ou *descriptive*» celle par laquelle on constate, sous forme *narrative*, un fait accompli «Ibaraton *ikhbariatte*, ou *ouasfiatte*». Une même expression peut être formative ou informative selon les circonstances de fait auxquelles elle doit se rapporter. Ainsi la formule «*tu es répudiée*» serait formative, si elle était adressée a une épouse qui n'aurait été encore répudiée ni en tout ni en partie, et, simplement informative, si elle avait pour objet une femme déjà répudiée — ne fût-ce qu'une fois — soit par son mari actuel, soit par un autre précédent.

Deux circonstances sont à remarquer dans chacun de ces quatre exemples: 1° que le divorce a lieu pour la première fois — en d'autres termes, que l'expression répudiatoire est *formative* et *non informative*, 2° que ce divorce qui se produit dans le moment actuel. est cependant déterminé par des circonstances d'ordre dont il n'est point possible de le séparer un seul instant. Ainsi, par exemple, le divorce du № 1 est un divorce *suivi* d'un autre. sans solution de continuité, c'est-à-dire un divorce qui n'en serait pas un, s'il n'était pas suivi d'un autre, un divorce, enfin, pour lequel le fait d'être *suivi* constituerait un attribut existentiel en dehors duquel il ne saurait se réaliser.

Il en est exactement de même du divorce selon la formule № 2, à cette seule différence que c'est le fait d'avoir été *précédé* d'un autre qui constitue sa condition d'être. Mais — nous l'avons déjà dit — un divorce se rapportant *au passé*, n'est qu'un divorce dans le présent. Ce qui fait, pour le cas en question, deux divorces s'effectuant *ensemble*, dans la même unité de temps. Les №№ 3 et 4 présentent le divorce comme s'accomplissant simultanément *avec* un autre.

Dans tous ces cas, il est évident que la *dualité*, résultant des termes conjonctifs de la formule, est unie à la *simultanéité*. Grâce à cette double circonstance, la femme encore non-introduite peut être atteinte de deux, et même de trois répudiations, à cette seule condition imposée au mari de *les lancer* sur une pareille femme d'*une seule volée* (et non pas successivement), pour ne pas lui donner le temps de *sortir* complètement du mariage, dès *avant* l'*arrivée* de la répudiation suivante, ce qui rendrait les répudiations subséquentes absolument inefficaces en les faisant tomber à vide, c'est-à-dire sur une femme déjà étrangère (!). Une figure, un peu triviale, mais assez expressive, se presse sous notre plume; nous la hasarderons par pur dévouement didactique: Pour pouvoir atteindre de plusieurs répudiations une épouse *non-introduite*, — un styliste musulman dirait: pour tuer ou fusiller le mariage d'une épouse non-introduite — il faut la *mitrailler* de divorces, et non lui lancer des coups de répudiations singuliers et successifs.

Si le mari dit à sa femme: „tu es répudiée par *toute la répudiation*" il ne l'aura répudiée *qu'une fois*, mais s'il avait dit „tu es répudiée par *toute répudiation*" il aura brisé les liens de son mariage par un divorce *triple*.

Il est aisé de saisir la raison de cette différence. En effet, la première de ces deux formules signifie que le mari répudie sa femme de *toute la force* d'*une* répudiation. Or la force d'*une* répudiation est toujours égale à elle-même, c'est-à-dire à l'unité dont elle est l'évidente expression. La seconde signifie qu'il entend répudier sa femme par toute répudiation possible, or on sait que le nombre de toutes les répudiations possibles c'est „trois".

La détermination du moment précis dans lequel un divorce a pu s'effectuer se présente parfois, dans les digestes musulmans, sous l'aspect nébuleux et problématique d'une véritable charade. Les auteurs les plus estimés ne dédaignent pas de s'occuper de ces cas d'*obscurité préméditée*, et d'en donner de nombreux exemples, dont quelques-uns même sont rédigés en vers, évidemment pour mieux fixer *ces hautes conceptions scientifiques* dans l'esprit de l'étudiant avide *de justice* et *de savoir*.

Que l'on suppose huit maris répudiant leurs femmes respectives par des répudiations se rapportant, chacune. à un temps futur:

Le premier a dit à sa femme: „tu es répudiée en un mois dont le précédent, précédant son précédent, est le mois Ramadanne".

Le second lança sur la sienne cette formule: „tu es répudiée en un mois dont le précédent du subséquent de son précédent est le mois de Ramadanne".

Le troisième s'est exprimé ainsi: ... etc., dont. le précédent, précédant son subséquent, est Ramadanne.

Le quatrième adressa à sa femme une répudiation ainsi conçue: ... dont le subséquent précédant son précédent est le mois de Ramadanne.

Le cinquième formula son acte de divorce ainsi: ... dont le subséquent du subséquent de son subséquent est Ramadanne.

Le sixième libella sa déclaration dissolutoire sous cette forme ... dont le subséquent précédant son subséquent est Ramadanne.

Le septième lui notifia, etc., ... dont le subséquent du subséquent de son précédent est Ramadanne.

Le huitième répudia son épouse en ces termes: ... dont le précédent du subséquent de son subséquent est Ramadanne (86).

On demande quel est le mois visé par chacune de ces huit formules.

La règle indiquée pour la solution légale de ce problème consiste à considérer le précédent et le subséquent comme deux valeurs ou quantités contraires, et à faire ensuite une simple addition algébrique des termes contenus dans chaque formule. Ainsi, si celle-ci ne contient que des quantités de même signe, l'opération se réduit à faire la somme de tous les termes et à donner à cette somme le signe de ces termes; si elles sont de signes contraires, d'en faire également l'addition et de donner à la somme le signe prédominant.

De cette manière la formule № 1 prend cette expression $+ x, + x, + x = 3 + x$ et, par conséquent, trois mois *précédés* par Ramadanne, soit *Zoul Hégette*, et la 5me aurait pour expression $— x, — x, — x = 3 — x$ et conséquemment trois mois *précédant* le mois de Ramadan, soit Giamad 2.

En appliquant cette règle au calendrier solaire, et en mettant „janvier" à la place de *Ramadanne*, toutes les autres conditions du problème restant d'ailleurs les mêmes, nous trouverons, pour le mois cherché de la première formule, *avril* et pour la deuxième, *février*.

Voici au reste un tableau explicatif des huit formules problématiques:

Soit $+ a$, le mois *subséquent*, c'est-à-dire celui qui vient après janvier, et $— a$, le mois *précédent*, c'est-à-dire celui qui arrive avant janvier.

Les huit formules donneraient:

La première $+ a + a + a = 3 + a =$ les 3 mois subséquents à janvier = avril.

La deuxième $+ a — a + a = 1 + a =$ le mois subséquent à janvier = février.

La troisième $+ a + a — a = 1 + a =$ même résultat.

La quatrième $— a + a + a = 1 + a =$ même résultat.

La cinquième $— a — a — a = 3 — a =$ les 3 mois précédant janvier = octobre.

La sixième — a + a — a = 1 — a = le mois précédant janvier = décembre.

La septième — a — a + a — a = même résultat.

La huitième + a — a — a — a = même résultat.

Nous croyons qu'une société de savants, d'hommes de génie même, réuniraient exprès leurs efforts en vue de ravaler la science du droit par des dissertations ridicules, oiseuses et absolument insensées, qu'ils ne trouveraient rien de plus parfait, dans ce genre, que ce que ces grands docteurs de l'Islam ont inventé. Mais ce qui paraît vraiment incroyable, ce qui fait le malheur des peuples musulmans, ce qui les attache par des chaînes de fer à une éternelle enfance, c'est le sentiment de profond enthousiasme que cet assommant verbiage inspire à la presque totalité des croyants!

Ils méprisent notre science, notre législation, précisément parce qu'ils se doutent de l'absence, dans cette législation, de ces frivolités enfantines, dont eux cependant sont si démesurément fiers! — et ils se doutent de cette absence, parce qu'ils nous croient, *à priori*, incapables de nous élever à de si grandes hauteurs. C'est un principe de piété musulmane, sinon de disposition législative, que Dieu n'a jamais donné sa science à un mécréant. *Inna-l-laha, ma a'ata ilmahou li kaferre.* Guérir un malade, quelque désespéré qu'il puisse être, c'est encore une chose possible, mais guérir un agonisant, qui se croit le mieux portant du genre humain, et qui pour rien au monde ne se soumettrait à une cure, c'est, pensons-nous, une tâche absolument utopique (87)!

Nous touchons maintenant à une autre catégorie de cas prévus et définitivement réglés par la science juridique.

En voici quelques exemples:

Un homme marié à deux, trois, ou quatre femmes a dit: „*que ma femme soit répudiée*, ou j'*ai répudié ma femme*". On demande laquelle de ces épouses est celle qui aura été mise hors du régime matrimonial.

Certains auteurs sont d'avis que, vu l'incertitude que le mari a laissé planer sur ce point par l'absence de toute désignation formelle, la justice tiendra chacune de ces femmes pour avoir été répudiée par une fois; mais cette opinion, fondée sur un sentiment de scrupule excessif, c'est-à-dire sur la crainte que la conséquence d'un pareil divorce ne soit effectivement telle, est contestée, par la plupart des auteurs, pour tous les cas où le divorce aurait été exprimé par les termes propres. Elle est admise, par certains auteurs, d'ailleurs fort estimés, mais seulement pour le cas où l'acte dissolutoire aurait été formulé par *métonymie*, comme, par exemple, dans le cas où le mari aurait dit „que ma femme devienne *illicite*" ou „que ce que la religion musulmane tient pour licite (en matière de relations sexuelles) me soit interdit" [1]).

On doit donc comprendre que pour ce qui regarde

[1]) Le caractère métonymique de cette expression consiste dans ce fait que le divorce est indiqué par ses effets juridiques, et non par une dénomination purement lexicologique; l'emploi, dans cette formule, de l'adjectif *illicite* à la place du participe «*répudiée*» qui représente le terme propre, indiquerait, non pas l'acte même qui supprime le mariage, mais la *conséquence* seule de cette suppression. Or c'est bien là, précisément, le caractère essentiel de la figure appelée en arabe *kinayat* (métonymie); cette figure peut, par conséquent, servir de qualification à l'état légal dans lequel se trouverait l'épouse à la suite de tout divorce, quels qu'en soient, d'ailleurs, le mode ou le nombre qui auraient été indiqués dans la formule employée.

le cas signalé dans ce dernier exemple, on se trouve en face d'une de ces innombrables propositions sur lesquelles il règne, parmi les auteurs les plus marquants, de manifestes et flagrantes divergences d'opinions et de vues, propositions que la jurisprudence musulmane, à raison de cette circonstance, est autorisée à considérer comme des questions encore ouvertes, et susceptibles de diverses solutions.

A ne consulter, cependant, que l'esprit de cette législation on pourra affirmer que la doctrine qui frapperait, en pareil cas, d'un divorce simple et mineur chacune des femmes actuelles, serait celle qui, en pratique, aurait le plus de chances de prévaloir devant la justice, par la raison qu'elle serait incontestablement celle que l'on pourrait le mieux *défendre* avec des arguments fondés sur une certaine analogie légale.

Nous n'avons, il est vrai, trouvé nulle part, dans cette énorme collection de digestes musulmans, une explication ni même une tentative d'explication pour cette importante différence que des auteurs fort estimés ont cru devoir faire entre ces deux formes de divorce. Mais il est possible d'en entrevoir la raison déterminante en se reportant à l'habitude des juristes musulmans de chercher toujours à prévenir le danger d'une *insuffisance possible*, par *l'abondance* d'un *excédant certain*. Il est constant, en effet, que toutes les fois que les docteurs canoniques, les „*moujtaheds*" se trouvent en face d'une question de piété, de culte ou d'un cas de conscience quelconque susceptibles de diverses solutions, ils se font un devoir d'appliquer la règle jurisprudentielle appelée „*El-ihtiatte*" qui consiste à choisir, par mesure de prudence, celle de ces solutions qui aggraverait le plus l'obligation contractée. Par ce procédé, pensent-ils, le musulman se trouvera, au moins, assuré contre les effets juridiques de l'erreur, au cas où la solution admise ne serait pas la véritable. Car, enfin, pécher par une exagération du devoir, loin de constituer un fait répréhensible, compterait plutôt comme un surcroît de mérite, tandis que le défaut contraire affecterait, en réalité, le caractère d'une négation directe de ce devoir.

Ceci posé, on fait remarquer qu'un divorce formulé dans les termes propres ne saurait donner lieu à aucune méprise sur sa portée légale, ni sous le rapport du nombre, ni sous celui de l'intensité. En effet le mot *talak* et ses dérivés, employé seuls, sans aucun contexte modificatif, ne pourrait signifier qu'un divorce simple; accompagné d'un nombre, il aura la valeur numérique de ce coefficient jusqu'à concurrence du nombre *suprême* „trois"; suivi d'une épithète ou d'une comparaison, il indiquera, avec une égale précision, soit le nombre, soit le degré d'intensité que la justice extérieure serait autorisée à lui reconnaître. Enfin le divorce *„Sarih"* est inaccessible à l'influence modificative de l'intention, ce qui le rend essentiellement impropre à être interprété de diverses façons. Or aucune de ces saillantes particularités ne se rencontre dans un divorce métonymique, c'est-à-dire dans un mode de dissolution descriptif qui n'exprimerait la suppression du mariage que par l'effet général que *tout divorce quel qu'il soit* est appelé à produire.

De plus, le divorce métonymique est toujours passible de l'action secrète de l'intention, qui, de sa nature, échappe à tout contrôle humain. Il est certain, enfin, que la qualification d'„illicite" appliquée à la femme peut, selon les desseins invisibles du mari, désigner une répudiée par répudiation simple et mineure, tout aussi bien que par une répudiation majeure et multiple.

Dans cette situation, l'assimilation du divorce métonymique au divorce explicite pourrait causer un désordre grave dans le cas où cette assimilation serait, en elle-même, une erreur, fait dont l'occurrence est toujours admise comme possible. Dans ce cas l'erreur ne tendrait à rien de moins qu'à maintenir, entre les deux conjoints, des relations devenues criminelles. En effet, rien ne saurait attester, d'une manière suffisante, qu'en disant „*ma femme est illicite*" le mari n'ait pas entendu frapper l'une de ses femmes d'un divorce majeur [1]), le terme descriptif „*illicite*" comportant une dissolution générale de mariage, adéquate à tous les modes possibles d'un divorce légal. Comme l'allégation, dans ce cas, d'un divorce majeur ne saurait dé-

[1]) Dans ce cas le mari serait privé de tout droit sur sa femme. Si, au cours de la retraite légale, il reprend, de son propre chef, ses rapports intimes avec elle, il commet un péché grave, et le mariage entre lui et sa répudiée n'en sera point rétabli. La femme devenue «*bayenne*» ne pourra retourner à son mari qu'en vertu d'un nouveau contrat, et, par conséquent, d'une nouvelle donation nuptiale.

Dans l'exemple précité, tous les faits ne sont que de simples hypothèses. On n'affirme ni que le divorce fût bayenne ni qu'il s'étendît à chacune de ses femmes, ni même qu'il y eût réellement un divorce de quelque nature que ce soit. Mais en face de la possibilité matérielle de tous ces faits envisagés, soit ensemble, soit séparément, on impose au mari un divorce simple et «raj, i (révocable) comme mesure de prudence. On n'impose pas un divorce plus intense, par cette raison, fondée sur le principe rationnel de l'économie des causes efficientes: que le divorce, même a ce degré minime d'intensité et de nombre, suffirait pour déterminer une suspension immédiate des relations conjugales. On étend, ensuite, ce divorce à chacune de ces femmes, pour écarter, du coup, tout danger d'une conjonction criminelle entre le mari et celle de ses épouses qui aurait été, réellement, atteinte d'un divorce majeur, sans qu'il fût possible de la désigner avec une parfaite certitude légale.

passer les limites d'une simple hypothèse, on ne *l'affirmera* pas; mais on le maintiendra à l'état d'un fait *possible* et, pour prévenir des rapports répréhensibles entre les époux au cas où *réellement* il y aurait eu divorce majeur, et, par conséquent, affranchissement complet de la femme de toute dépendance matrimoniale, on imposera un divorce simple et révocable, parce qu'un divorce, même à ce degré minimum de nombre et d'intensité, suffirait pour déterminer une suspension immédiate des relations conjugales. On l'étend, ensuite, à chacune des femmes actuelles afin de prévenir toute possibilité de rapport criminel entre le mari et celle de ses femmes qui aurait été réellement répudiée. C'est cette dernière mesure qui constitue, dans cet exemple, le fait d'une *provision d'excédant certain*, en prévision du cas où il y aurait eu réellement un divorce de cette nature.

De cette manière, et de quelque côté que puisse se trouver la vérité, il est évident, pense-t-on, que tout danger d'une conjonction criminelle serait entièrement écarté, le mari ne pouvant plus commercer avec aucune de ses femmes déjà *répudiées*, si ce n'est pour les forcer à réintégrer l'état matrimonial.

Cette faculté réservée au mari lui permettra de rétablir, s'il le veut bien, sa position maritale endéans la retraite de vacuité et de ramener toute chose à son état primordial [1]).

---

[1]) On croirait difficilement jusqu'à quel point les légistes musulmans se sont occupés de cette question, toute puérile ou insensée qu'elle est! On lit dans le glossateur du Dorre «que cette même formule: «ma femme est illicite pour moi» peut servir de serment pour s'interdire tout rapport intime avec sa femme «*ila'a*» et dans ce cas, assure-t-il, le concours

Voici maintenant un autre genre de cas:

Si un mari de quatre femmes s'adressant à celles-ci leur dit: „*Il y a entre vous une répudiation*" il aura répudié chacune de ses épouses par une seule répudiation mineure, *raj'yatte.*

Cette disposition se fonde sur la considération parfaitement régulière que les quatre femmes ont eu à partager entre elles une seule répudiation. Il revient, par conséquent, à chacune un quart de répudiation — et, selon le principe déjà indiqué de *l'intégralité* du divorce chacune

---

de l'intention n'est point nécessaire. D'après cet auteur, celui qui dit à sa femme «tu es illicite pour moi» sera censé avoir prêté un serment *d'ila'a*, c'est-à-dire de s'être engagé à s'abstenir pendant quatre mois de toute relation conjugale avec sa femme, et cela alors même qu'il n'aurait point eu cette intention à son égard, et, *a fortiori*, s'il a entendu s'imposer cette abstention. L'auteur ajoute que la même formule peut également servir de serment de «zihar»: c'est celui par lequel le mari assimilerait sa femme à sa propre mère et ferait, par conséquent, de tout acte de jouissance sur la personne de sa femme un odieux inceste. Il assure qu'elle peut aussi n'être qu'un simple récit *informatif*, et dans ce cas elle ne produirait aucun effet dissolutoire, parce qu'elle serait fausse, et qu'une épouse légitime ne peut être qualifiée d'illicite. Ici, cependant, la nullité de l'effet se trouve subordonnée à cette condition imposée au mari d'avoir voulu réellement dire une fausseté, et enfin, cette expression peut servir de formule pour produire un triple divorce, si telle est l'intention du mari, ou une seule «bayenne» si le mari n'avait entendu accomplir qu'un acte de divorce indéterminé. Dans tous les cas, de pareils divorces métonymiques ne produiraient que des ruptures majeures «bayenne», et cela indépendamment de tout concours d'intention. Enfin, conclut-il, sous forme d'épilogue: si celui qui a dit «ma femme est illicite» est en possession de quatre femmes, il aura absolument frappé chacune d'elles par un divorce «bayenne». Il va sans dire que si cette formule est adressée directement, personnellement, à l'une de ces épouses, il n'y aura de répudiée que cette dernière seulement (88).

Remarque: Toutes les fois que l'adverbe «*absolument*» est employé à la suite d'une décision jurisprudentielle, il faudra comprendre que cette décision est adoptée sans égard à l'intention du mari.

aura été atteinte d'une seule répudiation, chaque fraction s'étant élevée à la valeur de l'unité.

Il en serait de même s'il leur a dit: „*Vous avez, entre vous, deux, ou trois répudiations*", attendu que $\frac{2}{4}=\frac{1}{2}$ et $\frac{3}{4}=\frac{3}{4}$ et, d'après le principe de l'intégralité numérale $=$ 1, et, par conséquent, $=$ une répudiation pour chacune de ces quatre femmes. (89) Mais ici le mari est admis à alléguer que son intention est de répudier chacune de ses femmes par un plus grand nombre de répudiations (jusqu'à trois inclusivement), et dans ce cas, le divorce aura été effectué conformément à son intention, réelle ou seulement alléguée.

S'il a dit à ces mêmes femmes: „*vous avez entre vous, 5, 6, 7, ou 8 répudiations*", il aura absolument répudié chacune de ses femmes par deux répudiations, attendu que chacun de ces nombres, s'il est divisé par 4, donnera une unité $+$ une fraction qui, suivant le principe de *l'intégralité* numérale du divorce, s'élèvera à l'unité et formera, par conséquent, une deuxième répudiation.

Il faut remarquer ici que chaque nombre qui serait ajouté aux chiffre précité 8, entraînerait un divorce triple. Ainsi les formules: tu es, ou vous êtes répudiée (s) par 9; 10; 100; 1000, etc., répudiations, ou celles-ci: Vous avez entre vous 9; 10; 100; 1000, etc. répudiations adressées séparément ou collectivement à des femmes, introduites ou non encore dans la couche nuptiale, produiraient, à l'égard de chacune de ces épouses, un divorce triple—c'est-à-dire le nombre le plus élevé auquel cet acte puisse s'accomplir. En effet, $\frac{9}{4}$ donnent pour quotient 2 plus une fraction qui, acquérant la valeur intégrale de l'unité viendra parfaire le nombre suprême „trois".

Si le quotient est plus de 3, le dividende étant supérieur à 12, on éliminera tout nombre excédant le maximum légal, et un triple divorce sera également appliqué à chacune des 4 épouses.

Les non introduites sont, dans cet exemple, atteintes d'un nombre de divorces égal à celui dont seraient, dans le même cas, frappées les épouses introduites elles-mêmes, parce que les trois répudiations auront atteint les premières non successivement, mais d'un seul coup. (Voir plus haut page 175).

Ajoutons pour mettre cette dernière doctrine plus en relief que si, par exemple, le mari de deux femmes encore non introduites, dit en s'adressant à elles: tu es répudiée, tu es répudiée, ou en leur absence: ma femme est répudiée, ma femme est répudiée (c'est-à-dire en répétant deux fois la formule répudiatoire)[1] il aura, *absolument*, répudié toutes les deux à la fois, par une seule répudiation *bayenne*. Il est, en effet, évident que la même formule, prononcée en seconde reprise, ne pourra pas atteindre la même femme déjà frappée d'un divorce *bayenne* dès la première fois[2]). Dans cette situation la formule répétée, pour ne pas demeurer sans effet, ce qui en ferait un acte *insensé*, tombera sur l'autre épouse et fera d'elle également une répudiée *bayenne* obligatoirement pour le mari.

---

[1]) Il en serait de même si les femmes étaient au nombre de 3 ou 4 et que la formule eût été répétée autant de fois qu'il y a d'épouses non introduites.

[2]) Parce que, rappelons-le encore une fois, il suffit de répudier, par une seule répudiation, une épouse encore *non introduite* pour en faire une répudiée «*bayenne*» et, par conséquent, pour la rendre inaccessible à un divorce subséquent.

Mais si les deux épouses sont déjà introduites, il sera réservé au mari la faculté de désigner celle qu'il a entendu répudier, et, dans ce cas, l'épouse qu'il désignera aura été répudiée par deux fois, c'est-à-dire une fois à la suite de chaque reprise.

Si — toutes choses restant d'ailleurs dans les conditions de cet exemple — on ne connaît au mari qu'une seule femme, il sera forcé, de la considérer comme répudiée, et, par conséquent, de la traiter comme telle.

A la suite d'un divorce effectué de cette manière le mari ne serait point admis en justice à alléguer qu'il avait eu l'intention, en répétant cette formule, d'appliquer tout simplement un procédé grammatical d'affirmation, comme lorsque, par exemple, on dit, pour marquer une certaine vivacité d'insistance „oui, oui! non, non! je le veux, je le veux", etc., mais il faut remarquer que si le mari affirme avoir eu cette intention, son affirmation ne sera considérée comme nulle qu'au point de vue juridique seulement, *Kada'anne*, ce qui veut dire que, au point de vue interne ou religieux „*dianatanne*" son assertion sera tenue pour un fait d'une occurrence possible. En conséquence de cette manière de voir, la justice, tout en le forçant à se comporter *désormais* avec ses femmes comme avec deux répudiées, ne lui imputera pas à crime les privautés conjugales qu'il a pu ou qu'il pourra avoir dans la suite d'une manière *illicite* avec ces femmes.

Si un mari, montrant sa femme, par un geste clair

Quoique les Musulmans ne fassent aucune différence entre un principe religieux prescrit en vertu d'une autorité divine, et une loi sociale qui aurait pour unique objet de régler les rapports des hommes entre eux, dans le sens le plus favorable à leur intérêt commun, on voit, cependant, et précis, dit: „Cette chienne, cette ânesse, cette vache, etc., est répudiée, il opère instantanément la mise hors mariage de cette femme, par un divorce simple et raj'ie.

On signale cette disposition juridique pour montrer que la formule répudiatoire conserve son efficacité, malgré la circonstance que la femme à laquelle elle doit s'appliquer est indiquée par une appellation manifestement impropre à servir de désignation nominative à un être humain. Ce fait devrait, en principe rigoureux, soustraire la femme à une action qui paraît, lexicologiquement, dirigée contre une autre créature. Mais on observe que l'indication *mimique* constitue un procédé de démonstration, ou d'indication comportant une certitude absolue. Elle ne saurait

---

les docteurs de cette confession faire, souvent, allusion à une justice qui peut paraître distincte de celle de Dieu et à laquelle ils donnent le nom de «*kada*» (la justice officielle). Ils emploient ce mot presque constamment sous la forme spécificative de l'adverbe et semblent, ainsi, admettre deux sources de justice, deux tribunaux distincts. Le fait est, cependant, qu'ils n'en reconnaissent qu'un seul, et c'est toujours celui de Dieu, c'est-à-dire un tribunal où l'on ne peut appliquer que des lois édictées, soit directement, soit indirectement, par Dieu lui-même. Ce tribunal est appelé à statuer sur la nature des actions humaines selon qu'elles sont licites, ou imputables à péché. Toute contravention à la loi, quel qu'en soit l'objet, constitue un acte de désobéissance à Dieu même, et est, par conséquent, regardée comme impliquant une responsabilité essentiellement religieuse. Celui, par exemple, qui vend, achète, loue, cultive la terre, se livre à une industrie, etc., etc., d'une manière contraire à cette loi, commet un péché analogue, par son caractère délictueux, à celui que l'on commettrait en manquant à un précepte purement latrique, tel que le jeûne ou la prière.

Il faut, donc, comprendre par le terme «*kada'anne*», non une justice humaine, mais une affirmation juridique, c'est-à-dire une décision fondée sur des preuves légales, nommément sur l'un des cinq éléments de la certitude juridique, à savoir: *le témoignage*, *l'aveu*, *le serment*, l'analogie et *l'évidence absolue*, et par le mot «*dianatanne*» celle qui peut bien être vraie, mais à laquelle aura manqué ce genre de démonstration officielle, le seul dont il soit permis de tenir compte (90).

donc donner lieu à aucune méprise sur l'identité de l'individu qui doit être l'objet de cette démonstration. Les noms des animaux sous lesquels la *future répudiée* [1]) aura été désignée par le mari, seront considérés — grâce à cette indication, non plus comme des appellations nominatives, mais comme des figures de comparaison, impliquant un sens de blâme ou de censure, ne dépassant pas les limites du droit de *réprobation* que la religion musulmane attribue au mari à l'égard de sa femme — voir Coran, ch. IV, vers. 38, et mariage, page 209.

En l'absence d'une indication mimique, une pareille formule ne produirait aucun effet, à moins que, dans ce cas, le mari n'ait déclaré avoir réellement voulu donner

---

[1]) Nous disons la «future répudiée» attendu que, d'après la manière de voir des docteurs musulmans, les mots injurieux de «chienne, d'ânesse, etc., ont été adressés à la femme alors qu'elle se trouvait, encore, sous le régime matrimonial, et, par conséquent, légalement hors d'état de relever les injures du mari, encore moins de lui en demander raison par voie légale. Cette immunité accordée au mari ressort de son droit. ou plutôt de son devoir, de diriger la destinée de la femme, en vertu de ce passage du Coran: «Les hommes sont les dirigeants de la femme» ou «sont ceux qui président au sort des femmes, ou, plus proprement encore, «les redresseurs des femmes» chap. 4, vers. 38.

Mais si le mari avait prononcé la formule répudiatoire avant les termes injurieux, il sera censé avoir adressé des injures à une personne étrangère, et sera, par conséquent, passible de la peine de «ta'zire» (correctionnelle) qu'encourent de pareilles contraventions aux lois de la bienveillance et de l'honnêteté. Ainsi, cette formule: «ô chienne, tu es répudiée» n'entraîne aucune responsabilité, tandis que la même expression, avec inversion des termes, donnerait à la femme le droit d'intenter, contre le mari, une action en injures, et de faire infliger, à ce dernier, une peine de ta'azire qui varie depuis quelques mots de reproche que le juge adresserait au délinquant, jusqu'à 39 coups de verges.

On peut voir, par cet exemple, avec quelle célérite de machine perfectionnée un Musulman peut annuler ce que les bons croyants appellent, par une sorte d'abus de mots: «nikah» ou mariage! (91).

à sa femme le nom de ces animaux, auxquels elle ressemblerait, à son avis, par quelques traits de caractère à lui connus.

Voici maintenant une doctrine jurisprudentielle fort importante, en considération de l'immense extensibilité de ses effets juridiques, et de l'influence qu'elle pourrait exercer sur la morale publique.

Nous en donnerons le résumé scientifique suivant:

On admet, dans la jurisprudence musulmane qu'il est des expressions *formatives* de divorce qui peuvent se confondre avec les formules purement *informatives*. Cela revient à dire qu'il est des cas où l'interprétation de ces formules, suivant l'un ou l'autre de ces deux sens, pourrait paraître également rationnelle et, par conséquent, également possible ou autorisée. Telle serait, par exemple, cette expression: „*tu es répudiée*" qu'un mari adresserait à sa femme qui aurait été déjà répudiée, ne fût-ce qu'une fois, soit par lui-même, soit par un autre mari précédent. En effet dans quelque sens que l'on interpréterait cette expression, elle serait toujours vraie. — Interprétée dans le sens formatif, la femme subit, à l'instant même, un divorce; envisagée comme *informative*, elle ne produirait absolument aucun effet juridique. Dans un pareil cas la justice déciderait dans le sens de la *formative*, comme dans le sens d'une mesure de moindre danger; attendu que dans le cas où cette décision serait erronée, elle n'aurait donné lieu qu'à un divorce simple et révocable, éventualité toujours préférable à celle qui, en cas d'erreur contraire, aurait pour résultat de sanctionner des relations sexuelles devenues illicites.

Les légistes indiquent, néanmoins, un procédé juridique par lequel le mari pourrait faire valoir *l'informative* et, par conséquent, se soustraire à l'obligation de répudier sa femme en vertu de cette formule [1]). Il consiste pour le mari à déclarer préalablement, devant témoins, avoir formé la résolution d'employer cette formule dans le sens informatif, qui, nous le dirons encore une fois, ne produit aucun effet juridique (92).

Le divorce appliqué à une épouse nommée dans la formule répudiatoire ne peut avoir pour objet que cette femme même. Si le mari affirme — sous quelque forme que ce soit — avoir voulu employer une expression purement *informative* et la rapporter, en même temps, à une autre femme portant le même nom que la sienne [2]), son

[1]) Le cas où un mari pourrait avoir quelque intérêt à prononcer une formule équivoque, avec l'intention de lui donner, dans la suite, le sens d'une formule informative afin de pouvoir la dépouiller, au besoin, de tout effet juridique, peut paraître fort problématique, d'autant plus qu'on ne peut pas l'expliquer par l'occurrence d'un sentiment de regret succédant à un mouvement de colère qui aurait porté le mari à répudier sa femme; puisque le désir de ne répudier qu'en apparence a dû être, dans le cas précité, l'inspirateur-même de la mesure prophylactique prise préalablement par le mari. Mais en remontant à cette partie de la législation musulmane dite «de droit divin» suivant laquelle certains actes de la vie sociale ne sont nullement invalidés par la contrainte, on pourra saisir le cas où une pareille évolution mentale serait réellement utile, et, partant, fort désirable. Sans parler du cas assez naturel où un mari, obsédé par de fréquentes demandes de divorce de la part de sa femme, aurait intérêt à paraître acquiescer à sa demande, sans s'engager, cependant, à la répudier, nous rappellerons ici le cas où un mari aurait été forcé à répudier sa femme. Il est évident que, dans ce cas, la doctrine en question serait une ressource et un refuge contre un pareil abus de la force brute (93).

[2]) Ce cas est plus grave qu'on n'est disposé à la croire de prime-abord. Que l'on suppose une femme «Zeynab» mariée à Zeyd et que celui-ci vienne de répudier. Amr, dont la femme s'appelle également: Zeynab, ayant l'intention, religieusement admissible, d'annoncer, ou de constater un fait, dit: *Zeynab est répudiée.* D'après la règle, déjà signalée, Amr

allégation ne sera point admise en justice „*Kada'anne*" mais elle n'en sera pas moins tenue pour possible „*dianatanne*".

Cette dernière appréciation aura pour résultat, en pratique, de mettre le mari à l'abri de tout reproche légal du chef des relations sexuelles qu'il a pu avoir avec sa femme depuis ce divorce, au cas où une répudiation non équivoque les eût rendues illicites ou criminelles.

Malgré quelques légères divergences dont l'École hanéfite ne paraît guère tenir compte, il est admis, comme règle générale, qu'une *substitution* de *nom*, alors même qu'elle aurait eu la *tromperie* pour objet manifeste, suffirait pour

---

énonce une proposition purement informative et, par conséquent, impropre à produire un effet juridique. Malgré toutes ces circonstances, la justice le tient pour avoir voulu répudier sa femme. Pourquoi? uniquement parce que telle *pouvait* avoir été son intention et que, en face de cette *possibilité*, la prudence exige de juger d'après l'hypothèse la moins dangereuse, c'est-à-dire d'après celle qui, en cas d'erreur, n'aurait pas au moins pour résultat d'autoriser des rapports devenus illicites. Voir plus haut page 180. La faculté réservée au mari de forcer sa répudiée à réintégrer l'état conjugal (si la femme répudiée avait été déjà «*introduite*», et que le divorce ne fût point «*bayenne*») rendra un pareil divorce, dans le cas où il ne serait pas juste, absolument sans conséquence. En effet, si le divorce s'est réalisé «*bayenne*», le mari aura toujours l'espoir de reprendre cette femme en vertu d'un nouveau contrat, ou, dans le cas le plus grave, après l'avoir soumise au procédé de licitation *coïtale*, procédé atroce, mais qui, grâce au sentiment religieux qui le préconise, se présente, à ces bons et naïfs croyants, sous un aspect infiniment moins odieux qu'on ne saurait le croire dans une société douée de mœurs plus délicates.

Le côté grave de cette doctrine consiste dans l'effrayante possibilité de forcer un homme à répudier sa femme, pour la seule raison qu'il aura fait suivre un nom, semblable à celui de cette personne, de la qualification de: *divorcée*.

On peut admirer, sinon la sagesse de cette doctrine, au moins cette immense quantité de moyens et de procédés par lesquels on peut, si facilement et si commodément, faire évaporer un mariage musulman! (94).

préserver la femme — que le mari voulait avoir l'air de viser—de toute atteinte de répudiation. Exemple: un homme désirant tranquilliser son créancier lui dit: „que ma femme „chérie *Fatime* (alors qu'elle s'appelle, en réalité, *Khadija*) „soit répudiée, si je pars avant de vous payer". Le débiteur pourra partir sans s'acquitter de sa dette, et sans danger de voir son épouse atteinte du moindre divorce. La *substitution* de *nom* a rendu la femme inaccessible à cet acte de dissolution *juré* par son mari.

Si le mari dit à son épouse: „tu es, ou seras, répudiée „suivant la doctrine des juristes; suivant celle d'un tel juge; „suivant les quatre Écoles sunnites, etc.", il aura effectué un divorce *immédiat*. S'il prétend avoir eu l'intention de subordonner son divorce au cas où ces *autorités* légales l'auraient permis ou ordonné, il sera cru, *dianatanne*. mais non *juridiquement*. Ce qui veut dire que sa femme sera forcément répudiée, mais que le mari — jusqu'à la séparation définitive qui pourra être ordonnée d'office — n'aura assumé aucune responsabilité délictueuse par suite de ses rapports, tout illicites qu'ils sont *juridiquement* devenus, avec sa femme ainsi répudiée (95).

Si le mari a dit „les femmes de l'*univers* sont ré„pudiées", sa femme n'en sera point atteinte. Mais s'il a dit „Les femmes de ce quartier; de cette maison; de ce logement sont répudiées", il aura absolument répudié toutes ses femmes actuelles; s'il a dit „les femmes de cette ville, ou de ce village, sont répudiées", le cas sera incertain, à raison des divergences d'avis qui règnent sur ce point entre les légistes les plus estimés.

Les uns sont pour l'extension du divorce aux femmes de cet homme; les autres tiennent cette formule pour une sorte d'expression exagérative et, en même temps, informative, — comme si le mari avait voulu dire: le divorce est devenu, de nos jours, si fréquent que toutes les femmes en sont déjà atteintes. Mais pour que la justice autorise une pareille interprétation, il faut que l'expression puisse se prêter à un sens d'exagération incontestable. Dans l'expression: „*les femmes de l'univers*" l'idée d'une exagération est évidente; dans celle qui limite le divorce aux femmes du quartier, de la maison, du logement, etc., l'idée d'une sorte de précision est, à son tour, manifeste; dans celle qui étend le divorce aux femmes de la ville, ou du village, il n'y a ni assez *d'extension* pour y voir une idée d'exagération, ni assez de *restriction* pour attribuer au mari le désir d'une *précision*. De là les divergences de doctrines entre les juristes sur la valeur légale d'une pareille expression.

On sait que dans ce cas il est loisible au juge de se prononcer suivant celle de ces doctrines pour laquelle il aurait le plus de propension, pourvu qu'elle ne soit pas formellement contraire à celle de l'Imam à l'obédience duquel il appartient lui-même (96).

Abou Jousef est à la tête des légistes qui voient dans l'expression „*les femmes de la ville sont répudiées*" une simple proposition *informative* avec une forte tendance à l'exagération. Il dit formellement: si un habitant de Bagdad dit que les femmes de cette ville sont répudiées, sa femme n'en sera atteinte d'aucun divorce, alors même qu'elle y serait présente et qu'elle devrait compter au nombre des habitants de l'antique métropole de l'Islam (97).

Le remplacement permutatif du terme „Sarih" par un autre vocable, nommément par le verbe „*faire*" employé par le mari sous forme responsive, produit le même effet que celui qui s'attache au terme propre même, dont il tient grammaticalement la place. Ainsi si une femme qui avait dit à son mari: *répudie-moi*, reçoit de celui-ci, pour toute réponse, les mots suivants: *c'est fait*, ou *je l'ai fait*, elle sera répudiée dans l'instant où le mari aura achevé de prononcer le participe „fait". Si ensuite la femme ajoute: *encore une fois!* et que le mari y réponde par la même expression permutative, une seconde répudiation suivra la première, et ainsi de suite, jusqu'au nombre suprême „trois".

Si cependant la femme avait dit: répudie-moi, répudie-moi, répudie-moi, et que le mari ait répondu: je l'ai fait, il ne l'aura répudiée que par une seule fois, à moins, cependant, que son intention ne fût d'appliquer, *distributivement*, sa réponse adhésive à chacune des trois demandes, car dans ce cas la femme aura été répudiée par trois fois.

Il serait inutile de discuter la réalité de cette intention alléguée par le mari, puisqu'il dépendra toujours de ce dernier de la réaliser à volonté, et que la seule affirmation par lui d'avoir eu *l'intention* de répudier sa femme par un triple divorce, alors même que cette intention n'aurait point existé dans le passé, suffira pour effectuer sur-le-champ un pareil divorce.

Le résultat pratique, en un pareil cas de divorce, c'est qu'en l'absence d'une affirmation contraire par le mari, la justice ne saurait le considérer comme ayant opéré une triple répudiation en raison de sa réponse adhésive à une demande de divorce triplement réitérée.

Et voici pourquoi: la justice considère la répétition de cette demande faite par la femme, *sans l'intervention d'aucune conjonction* copulative, comme un procédé d'affirmation énergique, *Ta'akide*, ne comportant, dans l'ordre normal des choses, aucune idée de nombre, par rapport à la *faveur sollicitée.* Il en serait, par conséquent, tout autrement, si elle avait dit: „répudie-moi, et répudie-moi et répudie-moi", et que le mari ait répondu, comme dans l'exemple précédent: c'est *fait*, ou: *je l'ai fait*, attendu que la conjonction „et" deux fois répétée marque des *additions* de demandes faites, successivement, à la première, et formant un total de trois répudiations que la femme aura sollicitées et auxquelles le mari, par sa réponse adhésive, sera censé avoir consenti.

Un autre point de difficulté sur lequel s'est longuement exercée la science musulmane, c'est le cas où le mari aura été obligé, non pas à répudier lui-même sa femme, mais à sanctionner une répudiation que cette dernière se serait lancée elle-même, bien que la législation musulmane ne lui reconnaisse aucun droit à briser, de son propre chef, les liens du mariage qui l'attachent à son mari. Exemple: La femme dit „*Je me suis répudiée*" ou *J'ai répudié ma personne.* Si, à une pareille déclaration, tout *illégale et nulle* qu'elle est, le mari répond „*ajaztou*", „j'y consens" la femme est immédiatement atteinte d'un divorce adéquat à celui qu'elle aura déclaré.

On cite cet exemple pour démontrer que tout acte juridique qui aurait eu pour premier organe un individu incompétent ou inapte à l'accomplir, devient parfaitement légal et efficace s'il est, dans la suite, ratifié par l'ayant-droit lui-même, soit directement, soit par voie de mandat dûment constaté. Cette doctrine est parfaitement rationnelle, en tant que consistant en la simple évolution d'un acte étranger et nul, en un acte personnel et obligatoire, et personne, assurément, ne songerait à contester la part de vérité qu'elle renferme; mais on pouvait croire que dans une question de cette importance, quand il s'agit de rompre un mariage; de se rendre étrangère la mère de ses enfants; d'introduire un si grand changement dans les conditions habituelles de la vie domestique, dans les rapports d'intérêt, de confiance et de sympathie qui doivent exister entre les membres d'une même famille: quand des intérêts si graves s'attachent à un parei acte, on doit s'attendre à le voir entourer de plus de formes, de plus de mesures précautionnelles, en un mot, de dispositions légales plus *sérieuses*. Mais non! L'esprit nomade, les mœurs profondément anarchiques de la race arabe, l'instinct, à moitié sauvage, de faire de la force brute la base de tout droit légal, ont prévalu sur toutes ces raisons et, grâce à cette supériorité d'esprit naturel de la race, jointe à l'absence presque absolue de toute science, de toute expérience, de toute tradition de la vie sociale, les archives des aberrations humaines ou des folies raisonnantes se sont enrichies de cette désastreuse et singulière législation (98).

Du Divorce par métonymie.

Les légistes musulmans, empruntant leur définition de cette figure aux rhétoriciens arabes, caractérisent la métonymie assez distinctement, quoique toujours avec un léger empiètement sur le terrain de la synecdoque. C'est, disent-ils, une manière de s'exprimer par laquelle on indique la chose par l'une de ses propriétés connues, ou par l'une de ses conséquences certaines. Ainsi, au lieu de dire „un homme de haute stature", on pourrait dire, par métonymie, un homme au long *baudrier*, et pour dire: „un seigneur hospitalier" on dirait: un homme *à la cendre abondante des fourneaux.* Cette dernière figure doit signifier, selon les auteurs arabes, un grand et fréquent usage de combustible, ce qui est une indication métonymique d'une grande activité culinaire et, par conséquent, d'une grande consommation d'aliments apprêtés au feu — c'est-à-dire d'une généreuse et large hospitalité (99).

La métonymie, en matière de divorce, est le pendant opposé du „Sarih". La législation exige, pour l'efficacité des formules où règne cette figure, des conditions de certitude dont elle dispense celles construites selon le procédé du „Sarih". En effet, la métonymie pouvant se prêter à un sens littéral sans aucune tendance à des interprétations déductives, aussi bien qu'à une interprétation par ce dernier procédé, elle ne saurait produire un effet de répudiation que si le sens métonymique est imposé par des *circonstances* de fait excluant toute possibilité d'un autre mode d'interprétation.

Les auteurs ont posé des règles et des critères pour l'appréciation de ces circonstances par rapport à leur valeur légale et conclusive.

On les divise en deux catégories principales servant, respectivement, de critères pour la détermination du sens qu'il y aurait à donner à telle ou telle de ces nombreuses formules métonymiques, formules que la science, étrangement empirique, des juristes musulmans, semble avoir comptées et limitées à cinquante-cinq types différents.

Ces deux catégories de circonstances sont:

1° celles qui attestent chez les conjoints un état de calme et de contentement.

2° celles qui accusent entre eux des sentiments de colère ou de vif mécontentement.

Les formules métonymiques que la justice serait appelée à apprécier à la lumière de ces *circonstances*, se présentent, à leur tour, sous trois aspects différents:

1° L'aspect offensif ou injurieux.

2° L'aspect oppositif.

3° L'aspect neutre, c'est-à-dire qui ne saurait être considéré ni comme offensif ou afflictif ni comme oppositif.

En conséquence de ces doctrines fondamentales il est établi que toute formule métonymique doit comporter le sens d'un acte répudiatoire (généralement bayenne) et, en même temps, autoriser la justice à faire l'abandon de ce sens ponr le remplacer par l'une des quatre hypothèses suivantes, que le mari déclarerait, sur la foi du serment, conforme à son intention [1]):

A, une irritation se traduisant chez lui par des paroles dures ou injurieuses à l'adresse de sa femme. *B*, un refus, mêlé à un certain mouvement de mauvaise humeur, d'acquiescer à la demande de divorce présentée par cette dernière. *C*, un sens évidemment responsif, et, par conséquent, d'une portée juridique subordonnée au sens des propos qui auraient provoqué l'emploi d'une pareille formule. *D*, un sens éventuel quelconque, mais en dehors des trois hypothèses que nous venons d'indiquer.

Envisagées à ce point de vue, les formules métonymiques se présentent sous les quatre aspects suivants:

---

[1]) Toutes les fois qu'une allégation d'intention est permise, il doit être entendu qu'elle ne le serait qu'en tant qu'elle aura été attestée par un serment déféré, soit directement et extrajudiciairement, par la femme elle-même, soit par la justice locale, à la suite d'une contestation, ou d'une action régulière introduite par l'épouse réclamante.

1° L'aspect injurieux.
2° „ répulsif (indiquant un refus).
3° „ responsif.
4° „ négatif (n'indiquant ni injure ni refus).

On donne les formules suivantes comme spécimens du premier aspect: 1° „tu es vacante "ou „tu es vide" *anti Khaliïa* [1]) 2° „tu es quitte" *anti bariïa;* 3° „tu es illicite" *anti harame:* 4° „tu es isolée" *anti bâtta;* 5° „tu es privée de jouissance sexuelle" *anti bétla*, etc., attendu que chacune de ces expressions est douée d'un double sens; elle peut signifier une opération de divorce, aussi bien qu'une imputation injurieuse ou blessante, dictée par un mouvement d'irritation contre la femme à laquelle elle est adressée.

En effet, la formule 1° „tu es vacante" ou „vide" peut signifier, selon l'intention du mari: tu peux d'ores et déjà te considérer comme disponible, puisque je viens de te répudier, ou tu es une personne vide de qualités louables, ou tu n'as rien à faire, etc.; la formule № 2 „tu es quitte" peut bien indiquer un divorce, dans ce sens que la femme ne doit plus rien des obligations qu'elle avait contractées, par le mariage, envers son mari, ou viser exclusivement un sens injurieux, comme par exemple qu'elle est quitte envers Satan, qui l'avait chargée de perdre l'âme de son mari, ou qu'elle est quitte d'un devoir, d'une dette quelconque; l'expression № 3 „tu es illicite" pourrait signifier: tu m'es déjà étrangère, car je viens de te répudier, ou tu es une créature assommante, près de laquelle ce serait un péché de vivre, ou tu es un être sacré, invio-

---

[1]) «Vacant» et «vide» sont presque synonymes en arabe.

lable, etc. On peut entendre par la déclaration № 4 „tu es éloignée“, je t'ai éloignée de ma couche par le divorce ou tu es éloignée de moi par ton mauvais caractère. L'expression № 5 „tu es tranchée“ peut vouloir dire: tu es retranchée par le divorce de ta condition d'épouse. ou tu es retranchée du nombre des bonnes femmes, etc.

Les formules du second aspect, c'est-à-dire celles qui seraient susceptibles de signifier un refus d'acquiescer à une demande de divorce, sont représentées par des expressions semblables à celles-ci:

1° Sors d'ici, 2° va-t'en, 3° lève-toi, 4° cache-toi. 5° déménage-toi, 6° éloigne-toi, 7° ne te montre plus à mes yeux, 8° couvre-toi, 9° absente-toi [1]), etc., attendu que chacune de ces expressions peut signifier un acte de répudiation sans exclure, d'une manière absolue, la possibilité d'avoir eu pour objet exclusif une réprimande répressive, marquant un mouvement de mauvaise humeur et, par conséquent, la peine que cette demande aurait causée au mari.

Les formules responsives représentant la 3me catégorie ne peuvent être signalées par aucun modèle exemplaire. C'est par leur rapport évident, mais variable à l'infini, à des propos précédents que se déterminerait le caractère légal qu'il y aurait lieu de leur attribuer. Il est évident, par exemple, que cette expression „j'ai fait selon

---

[1]) Sens sous-entendu de refus pour les formules 1, 2, 3: parce que tu m'ennuies, tu m'agaces, etc.

Pour les formules 4, 5, 6, 7: ou je ne répondrais plus de moi, ou je te punirais sévèrement, etc.

Pour la formule 8: Afin de voiler ta honte, ton impudence, etc.

Pour les formules semblables au № 9: Afin de me donner le temps de m'apaiser, d'oublier ton insolence, etc.

tes désirs" peut signifier „je t'ai répudiée" ou je renonce „à mon projet de rompre mon mariage avec toi", selon que la femme, dans l'instant qui avait précédé cette déclaration du mari, avait demandé à ce dernier le divorce, ou la continuité de leur union matrimoniale.

Les formules métonymiques du 4me aspect, dont le sens éventuel, en outre de celui de la répudiation, ne saurait être rationnellement considéré ni comme un refus, ni comme une injure à l'adresse de la femme, sont celles que représentent les modèles ou spécimens littéraires suivants:

1 „mets-toi à compter", *ihtad-di;* 2 „assure-toi de la vacuité de ta matrice", *Is tabri rahméke;* 3 „tu es une" *anti Wahida;* 4 „tu es libre", *anti horra;* 5 „choisis" *Ikhtari;* 6 „tu peux disposer de ta personne", *Amrouki bi ïadéke;* 7 „je t'ai lâchée", *sarrahtèke;* 8 „je t'ai séparée de moi", *faraktèke,* etc., parce que de pareilles expressions peuvent bien signifier une répudiation à raison de laquelle le mari aurait enjoint à sa femme — déjà répudiée — de procéder à l'observance de la retraite légale qui doit suivre toute dissolution de mariage, et peuvent, avec une égale raison, exprimer d'autres idées, mais parmi lesquelles il n'y aurait de place ni pour une idée de refus, ni pour une idée de réprimande ou d'injure.

Voici quelle serait l'interprétation autorisée d'une formule du quatrième aspect, dans le cas où le mari, protestant, d'une part, contre l'intention qu'on lui aurait prêtée de répudier sa femme en vertu d'une pareille formule, se trouverait, d'autre part, admissible à déclarer, sous la foi du serment, le sens réel ou subjectif qu'il avait entendu lui donner.

Le sens du n° 1 serait: mets-toi à compter, si tu

peux, les bienfaits de Dieu, ou ceux dont je t'ai comblée moi-même, etc.; celui du n° 2: pour savoir si tu n'es pas déjà enceinte, afin de prendre quelques mesures en vue de ton futur enfant; celui du n° 3: toi seule tu es une femme pour moi, ou tu es seule de ton espèce[1]); les n°s 4, 5 et 6 s'interprèteraient ainsi: fais ce qui te plaira — j'entends ne point te gêner, etc; le n° 7 s'expliquerait dans le sens d'une séparation momentanée, comme s'il avait voulu dire: je ne cohabiterai pas cette nuit avec toi, ou je ferai aujourd'hui lit à part, etc., etc.

Les formules répudiatoires métonymiques qui auraient été prononcées dans un moment de contentement mutuel (entre les deux époux) et en dehors de tous propos sur le divorce, ne peuvent être interprétées, à quelque catégorie qu'elles puissent appartenir, que par le mari même Il est évident, en effet, qu'en l'absence de tout signe extérieur qui puisse déterminer le sens que le mari avait entendu donner à une expression susceptible de diverses significations, la justice ne saurait baser son jugement que sur les articulations mêmes de l'auteur de cette expression.

Si, malgré l'état de contentement et de calme dans lequel se trouvaient les deux époux, la formule métonymique a été prononcée à la suite de quelques propos rela-

[1]) Partout où il peut y avoir une présomption de divorce, le nombre renforce cette présomption et fixe la quantité des actes répudiatoires par laquelle le mari a entendu frapper sa femme. Si le nombre ne peut avoir un régime qui maintienne un sens rationnel ou possible à l'expression du mari, comme dans l'exemple précité: «tu es une» interprété dans le sens: tu es une de ton espèce, ou tu es seule une femme pour moi, etc.. le nombre aura la valeur d'un adverbe qualifiant le mot «répudiée» sous-entendu. En conséquence de cette règle, si le mari dit à sa femme «*tu es trois*» (à l'ablatif) il l'aura, sans équivoque, répudiée par trois fois

tifs au divorce, ou à une demande de divorce, le mari ne sera admis à user de son droit d'interprétation que dans le seul cas où la formule employée comporterait le sens d'un refus, opposé à une demande de divorce que la femme serait, dans ce cas, présumée avoir adressée à son mari.

Si la formule métonymique a été prononcée dans un moment de colère, bien que hors de tous propos sur le divorce, le mari ne serait admis à exercer le droit d'interprétation qu'à l'égard des formules qui pourraient servir d'expressions d'injures. Dans ce cas, si le mari affirme n'avoir eu d'autre intention que de blesser ou humilier sa femme, il sera cru sur sa parole appuyée de son serment.

Dans cette situation morale toute autre formule qui ne comporterait pas le sens d'un refus ne serait point soumise à l'interprétation du mari et le divorce lui sera imposé d'office, comme seul effet légalement possible d'une pareille formule.

Dans le cas où la formule métonymique aurait été prononcée dans un moment de colère uni à des propos sur le divorce, ou à une demande de divorce, le mari ne peut être admis au droit d'interprétation que dans le cas où la formule qui lui est attribuée ne contiendrait pas un sens responsif [1]).

---

[1]) Cette disposition ne tend à rien de moins qu'à consacrer un principe juridique foncièrement contraire à l'esprit qui préside à notre système de procédure légale. Pour nous l'intervention, le soupçon même d'un mobile de colère, d'un soudain et vif mouvement d'irritation, rend la validité de l'acte accompli sous l'impression psychologique d'un pareil accident, pour le moins sujette à discussion. Nous considérons toute circonstance de nature à affaiblir l'action directrice de la raison comme

Si l'expression métonymique prononcée dans les conditions du paragraphe précédent est de celles qui comporteraient, avec une égale probabilité, un sens d'injure aussi bien qu'un sens de refus, c'est l'intention d'injurier sa femme qui sera imputée au mari, de préférence à celle de repousser sa demande de divorce.

Nous ferons remarquer ici que l'hypothèse d'injure n'exclut le fait de la répudiation que d'une manière négative [1]), ce qui ne priverait pas la femme du droit de le

devant rendre la victime d'un pareil accident plus ou moins étrangère à l'acte matériel réalisé sous son impulsion.

Il ne saurait en être de même pour les Musulmans, chez qui la naissance ou la suppression d'un droit s'accomplissent, non en vertu de la volonté réelle du facteur, mais en vertu du *seul* signe, souvent purement empirique, de cette volonté.

Le germe de vérité que renferme cette doctrine se trouve profondément altéré par son extension littérale même au cas où il y a *absence* certaine de *pensée* et, par conséquent, absence absolue de *volonté* légale, c'est-à-dire là où le *signe* littéraire de ces deux facultés ne ferait que planer dans le vide sans avoir absolument rien à signaler (100).

C'est là assurément un des défauts multiples de la législation musulmane résultant de son extrême précocité. On voit un principe de vérité, parfois même d'un ordre transcendant, dans le fond ou la matière de presque toutes ses erreurs. La partie rationnelle est due au génie de la race qui l'a conçue, et l'erreur, à un défaut d'expérience sociale, ou à une élaboration scientifique encore inachevée. Produit simultané d'un esprit philosophique incontestable uni à un manque absolu de toute expérience de la vie sociale, et à un tempérament profondément erratique, cette législation devait nécessairement, fatalement, présenter le phénomène d'une législation sociale faite avec des éléments presque exclusivement tirés de la vie nomade, et dès avant la *formation* de la société dont elle devait régler la destinée.

[1]) Il faut entendre ici par «preuve négative» une simple absence de preuves juridiques et, par conséquent, une situation légale n'excluant pas la possibilité d'autres faits d'une valeur démonstrative positive, et, par preuve positive, un fait qui tend, par la seule vertu de son existence, à affirmer l'acte contesté.

Le fait constaté d'un refus exclut l'idée d'acquiescement à un divorce démontrer par d'autres faits ou indices dont elle pourrait légalement arguer (101).

Remarques générales.

Les formules injurieuses peuvent, de leur nature, comporter le sens d'un refus.

Les formules à tendance responsive ne comportent que le sens des paroles qui les auront provoquées [1]).

Les formules qui ne comportent ni un sens d'injure, ni un sens de refus, ni une tendance responsive, sont considérées, malgré leur qualité métonymique, et en l'absence de circonstances contraires, comme exclusivement répudiatoires.

En conséquence de ces règles le droit du mari d'interpréter une formule métonymique dont il se serait servi se trouverait exclu dans les deux cas suivants: 1° si la formule présente un caractère évidemment responsif. 2° si le sens qu'elle pourrait comporter, en outre de celui de la répudiation, ne saurait être considéré ni comme un refus opposé à la demande de la femme d'être répudiée, ni comme une expression d'injure dictée par un vif sentiment d'irritation que cette demande aurait soulevé chez le mari contre elle.

---

qui se rapporterait à une seule te même époque. Ce qui veut dire que si l'acquiescement du mari est déclaré postérieur à ce refus, et qu'il ait été obtenu à la suite de nouvelles tentatives de la part de la femme, le premier refus ne pourrait plus être opposé par le mari à la femme qui désire obtenir cette rupture.

[1]) Attendu que le sens responsif lie l'intention du mari à la teneur rationnelle des propos tenus, ou à une demande de divorce que la femme aurait adressée à son mari. Dans l'un et l'autre cas le *processus* de l'interprétation se trouverait tracé d'une maniere assez précise pour rendre inutile toute allégation d'intention de la part du mari.

Cette doctrine s'explique bien, pour ce qui regarde l'hypothèse d'une tendance responsive, par la considération judicieuse que l'intention du mari se trouve déjà suffisamment indiquée par le rapport rationnel de la formule avec les propos qui l'avaient précédée, et que par conséquent il serait inutile et déplacé à la fois d'admettre, en face d'une pareille évidence, un autre procédé d'indication; et pour ce qui regarde l'absence de toute hypothèse de refus ou d'injure, par cette réflexion, non moins fondée, que le divorce est presque toujours un acte de mécontentement et qu'en conséquence de ce fait, les expressions qui l'indiquent peuvent bien se confondre avec celles que l'on s'adresse ordinairement sous l'influence d'une vive irritation. Cette similitude autorise l'admission du mari à déclarer, sous la foi du serment, dans laquelle de ces deux significations, reconnues également possibles, il avait entendu employer cette formule.

Les auteurs font remarquer, avec une manifeste ostentation, comme pour faire parade d'un savoir aussi étendu que transcendant, que si le mari répétait trois fois la formule *ihtaddi* „entre en retraite", qui appartient à la quatrième catégorie des formules métonymiques, il pourrait amener, par voie de transposition appliquée à la faculté de l'intention, vingt-quatre positions légales différentes.

Voici en quoi consiste cet étrange procédé de combinaisons:

Pour faciliter l'intelligence de ces transpositions de la faculté interne de l'intention, nous les mettrons en tableau synoptique dans lequel la lettre m représentera le mot „menstrues", la lettre r, le mot „répudiation" et le signe 0 (zéro) l'absence de toute intention. Chacune de ces lettres, y compris le zéro, aura pour facteur *sous-entendu* un acte mental d'intention accompli par le mari; les numéros 1, 2, 3, indiqueront, respectivement, l'ordre dans lequel cet acte interne aura eu lieu. Ainsi cette expression 1. m, — 2. o, + 3. r. signifie que, à la première fois, le mari avait entendu annoncer à sa femme qu'elle eût à observer les règles de la retraite légale ; que, à la deuxième, il n'avait formé, à son égard, aucune intention, et que, enfin. à la troisième son intention avait été de la répudier. Par les diverses combinaisons de l'intention appliquée à chaque répétition de cette formule, on peut effectuer, selon l'ordre, la nature et le nombre des formules, une, deux, ou trois répudiations.

L'appréciation synthétique de ces combinaisons se trouve — *de facto* — soumise à certaines règles d'exégèse que l'examen ou l'inspection pour ainsi dire empirique des combinaisons indiquées nous a permis de saisir et de leur donner la valeur, sinon de principes absolus, du moins de règles prédominantes:

1° Deux ordres successifs d'entrer en retraite équivalent à un seul, par cette raison que le second ne saurait être qu'une affirmation du premier, ou, dans certains cas, une déclaration valant un second divorce. En effet, la femme répudiée ne reste sous le pouvoir du mari que pendant la retraite qui suit un divorce mineur. — Cette retraite achevée, la femme recouvre son indépendance personnelle, que le mariage avait mise en suspens, et devient inaccessible à un second divorce et cesse, par conséquent, d'être passible d'une seconde retraite. Il résulte de cette règle que la seconde *m* sera éliminée ou remplacée par la lettre r. Ce qui donnera à une pareille expression la valeur d'une seule m.

2° Tout ordre initial „d'entrer en retraite" (m) suppose un acte de répudiation antérieur à cet ordre et servant de raison étiologique à la retraite ordonnée. Ainsi 1 m. + 2 m. = 1 r. suivie de retraite, avec élimination de la seconde m, devenue inaccessible au mari.

3° Tout zéro (absence d'intention) se produisant immédiatement avant m, ou avant r, peut être éliminé ou maintenu selon les indications des circonstances; se produisant après l'une ou l'autre de ces deux lettres, il équivaut, toujours, à un acte de répudiation.

4° 3 m = 1 r. Parce que la première m. étant un ordre de retraite motivé par un divorce précédent, la seconde m. devient impossible, et, par conséquent, la troisième, à plus forte raison. Ce qui réduit cette expression 1 m, + 2 m + 3 m. à 1 r.

Il faut toujours noter: 1° que l'équivalence numérique de ces combinaisons en actes de répudiation, n'est que permise, mais non imposée. Ce qui veut dire qu'elle serait considérée par la justice comme un fait d'une *occurrence légale possible;* 2° que lorsque deux équivalences différentes sont également possibles, la justice peut admettre l'une ou l'autre, selon les inspirations du juge secondées, autant que faire se pourra, par les circonstances concomitantes et les articulations définitives du mari [1]).

---

[1]) Ces lettres représentent des expressions figurées auxquelles le mari aurait attaché un sens que la structure lexicologique de la formule employée n'exclurait pas d'une manière absolue. Ainsi *m* signifierait, selon l'intention du mari: compte tes jours d'impureté *parce que* je t'ai répudiée, — sens dissolutoire, — ou *parce que* je désire savoir à quand la fin de ta vacance vaginale — sens matrimonial; *r* marquerait: tu es *talek*, répudiée; ou tu es libre d'un certain devoir.

14

Voici le tableau que nous avons promis de ces singulières équivalences: (10)

1° Des équivalences nulles.

Cette partie ne contient qu'une seule expression légalement possible. et encore elle ne compterait comme telle qu'en l'absence de tout propos sur le divorce et de tout soupçon de colère ou d'adhésion à une demande de répudiation formellement exprimée. I. 1. o, + 2. o, + 3. o = o

2° Des équivalences simples:

II	1. m,	+ 2. m,	+ 3. m.	= 1	répudiation
III	1. o,	+ 2. o,	+ 3. r.	= 1	„
IV	1. o,	+ 2. o,	+ 3. m.	= 1	„
V	1. o,	+ 2. r,	+ 3. m.	= 1	„
VI	1. o,	+ 2. m.	+ 3. m.	= 1	„
VII	1. r,	+ 2. m,	+ 3. m.	= 1	„

3° Des equivalences doubles.

VIII	1. o,	+ 2. r,	+ 3. o.	= 2	répudiations
IX	1. r,	+ 2. m,	+ 3. o.	= 2	„
X	1. r,	+ 2. o,	+ 3. m.	= 2	„
XI	1. o,	+ 2, r,	+ 3. r.	= 2	„
XII	1. m,	+ 2. m,	+ 3. o.	= 2	„
XIII	1. m,	+ 2. o,	+ 3. m.	= 2	„
XIV	1. r,	+ 2. r,	+ 3. m.	= 2	„
XV	1. r,	+ 2. m,	+ 3. r.	= 2	„
XVI	1. m,	+ 2. m,	+ 1. r.	= 2	„
XVII	1. m,	+ 2. r,	+ 3. m.	= 2	„
XVIII	1. o,	+ 2. m,	+ 3. o.	= 2	„

3° Des équivalences triples.

XIX	1. m,	+ 2. o,	+ 3. o.	= 3	répudiations
XX	1. r,	+ 2. r,	+ 3. o.	= 3	„

XXI	1.	r,	+ 2,	o,	+ 3.	r.	= 3	répudiations
XXII	1.	o,	+ 2.	r,	+ 3.	r.	= 3	„
XXIII	1.	r,	+ 2.	r,	+ 3.	r.	= 3	„
XXIV	1.	m,	+ 2.	r,	+ 3.	r.	= 3	„

Fidèle à notre plan de présenter à l'Europe savante un tableau exact de la science législative des peuples musulmans, nous avons cru devoir mettre sous les yeux de nos lecteurs une rapide esquisse de cet étrange procédé de combinaisons, tout puéril, tout insensé, tout contraire à l'objet final de la législation qu'il pourrait leur paraître Nous estimons qu'il est de l'intérêt de tous de savoir dans quel abîme de niaiserie peut tomber une législation qui prétendrait tout puiser à la source d'une inspiration surnaturelle et qui fixerait ainsi, jusque dans le ciel, les insanités dont elle avait été, un jour, victime sur la terre! Le sentiment d'une sincère et vive sympathie dont nous sommes animé pour les peuples musulmans, en général, et pour la noble et vaillante race ottomane en particulier, nous impose le devoir d'indiquer à l'Europe savante, à l'Europe humanitaire ou chrétienne, le point précis où se trouve la plaie qui ronge, depuis des siècles, ce corps naguère si puissant, aujourd'hui si affaibli, des Etats musulmans. Pour guérir un malade, il faut connaître son mal; or, nous croyons que le mal musulman n'est point suffisamment connu. Nous savons même, avec certitude, que cet ensemble accablant d'extravagances dont déborde la législation mahométane, est resté comme un secret, non seulement pour l'Europe philosophe ou chrétienne, qui ne pourrait pas même le soupçonner, mais encore pour la partie la plus intelligente, la plus cultivée et la plus sympathique des croyants eux-mêmes! Nous voulons parler de la nation ottomane proprement dite [1]), qui domine sur une si grande partie de l'Orient musulman. Nous en connaissons des hommes pleins de mérite, dignes de la plus profonde estime, des hommes haut placés et dont l'éducation, le savoir et le caractère les mettent à la hauteur des positions qu'ils occupent à l'honneur et à l'avantage de leur patrie: des hommes d'avenir, enfin, entre les mains desquels l'Empire ottoman peut avec confiance placer ses destinées. Nous avons eu pourtant le regret de constater que ces personnages si éclairés ignorent les égarements de leur système législatif. Nous sommes même certain que bon nombre de ces incongruités que nous avons eu le courage, nous dirions mieux: lé dévouement de dénoncer dans nos écrits, leur sont absolument inconnues!

En face de cette déplorable ignorance, en partie due à l'excès même de l'imbécillité qui caractérise ce système et, par conséquent, à cet aspect d'invraisemblance que présentent de pareilles niaiseries, le système dont il

---

[1]) Il va sans dire que nous ne saurions comprendre sous la qualification de «ottoman» que les individus qui appartiennent, par le sang et la langue, à la race naturelle et historique de ce nom, et non les diverses nations auxquelles, par une mesure d'unification artificielle, on a, depuis quelques années, conféré cette dénomination, au grand déplaisir, soit dit en passant, de certaines races qui — toujours fières de leur illustre origine — ne s'accommodaient que médiocrement d'un pareil changement de nom. Nous n'avons pour cette mesure que des éloges sincères; nous faisons, même, pour son maintien et pour sa conservation, des vœux d'autant plus ardents que c'est, croyons-nous, le seul vestige encore subsistant de la célèbre et ingénieuse Constitution de 1876. A l'encontre de ceux qui la qualifient de «fiche de consolation», nous y voyons, non seulement un acte de sage politique, mais, en quelque sorte, un trait de générosité et le gage d'une justice égale pour tous les sujets de l'Empire.

s'agit a acquis, pour le malheur des Etats musulmans, une sorte d'immunité qui le place à l'abri des investigations de la raison! Ce ne sont pas, assurément, les ulémas, ces prétendus savants dont la présomption égale l'ignorance, qui oseront porter la main sur ces grosses et ennuyeuses mystifications.

Nous continuerons, donc, à mettre en évidence les défauts de cette législation, sans trop nous inquiéter des appréciations irritées dont notre tâche ne manquera pas d'être l'objet de la part d'une certaine classe de musulmans. Nous savons qu'il est des gens qui aimeraient mieux mourir de leur mal, que d'en reconnaître l'existence. — Mais il est des cas où il faut faire le bien aux gens un peu malgré eux. — Un jour luira sur l'Orient où l'on nous saura gré d'avoir osé signaler la plaie musulmane, à laquelle des mains puissantes auront déjà eu le bonheur de porter un remède suffisant.

Dans le cas où le mari aurait adressé à sa femme, au cours d'une seule et même séance légale, trois expressions métonymiques de répudiation prises respectivement dans la première, la deuxième et la quatrième catégorie [1]) telles que: Eloigne-toi (première catégorie); Tu es illicite, (deuxième C.); Entre en retraite (quatrième C.), il y aura à faire les distinctions casuistiques suivantes:

Le mari a-t-il déclaré qu'en prononçant ces trois formules son intention était de faire sortir de leur *ensemble*, par voie d'additions ou d'accumulations successives, une

---

[1]) La 3me catégorie, comprenant les seules expressions à caractère responsif, ne saurait avoir aucune portée déterminée. Elle est toujours subordonnée au sens des paroles auxquelles elle est destinée à servir de réponse. Voir plus haut, page 199 C, 201.

seule répudiation, il sera, *juridiquement*, tenu pour avoir répudié sa femme par *trois fois*. Cette règle se fonde sur cette considération, en quelque sorte arithmétique, que trois formules répudiatoires ne sauraient produire, dans leur concours d'ensemble, une seule répudiation que si chacune des trois expressions précitées produisait un tiers de divorce. Or nous savons déjà que d'après le principe de l'intégralité des actes répudiatoires, toute fraction de divorce équivaut à un nombre entier, c'est-à-dire à l'unité; ce qui, pour le cas cité en exemple, donnerait, en effet, 1×3.

Le mari a-t-il, au contraire, déclaré n'avoir entendu donner une valeur formative qu'à celle de ces trois expressions qu'il aura prononcée la *première*, attribuant aux deux suivantes un sens exclusivement informatif[1]) ou déductif, il sera cru sur sa parole appuyée de son serment. Dans ce cas le sens des trois formules réunies serait: Je te répudie, donc tu es devenue illicite; donc entre, dès à présent, en retraite [2]).

---

[1]) Le sens informatif comprend, soit alternativement, soit simultanément, les trois sens en quelque sorte concentriques de *l'affirmation* (qui consiste dans la répétition pure et simple d'une seule et même chose), de la *déduction*, et de *l'information* proprement dite. Ainsi cette formule métonymique: *tu es illicite,* venant après une autre de même genre, peut signifier indistinctement: je te répète que je t'ai répudiée — sens affirmatif; ou: donc tu es illicite pour moi—sens déductif; ou: te voilà illicite—sens informatif. Les formules impératives employées en second ne comportent, en général, que le sens déductif. De cette manière un acte de répudiation exprimé en ces termes: 1. *Eloigne-toi,* 2. *entre en retraite,* ne saurait donner à la seconde formule qu'un sens déductif, faisant de cette dernière la conséquence immédiate de la première, comme si elle avait été formulée ainsi: «donc tu es devenue illicite pour moi».

Les expressions métonymiques descriptives comportent les trois sens alternativement, ou à la fois, au choix du juge, avec un égal résultat juridique.

[2]) On sent bien les mièvreries de ces distinctions aussi fastidieuses qu'inutiles, dont les docteurs musulmans sont si coutumiers. Il est évident

Nous devons ajouter ici que la jurisprudence musulmane fournit d'égales ressources dialectiques pour n'autoriser cette adhésion à la parole du mari que sous le seul point de vue religieux, *dianatanne,* non *kada'anne.* Voir plus haut, page 187 et la note.

Ici se présentent des remarques sur les diverses propriétés grammaticales des conjonctions, et, par conséquent, sur les diverses significations juridiques de l'usage réitéré des formules métonymiques, selon que la répétition a été faite à l'aide de telle ou telle conjonction, ou sans aucun signe d'adjonction ou de liaison linguistique de ce genre.

Les conjonctions sur lesquelles portent les savantes dissertations des auteurs sont au nombre de trois. C'est „et" *wa,* „donc", „immédiatement après" *fa,* „ensuite" *soumma.* Sans conjonctions d'aucune espèce, le mari peut être supposé n'avoir voulu répudier sa femme que par une fois ; avec la conjonction *wa,* deux, ou trois selon le nombre de fois que ce mot aura été répété. Si la liaison grammaticale s'est faite moyennant la conjonction consécutive et d'ordre „*fa*", la justice serait autorisée à ne voir, dans

---

que, en s'y livrant, avec cette singulière complaisance, ces auteurs ne pouvaient avoir eu d'autre but que de faire parade de science et de profondeur. En effet. à quoi bon ce déploiement d'efforts pour deviner l'intention de l'homme qu'on a devant soi et qui peut, mieux que personne, nous apprendre, sans mettre notre tête à la torture, s'il a voulu, oui ou non, effectuer tel ou tel mode de répudiation. Il est évident, d'ailleurs, que si le mari musulman tient à passer pour avoir répudié sa femme par 1, 2, ou 3 fois; par un divorce mineur, ou par un divorce majeur, etc., il n'aurait qu'à dire, dans le moment actuel, ce qu'il eût dû dire dans le moment d'avant; s'il n'y tient pas, sa tâche n'en serait pas plus difficile; elle consisterait tout au plus, à ouvrir un livre de législation et à chercher quelle déclaration, quels termes il pourrait prononcer, quel geste, quel mouvement il pourrait exécuter pour exclure, chez lui, aux yeux de la justice, toute trace de l'intention qu'il voudrait contester.

les deux formules ainsi exprimées, qu'un seul acte de répudiation. Dans ce cas la particule *fa* contracte le sens de la conjonction conclusive „donc“. Nous devons néanmoins ajouter que cet avis est loin d'avoir réuni le suffrage de tous les auteurs. Kadi-Khan, qui tient un rang très distingué parmi les juristes de la première classe, fut d'avis que dans tous les trois cas susindiqués, le divorce s'effectuerait double. Zofar, juriste très estimé, professe une opinion tout opposée à celle du juriste ottoman; il croit qu'avec toutes les conjonctions, sans distinction de nuance, le mari peut bien être admis à affirmer n'avoir entendu réaliser qu'une seule répudiation.

Un mari peut agir rétroactivement, dans le sens *intensitif* ou *péjoratif* sur un divorce partiel ou mineur. Pour produire cet effet il peut n'être nullement soumis à la nécessité de se servir, verbalement ou mentalement, des formules appropriées à ce genre de divorce; il lui suffirait de dire: je rends *double*, triple, majeure, etc., la répudiation simple ou mineure que j'ai déjà effectuée. Mais il ne saurait agir, à l'avance, sur un divorce qui n'est encore qu'éventuel ou contingent, c'est-à-dire sur un divorce qui ne peut avoir lieu que dans le futur. Ainsi un mari qui dirait à sa femme: lorsque je te répudierai, je t'aurai répudiée (c'est-à-dire par le seul fait de t'avoir répudiée) par un double, ou un triple divorce, ou par un divorce majeur, n'aurait fait qu'une déclaration *vaine*, et, par conséquent, de nul effet juridique.

Les juristes à qui cette doctrine a dû paraître, sans doute, très profonde, se sont laborieusement appliqués à nous en donner l'explication. Celle sur laquelle ils se sont arrêtés mérite un moment d'attention.—Elle révèle cette tendance de l'esprit musulman à se créer une dialectique *bonne à tout faire*, composée d'un certain nombre d'idées récoltées empiriquement et destinées à agir sur la conscience, en quelque sorte, mécaniquement.—Sorte d'atout que l'on pourrait opposer à toute couleur possible, ou d'un magique „ouvre-toi sésame" qui doit triompher de toutes les résistances imaginables. Pour nous, par exemple, une pareille doctrine serait explicable par cette simple considération que l'acte légal doit être, de fait ou de droit, conforme à l'intention agissant *au moment* où il a été accompli, que l'intention se présume, mais ne s'engage pas. En d'autres termes, qu'on peut dire: mon intention est, mais non „mon intention sera", encore moins: „je m'engage d'avoir à tel moment telle intention, etc." [1]), mais une pareille explication n'aurait rien de transcendental ni, surtout, de mécanique.

D'après les auteurs, si cette formule est vaine: lorsque je te répudierai tu auras été répudiée de telle manière ou d'un tel nombre de fois, c'est parce que la *description* ne peut *devancer* la *chose à décrire*, *li'anna-l-ouassfou la iasboukou-l-maoussoufe*. C'est là un principe admis, sur lequel il n'y a pas à revenir. Est-il vrai?—est-il faux?—ce n'est pas l'affaire du croyant, c'est l'affaire des *moujtaheds*, c'est-à-dire *des docteurs* réputés indépendants des deux premiers siècles de l'Islamisme qui l'avaient consacré. Ces coryphées de la théologie traditionnelle disparus, le droit

---

[1]) Dans cette législation relative aux formules métonymiques, le concours de l'intention joue le rôle principal et sert d'unique indication pour la détermination du sens que le mari a dû donner à l'une ou l'autre de ces formules plus ou moins figuratives. Sur ce terrain, et envisagée sous le seul point de vue de l'influence légale de l'intention, l'explication des auteurs musulmans nous paraît imparfaite.

magistral de raisonner sur la matière législative se trouve *de facto et de juri* entièrement périmé. Personne n'a plus qualité d'adopter une exégèse autre que celle que ces docteurs avaient suivie. Le droit d'user de la raison privée sans autre limite que le texte, *bien entendu*, du Coran, et le hadice, bien constaté, du Législateur inspiré, avait pour raison d'être la nécessité *provisoire* de tenir la place de *l'infaillibilité* prophétique devenue vacante depuis la mort du prophète. Elle ne devait donc durer que jusqu'au temps où l'enseignement oral de ce dernier aura été enregistré et mis, par l'écriture, à l'abri de l'oubli et des altérations humaines.

Voilà comment la science législative des peuples musulmans, malgré ses brillants débuts, a été condamnée, par les zélés musulmans eux-mêmes, à une éternelle enfance!

Il ne faut pas confondre le principe précité, d'après lequel „la description ne saurait précéder la chose décrite“ avec le système, tout insensé qu'il soit, du divorce dit *„subordonné“*, *El moua'allak*, qui ne peut s'effectuer, lui aussi, que dans un temps futur, à la réalisation d'une condition à laquelle il aura été subordonné. La futurité réservée de l'accomplissement forme le seul point de contact entre les deux divorces, mais cette similitude n'affecte en rien la différence essentielle par laquelle ils se distinguent. Dans le divorce métonymique tout se rapporte à l'intention qui constitue la base et la raison d'être de l'acte dont il s'agirait de déterminer le caractère; dans le divorce subordonné on n'a en vue que l'acte matériel, l'acte extérieur pur et simple; dans le premier on s'engagerait à avoir, dans un moment donné, telle ou telle intention: ce qui serait absurde et hors de tout pouvoir humain; dans le second on s'engage, si telle chose se produit, à exécuter tel ou tel fait, dût-on le faire à contre-cœur; ce qui est très rationnel, et parfaitement possible.

De l'accomplissement successif des répudiations métonymiques.

Un acte de divorce sous forme métonymique peut suivre ou précéder un autre formulé en termes propres ou clairs [1]) Ces deux faits, survenus consécutivement, et

---

[1]) On compte trois formules métonymiques claires; ce sont nommément: 1° Entre en retraite, *ihtaddi*, 2° assure-toi de la vacuité de ta matrice, ou plus exactement: «libère ton vagin» *istabri rahmaki* et 3° «tu es une», *Anti Wahida*. Elles sont assimilées, dans certains de leurs effets juridiques, aux formules du genre *sarih*, parce que, ainsi qu'il a été dit plus haut, l'usage leur a donné un degré d'explicité ou de précision qui les place assez près de la terminologie propre.

Les bons docteurs qui croient pouvoir renfermer dans une sorte de répertoire qu'on limiterait «à priori» toutes les expressions dont il soit possible de se servir à propos de tel ou tel acte social, seraient bien étonnés et, à coup sûr, très scandalisés, s'ils venaient à apprendre que toutes ces élucubrations, dont ils paraissent si fiers, n'inspirent en Europe qu'un profond sentiment de pitié pour les peuples qui se nourrissent l'âme de pareilles balivernes!

Un uléma musulman du Caucase disait un jour à celui qui écrit ces lignes, sans doute en guise de compliment et avec l'intention de l'obliger: «Voyez ce que c'est que l'esprit pratique... Voilà des gens (il parlait «des Européens) qui n'ont pas de lois; qui n'en ont pas même l'idée, «qui n'ont aucune *science sérieuse*, enfin de simples *artisans* gouvernés par des «*Zakons*» (mot russe qui veut dire «lois» mais auquel un musul-«man ne saurait attribuer que le sens d'une règle vulgaire dépourvue de «toute valeur législative.) et «voyez pourtant à quel degré de prospérité «ils sont parvenus, grâce à cette capacité pratique pour les affaires et «pour l'acquisition des richesses. Ils sont heureux, puissants et, ce qui «est vraiment étonnant de la part de gens dépourvus de toute teinte de «science «*la hazza la hom fi chaïenne mina-l-ilme*, ils sont gouvernés «avec justice!!, Quel eût été leur bonheur s'ils avaient notre lumineuse «législation et notre science transcendante»!

Le bon uléma ne se doutait nullement à quel point il était amusant avec ces profondes réflexions, ni combien il me désespérait du salut de ces chers et vigoureux croyants!

quel qu'en fût l'ordre dans lequel ils se seront produits, auront toujours pour effet juridique de s'expliquer mutuellement, sous le double rapport de *l'intensité* et du *nombre*. Ils rendent, par conséquent, sans objet l'admission du mari au droit d'interprétation qui lui est réservé dans les divorces effectués sous forme métonymique.

Cette doctrine principière est soumise, dans son application, à des règles générales suffisamment justifiables, mais dont on ne pourrait faire intervenir le rôle explicatif que dans les cas où le sens de la formule métonymique serait resté indécis, et, par conséquent, encore sujet à explication.

Ces règles sont les suivantes:

1° Un divorce „*sarih*", se produisant à la suite d'un autre de caractère métonymique, aura toujours pour effet de décider du sens répudiatoire de toute formule qui appartiendrait à cette dernière catégorie. Le *sarih* qui aura servi à établir juridiquement le caractère bayenne de la formule figurative précédente, sera lui-même éliminé comme *impraticable,* par cette considération rationnelle qu'une femme répudiée *bayenne* n'est plus susceptible d'un surcroît *d'estranéité,* à l'égard de son mari, ni, par conséquent, accessible au pouvoir matrimonial de ce dernier.

Cette règle que nous venons d'indiquer se trouve exposée dans les auteurs musulmans d'une manière extrêmement embrouillée, nous nous permettrons même d'ajouter: „fort incorrecte". Le glossateur du *dorr* affirme expressément que si un homme dit à sa femme: „tu es bayenne", et plus tard: „tu es répudiée" la rupture „subséquente, „exprimée en termes propres, se réalisera de même genre „que la première" et, a-t-il soin d'ajouter: „ce qui veut

„dire qu'elle sera, elle aussi, bayenne, comme celle qui „l'a précédée" (103).

Cette conclusion tendrait à présenter comme possible l'addition successive d'un divorce *bayenne* à un autre de même espèce, ce qui est formellement dénié par les auteurs. On ne saurait, non plus, admettre qu'un divorce puisse, sous ce rapport, s'effectuer d'une manière *mixte*, c'est-à-dire, en partie *bayenne* et en partie *raji'e*. Il faut, donc, comprendre par cette règle que si un divorce *sarih* succède à un bayenne-métonymique, endéans la retraite légale, celui-ci, tout en demeurant stationnaire sous le rapport de *l'intensité*, devient néanmoins double, sous le rapport *numérique*, en sorte que si, dans lasuite, le mari renouvelle son mariage avec cette même femme, et que celle-ci lui revienne avant de passer par la couche nuptiale d'un *licitateur*, son cycle *provisionnel* de divorces s'en trouvera diminué de deux unités. Si ensuite ce même mari la répudie de nouveau par une fois, il sera censé l'avoir frappée d'un *triple divorce*, et elle rentrera, *ipso facto*, dans la condition d'une répudiée qui ne peut plus revenir à son premier mari qu'après avoir subi les conséquences d'une licitation *coïtale* parfaite.

D'après cette règle, si le mari dit à sa femme: „tu es bayenne" et plus tard: „tu es répudiée par trois fois", le premier divorce sera annulé comme inutile, et le second sera maintenu, à la faveur du nombre dont il est marqué, à sa valeur juridique et suprême d'un triple divorce [1]).

---

[1]) Le divorce *bayenne* est indépendant du nombre. Il s'opère en cette qualité par la seule vertu des termes qui, selon la jurisprudence musulmane, ont la propriété de produire un pareil divorce. Un divorce double peut n'être que *raji'e*, «révocable» tandis qu'un divorce simple

2° Un divorce *sarih* suivi d'un autre métonymique (c'est l'inverse du numéro précédent) transmet au suivant son caractère de divorce mineur, et forme, avec ce dernier. deux divorces de cette catégorie (104).

Cette règle s'explique par la considération que tout divorce *sarih*, sans accompagnement de nombre, ni d'aucune qualification intensitive où péjorative, équivaut à l'unité et à la minorité d'un pareil acte de rupture, et qu'il ne saurait, par conséquent, produire qu'un divorce simple et révocable.

3° Un divorce *sarih* suivi d'un autre du même genre s'accumulent et forment deux divorces révocables ou mineurs. Exemple: „tu es répudiée" et, à un certain intervalle de temps: „tu es répudiée„ ou quelque autre formule métonymique assimilée au *sarih* telles que: „entre en

---

peut affecter le caractère du *bayenne* et, sauf sur le fait relatif à la licitation coïtale, présenter tous les traits d'un divorce triple.

Il diffère du divorce *raji'e* par les particularités suivantes:

1° Il produit ou plutôt il rétablit l'estranéité primitive de la femme à l'égard de son mari, dès l'instant même où il aura été prononcé, — c'est-à-dire dès avant l'expiration du terme assigné à la retraite.

En conséquence de cette disposition, le divorce *bayenne* supprime immédiatement et simultanément deux droits appartenant respectivement à chacun des deux époux: *A.* le droit du mari de reprendre sa répudiée même malgré elle, endéans le temps assigné à la retraite. *B.* le droit réciproque de successibilité, réservé, dans le divorce mineur, au survivant des deux époux sur l'autre qui sera mort, avant l'expiration de la retraite.

2° Un divorce bayenne peut être passible d'une augmentation numérique pendant le temps de la retraite, mais non susceptible d'être suivi d'un divorce de même genre.

Il diffère du divorce triple par l'unique particularité que si la femme ainsi répudiée consent à revenir à son mari, il lui sera loisible de le faire moyennant un nouveau mariage et une nouvelle donation nuptiale, mais sans nécessité pour elle de passer par la couche maritale et *effective* d'un licitateur en guise de nouveau mari (105).

retraite" ou „assure-toi de la vacuité de ta matrice" ou „tu es une".

Ces trois dernières formules sont tenues pour *quasi explicites*, et en produisent, dans certains cas, tous les effets. On explique cette extension du sens *sarih* à ces expressions, bien que susceptibles de diverses interpréta tions, par la considération que le sens supplémentaire qu'on pourrait leur attribuer, en outre de celui de la répudiation, tend, de plus en plus, à disparaître, grâce à un fréquent usage de ces termes dans le sens exclusif de la répudiation.

On remarquera plus loin qu'outre les divorces *bayenn* sous forme de „sarih" qui peuvent s'adjoindre entre eux. et former une série d'actes répudiatoires jusqu'au nombre suprême *trois*, les légistes admettent, également, la possibilité d'accumuler, même *successivement*, plusieurs divorces du genre *sarih*, en recourant au procédé de la *subordination*, *Et-ta'alike*, combinée avec l'immédiat, *al mounjaze*, à cette seule réserve, constitutive du cas, que le divorce immédiat précède le conditionnel ou le subordonné. Exemple: un homme a dit à sa femme: „si tu entres dans cette chambre, tu seras répudiée bayenne", et avant qu'elle y fût entrée, il la répudia également *bayenne*, après quoi. mais avant l'expiration de la retraite légale, elle entra dans la chambre interdite. Il est admis en jurisprudence que, à l'accomplissement de cette dernière action, elle sera frappée d'un second divorce, quoique sans aggravation de qualité. Il en serait de même si la subordination se rapportait à un temps, et non, comme dans l'exemple précédent, à une action volontaire. Exemple pour la subordination temporaire pure: un homme dit à son épouse:

„à l'arrivée de la journée de demain tu seras répudiée" et il la répudie le jour même. A l'arrivée du jour suivant elle aura été répudiée par deux fois. Exemple pour une subordination mixte: demain tu seras répudiée, et si tu parles à un tel, tu seras répudiée. Si elle accomplit l'action interdite avant l'arrivée du lendemain, elle sera, ou. plutôt, elle aura été, à l'arrivée de ce jour, frappée de deux répudiations [1]).

Du droit du mari d'accorder a sa femme la faculté de se faire répudier a volonté.

Le mari peut autoriser sa femme à rompre les liens du mariage, par lesquels elle se trouve attachée à lui. Les formules qui opèrent le transfert de ce pouvoir sont fort restreintes; les docteurs n'en comptent que trois, indiquant respectivement: 1° Un transfert momentané à la femme d'un pouvoir „d'option", c'est-à-dire la faculté discrétionnaire de choisir entre la rupture et le maintien du mariage, *Et-takh-iïre*; 2° d'un pouvoir de disposer de son sort ou de sa personne, *El-amron b-il yade*; 3° du droit d'agir d'après sa volonté, *El machïa* (106).

Malgré l'extrême analogie qui existe entre ces trois modes d'autoriser la femme à rompre les liens de son

---

[1]) Remarquons que cette addition d'un divorce à un autre précédent de caractère *bayenne* n'est possible, sous forme de subordination, que si le divorce immédiat a précédé le divorce conditionnel. Ainsi dans l'exemple que nous venons de présenter les deux divorces ont pu s'accumuler (abstraction faite de la qualité, qui demeure invariable) et former un état de rupture *bayenne chargé* de deux répudiations, parce que le divorce immédiat avait été réalisé avant le divorce subordonné. Si la condition d'ordre avait été intervertie, le divorce immédiat succédant au subordonné ne se serait pas réalisé, et il n'y en aurait eu qu'un seul, et c'eût été celui qui aurait été effectué le premier.

mariage, chacun cependant de ces modes crée une situation légale caractérisée par quelques particularités de détails assez intenses pour permettre de la distinguer de l'autre, du moins dans le mode de réalisation qui lui est propre, sinon dans le résultat définitif de la répudiation générale. Nous donnerons aux trois formules susindiquées la dénomination générique de «répudiation autorisée», entendant une répudiation opérée par la femme en vertu d'un droit qui lui aurait été préalablement concédé par le mari.

Règles générales:

1° Ces formules (affectées aux trois modes précitées) sont essentiellement métonymiques. Leur valeur légale est, par conséquent, subordonnée à l'action *déterminante* de l'intention chez le mari (107).

2° Le droit à la répudiation *autorisée* est essentiellement provisoire; il ne saurait demeurer entre les mains de la femme que durant la séance légale au cours de laquelle elle aura été informée de la concession à son profit de ce pouvoir. Nous l'appellerons: *séance de notification.*

3° Cette séance est considérée par rapport à la femme et non par rapport au mari. Ainsi, si c'est le mari qui en rompt l'unité légale en s'éloignant ou en sortant de l'endroit où la *notification* aura été faite, la faculté répudiatoire concédée à la femme n'en sera nullement atteinte, tandis que si c'est la femme qui opère une pareille rupture, le pouvoir qui lui aurait été conféré d'effectuer un divorce *autorisé* sera périmé de plein droit (108).

4° La séance de notification peut durer indéfiniment, pourvu, toutefois, que la femme, seule maîtresse d'une pareille séance, ne fasse rien qui soit de nature à en rompre l'unité légale.

Aux conditions déjà relatées qui s'imposent à l'observance de la séance légale, (voir propriété page 50), il faut ajouter les dispositions suivantes:

A. Le fait par la femme de s'être levée, d'assise qu'elle était, sera une cause de rupture de séance, alors même que ce mouvement aurait été le résultat d'une contrainte directe exercée par le mari même sur cette femme (109).

B. Toute entrée par elle dans des propos sans rapport évident avec le pouvoir transféré, ou l'objet de ce pouvoir, entraîne, également, la rupture de la séance et, partant, la déchéance de ce droit (110).

C. La mise en marche de la monture sur laquelle se serait trouvée la femme objet de la concession en question, est considérée comme une rupture de séance. Cette disposition s'applique même au cas où les deux époux se seraient trouvés assis ou montés sur la même bête. Dans cette situation tout déplacement, dans quelque sens que ce soit, sera imputé à une action directe et volontaire de la femme, et constituera une cause de rupture de cette séance. Dans ce cas, comme dans celui où elle serait elle-même en marche sur ses propres pieds, elle ne saurait éviter la rupture forcée de la séance que si elle parvenait à formuler sa réponse d'adhésion au pouvoir qui lui est offert, avant qu'un nouveau mouvement soit venu la déplacer, ne fût-ce que de la longueur d'un *seul pas,* du point précis où elle se trouvait à l'instant où la notification de ce pouvoir au divorce autorisé lui aurait été faite [1]).

D. Le fait par le mari d'avoir obtenu, *de gré* ou *de*

---

[1]) Les auteurs musulmans donnent aux dispositions juridiques relatives aux conditions de la séance un développement tel qu'il nous serait impossible de les suivre sans compromettre, aux yeux du lecteur, le carac-

force, une *séance conjugale*, de la femme à laquelle une pareille concession de pouvoir aurait été faite, entraîne également la rupture de cette séance (111).

---

tère sérieux de leurs dissertations. Notons, comme critère général, que toute action, toute parole qui seraient de nature à faire soupçonner, chez la femme à laquelle ce pouvoir aurait été offert, un détournement d'attention, un sentiment d'indifférence, une tendance à éviter d'en parler, etc., suffirait pour déterminer la rupture de la séance légale en matière de *divorce autorisé*, c'est-à-dire pour faire présumer de son intention de ne pas en user, et pour entraîner, en conséquence de cette présomption, la déchéance immédiate de ce droit un moment conféré. Si les époux se trouvent, tous deux, réunis sur un *site mobile*, tel que le dos d'une bête, l'intérieur d'une barque, d'un navire, d'un char, d'un palanquin, d'une chaise à porteur, etc., on considérera si la cause de la motion dépend de la femme ou d'un autre individu. Dans le premier cas, il suffirait que *le site* en question se déplaçât de la distance d'un pas, depuis l'annonce, sans que la femme eût fait usage de ce pouvoir, pour permettre au mari de le lui retirer incontinent; dans le second, le mouvement ou le déplacement sera imputé à l'action d'une cause agissant au dehors et indépendamment de sa volonté, et n'aura, par conséquent, aucun effet *abrogatoire* sur le droit transféré.

Si, par conséquent, dans l'exemple de la présence simultanée des époux sur un site mobile, la chose servant d'instrument, ou de moyen de motion ou de direction, se trouve au pouvoir de l'épouse, elle sera responsable du mouvement de ces *sites* comme de celui de son propre corps; dans tout autre cas, la locomotion sera imputée à une cause étrangère, et l'unité de la séance n'en sera nullement affectée. Ainsi la marche d'un navire, d'un palanquin porté sur le dos d'une bête conduite par un autre individu, etc., laissent la séance légale parfaitement intacte. Il en sera de même si, à l'annonce de cette offre à la femme, celle-ci s'arrête comme pour mieux réfléchir sur l'offre qu'on vient de lui faire; si elle se remet sur son séant, de couchée qu'elle était, indiquant, par ce mouvement, une certaine préoccupation de la gravité actuelle de la situation, etc. Si elle se lève pour appeler des témoins, ce mouvement ne sera point imputé à un détournement d'attention, à cette seule réserve qu'il n'y ait, dans ce moment, personne auprès d'elle qui puisse lui rendre ce service. Si, à la suite de cette annonce, elle procède à son habillement, pour sortir d'un état de négligé dans lequel elle se serait trouvée, l'unité de la séance ne sera pas non plus interrompue, parce qu'on pourrait supposer qu'elle voudrait s'habiller afin de pouvoir se présenter devant les témoins ou les parents qu'elle aurait envoyé chercher.

E. Le fait par la femme d'avoir *entamé* une prière rompt la séance, mais ni le fait d'avoir *continué* une prière *d'obligation*, ni celui d'avoir *différé* sa réponse jusqu'au moment où elle aurait achevé une prière de ce genre *déjà commencée,* ne sauraient en impliquer la rupture légale.

F. Un pouvoir au divorce autorisé qui aurait été conféré à la femme, selon l'un ou l'autre des trois modes précités, et qui aurait été accepté en déans la séance légale, est absolument *irrévocable.* Les légistes expliquent cette irrévocabilité par la considération que le transfert à la femme de la faculté *répudiatoire* s'effectue, non pas à titre de mandat, mais à titre de donation pure et simple; — c'est un acte *d'appropriation* dans le sens *transitif* du mot (supposé donnant, même en français, un sens équivalent à celui du mot arabe: *tamlike* [1]) «rendre quelqu'un propriétaire»). Un homme peut bien annuler ou retirer le mandat qu'il aura conféré, mais, sauf certains cas déterminés, il ne peut pas reprendre ou *répéter* la chose qu'il aura donnée — c'est-à-dire qu'il aura fait passer dans le domaine légitime d'un autre.

Ce principe s'exprime par cette expression presque technique: «*Et-tafouidou tamlikon, la taoukile*»: «Le trans-

---

[1]) Le mot: *tamlike*, nom d'action dérivé de la racine *sèche tlk* et de la forme transitive: *mallaka*, signifie «rendre quelqu'un propriétaire». Le verbe français *approprier*, dépouillé de toute nuance pronominale, serait, croyons-nous, le seul qui en rende l'idée d'aussi près que possible. Nous l'avons, cependant, traduit par «faire donation», uniquement pour rendre le sens juridique d'un «transfert de propriété à titre permanent», c'est-à-dire: la translation définitive d'une chose, abstraite ou concrète, d'un domaine dans un autre, — ce qui constitue, précisément, le sens légal du mot arabe *tamlike*.

«fert du pouvoir (en matière de divorce) est un acte «d'appropriation et non de procuration.»

Comme illustration de cette doctrine, fort rationnelle en elle-même, les auteurs donnent l'exemple suivant:

Un mari, après avoir juré de ne jamais répudier sa femme, donne à celle-ci le droit au divorce *autorisé*. La femme, mettant ce droit à profit, se déclare répudiée. Le divorce s'accomplit régulièrement, mais sans impliquer, à la charge du mari, aucun crime de parjure. La raison de cette dispense est tout entière dans cette considération assez spécieuse, que ce n'est pas le mari qui, en réalité, aura effectué le divorce, mais ce sera la femme seule qui en avait le pouvoir et qui l'aura exercé dans la plénitude de son droit indivisible et sans partage.

Nous devons cependant noter que dans l'opinion de Mouhammad, un pareil divorce, bien que réalisé par l'épouse elle-même, à raison d'un droit parfait et indivisible. n'en constituerait pas moins un crime de *parjure* à la charge du mari. L'avis de l'illustre disciple du Grand Imam s'explique par des considérations, selon nous parfaitement rationnelles.

En voici un résumé:

1° C'est du mari que la femme avait tenu le pouvoir d'effectuer cet acte de dissolution matrimoniale.

2° Le divorce est un acte éminemment libérateur à l'égard de l'épouse, et il est tout particulièrement à son avantage.

3° L'effet sotirique ou restaurateur qui se rattache au divorce doit nécessairement le rendre un objet de désir pour la plupart des femmes. Or il est impossible de ne pas conclure de ces considérations que le seul fait d'une pareille collation de droit à une personne si intéressée à l'exercer équivaudrait, au moins, à une incitation irrésistible à le faire accomplir par cette personne, sinon à une action directement accomplie par l'auteur de cette collation même. Celui-ci doit donc, en conséquence de ses propres actions, en assumer la responsabilité entière et sans partage (112).

Mais cet avis de l'éminent légiste de Bagdad ne s'harmoniserait guère avec un principe législatif tout autrement important, et qui fait autorité dans l'Ecole hanéfite. Nous eûmes l'occasion d'en parler à propos des causes qui entraînent l'indignité en matière d'héritage. D'après ce principe toute action produisant effet juridique doit être attribuée à la cause la plus immédiate, la plus proche par rapport à cet effet, et non à la cause plus reculée qui a pu engendrer la cause la plus proche. — Ainsi la mort de faim ou de soif, dans un cachot, de l'homme qui y aurait été abusivement renfermé, ne constituerait point, aux yeux de la justice musulmane, un crime de meurtre à la charge de l'individu qui aurait accompli cet acte de séquestration. Pourquoi? parce que, disent les docteurs d'une seule voix, la cause immédiate de cette mort, ce ne fut pas l'acte pur et simple de la séquestration, mais ce fut la *faim*, ou plutôt l'inanition qui en fut le résultat le plus proche, le plus immédiat, le plus contigu à la mort — c'est-à-dire, selon la sagesse de ces auteurs, ce fut cette cause dernière entre laquelle et l'extinction de la vie aucun autre fait sensible n'a pu se produire ni se placer (113). Voir premier fascicule, pages 181—2.

Un pareil transfert de pouvoir fait dans des termes accordant au donataire, pour l'exercice de ce droit, une latitude illimitée de temps, tels que ceux-ci: Choisis toi-même *quand tu voudras*, ou *lorsqu'il te plaira*», etc., etc., confère un droit qui ne sera point limité à la séance légale. La femme qui aurait été l'objet d'une pareille collation de pouvoir peut se réserver la faculté d'en profiter à son gré, sans être astreinte à aucune limite de temps, alors même que, dans l'intervalle, elle aurait manifesté, soit en action soit en paroles, quelque volonté de renoncer à ce droit (114).

La *donation* de ce pouvoir à l'épouse par voie *d'appropriation transitive* ne doit pas être confondue avec la délégation qu'on pourrait en faire à un tiers sous forme de *mandat*. Ainsi un homme peut faire répudier sa femme par un autre individu, en le chargeant de cet acte, par voie de *taoukile*. La formule usitée en pareil cas serait la suivante: «Je t'autorise à répudier ma femme». Si le mandant s'arrête à cet énoncé, sans déterminer la durée qu'il entendrait donner à ce mandat, il lui sera loisible de le retirer à volonté, aussi longtemps qu'il n'aura pas été rempli; mais si le mari avait, explicitement, accordé à cet intermédiaire le droit de choisir, à son gré, le temps auquel il lui conviendrait de mettre ce mandat à exécution, l'acte se transformerait, de plein droit, en donation parfaite. Cette évolution aura pour conséquence d'enlever, du coup, au mari toute possibilité d'amener l'extinction de ce droit, autrement que par son épuisement même à la suite d'une première application.

De l'autorisation d'opter «El ikhtiare.»

La femme répudiée par option est toujours censée l'avoir été par un acte majeur *(bayenne)*. Les époux n'auraient plus la faculté de s'unir à nouveau que moyennant une nouvelle dotation nuptiale et un nouveau mariage auquel la femme, ainsi répudiée, aurait donné son consentement.

D'après ces règles, si un individu dit à sa femme: choisis, et répudie pour moi une telle, ta coépouse «*dourratéke*», il aura fait de cette femme, par rapport à elle-même, donataire irrévocable d'un droit de divorce à exercer sur sa propre personne, et, par rapport à sa coépouse, simple mandataire révocable chargé par l'époux commun d'opérer pour lui un acte de divorce sur la personne d'une autre.

Les auteurs signalent quatre traits de différence juridique entre le transfert à la femme, sous forme de donation, de ce droit au divorce, ou, comme on pourrait s'exprimer en anglais, au «self repudiation» et celui qui se réaliserait en vertu d'un mandat donné par le mari à un tiers, à l'effet d'opérer, par ce dernier, un acte de répudiation sur la propre femme du mandant.

Ces quatre traits représentent exactement la contre-partie des particularités qui caractérisent le divorce par voie de mandat.

1° Le mari donateur de ce droit est exclu de toute faculté de revenir sur sa donation.

2° Le fait de sa démence n'infirmerait en rien sa donation dûment exprimée.

3° La validité de cette donation n'est soumise qu'à la condition, pour la femme, d'en faire usage endéans la séance légale de *notification*.

4° Le mari peut conférer ce droit à un tiers, de l'un ou de l'autre sexe, aliéné, ou en possession de la plénitude de ses facultés mentales, adulte, ou encore enfant au-dessous de l'âge de raison, à l'effet de l'exercer *incontinent*, sur la femme du donateur (115).

Cette doctrine plus que bizarre est légèrement amendée par la réserve, quelque peu tardive, que la folie survenue de l'individu autorisé, par le mari, à conférer à sa femme le droit de se répudier à volonté, entraîne, *ipso facto*, l'annulation de cette autorisation et la rend. par conséquent, sans effet, dans le cas où l'individu en question y aurait donné suite[1].

[1] Selon les légistes musulmans cette doctrine est admise en évidente contravention à un principe juridique des plus rationnels. Pour eux, annuler un mandat pour cause de folie survenue au mandataire, alors que l'on considère comme valide un mandat donné, dès le principe, à un fou, constitue une dérogation à la règle de tolérance que l'on formule en ces termes: «On peut permettre de continuer ce qu'on n'aurait pas permis de commencer» *Iousamahou fi-l-ibka'a, ma la ioussamahou fi-l-ibtida'a.*

Or d'après cette doctrine on devrait bien plutôt permettre, à titre de *continuité*, le *maintien* pur et simple d'un mandat *antérieur* à la folie, que d'autoriser la collation d'un pareil mandat, dès le principe et *tout d'emblée*, à un fou. La pratique contraire formerait, précisément, le contrepied de l'adage en question; on aurait, en effet, permis de *commencer*, ce qu'on n'eût point permis de *continuer*.

Mais à cela on pourrait opposer que la collation de ce pouvoir à un aliéné constitue, à tout le moins, un acte *voulu* et dont on est *conscient*, et, à ce titre, parfaitement propre à se placer dans la catégorie des conditions auxquelles il serait loisible à un mari de subordonner le divorce de sa femme A ce point de vue l'acte aurait la valeur d'une formule qui aurait été ainsi conçue: «lorsqu'un tel qui est fou, te dira que tu es divorcée, tu le seras effectivement». Il est évident que cette raison justificative ne serait point applicable au cas où la folie aurait été postérieure au fait matériel du mandat.

Il est essentiel pour l'intelligence de ces distinctions de remarquer que les légistes musulmans donnent au mandataire en matière de divorce le nom distinctif de *Moufaououad* «chargé de pouvoirs» afin de le distinguer du mandataire à titre général *el wakile*. C'est précisément ce dernier que l'on prend ici pour sujet de la comparaison avec la personne investie par le mari du pouvoir discrétionnaire d'accorder à sa femme cette étrange autorisation.

Chacun des faits 2 et 4 serait une cause de nullité pour un acte de simple *mandat*. Quant au numéro 1, il est de règle essentielle que le mandataire, n'étant qu'un simple représentant d'un commettant, reste révocable par ce dernier à tout moment, aussi longtemps qu'il n'aura pas encore rempli la mission dont ce dernier l'avait chargé.

Pour le numéro 3 la différence consiste en ce point que le mandat n'est point soumis aux règles de la séance légale.

La disposition d'après laquelle la folie du mari ne serait point une cause de nullité à l'égard d'une pareille donation constitue le côté le plus bizarre et, assurément, le plus contraire à un important principe de la législation musulmane elle-même. Il est établi expressément, sur l'autorité d'un *hadice*, que le fou et l'enfant en bas-âge sont exclus du droit de répudier leurs femmes (116). Le Prophète avait dit «tout divorce est permis, excepté celui qui aurait été effectué par un fou ou par un enfant. «*koullou talakenne Jaïeze, illa talaka-l-majnouni ouas-sabiïe*». Or si un homme atteint d'aliénation mentale et un enfant au-dessous de l'âge de raison, n'ont point le droit de répudier leurs propres femmes, comment pourraient-ils acquérir ce droit pour l'exercer ensuite, à titre de titulaire légal, sur la femme d'un autre? Nous devons reconnaître que cette doctrine échappe à toute explication rationnelle, et nous ne prendrons pas la peine de la tenter.

Ceci soit dit pour ce qui regarde le mari atteint d'aliénation mentale, et exerçant, lui-même, directement ce droit sur sa propre femme. Quant à la doctrine qui autorise le mari, fût-il dans un état de démence furieuse à conférer ce pouvoir à un autre fou ou à un enfant, à la charge par eux de l'exercer sur la femme du donateur, nous la trouvons aussi insensée, aussi opposée au *hadice* prophétique que celle que nous venons de signaler à l'attention du lecteur.

Nous trouvons, seulement, cette dernière doctrine moins inconséquente avec l'ensemble de la législation qui régit le divorce. On peut expliquer la validité d'un pareil transfert de pouvoir à un fou ou à un enfant par l'effet, en quelque sorte mécanique, de la subordination «*et-ta'alike*», en matière de divorce. De cette façon le divorce se réalise, non en vertu du pouvoir conféré au fou, mais à raison d'une déclaration fictive censément formulée ainsi: «si un fou ou un enfant te dit que tu es répudiée, je veux que tu le sois réellement».

La femme qui a été l'objet d'une pareille donation de pouvoir de la part de son mari ne peut appliquer le divorce à sa personne que dans la mesure du *bayenne*. Il est évident, en effet, qu'un divorce qui la laisserait encore assujettie au pouvoir du mari serait incompatible avec la nature même du pouvoir que le mari serait rationnellement censé avoir eu l'intention de lui conférer. Il n'y a qu'un seul mode, un seul moyen pour une femme mariée de «se choisir», c'est de se faire répudier dans la mesure du «*bayenne*» [1]. Ce principe rend toute qualification subjective d'un pareil divorce absolument inutile.

---

[1] Cette doctrine s'explique par la considération fort judicieuse que, si malgré «son choix» elle pouvait encore rester assujettie à quelques rapports de dépendance matrimoniale, elle n'aurait point accompli un acte «de choix», c'est-à-dire un acte par lequel elle aurait choisi—sur

Le divorce triple, le seul dont l'intensité soit supérieure, sous certains rapports, à celle du *bayenne*, n'ajouterait rien, pour la femme, ni à l'indépendance sociale, ni au caractère *d'estranéité* que le divorce est appelé à lui assurer à l'égard du mari.

Considéré, donc, comme moyen d'affranchir la femme de toute servitude matrimoniale, et de tout lien de parenté par alliance, c'est à l'état de *bayenne* pur et simple que le divorce acquiert, au plus haut degré, sa valeur ou son efficacité *libératrice* et *aliénante* à la fois. En effet, à la suite d'un divorce triple, la femme qui consentirait à retourner à son premier mari, serait forcée de subir le procédé de la *licitation préalable*, ce qui impliquerait pour elle une condition de servitude des plus pénibles. Le *bayenne* pur et simple assure la liberté de la femme sans la soumettre à une mesure si cruelle dans le cas où elle voudrait revenir à son premier mari [1]).

---

l'autorisation du mari—sa propre personne à la place de ce dernier, en d'autres termes, elle ne se serait pas choisie pour l'unique directrice de ses actions.

En conséquence de ces raisons il est établi que l'acte de «se choisir» ne comporterait qu'un seul mode de réalisation, et que c'est toujours le mode bayenne et indépendamment de toute action intentionnelle possible.

[1]) On voit, par ce qui précède, que le résultat d'une intensité purement numérique ne peut se faire sentir en pratique, à l'égard d'une femme répudiée sous la forme du *bayenne*, que dans l'unique cas où elle aurait, dans la suite, consenti à renouveler son mariage avec son mari, moyennant un nouveau contrat et une nouvelle dotation nuptiale. Dans ce cas la capacité attribuée à l'épouse de *pouvoir subir* un certain nombre de répudiations avant de sortir d'une manière définitive et complète des dernières limites assignées au pouvoir du mari, se trouverait, naturellement, diminuée de celles déjà subies antérieurement à son nouveau mariage avec son mari.

Si ensuite le mari la frappe, sous le régime du mariage renouvelé,

Il est de nécessité essentielle que l'expression formative qui confère ce pouvoir à la femme, et celle qui lui sert de réponse, contiennent, toutes deux, le mot «choisir» sous forme d'*impératif*, dans l'expression du mari et, sous forme de «passé», ayant la femme pour sujet, dans celle de cette dernière [1]).

---

d'un nouveau divorce, cet acte viendra s'ajouter, comme il vient d'être dit, aux divorces déjà passés au compte de l'épouse, de façon que si, par le fait de cette addition, le nombre des répudiations dont cette femme aurait été jusqu'alors atteinte, se trouve déjà élevé au nombre suprême «trois», elle aura été répudiée par l'acte majeur par excellence, et elle sera tenue à observer tous ses effets.

[1]) Si le verbe «choisir» qui fait la *base* essentielle et la condition *constitutive* de ce genre de répudiation a eu pour régime le mot «divorce» explicitement exprimé, le divorce, offert ou accepté, ne saurait dépasser la mesure du raji'e (mineur-révocable). Cette disposition, qui semble déroger au principe général d'après lequel tout divorce opéré par une formule métonymique ne peut être que *bayenne*, voir plus haut page 199, s'explique par la raison que le divorce, explicitement nommé et sans accompagnement de nombre ni de qualificatif, demeure dans sa catégorie du *Sarih* malgré l'emploi du vocable «choisir». Il ne saurait, par conséquent, produire qu'un divorce simple et raji'e (révocable). Le Coran, en effet, donne le nom de répudiation *tâlak* au seul acte qui amène la rupture du mariage dès avant d'avoir été aggravée par les procédés intensitifs de nombre ou de qualité dont cette rupture peut être l'objet. Le divorce — y est-il dit —(se fait) deux fois. Chap. II, 229, ce qui veut dire que le divorce est un acte qui peut se répéter jusqu'à deux fois, après quoi ce ne sera plus un divorce tel qu'il l'a été à la première et à la deuxième fois, puisque, à la troisième, s'ouvre, pour la femme qui consentirait à revenir à son premier mari. l'obligation d'obtenir, à cet effet, la licitation coïtale par un nouveau mari.

Si, en réponse à l'ordre de «choisir» donné par le mari, la femme répond «qu'elle a choisi Dieu», elle sera censée avoir usé de la faculté, qui lui a été offerte, dans le sens de la répudiation. Il en serait de même si, à la place du mot «mari» explicitement exprimé, ou seulement indiqué par le pronom, elle donnait au verbe «choisir» un tout autre complément direct, tel que «ma personne» — «mes parents»—«ma mère» — «un ami» — «un tel» — «ma tête» — «mon âme» — et, en géné-

Le mot: *Nafs* «même» «personne» doit être énoncé, obligatoirement, comme complément direct de «choisir» au moins une fois, par l'un ou l'autre des deux époux, et se rapporter, dans chacune de ces expressions, à la femme objet de la donation. Ainsi le mari qui entend transmettre ce pouvoir à son épouse à titre de donation pure et simple, dit: choisis toi-même, ou seulement «choisis» (sans expression de régime) *ikhtari nafsaki* ou *ikhtari*, tout court. La femme doit répondre *Ikhtartou* avec l'addition des mots: *ma personne (me ipsum)* obligatoirement, si ce mot n'avait pas figuré dans la formule du mari, facultativement, s'il a été déjà exprimé dans cette formule.

Au cas où il aurait été omis de part et d'autre, on pourrait, sur l'affirmation commune des deux partis, le supposer avoir été sous-entendu. Remarquons, cependant, que des auteurs distingués contestent aux époux la faculté d'affirmer des paroles qui n'auraient pas été, en réalité, échangées entre eux au moment où l'acte de donation a dû s'effectuer. Ils se fondent sur cette considération que le divorce *autorisé* paraît contraire à l'analogie, dans ce sens qu'il confère à la femme une qualité à laquelle, en principe (eu égard à son sexe), elle n'aurait pas dû avoir droit. Or, dans tous les cas où une disposition législative paraîtrait déroger aux règles générales, on doit se borner au texte formel qui établit cette espèce d'écart, sans y rien ajouter, et sans faire de cette déro-

---

ral, tout ce qui peut être employé, par synecdoque, à la place du mot «personne». Voir plus haut page 125.

Dans tous ces cas—nous le répétons — la femme sera censée avoir choisi, sur l'ordre ou l'autorisation du mari, son affranchissement de toute obligation contractée à titre matrimonial.

gation une nouvelle base d'analogie pour autoriser d'autres dispositions du même genre.

Des docteurs non moins distingués, du parti opposé, tels que Tagioul Shariïat, Behnassy, Bakany, etc. (117) font observer que cette affirmation doit être permise à raison du principe général que: «celui qui possède la faculté formative, possède, au même titre, la faculté informative». *Manne malaka-l-incha'a, malaka-l-ikhbare*; or, il serait inutile, font-ils remarquer, de contester aux époux le fait d'avoir accompli un acte qu'ils ont le droit de réaliser à tout moment. Mais, nous pouvons faire remarquer que cette règle générale n'infirme pas l'adage juridique qui interdit de faire d'une dérogation la base d'un jugement par analogie, ou de lui appliquer les principes généraux du droit normal et commun. En face de cette divergence d'avis, la justice est autorisée à adopter, indifféremment, l'une ou l'autre de ces deux opinions.

Dans le cas où l'épouse ne voudrait pas user de ce droit que le mari a voulu lui conférer, elle devra, ou bien s'abstenir de toute manifestation à l'égard de ce droit, ce qui tendrait à établir la circonstance infirmante appelée *al ihrade* «détournement d'attention» — ou dire en réponse au mari: «Je t'ai choisi, ou: J'ai choisi mon mari» (118).

Si, dans sa réponse, elle dit, par reprises ou par bégaiement: «J'ai choisi mon mari, moi-même — (me ipsum) ou j'ai choisi ma personne [1]), mon mari», enten-

[1]) On raconte que Aïcha, l'épouse bien-aimée du Prophète, mise en demeure de choisir entre la continuation ou la rupture du mariage avec Mahomet, répondit «j'ai choisi Dieu et son apôtre» ikhtartou-l-laha oua «rassoulahou» pour dire «je resterai attachée à mon mari». Il est établi,

dant chaque fois porter le sens du verbe tantôt au mot «mari» tantôt à elle-même, l'action tombe exclusivement sur l'être qui aura été nommé le premier. Elle n'aurait pas, non plus, usé de ce droit, dans le sens de la répudiation, si la reprise est faite à l'aide de la conjonction hésitative «ou» *aoü*, comme dans cette phrase: «j'ai choisi «mon âme, ou mon mari».

Dans cet exemple la priorité du terme employé est restée sans effet, parce que le doute que cette conjonction exprime trahit chez la femme un fait de *Ihrade*, c'est-à-dire un détournement d'attention, ou de pensée sur le sujet pendant entre eux. La présomption de cette circonstance constitue, précisément, le fait du *Ihrade* qui s'oppose à la réalisation juridique de cet acte.

L'acte serait également sans effet si le mari, regrettant sa donation, parvient, fût-ce par des moyens fallacieux, ou en promettant de l'argent à sa femme, à lui arracher une renonciation à ce droit. Dans ce cas le mari ne serait nullement obligé, ni *dianatanne* ni *kada'anne*, de tenir les promesses à la faveur desquelles il aurait

---

en conséquence de ce précédent, que tout régime que la femme donnerait au verbe «choisir» autre que la personne même du mari indiquerait sa résolution à se «choisir» soi-même, en d'autres termes, à se mettre en état de répudiation dans la mesure du *bayenne*.

Le nom de «parents» *ahle*, employé comme régime du verbe «choisir» produit le même effet juridique que si elle avait dit: «ma personne».

Mouhammad, qui passait pour un des meilleurs lexicologues de son temps (IIe siècle de l'Hégire), disait que le mot *ahle*, parents, désigne le père et la mère, tandis que le vocable *Kaoume* ne peut signifier que la famille, ou, dans un sens plus étendu, la tribu tout entière. On remarquera cette coïncidence d'acception entre le français et l'arabe sur un point qui tient presque des particularités idiotiques du langage.

obtenu la renonciation de sa femme au pouvoir que, dans un moment d'oubli, il lui aurait octroyé.

Les auteurs signalent un cas de conscience extrêmement bizarre. Il présente, dans sa matière même, un exemple de plus de cette fatale tendance des auteurs musulmans à transformer en une sorte de joujoux d'enfants les préceptes les plus graves de la science du droit. C'est là — on ne saurait trop le répéter — une conséquence de cette funeste et étonnante précocité de leur culture. C'est l'écueil inévitable de tout développement hâtif, de toute civilisation improvisée. On ne vit pas, impunément, son histoire au rebours de la nature, en débutant, dans la vie, par le rôle complexe de l'âge mûr. Ceux qui n'ont pas eu le bonheur de traverser une phase d'enfance d'une certaine étendue, sont fatalement condamnés à y revenir, bientôt, tout chargés des infirmités de la décrépitude! Le musulman, où qu'il soit et à quelque race qu'il appartienne, n'est, au fond, qu'un enfant artificiel, traînant, à la faveur d'une crédulité inouïe, une enfance vieillie, radoteuse, pleine de présomption et sans croissance possible! Or mettez entre les mains d'un enfant intelligent des instruments de précision; donnez-lui quelques leçons de mathématiques appropriées à un esprit vif et pénétrant; montrez-lui la manière de se servir d'un télescope, d'un sextant, d'un cercle — il en sera enchanté; il s'en servira, même avec plaisir, pour des opérations purement scientifiques; mais son bonheur véritable, la jouissance à laquelle il tendra de toutes les forces de son âme, serait de se mettre à califourchon sur le télescope et de le faire galoper en guise de cheval, de faire rouler le cercle sur le pavé, d'affecter le sextant à l'exécution de quelque jeu auquel il pourrait se prêter, et qui le reposerait de cette tension d'esprit à laquelle ni lui ni ses ancêtres n'auraient pas été habitués (119).

Ajoutons maintenant que c'est là un des problèmes sur la solution desquels les juristes musulmans se sont le moins entendus.

Nous signalerons au lecteur quelques-unes des divergences qui ont éclaté autour d'une des questions les moins faites pour intéresser la science du droit. Il verra quelle importance a été donnée à de pures futilités, et à quel point certaines dissertations des penseurs musulmans ressemblent à des parodies qui n'auraient d'autre but que de tourner en ridicule leur propre enseignement.

Voici comment ce problème est posé:

Un homme a dit à sa femme: «choisis», «choisis», «choisis» (!) c'est-à-dire en répétant son acte de donation jusqu'à trois fois, mais sans liaison grammaticale entre ces trois formules par aucune conjonction copulative. C'est la première partie du problème. Voici la seconde:

La femme a pu répondre de huit manières différentes:

1° J'ai choisi. (L'expression complémentaire «*ma personne*» exprimée ou seulement sous-entendue).

2° Même réponse répétée trois fois, mais sans l'emploi d'aucune conjonction.

3° Même procédé de réponse, mais avec liaison par des conjonctions copulatives.

4° Elle répond: J'ai choisi la *première* formule.

5° » » la *moyenne*.

6° » » la *dernière*.

7° » » un *choix* ou j'ai fait un acte de *choix*.

8° J'ai choisi une répudiation *tatlikatanne* [1]).

Il est établi que les numéros 1, 4, 5 et 6 produisent un divorce triple et indépendamment de toute action intentionnelle du mari, selon les auteurs du *Kanze* et du *Hidaïa*, Essadre Esch-Chahide et Itaby (120), et avec le concours de l'intention, selon Kadi khan et Nassafy (121).— Abouiousef, Mouhommad et Tahhaouy sont d'avis que les numéros 4, 5, 6 ne réaliseraient qu'une seule répudiation. Nous devons ajouter que c'est l'avis qui prédomine en pratique. Les numéros 7, 8, ne produiraient, selon l'avis presque unanime des juristes, qu'une seule répudiation. Les numéros 1, 2, effectueraient une seule répudiation, selon le commentateur du *Dorre*, et trois, selon le glossateur du même ouvrage.

La femme qui a été l'objet de cette donation ne peut exercer ce pouvoir que selon le mode de répudiation réservé à ce genre de dissolution. Si elle dit, par exemple, «j'en choisis un *raji'e*», (122) elle n'en sera pas moins répudiée dans la mesure du *bayenne;* mais si c'est le mari qui a prononcé le mot propre de «divorce» en disant: «choisis une répudiation» et qu'elle ait répondu: «J'ai choisi», elle sera atteinte d'une seule répudiation *raji'e*. On formule cette doctrine de la manière suivante: si une formule de nature à produire un divorce bayenne est unie

---

[1]) On sait déjà que le mot *talèke* «répudiée» dérive en arabe de la racine *sèche* «*tlk*», qui signifie l'acte par lequel on rend à un esclave sa liberté naturelle «Affranchir» ou «affranchissement».

Nous eûmes déjà une fois l'occasion de nous servir de cette qualification de «sèche» sans l'expliquer. Elle marque, dans notre système, la réunion des lettres consonnes dépourvues de toute vocalisation, et présentant, sous cette forme, la matière *brute* du verbe. A ce point de vue, la vocalisation est au verbe ce que le façonnement de l'ouvrier est à la matière première telle qu'elle a été fournie par la nature.

à une formule répudiatoire du genre «*sarih*», elle devient une formule de divorce mineur.

Dans le cas où le mari aurait dit à un tiers: «fais choisir ma femme», celle-ci ne pourra pas exercer le droit de «choisir» en raison du seul fait d'avoir eu connaissance de cette disposition de son mari. Pour que son «choix» soit valide, il est de condition essentielle que cette faculté lui ait été transmise par le mandataire du mari. — Mais si le mari a dit à cet individu «informe ma femme, ou dis à ma femme que je lui donne la faculté de «choisir» la femme pourra se considérer comme en possession du droit de choisir» du moment où elle aura appris — n'importe par quel moyen — cette décision de son mari.

Voici un cas caractéristique: Un homme a dit à sa femme «tu es répudiée si tu veux, choisis».

La femme a répondu: J'ai voulu, ou j'ai choisi. — Elle sera atteinte par deux répudiations, ainsi décomposées: une répudiation effectuée par le mari même (tu es répudiée), et une seconde résultant du divorce autorisé dont elle a reçu le pouvoir (choisis). Si le mari a dit «choisis aujourd'hui et demain», elle n'aura le droit d'exercer ce pouvoir qu'une seule fois. Mais s'il a dit: «choisis aujourd'hui et choisis demain», elle aura le droit de se faire répudier deux fois successivement à l'arrivée de chacune des deux périodes temporaires nommées. S'il a dit «choisis» et dispose de ta personne durant un mois», formule empruntée à la catégorie «de la disposition libre». *Al amrou bil-iad*, elle aura à exprimer son choix à la fin du mois courant. S'il a dit «tu peux disposer de ta personne pendant un mois et un jour (!) le terme courra du moment où il a prononcé cette formule jusqu'à trente et un jours révolus.

Le choix subordonné au temps ne sera point périmé par le fait du «Ihrade» *détournement d'attention*, mais seulement par l'expiration du terme nommé que le mari aurait assigné à l'exercice de ce droit.

On peut trouver cette disposition relative au mode du divorce *autorisé* contraire au principe naturel du droit romain, d'après lequel celui qui peut le plus, peut *a fortiori* le moins; mais l'opposition n'est qu'apparente. Nous savons que dans la législation musulmane les actes des hommes justiciables de la loi sont appréciés, non selon le caractère de leur objet réel, mais, seulement et exclusivement, selon la signification des termes qu'on aurait employés pour les exprimer. Afin de bien comprendre cette importante particularité du droit musulman, il faut se rappeler que la législation dont nous avons à étudier les principes, ne présente pas les obligations de l'homme et, en général, ses actes de „ désistement " *iskate,* comme des modes d'existence sociale impliqués par l'intérêt bien compris de cette existence même, indépendamment des formules et des termes par lesquels on pourrait les désigner, mais comme des résultats immédiats, et toujours improvisés, des expressions, variables à l'infini, dont l'homme justiciable se serait servi. Qu'il s'agisse, par exemple, d'un acte de ce genre, ou de tout autre acte unilatéral, tel que la *garantie*, le *prêt à commodat*, l'*affranchissement,* le *divorce*, la *composition*, le *pardon*, etc., on constatera presque toujours que la part faite à la loi, envisagée comme application d'une vérité abstraite *préexistante* au fait matériel auquel elle peut se rapporter, est extrêmement minime. On commence, il est vrai, dans un grand nombre de cas, par présenter la définition scientifique de l'acte dont il s'agit de relater la législation; on entre même, parfois, dans les préludes d'une certaine dissertation méthodique sur l'objet de cet acte; mais ce n'est là qu'une passade, un éclair rapide au début d'une nuit qui sera bien close, une sorte de sacrifice fait aux exigences techniques de la *composition*. L'esprit nomade du légiste musulman ne tardera pas à faire sentir ses tendances erratiques. Demeuré, jusqu'à un certain endroit de son exposé, observateur attentif et dialecticien assez correct, on le voit quitter brusquement les sentiers par trop *symétriques* de la science et, d'un bond de tigre, regagner le grand désert de ses ancêtres. Là, libre de toute règle, affranchi de toute méthode, il se livre, avec acharnement, à un véritable vagabondage d'hypothèses, où l'absurde le dispute au burlesque, où l'absence de toute suite dans les idées, de tout critère dans les exemples, de tout rapport entre les cas supposés, ressemble de si près au délire qu'on croit presque faire un mauvais rêve en songeant que près de 150 millions de consciences humaines vivent et meurent dans l'atmosphère hébétante de ces affreuses et dégradantes sottises!

Le légiste musulman ne dira pas, par exemple: le divorce peut être autorisé pour telle ou telle cause; il se réalise au moyen de tel ou tel procédé..., etc., mais: tel mot produirait telle répudiation, et tel autre amène un divorce de telle qualité, tandis que telle expression n'aurait pour propriété que de produire une dissolution de mariage de telle intensité, à moins, toutefois, qu'elle n'ait été précédée de tel mot, et que ce mot n'ait été suivi de telle préposition, ce qui, selon tel docteur, produirait un tel effet, alors que selon tel autre légiste, non moins compétent, elle donnerait lieu à un effet tout contraire, etc., etc., véritables divagations d'enfants, qui seraient peut-être comiques, si elles n'étaient pas par trop ennuyeuses.

„ Du divorce par autorisation absolue " *El amron bi-l-iade*, ou la remise entre les mains de sa femme du droit de disposer librement de sa personne en matière de divorce.

Ce genre de divorce ne diffère de çelui dont nous venons de tracer les principaux linéaments que par ce trait, d'ailleurs assez distinctif, que l'*autorisation* sous forme du „ *ikhtiare* " ne confère à la femme que le droit limité de rompre son mariage dans la mesure du *bayenne*, tandis que celle dont nous allons relater la législation peut comprendre toute sorte de dissolution sous le double rapport du nombre et de la qualité. Ce qui veut dire que „ la mise *entre les mains* de la femme du droit de disposer de sa personne " comporte l'action modificative et directrice de l'intention dans tous les sens possibles.

Il est permis de substituer au mot „ main " toute autre partie du corps de la femme, telle que la „ (main) gauche ", la (main) „ droite ", la „ langue ", la „ bouche ", etc. Il ne paraît pas que les légistes musulmans aient pu déterminer ces parties par quelque trait générique pouvant servir à les discerner de celles qui ne sauraient remplacer le mot *nafs*, mais l'analogie permet de croire que toutes les parties du corps qui peuvent marquer au figuré un siège de pouvoir ou de direction, main, bras, langue, poignée de main, *kabdatte*, etc., peuvent se substituer au mot „ personne “.

Les expressions *formatives* de cette sorte de divorce *autorisé* dont pourrait se servir le mari ne sont guère nombreuses. Les légistes exigent que le mot *amr* „ affaire “, „ autorité “ „ conduite “ et le mot *iade* „ main “ soit explicitement exprimés, et que le second soit employé figurément comme siège, ou centre, du premier (*ton amr est dans ta main*). Cette double condition limite, nécessairement, les ressources de la variation, et réduit le *répertoire* des formules, relatives à cette matière, à un nombre relativement bien restreint.

Dans la nomenclature que nous venons de donner des parties du corps féminin qui peuvent se substituer à la „ main “ nous n'avons fait que suivre les auteurs musulmans en reproduisant la matière même des exemples didactiques qu'ils ont cru pouvoir nous offrir sur ce sujet. Or tout permet de croire que c'est là une série complète et non une indication générique seulement des parties qui peuvent être assimilées à la langue.

Les formules suivantes peuvent être regardées comme un type parfait des réponses *adhésives* de la femme: 1° „ j'ai choisi ma personne par une répudiation “ *ikhtartou tatlikatanne.* 2° „ J'ai choisi ma personne “ *ikhtartou nafsi.* 3° „ J'ai choisi mon affaire “ *iktartou amri.* 5° „ Tu es un homme illicite pour moi “ *anta haramon alaïa.* 6° „ Tu es loin “ *anta bayenne.* 7° „ Je suis loin de toi “ „ *ana bayennon menka* “. 8° „ Je suis répudiée de toi “ *ana moutalakaton menka*, ou *ana talikon menka.*

Si le mari a placé l'*amr*, la destinée, le sort de sa femme entre les *mains* du père de cette dernière, le divorce s'effectuerait à la seule expression, par le père, du mot „accepté" *kabiltou.*

Dans ce cas le divorce se réaliserait dans la mesure que le père aurait entendu donner au divorce de sa fille.

La femme objet de cette autorisation ne peut exercer ce pouvoir qu'endéans la séance de *notification*, et à la condition d'avoir, préalablement, eu connaissance du fait de cette autorisation. Si, malgré le fait matériel de cette décision de son mari, elle ne s'en est servie que par coïncidence fortuite, c'est-à-dire avant d'en avoir été formellement avertie, l'acte par lequel elle aura disposé de sa personne sera nul et non avenu.

Elle peut manifester son adhésion en employant les mêmes termes qui pourraient servir à la formation du divorce dans la bouche du mari, et en les appliquant à sa personne. Elle peut dire, par exemple, je suis répudiée, ou je suis *bayenne* de toi, à la seule réserve de ne point formuler ces expressions de façon à rendre le mari objet direct de l'action qu'elles expriment — comme par de pareilles expressions ainsi tournées: „Je t'ai répudié", „tu es répudié de moi" — je t'ai rendu *bayenne*, etc., attendu que ce serait une interversion des rôles et, par conséquent, un acte illégal et absolument inefficace.

Dans le cas où le mari aurait dit: ton *amr* est dans ta main aujourd'hui et *après-demain* (!) il aurait conféré à sa femme le droit de se répudier une seule fois, soit dans le courant du jour présent, soit dans celui du surlendemain.

Cette formule ne concède à la femme que le droit *strict* de se faire répudier endéans la durée légale de l'un ou l'autre de ces deux termes, ce qui veut dire que l'épouse *autorisée* sous cette forme, ne peut exercer ce droit ni en anticipation, ni en retard sur les termes nommés. Ainsi, par exemple, si elle laisse passer la journée du premier terme et qu'elle procède à son divorce dans la nuit de cette journée, elle aura exercé son droit en retard sur la première période légale, et aura, par conséquent, accompli un acte de nulle valeur juridique; si, ensuite, elle reprend l'exercice de ce même droit dès avant l'entrée du terme suivant (fût-ce au cours de la nuit même qui le précède) l'acte sera, également, nul, à raison de son anticipation sur le terme désigné ; si la femme *autorisée* se répudie après l'écoulement de la troisième journée, cette disposition sera, de sa part, tout aussi illégale que les deux premières, pour cause d'exercice tardif du droit concédé. Et cette fois, l'autorisation donnée par le mari sera définitivement périmée En perdant, par péremption, son droit à se faire répudier, à volonté, endéans le premier terme, la femme *autorisée* conserve la faculté de le recouvrer à l'entrée du terme suivant, et la conservera durant toute la journée de ce terme — c'est-à-dire jusqu'à la tombée de la nuit (le coucher du soleil exclusivement.)

Il est curieux de remarquer que dans cette formule, la „ nuit " ne fait point partie de la période temporaire exprimée sous le mot „ jour " *iaoume*; mais il est encore plus curieux de noter que la nuit ferait nécessairement partie du mot *iaoume* si aucun espace de temps, destiné à rester „ vide " de divorce, ne séparait les deux termes extrêmes. D'après cette doctrine une formule ainsi conçue „ ton *amr* est entre tes mains, ou tu peux disposer de ta personne aujourd'hui et demain, ferait de la période

„ nuit “ partie intégrante de la période „ jour “ à cette particularité près qu'elle ne concéderait à la femme qu'un droit inaltérable inséparablement et solidairement attaché aux deux termes considérés cette fois comme un seul. Ainsi, si la femme qui a été l'objet d'un pareil acte d'autorisation décline d'en user au cours du premier terme [1]), elle sera censée l'avoir rejetée, même à l'égard du second.

On qualifie le résultat juridique de la formule où les termes temporaires ne sont séparés par aucun espace *vide* ou neutre de „ concession unique “ *tamlikon wahidon*, et, par conséquent, ne conférant le droit d'en user que pour une seule fois. La concession serait double si la partie formative de la formule est répétée deux fois! Ainsi „ ton amr est dans ta main aujourd'hui, et ton amr est dans ta main le jour suivant (demain) “ donne à la femme ainsi autorisée le droit de se répudier une première fois le jour présent, et une seconde, le lendemain. Dans ce dernier cas la nuit ferait également partie du jour.

Le rejet de cette autorisation se manifeste légalement par l'une ou l'autre de ces formules que prononcerait la femme *autorisée:* „ je refuse “ *radattou* „ j'ai choisi mon mari “ *ikhtartou zaougi* (123).

Le refus une fois exprimé devient irrévocable, et dans cette occurrence la femme, aussi longtemps qu'elle n'aura

---

[1]) Il est bien entendu que cette fois chacun des termes nommés se trouverait allongé d'une nuit. Le fait seul de s'être abstenu d'user de ce droit au cours du premier terme, n'entraîne pas la déchéance de ce droit par rapport au second. C'est seulement le rejet de cette faculté explicitement exprimé au cours du premier terme qui peut en impliquer la perte définitive. L'abstention pure et simple ne serait une cause de déchéance que si elle avait été observée au cours du terme suivant et dernier.

pas été l'objet d'une nouvelle *autorisation*, sera censée avoir définitivement renoncé au droit d'user de celle qui lui avait été donnée.

Si, cependant, le mari a dit à sa femme „ton amr est dans ta main jusqu'au commencement du mois prochain" (!) elle ne perd, d'une manière définitive, le droit de revenir sur son refus qu'après qu'une nuit se sera écoulée du mois suivant.

On explique cette doctrine attribuée à Abou Hanifa par la règle juridique que toute autorisation de divorce accordée à terme doit être considérée, non pas comme un acte d'appropriation, mais comme un acte de répudiation subordonné à une condition réalisable: *taalike la tamlike*. Or on sait que le divorce par subordination s'effectue d'une manière inéluctable à la seule réalisation du fait auquel cet acte aura été subordonné. Pour le célèbre imam le divorce, par la *forme* linguistique de l'expression qui lui est consacrée, est un acte d'*appropriation*, et, par le *fond* ou le sens logique de l'idée exprimée, un acte de subordination pure et simple. En effet, pouvons-nous faire observer, cette formule: „ton amr est ou sera dans ta main tel jour" équivaut, par le sens, sous tous les rapports juridiques concevables, à celle-ci „tu auras le droit de disposer de ta personne lorsque tel jour sera arrivé" formule absolument conditionnelle, attendu que, au point de vue de la métaphysique du langage, il n'y a point de différence, quant au résultat, entre une subordination au temps, et une subordination au fait. „Si tu viens chez moi je t'honorerai" tend à la même fin que celle que l'on viserait par cette expression: „lorsque tu viendras chez moi je t'honorerai".

Si la formule d'*autorisation* est exempte de toute mention de temps, ce sera le sens de l'appropriation qui prévaudra; si elle exprime quelque dépendance du temps, c'est le sens de la subordination qui prédominera.

Si, après avoir conféré à sa femme le droit de se répudier, le mari lance sur celle-ci un divorce *bayenne*, la répudiation actuelle absorbe celle qui n'est encore qu'*autorisée*, et l'annule complètement, mais si, après lui avoir concédé le droit de se répudier, il prononce sur elle une formule de divorce *raji'e*, rien ne sera ajouté à l'intensité du divorce, qui demeurera *bayenne*, mais. sous le rapport du nombre, le divorce aura été effetué par deux fois (124).

Voici un cas qui, paraît-il, a beaucoup occupé les docteurs musulmans:

Un homme répudie sa femme en lançant sur elle une formule de divorce *bayenne* „ mais subordonné " *mouallak* et lui confère sur-le-champ, *monjazanne*, le droit de se répudier. — On demande ce que devient, dans ce cas, l'autorisation actuelle en face du divorce éventuel et *bayenne* que la femme s'attirerait en réalisant la condition à laquelle il aura été subordonné.

La solution de ce cas comporte certaine distinction:

Si la femme commence par réaliser la condition, elle sera frappée immédiatement d'un divorce *bayenne*, et perd, *ipso facto*, son droit au divorce *autorisé;* mais si, ne réalisant pas cette condition, elle use, tout d'abord, de l'autorisation, elle subira le divorce *bayenne* que produit ce genre de dissolution matrimoniale. Si ensuite elle réalise la condition, elle n'en subira aucune atteinte, attendu qu'on ne peut ajouter un divorce *bayenne* à un autre de même espèce.

Mais si le mari a répudié sa femme sous la forme d'un divorce *raji'e* réalisable dans le moment actuel, et qu'il lui ait conféré ensuite le droit de se répudier hypothétiquement, elle ne perd point son droit au divorce *autorisé.*

Il est permis à une femme d'épouser un homme sous la condition qu'elle aurait le droit de se répudier à volonté.

Aucune action en autorisation de divorce qu'introduirait la femme contre le mari ne saurait être admise en justice que si elle vient après que la femme se serait répudiée, en vertu de l'autorisation alléguée. La formalité à observer dans ce cas serait de se déclarer répudiée, et, au cas où le mari contesterait la légalité de cet acte, d'introduire contre lui une pareille action.

En cas de contestation entre les deux époux sur le fait pur et simple de l'autorisation, et en l'absence de part et d'autre de preuves juridiques, la parole de l'épouse fait foi. Mais voici encore un cas sur lequel la science musulmane s'est laborieusement exercée:

Un mari a dit à sa femme: „Si jamais je te bats „injustement tu seras maîtresse de ton sort." On demande dans quel cas une pareille punition infligée à la femme serait juste, et dans quel autre cas elle ne le serait pas — et quelle serait la décision de la justice au cas où il y aurait entre les deux époux désaccord absolu sur les motifs de ce fait.

En cas de désaccord portant sur le motif de cette sévérité maritale, et en l'absence de preuves, la parole du mari fait autorité. Mais contrairement, en apparence au moins, au principe qui rejette les preuves négatives comme des démonstrations absurdes, la femme peut être admise à prouver juridiquement *l'absence* de tout motif légal à cette conduite du mari à son égard. Les légistes expliquent cette prétendue infraction portée au principe en question, par cette règle de jurisprudence qu'il est permis de prouver la non réalisation d'une condition convenue entre les deux parties, alors même qu'une pareille démonstration serait négative, et, par conséquent, contraire au principe fondamental de la preuve juridique.

Quant aux cas où une pareille peine ne constituerait point un acte d'injustice à l'égard de la femme, il serait absurde de songer à les signaler, mais on cite à titre d'exemples les faits suivants comme pouvant mériter à la femme une punition corporelle de la main de son mari :

Si elle a frappé son mari, ou si elle a déchiré ses habits ; si elle lui prend la barbe ; si elle lui dit tu es un âne, si elle le traite d'idiot, d'imbécile ; si elle le maudit alors même qu'elle aurait été de sa part l'objet d'une pareille injure ; si elle renvoie au mari les mots injurieux qu'il lui aurait adressés dans un moment d'irritation ; si elle se comporte d'une manière inconvenante envers un étranger ; si elle se permet de lui montrer son visage en se découvrant devant lui ; si en parlant à son mari elle hausse exprès la voix afin de se faire entendre de quelque étranger ; si elle sort de la maison sans sa permission, alors que le mari ne lui devrait plus rien sur la dotation nuptiale anticipée (125) ; si elle donne à quelqu'un un objet appartenant au mari et dont habituellement les femmes ne disposent pas ; si elle prie Dieu contre lui ; si elle offense la mère ou la sœur de son mari, fût-ce par rétorsion d'injures semblables adressées par le mari à de pareils parents de son épouse ; si elle dit : les maris des autres femmes sont des hommes, le mien ne l'est pas du tout [1]); si elle monte sur un toit plat, non entouré d'un mur d'abri; si elle reçoit avec dédain des pastèques (*sic*) que le mari aurait apportées à la maison, et qu'elle les jette à terre en signe de mécontentement (126).

Nous nous sommes imposé le devoir de faire connaître cette dissertation, parce que nous l'avons trouvée profondément typique et digne, à ce titre, de l'attention philosophique du lecteur.

Dans le cas où, à la suite de démarches faites auprès du mari par les parents de la femme à l'effet d'en obtenir la répudiation [2]) celui-ci, s'adressant au père de son

---

[1]) Ne dirait-on pas, au caractère vif et vulgaire à la fois de ces injures, que le légiste musulman qui les a compilées, *parle de mémoire*, et que certaines offenses paraissent lui tenir tout particulièrement au cœur? On sait, en effet, que l'auteur de cette sorte de « guide » à l'usage des maris batteurs avait, en se livrant à cette étrange dissertation, un âge déjà assez avancé. Et, d'ailleurs, on peut relever de sa constante application à mettre à *la troisième personne* les sujets des formules répudiatoires citées en exemples didactiques, que notre auteur était encore marié, et qu'il l'était, très probablement, avec une femme encore jeune. Les vieilles, on s'en défait ordinairement, par le divorce, assez à temps! (127)

L'auteur en question n'écrit jamais dans ses exemples une pareille phrase: si un homme a dit: que *ma* femme soit répudiée si tel fait avancé par moi n'est pas vrai, mais: si un homme a dit: *que sa* femme soit répudiée, etc. Le légiste dont nous parlons prenait cette tournure de crainte que la formule de l'exemple ne frappât sa propre femme si elle était reproduite à la première personne.

[2]) On a dû assez souvent avoir remarqué, au cours de notre étude, cette particularité significative que toutes les fois qu'il est question de divorce, il est constamment représenté, dans les exemples didactiques des auteurs les plus estimés, comme un acte de libération essentiellement susceptible d'être convoité ou brigué par la femme elle-même. Le sentiment, peut-être inconscient, que les auteurs ont de la servitude que le mariage inflige à la femme, est si profond, si puissant, qu'on le voit percer à travers tous les procédés relatifs à la rupture d'une union conjugale.

épouse, lui dirait „fais de ta fille ce que tu voudras“, une pareille expression n'aurait point, aux yeux de la justice, le caractère d'une autorisation impliquant le pouvoir de rompre les liens qui attachent cette femme à son mari. Si le père, à raison d'une semblable déclaration du mari, prononce le divorce de sa fille, il n'aura fait qu'un acte vain et de nul effet.

Si un homme, mari de plusieurs femmes, a dit: „Les femmes que j'ai épousées sont autorisées à se répudier“, une pareille autorisation ne s'étendra pas à celles de ses femmes qu'il aura épousées par l'intermédiaire de l' „intrus“ *El foudouly* [1]). Il en serait de même si le mari a dit à sa femme: „si jamais je te donne une rivale, je t'autoriserai à disposer de ta personne“. Dans ce cas, comme dans celui qui le précède, l'autorisation ne saurait comprendre dans la sphère de son action que les femmes qui ont été directement épousées en vertu d'un acte *formatif* accompli par le mari même; celles de ses femmes qui seraient entrées en sa puissance maritale en vertu d'un acte *ratificatif*, ne sont pas atteintes par les effets de cette autorisation.

[1]) La législation musulmane reconnaît, au nombre des personnes juridiques capables de jouer le rôle de facteur dans un contrat, civil, un agent *fictif* qu'elle appelle: *El foudouly* (l'homme qui se mêle de ce qui ne le regarde pas), l' «intrus», l' «incompétent» etc. Son rôle consiste à assumer, sans y être autorisé, la charge ou le rôle du titulaire compétent, et, dans le cas dont il est ici question, de dire à une femme qui lui est étrangère, ou au sujet de laquelle il n'avait reçu aucun pouvoir: «tu es répudiée». Dans cette occurrence, si le titulaire compétent ou le mari de cette femme dit: je ratifie le fait accompli (par l' «intrus»), l'acte acquiert, *ipso facto*, et sans qu'il soit nécessaire de le réitérer sous forme personnelle, la même valeur légale que s'il avait été accompli directement par l'ayant-droit lui-même. (128)

[2]) Parce que dans un mariage contracté à la suite d'un premier

Le moyen juridique indiqué pour le cas où le mari voudrait étendre l'autorisation à toutes ses femmes, y compris celles qu'il aura épousées par l'intermédiaire de l'„*intrus*", serait de prononcer la formule suivante: je t'autorise à répudier toutes les femmes qui sont entrées en ma puissance maritale, ou celles dont je suis devenu le mari: *manne dakhala fi nikahi.* (129)

On ne peut, assurément, qu'admirer l'esprit vif et délié des auteurs législatifs et cette incontestable puissance dont ils font souvent preuve dans la conception des nuances les plus subtiles; mais on doit, malheureusement, encore plus admirer les abîmes de banalités dans lesquels peut tomber l'esprit le plus élevé quand il est livré à lui-même, sans autre guide que son propre essor.

De l'acte de se rapporter en matière de divorce à la volonté de sa femme „*El Machyya*".

Ce genre de divorce par autorisation consiste, pres-

---

engagement pris par un *foudouly*, le mari, selon la manière de voir des docteurs musulmans, n'épouse pas, à proprement parler, la femme à laquelle l' «intrus» a voulu l'unir, mais *il ratifie*, seulement, ce mariage. A ce point de vue, le mari est considéré, en quelque sorte, comme *épousé* et non comme *épousant*, puisque sa ratification se rapporte rétroactivement à l'acte accompli par l' «intrus» pour tout ce qui regarde l'action efficiente des formules sacramentelles, bien que, sous le rapport des effets civils, le mariage ne daterait que du moment où cette ratification aura été accomplie. On ajoute, ordinairement, dans les digestes, aux exemples que nous venons de relater, un autre ainsi conçu: «Si le mari a dit à l'une de ses femmes: je t'autorise à répudier toutes les femmes que j'ai épousées, elle n'aurait ni le droit de se répudier elle-même, ni celui de répudier les femmes que son mari aura épousées par l'intermédiaire du *foudouly*».

La première exclusion se fonde sur le principe rationnel que le mandataire ne peut point faire partie des personnes avec lesquelles il a ordre de traiter; — la seconde repose sur les mêmes motifs déjà signalés.

que tout entier, à introduire, dans la formule qui en confère le droit, le mot „Volonté“ *Machyya*, se rapportant à la femme. Ce mot peut être ajouté à des formules de toutes les catégories d'autorisation; il les transforme toutes en celle dont nous parlons en ce moment; c'est-à-dire en une autorisation accordée, non à *la faculté matérielle d'accomplir extérieurement* un acte quelconque, mais au droit psychologique de vouloir l'accomplir;—en d'autres termes, d'agir selon la tendance effective, interne et réelle de sa volonté [1]). De cette façon la chose, objet de cette faculté, se rattache à un fait psychique conçu comme la résultante d'un penchant à une jouissance.

[1]) Il y a en arabe deux termes désignant, à une certaine nuance philosophique près, le phénomène de la volution: «*Al irada* et *Al Machyya*». Le premier constitue le terme général et indique l'acte de la volonté en tant que se bornant au seul fait matériel de l'*exécution* extérieure, n'impliquant aucune relation essentielle entre l'acte de l'exécution et la chose objet de cet acte. Le second répond à ce qu'on appellerait en français «la bonne volonté», c'est-à-dire la volonté déterminée par la tendance à un plaisir. Un homme qui s'inflige volontairement un mal fait acte de «irada» tandis que celui qui cherche un bien, qui le désire et qui *veut* l'acquérir, fait acte de *Machyya*. La différence est parfaitement saisissable. Il est à remarquer que cette nuance qui différencie entre les deux termes est si bien observée par les auteurs juristes qu'on ne les voit *jamais* employer, indifféremment, l'un pour l'autre. Dans toute cette partie dont il est traité en ce moment, le mot *Machyya* seul est mis en usage.

Une expression ainsi conçue: «faites telle chose *lorsque* vous voudrez» fait dépendre l'exercice de ce droit, non seulement de la volonté, ou, pour parler plus rigoureusement, de la résolution de le faire, mais encore, et surtout, du *désir* réel, et du *temps* où la tendance interne à le faire se serait produite. Un refus d'en user ne compterait que comme un acte d'abstention momentanée, signifiant que le moment où cette volonté doit entrer en fonction n'est pas encore arrivé, et que l'abstention d'en user *séance tenante*» ne saurait, par conséquent nullement entraîner la déchéance du droit d'agir, plus tard, selon cette volonté, lorsqu'elle viendra à prendre naissance. (130)

A cette distinction près, ce genre d'autorisation n'offre rien de particulier, ou qui ne soit applicable aux deux premiers modes d'autorisation déjà indiqués.

Voici au reste les cas les plus caractéristiques auxquels ce genre d'autorisation peut donner lieu:

1° Le mari dit à sa femme: répudie-toi par trois fois, si tu veux, — celle-ci se répudie par une seule fois.

Solution:

L'acte répudiatoire ainsi effectué par la femme ne produira aucun effet, attendu que le mari a bien pu entendre subordonner son autorisation à la condition, pour cette dernière, de *vouloir* se répudier par trois fois. Le fait qu'elle ne s'est appliqué qu'un divorce simple est un indice suffisant qu'elle n'a pas *voulu* d'une *triple* répudiation, et que, par conséquent, elle ne s'est pas trouvée dans la *condition* de jouir de cette autorisation offerte par le mari. L'expression: enfin „répudie-toi par trois fois si tu veux" doit être interprétée dans ce sens: „si tu veux te répudier *par trois fois*, je t'autorise à le faire".

Mais le cas serait différent si le mari avait dit: „Répudie-toi toi même par trois fois" sans aucune mention de volonté à présider à l'acte du divorce, ou de séparation auquel le mari avait donné son consentement. Dans cette occurrence la femme peut se répudier, à son gré, de une jusqu'à trois fois inclusivement.

Le fait de se rapporter à la *volonté* de la femme ne se présume pas, ni ne peut se déduire des formules employées dans lesquelles le vocable „Vouloir" ou quelques-uns de ses dérivés n'auraient pas été formellement exprimés. Ainsi si un mari dit à sa femme: répudie-toi

toi-même, sans ajouter: toutes les fois que tu voudras, celle-ci, sauf intention contraire du mari, ne pourra exercer ce droit que par une seule fois, et dans la mesure d'un divorce „révocable“ *raji'e*, car, en principe, tout commandement ayant pour objet l'accomplissement d'un acte *facultatif* est censé n'exiger cet accomplissement que pour une seule fois [1]).

Il est à remarquer ici que *l'intention* du mari ne saurait agir sur la formule translative de ce pouvoir que dans le sens du nombre, non dans celui du mode. Ainsi un homme qui a dit à sa femme: répudie-toi *si tu veux*. entendant lui accorder le pouvoir de se répudier en la mesure du *bayenne*, ne produira aucun effet d'intensité sur le divorce que sa femme se sera appliqué „son divorce restera“ *raji'e*, alors même qu'elle aurait choisi, dans sa formule d'adhésion, le mode *bayenne*. Mais s'il a entendu lui conférer le pouvoir de se répudier par deux, ou par trois fois, le divorce appliqué par la femme, sous quelque forme que ce soit, se produira en quantité égale à celle entendue par le mari.

Voici comment cette doctrine est expliquée par les auteurs les plus distingués:

La formule „répudie-toi si tu veux“ adressée à la femme équivaut, selon ces docteurs, à une autorisation qui aurait été ainsi libellée: exerce à ton égard un acte

---

[1]) Cette règle s'étend, selon l'exégèse musulmane, en l'absence d'une conjonction itérative, à tous les cas où l'action ordonnée n'est point obligatoire en elle-même, comme le serait par exemple la pratique du bien ou l'abstention du mal. Ainsi des expressions sous forme impérative qui seraient ainsi libellées : Viens chez-moi ; reçois un tel ; Prions ensemble, etc., etc., ne sauraient indiquer qu'un vœu, un sentiment *précatif* auquel on serait censé avoir suffisamment satisfait en s'y conformant une fois.

de *répudiation*. Ils font ensuite remarquer — non assurément sans quelque raison — que le *nom d'action* embrasse, dans son acception lexicologique, la totalité de la chose dont il est le terme dénominatif propre. Or, la totalité d'un acte de *répudiation* — c'est-à-dire le nombre de fois auquel le droit d'exercer cet acte se trouverait au complet, et, par conséquent, définitivement *épuisé*, c'est le nombre suprême *trois*. Donc, concluent-ils, le mari peut bien entendre mentalement ce nombre, puisqu'il en a le droit, et, dans ce cas, le divorce s'effectuera en la mesure numérique qu'il a eu l'intention de lui donner.

Il ne serait pas sans intérêt de remarquer que si la femme, objet d'une pareille autorisation *el machyya*, dit: je me suis répudiée *bayenne*, elle ne sera répudiée que *raji'e* seulement, mais si, répondant à une autorisation de „choix" *ikhtiare*, elle dit: „j'ai choisi", elle subit une répudiation *bayenne*, par la raison, déjà relatée, qu'un acte de choix ne peut se réaliser qu'en la mesure intensitive du *bayenne*. Voir plus haut page 235 et note.

Si un mari dit à sa femme: répudie-toi dix fois, cent fois, mille fois, si tu veux, et qu'elle se répudie par deux, ou par trois, elle ne sera atteinte d'aucune répudiation, mais si, répondant à cette autorisation, elle dit: Je me suis répudiée par dix, par cent, par mille, etc., elle aura réalisé un divorce triple.

Il est assez aisé de saisir la raison de cette différence d'effet. Dans le premier cas le mari a subordonné son autorisation au divorce à la condition que sa femme *aura la volonté* de se répudier par 10, par 100 fois, etc., or, en s'appliquant un divorce d'une quantité moindre, elle a montré qu'elle n'a pas *voulu* d'un divorce s'élevant à un nombre plus considérable; cette circonstance la place, du coup, en dehors de la condition à laquelle avait été subordonnée l'autorisation du mari, et entraîne, par conséquent, la nullité du divorce double ou triple qu'elle s'était *octroyé*. Dans le second cas elle a voulu être divorcée le nombre de fois désigné par le mari.— Cette conformité aux termes de la condition posée donne à l'acte accompli par la femme une régularité initiale parfaite, mais comme le droit au divorce ne peut dépasser la limite d'un triple usage, le nombre 10; 100; 1,000 se réduit au maximum légal — c'est-à-dire au nombre trois, conformément à la règle qui élève une fraction de divorce à l'unité, et tout nombre dépassant trois, à la limite de ce nombre. (131)

Si le mari a donné son autorisation de *vouloir* un divorce *raji'e* ou ,bayenne, et que la femme ait fait le contraire, l'acte n'en serait point invalidé, mais le divorce s'effectuerait selon l'indication du mari, qui, seule, dans ce cas, serait légale *et efficace*.

Si le mari a dit à sa femme: tu seras répudiée quand tu voudras, ou lorsque tu voudras, ou pendant que tu voudras (être répudiée), la femme acquiert le droit imprescriptible de se répudier à volonté sans limitation de terme, et le mari perd, *par épuisement*, tout droit de revenir sur cet acte, considéré par les auteurs comme une donation irrévocable: *tamlike*. Il serait néanmoins loisible au mari d'affirmer qu'il avait mentalement entendu par l'emploi des mots: „quand", „lorsque", etc., énoncer une simple condition logique et non une subordination à un terme déterminé, c'est-à-dire qu'il avait attaché à cette proposition: „répudie-toi lorsque tu voudras", le sens d'une expression qui aurait été ainsi conçue: répudie-toi, *si tu veux*, ce qui, selon les légistes musulmans, permettrait d'assimiler cette formule régie par la conjonction conditionnelle „si“ à celles dont on se sert pour effectuer un divorce subordonné à un fait *contingent et futur* [1]). Sous cet aspect l'autorisation est considérée comme *irrévocable*, dans ce sens que le mari n'aura point le droit d'en arrêter les effets. Mais comme, d'autre part, cette formule contient, par le fait général de l'autorisation, la nuance d'une *cession* pure et simple *tamlike*, le mari, grâce à cette circonstance, conservera le droit d'en subordonner la validité aux règles qui régissent l'observation de la séance légale, et auxquelles la législation musulmane soumet tout acte de cession volontaire ou à titre bénévole [2]). (132)

---

[1]) Si la condition se rapporte à un fait qui a existé déjà ou qui existe dans le moment même où l'on prononce la formule conditionnelle, l'engagement ou la cession hypothétiques seront considérés comme ayant reçu dans l'instant actuel leur pleine et entière réalisation.

Ainsi si un homme dit à sa femme: «si ton frère arrive tu es répudiée» et qu'il se trouve que son frère est déjà arrivé, la femme est répudiée sur-le-champ sans aucun atermoiement. Cette doctrine est ainsi formulée: *Et* = *ta'alike bi kaïénenne tangize*. Subordonner une chose à un fait existant, c'est la produire sur-le-champ (133).

[2]) On doit remarquer que le droit d'exercer une action personnelle impliquant un engagement à titre *unilatéral* s'acquiert de deux façons différentes; 1° à titre de titulaire unique, *tamlike*; 2° à titre de mandataire. Dans le premier cas la cession est soumise aux règles de la séance légale: dans le second la collation du mandat est absolument indépendante de ces règles.

Un engagement pris sous forme conditionnelle est assimilé, sous ce rapport, à un mandat, par cette raison bien fondée que la condition devant, de sa nature, se rapporter à un fait contingent et futur, elle ne saurait se réaliser que dans l'instant, en quelque sorte incommensurable, qui suivra la production de ce fait.

Si l'acte de cession se rapporte, par des termes latitudinaires ab-

La conjonction itérative *koullama* „toutes les fois que" comprend. dans la sphère de son action juridique, tous les temps à venir sans aucune limite. Ainsi une formule conçue en ces termes: répudie-toi „toutes les fois que tu voudras" confère à la femme le droit, également irrévocable, de se répudier, successivement, à plusieurs reprises jusqu'à l'épuisement de ce droit — c'est-à-dire jusque et y compris la troisième et suprême répudiation réservée au mari.

La femme autorisée en ces termes ne pourra, dans aucun cas, — à peine de nullité, s'appliquer plus d'une répudiation à la fois. (134)

Voici un cas de conscience qui paraît connexe à la règle que nous citerons afin de signaler le côté pratique de cette doctrine:

Un mari a conféré à sa femme de condition libre et avec laquelle il avait déjà commercé, le droit de se répudier autant de fois qu'elle voudrait. Mais avant qu'elle n'ait épuisé ce droit il la frappe d'un divorce *bayenne.* La femme, devenue libre de tout lien matrimonial, convole, après l'expiration de l'attente légale, à un second mariage. Ayant, dans la suite, obtenu la dissolution de cette union, elle renouvelle son mariage avec son premier mari, en vertu d'un nouveau contrat. (135)

---

solus, au moment qu'il plairait au cessionnaire lui-même de choisir, cet acte se convertit en ta'alike — ou cession conditionnelle, et échappera, en ce nouveau caractère, aux règles de la séance légale de notification.

C'est en raison de ce changement de caractère que la formule: «répudie-toi lorsque tu voudras» confère à la femme le droit de se répudier à volonté une *sèule fois* quand il lui plaira de le faire, et que le fait, même plusieurs fois répété, d'avoir formellement refusé d'en user, ne saurait porter aucune atteinte à ce droit.

Le problème que fait naître ce cas consiste dans la question de savoir si cette femme peut, sous le régime de son mariage renouvelé, et à raison du fait constaté qu'elle n'a pas encore épuisé le droit conféré par le mari, considérer cette première autorisation comme subsitant encore, pour la partie non encore utilisée et, partant, si elle peut encore en user jusqu'à son entier épuisement.

La question peut se résoudre de deux manières différentes selon que l'on adopterait le point de vue de Mouhammad, ou celui auquel Abou-Hanifa et les principaux docteurs de l'École de ce nom ont donné leur assentiment.

Selon Mouhammad, si la femme n'avait pas encore exercé le droit que son premier mari lui avait conféré antérieurement à son convol, elle le conservera par rapport à la quantité *provisionnelle* de divorces, quelle qu'elle soit, qui n'aurait pas été encore consommée par le fait des répudiations précédentes dont elle se serait frappée, et il lui serait, par conséquent, loisible de se répudier, sous le régime du mariage renouvelé, autant de fois que sa capacité provisionnelle de divorces, restée encore disponible ou non utilisée, le comporterait.

Si elle s'était appliqué les trois répudiations d'un seul coup, elle aurait fait un acte vain et de nul effet. Dans ce cas son droit d'user de l'autorisation antérieure du mari ne subira aucune atteinte, à la seule réserve d'en user successivement par une seule fois à chaque reprise jusqu'à la troisième répudiation inclusivement.

Telle est, en substance, l'opinion du célèbre juriste de Bagdad, qui n'admettait pas la doctrine, devenue plus tard celle de la majorité, d'après laquelle le nouveau mari, par le seul fait de sa licitation coïtale, alors même que la femme aurait été répudiée par trois fois, l'expurge de toute trace de répudiation précédente. De cette façon l'épouse répudiée revient à son premier mari entièrement réintégrée dans sa capacité provisionnelle de divorce, — c'est-à-dire recouvrant l'aptitude légale d'être répudiée, derechef, par trois fois, tout comme si cette capacité numérique n'avait pas encore été entamée.

Abou-Hanifa et les principaux auteurs de l'Ecole de ce nom admettent la doctrine de l'expurgation coïtale, et sont d'avis que si la femme s'est appliqué une, deux ou trois répudiations en autant de séances séparées, et non pas d'un seul coup, elle conservera le droit de se répudier par autant de fois qu'il en sera resté encore de disponibles [1]) (136).

Une autorisation offerte à la femme en cette forme: „répudie-toi quand tu voudras" lui confère le droit irrévocable de se répudier à volonté quand bon lui semblerait, sans aucune dépendance de la séance légale, et alors même qu'elle aurait précédemment refusé d'en user. Le mari ayant rattaché son acte de cession à l'existence réelle, chez sa femme, de la volonté ou du désir de se répudier, il est évident que tout refus actuel d'user de ce droit ne saurait avoir que le caractère d'un simple

[1]) On s'expliquerait mieux peut-être cette doctrine en observant que toute autorisation à un divorce volontaire ne saurait s'appliquer qu'au mariage existant au moment même où cette autorisation aûra été donnée. Or il est évident que le mariage subséquent de la femme avec son premier mari constitue un acte nouveau sans aucun rapport avec le premier qui a été dissous et auquel a succédé un convol avec un autre mari. Dans cette occurrence la femme ne pourra pas mettre en usage, sous le régime du mariage renouvelé, ce qu'elle avait acquis sous le régime d'un mariage qui n'existe plus.

indice que cette volonté n'existait pas encore au moment du refus.

Mais une pareille formule de divorce ne confère à la femme que le droit de s'appliquer un divorce „révocable" *raji'e* et à cette réserve encore, dont nous avons constaté l'intervention dans un cas d'option (voir ci-devant page 137) qu'elle n'aurait qualité d'en user qu'*une seule fois*, après quoi son droit au divorce volontaire s'en trouverait entièrement épuisé. En d'autres termes, elle aura la faculté de se répudier quand elle voudra; mais seulement dans la mesure d'un divorce révocable, et jamais plus d'une fois.

Voici un cas complexe sur lequel s'est singulièrement exercée la subtilité doctorale des ulémas. Nous le signalerons comme un exemple de plus de cet esprit si catégoriquement enfantin qui prédomine dans les dissertations musulmanes les plus savantes:

Un homme dit à sa femme: tu es répudiée *si tu veux*; — celle-ci répond: je (le) veux, si tu (le) veux toi-même; — le mari reprend: je (le) veux, entendant bien exprimer le désir de voir sa femme se répudier en vertu de l'*autorisation* qu'il venait de lui octroyer.

Il s'agit de savoir quelle serait la conséquence d'un pareil échange de volontés, et sur quelle raison se fonderait l'obligation par le mari d'avoir eu l'intention de donner pour complément à la proposition „je veux", la répudiation volontaire de sa femme.

Voici de quelle manière on répond à ces deux questions:

A la première: que le mari ayant subordonné son autorisation à un acte de *volonté* à accomplir par sa femme, a dû nécessairement, sous peine d'absurdité, entendre par „volonté" cette sorte de direction psychique qui a pour objet ou pour raison déterminante une propension décidée à faire concorder nos actions externes avec celles déjà réalisées dans le fond de notre âme [1]). En d'autres

[1]) Il ne serait pas inutile de donner ici un exemple de plus à l'appui de ce que nous avons eu déjà l'occasion de dire relativement à la différence qui existe entre *cha'a* et *arada*, voir ci-devant page 138 et note.

Cette différence – nous devons le reconnaître,—n'est guère saisissable dans les dictionnaires arabes, mais on sait que les lexicologues de ce nom s'occupent ordinairement fort peu des nuances par lesquelles se différencient les synonymes. Ils présentent cette catégorie de vocables, si nombreux en langue arabe, comme s'ils étaient absolument parallèles les uns aux autres. Mais la pratique de tous les âges ne laisse aucun doute sur la réalité des nuances distinctives entre les mots qui ont passé aux yeux de ces auteurs pour avoir une signification parfaitement identique. Sans prétendre borner l'usage du mot *arada* à l'expression des choses ou manifestement désagréables ou manifestement indifférentes (c'est-à-dire sans jamais indiquer un sens de tendance joyeuse, de bon vouloir, etc.), nous croyons pouvoir affirmer que tel est cependant l'usage le plus généralement répandu de ce verbe et qui paraît le plus conforme au langage de l'antiquité arabe, aussi bien qu'à celui des Arabes modernes. Le Coran, dont on ne saurait contester l'autorité en matière de lexicologie arabe, semble favoriser cette assertion (139). S'il paraît quelquefois la contredire, c'est, la plupart du temps, par une sorte d'entraînement à la suite d'une figure de rhétorique qui consiste à donner à un même verbe plusieurs compléments dont un ou plusieurs ne devraient pas servir de régime à ce verbe, comme lorsqu'on dit, par exemple: il s'est *ceint* de son épée et de sa lance, au lieu de: et il s'est *armé* de sa lance. C'est également par une pareille figure que l'on dirait en arabe: Je ne vous veux *(ouridou)* pas du mal, mais je vous veux *(ouridou)* du bien.

Un glossateur anonyme du Hidaïa (Edition lithographiée des Indes) observe à propos d'une formule qui serait ainsi libellée: je veux ton divorce *(chitou talakaki)*, comparée à celle-ci: *arattou talakaki*: la première, dit-il, peut être répudiatoire, attendu qu'elle exprime un fait déjà existant (dans l'âme du mari), tandis que la seconde ne supposerait pas nécessairement cette existence, c'est-à-dire qu'elle peut bien borner l'action de cette volonté au seul fait de sa réalisation extérieure et en quelque sorte purement mécanique.

Ajoutons que selon le même auteur le verbe «*arada*» a pour base termes, le mari a dû avoir en vue une volonté indépendante et, par conséquent, exclusivement personnelle à sa femme. Or celle-ci, en subordonnant sa volonté à celle du mari, a renoncé à la sienne, ou, du moins, elle a annoncé que celle qu'elle exercerait ne serait plus que le reflet de la volonté d'un autre. — „Je le veux si tu le veux" équivaut à: Je n'aurai d'autre vouloir que le tien, etc., etc., ce qui jette la femme hors de la condition posée par le mari.

En considération de cette analyse, la formule serait frappée de nullité, et ne produirait aucun effet.

A la seconde: que l'admission du mari à faire intervenir le facteur spécificatif de l'intention s'explique par cette raison que l'expression: „je veux ta répudiation" peut signifier deux choses absolument différentes: elle peut avoir pour but d'exprimer le désir de répudier ou — avec une égale raison ou régularité linguistique, sinon avec une égale vraisemblance morale — le désir de *posséder* le droit de répudier sa femme. En face d'une pareille amphibologie possible l'intervention de la détermination intentionnelle est de rigueur, et elle paraît bien justifiée.

Les légistes qui font intervenir, dans l'exemple précédent, l'intention du mari veulent dire que la formule en question serait de nulle valeur, et qu'elle resterait sans effet, *alors même* que le mari l'aurait secondée de toute l'autorité de son intention.

La formule: „tu es répudiée partout où tu voudras"

---

de signification le sens général du mot *demander* pris dans l'acception de «vouloir accomplir une action». Il cite à l'appui de cette assertion un hadice attribué à Mahomet. — Le prophète arabe, parlant de la fièvre périodique, souvent fort dangereuse en Arabie, aurait dit: la fièvre c'est le messager qui vient demander la mort du malade: *El houmma raïed-oul-maoute* (140).

implique une répudiation instantanée au cours de la séance de notification même. Si la femme laisse *entamer* l'unité de cette séance avant d'avoir usé de l'autorisation, son droit au divorce volontaire sera tenu pour périmé.

On explique cette disposition par la considération que le „lieu“ à l'encontre du „temps“ n'est point propre à servir de motif de subordination pour un acte de divorce, par la raison qu'on ne saurait en limiter les effets au seul point de l'espace où la formule semblerait vouloir les confiner (141).

La formule: „tu es divorcée *ici*“ rend la femme *divorcée en tout lieu*, tandis que celle-ci: tu es divorcée demain, ne saurait frapper la femme de ses effets dissolutoires qu'à l'échéance du terme annoncé. L'idée de lieu ne devant rien ajouter au fait du divorce, ni modifier en quoi que ce soit les conséquences de ce fait, on est autorisé à considérer les termes qui l'expriment comme des mots superflus, sans aucune valeur juridique, et, partant, comme nuls et non avenus. A ce point de vue la formule sera réduite à la simple expression d'une acceptation autorisée, en réponse à une offre qui aurait été libellée ainsi: répudie-toi si tu veux. Cette forme donne à l'acte la valeur mixte d'une *cession tamlike*, avec une nuance de subordination *ta'a like*, et le place, grâce à ce mélange, sous l'empire de la législation qui régit la séance légale (142).

La formule: tu es répudiée comme tu voudras, ou de la manière que tu voudras, produit un divorce également instantané et adéquat, sous le double rapport du nombre et de l'intensité, à la volonté de la femme. En l'absence de toute déclaration formelle sur ce point par la femme, le divorce s'effectuera en la mesure d'une dissolution „simple et révocable".

Il en serait de même par rapport à cette autre expression présentée en énigme: tu es répudiée si tu (le) veux, et tu es répudiée si tu ne (le) veux pas.

Une pareille formule produirait un divorce immédiat et indépendant de la volonté de la femme. C'est-à-dire que la femme en serait atteinte sur-le-champ, sans dépendance d'aucune condition de volonté ni de séance.

Il faut remarquer cependant que si les deux conditions contraires sont, à certain point de vue personnel, susceptibles d'une égale exclusion simultanée, la formule qui les contiendrait ne produirait aucun effet dissolutoire. Ainsi cette formule: si tu aimes le divorce, tu es répudiée, si tu le détestes tu es répudiée, serait tenue pour stérile et vaine, par cette raison qu'il est possible pour une femme de n'avoir aucun sentiment bien déterminé à l'endroit du divorce, c'est-à-dire, elle peut ni l'aimer ni le détester, et, par conséquent, se trouver en dehors de la condition à laquelle l'autorisation avait été subordonnée.

Mais une femme, font observer les docteurs musulmans, ne saurait, en même temps, vouloir et ne pas vouloir une chose déterminée.

Il serait, pensons-nous, fort hasardeux de garantir la justesse de cette dernière observation (143).

Mais voici une autre formule encore plus inattendue:

Le mari de plusieurs femmes leur dit: celle d'entre vous qui aime le plus le divorce, est ou soit répudiée, et celle qui le réprouve le plus, est ou soit répudiée. Si à cette interpellation chacune de ces femmes déclarait être celle qui aime le plus ou qui déteste le plus cet acte, aucune de ces femmes ne serait atteinte de répudiation, par la raison que chacune d'elles s'est portée témoin contre la prétention de l'autre. Dans cette situation (144) le mari n'ayant aucune raison de croire à l'une plutôt qu'à l'autre, il peut les tenir pour toutes sincères ou pour toutes fausses, et, dans l'un et l'autre cas, il n'y aurait de répudiation possible pour personne.

Si un mari dit à sa femme : répudie-toi des trois répudiations autant que tu en voudras, elle ne pourra s'appliquer, en raison de cet acte, plus de deux répudiations, attendu, disent nos subtils et bizarres docteurs, que la *limite* ne doit pas être comprise dans la chose *limitée : al gaïatou la tadkhoulou fi-l-mougayya* (145).

D'après cette règle, si un homme s'engage à marcher jusqu'à 15 verstes, il ne sera obligé de parcourir que la distance de 14. Mais cette règle subit de nombreuses exceptions, surtout dans la partie rituelle de la législation musulmane. (146)

Nous avons déjà passé en revue bien des dispositions étranges, des doctrines insensées, et, surtout, bien des antinomies surprenantes que l'on pourrait croire à peine possibles, même à des hommes privés de toute notion sur la science du droit. Nous avons constaté, en même temps, que ces divagations délirantes, ces accès si fréquents de grave et pédantesque enfantillage éclatent, parfois, au milieu de dissertations fort élevées et que l'on pourrait estimer dignes, à tous les égards, des légistes les plus compétents.

C'est là, pensons-nous, un fait digne d'attention.

Un phénomène de diversité ou d'inégalité intellectuelle caractérise la littérature législative des Arabes, depuis le Coran jusqu'au plus infime traité de leur jurisprudence. On dirait, en vérité, que cette littérature s'est formée sous l'action multiple de trois facteurs différents: d'un philosophe, d'un nomade et d'un enfant. Au premier appartiendraient ces conceptions profondes, ces aperçus pleins de finesse, ce coup d'œil juste et pénétrant qui saisit les nuances les plus délicates, dont quelques-unes même paraissent avoir échappé à l'observation de légistes incomparablement plus éclairés, et, enfin, ce langage savant, précis et que l'on trouve, presque toujours, en de très justes rapports avec la pensée que l'auteur désire exprimer; au deuxième on devrait cette funeste prépondérance accordée, surtout dans le domaine de la justice pénale, au droit individuel et au principe pur et simple de la vindicte personnelle, en opposition directe à tout intérêt collectif ou social. On serait, également, redevable aux mœurs nomades de cet esprit de dureté, de rapine et de violence extrême qui domine d'un bout à l'autre de cette législation et qui, paraît-il, avait servi, dès le début, de force impulsive et d'objet final, à la fois, pour la fondation même de l'Islam; au troisième on pourrait attribuer cette exaltation fétichiste ou puérile de la *lettre* au préjudice des vues les plus claires de la loi (147); ces raisonnements aussi prétentieux que dénués de sens commun, et enfin ces contradictions sans nombre qui font de la législation musulmane un immense répertoire de questions ouvertes, encore à débattre entre les Ulémas, et qui, grâce au désaccord radical qui règne à leur sujet, entre les principales autorités doctorales, sont susceptibles d'être résolues, avec une égale raison, dans les sens les plus contradictoires.

Dans cette diversité de dispositions intellectuelles

réside, évidemment, le secret de l'incohérence, en quelque sorte organique, qui forme le trait distinctif des institutions législatives musulmanes (148). Le concert discordant qui se dégage de ces diverses manifestations de la personnalité arabe, présente le spectacle de trois rôles différents, alternativement joués par chacun de ces trois facteurs, ou, si l'on veut, de ces trois acteurs qui paraissent représenter la conscience législative des auteurs musulmans. On y voit le *philosophe* penser et se maintenir dans les hauteurs d'une parfaite abstraction, le *nomade*, ne penser qu'à sa propre personne, presque toujours, en sauvage, ou dans le sens le plus matériel ; et, enfin, *l'enfant*, jouer au docteur, jaser et sautiller sans cesse. Ce dernier, surtout, se fait remarquer par cette particularité, si naturelle à l'enfance, de croire qu'il fait une véritable découverte toutes les fois qu'il met la main sur l'une de ces vérités primitives de justice ou de morale. Il présente, par exemple, la loi qui ordonne de *punir les assassins*, *les voleurs*, *les brigands*, etc., comme une preuve, de plus, en faveur de cette divine sagesse de l'Islam, laquelle, en vue de réprimer ou de prévenir de pareils *faits* qui ne *sauraient être que nuisibles*, a infligé des peines sévères à leurs auteurs (!!). *L'enfant* qui émet cette profonde réflexion paraît convaincu, dans son âme et conscience, que cette *haute sagesse* est une des gloires de l'Islam et une démonstration irréfragable de la divinité de son origine! (149) *Le bébé* qui exalte, par de pareilles raisons, la valeur moralisatrice de l'Islam, croit-il, par hasard, que la justice des *Mécréants*, de l'Europe civilisée, se trouverait, en face d'actions de ce genre, profondément embarrassée, ne sachant s'il faudrait en décorer les auteurs, leur assigner une pension viagère ou leur couper la tête? A une pareille question nous ne pourrions faire qu'une réponse, qui serait, elle-même, à son tour, une question à résoudre: Est-ce que *l'enfant* apologiste qui nous fait entendre sa petite voix au milieu de cet étrange concert, aurait jamais porté, un seul instant, sa pensée au delà de ce cercle de fer que sa religion lui a tracé? s'est-il seulement jamais douté, s'est-il jamais enquis de l'existence d'une justice autre que celle que, selon lui, Dieu lui-même avait trouvé nécessaire ou indispensable de révéler au peuble musulman?... Ajoutons que, sans remonter loin dans le passé, aujourd'hui encore les ulémas les plus distingués de l'empire ottoman, que le contact forcé de leur pays avec l'Europe chrétienne a placés dans la nécessité d'avoir quelques données sur l'état moral de cette partie du monde, ont trouvé le secret de réunir dans leur tête les deux idées les plus divergentes, les moins propres à faire partie d'une seule et même conscience, à savoir: la *régularité* effective de notre vie sociale, et *l'absence* chez nous de toute *notion* de *justice* et de *droit!* (150).

Nous avons pensé qu'il était déjà temps de mettre, sous les yeux de l'Europe savante ou humanitaire, un tableau fidèle de la législation musulmane, c'est-à-dire d'en signaler la valeur moralisatrice, d'en préciser la portée juridique et de mettre en évidence les bases scientifiques qu'on pourrait lui reconnaître — en d'autres termes: de la présenter au monde civilisé telle qu'elle est, *en réalité*, et non pas telle que des esprits prévenus, des vues intéressées ou, enfin, des études incomplètes ont pu l'avoir dépeinte ou représentée.

A ceux qui pourraient douter de notre sympathie

pour les peuples musulmans ; à ceux qui trouveraient que nous dénonçons, un peu trop haut, les aberrations de leur système législatif; à ceux qui nous accuseraient de vouloir susciter contre eux la haine ou le mépris de cette même Europe à la sympathie, ou, du moins, à la savante sollicitude de laquelle il eût fallu, au contraire, les recommander... nous dirons: Prenez garde! Votre amitié, se traduisant par des flatteries déplacées, pourrait devenir pire que la haine! Par votre tolérance inopportune, par ce ménagement d'une susceptibilité ridicule vous pourriez infliger, à ces pauvres musulmans, un mal sans remède. Ils ne sont déjà que trop infatués de leur législation, de leur savoir, et de toutes les particularités de leur culture aussi pauvre que surannée. Par cette sorte *d'approbation* scientifique que vous auriez l'air d'accorder à leur système législatif, vous les *gâteriez* sûrement. Vous ne seriez plus, à leurs yeux, cette secte maudite *d'ignobles* et *d'ignorants infidèles* à qui Dieu, dans la haine implacable qu'il leur a vouée, avait refusé jusqu'à la faculté de *discerner* ce qui *est juste* de ce *qui ne l'est pas* (151); du moment que vous aurez approuvé leurs institutions, vous serez reconnus, à raison de ce seul fait, pour des hommes *d'élite* dont l'esprit aura été miraculeusement ouvert à la *vérité*, ou, du moins, vous serez des *prédestinés* qu'il aurait plu au Tout-Puissant de forcer à rendre, du fond des ténèbres où ils sont plongés, un éclatant témoignage à la *lumière* (152); vous rendriez, enfin, ces victimes de la présomption toutes fières des insanités les plus funestes de leur législation et, par une conséquence naturelle, réfractaires à tout enseignement qui viendrait du dehors.

Il n'est pas impossible que, à cette tolérance témoignée

envers certaines institutions de ces peuples, il ne se mêle quelque sentiment patriotique qu'on aurait, peut-être, droit à placer au-dessus de toute discussion. On aurait pu redouter de soulever en Europe, contre les adeptes du Prophète arabe, des sentiments qu'on aurait jugés incompatibles avec certains intérêts *actuels* de son pays. La science n'est pas toujours mise au service de la vérité pure. Il y avait un temps où c'était faire preuve de civisme que de vanter la religion de Mahomet, et même de la tenir pour supérieure à une certaine forme antique de la religion du Christ! Ces illusions ont fait leur temps. L'expérience mille fois répétée n'a plus laissé de doutes sur les défauts de cette singulière législation. Aucune plaidoirie, aucun intérêt ne saurait plus les dissimuler.

Dans cette situation nous devons aux peuples musulmans des conseils, et, parfois, des *avertissements*; mais non pas des louanges *d'épitaphe*; nous leur devons des *leçons* et même des leçons *préliminaires*, et non des flagorneries qui les enfonceraient, encore davantage, dans leurs erreurs et dans leur outrecuidance!

Disons maintenant que malgré notre résolution, que nous croyons, du reste, parfaitement justifiée, de ne rien dissimuler d'une législation appelée à diriger la destinée de près de 150 millions d'âmes humaines, nous avons conscience d'annoncer au lecteur que tout cela, tout ce que nous avons déjà passé sous ses yeux, n'est encore rien à côté de la partie terminale du divorce qu'il nous reste à traiter! Nous voulons parler du mode de rupture appelé „le Divorce conditionnel“ *Et-ta'alike*, singulier procédé, par lequel on peut amener inévitablement, fatalement, la dissolution du mariage, alors même que la volonté *rassérénée* ou *réfléchie* des deux époux serait de ne point se quitter. Par ses antinomies sans nombre, ses dispositions qui tiennent presque du bas comique, ses conclusions insensées, ce mode de dissolution présente le modèle le plus perfectionné qu'il soit possible de donner de la folie raisonnante.

En face de ces abîmes d'extravagances, nous nous sentons même obligé d'adoucir, à l'aide de quelque artifice de langage, les incroyables incongruités qui abondent dans cette partie de la législation musulmane. Sans cette précaution nous risquerions de soulever, dans l'esprit du lecteur, des doutes sur l'exactitude de nos récits, et, partant, sur la justesse de nos observations

Du divorce conditionnel, Et-ta'alike.

Nous avons, tout d'abord, à signaler une particularité didactique fort significative que présente le libellé même de la définition que l'on donne ordinairement de ce mode de divorce appelé: *et-ta'alike.* Au lieu de rapporter la définition au caractère abstrait ou métaphysique de cet acte, de façon à comprendre, dans la sphère de ses déterminations, la totalité des notes juridiques qu'il importerait de faire ressortir, les légistes musulmans limitent la portée de cette définition au signalement d'une simple dépendance grammaticale qui peut exister, sous forme de condition, entre deux propositions, dans l'une desquelles se trouverait une condition quelconque, et, dans l'autre, un divorce destiné à servir de conséquence immédiate au fait par la femme de réaliser cette condition.

«Faire un acte conditionnel, disent-ils, c'est bien la

réalisation du contenu d'une proposition subordonnée, à la réalisation du contenu d'une autre.» *Et-ta'alikou raptou houssouli madmouni joumlatenne, bi houssouli madmouni joumlatenne okhra»* (152).

Il résulte de cette définition que la vertu efficiente dans un divorce conditionnel réside, tout entière, dans la forme hypothétique de l'expression, alors même que la condition qu'elle renferme ne saurait avoir le moindre rapport avec un acte de divorce.

Pour les auteurs de cette définition, ce qui détermine le divorce, ce qui l'impose à la conscience, ce qui le rend absolument inévitable, c'est l'accomplissement, par la femme, de la condition posée par le mari, alors même que cette condition serait, non seulement sans rapport logique avec une rupture de mariage, mais encore foncièrement incompatible avec un acte de cette nature. Elle comprend, par exemple, dans le nombre des propositions conditionnelles effectives, des formules qui auraient été ainsi libellées: si tu crois en Dieu; si tu m'aimes; si tu m'as été fidèle; si tu ne te livres pas à un acte d'adultère, etc., que tu sois répudiée. De pareilles formules produisent le divorce à la réalisation de la condition indiquée, tout aussi bien que celles-ci, qui, tout en étant sans rapport avec un acte de divorce, ne sauraient être, dans tous les cas, qualifiées d'absurdes que dans une mesure infiniment moins étendue: si tu éternues; si tu respires; si tu bouges; si tu me désires, etc., etc., que tu sois répudiée!

Rappelons, pour mieux faire saisir le côté bizarre de cette législation, que dans ce genre de divorce, aussi bien que dans ceux que nous avons déjà passés en revue, la rupture du mariage s'effectue par la seule force des formules, *de plein droit*, et sans aucune sorte d'intervention de la part de la justice.

Il est intéressant de remarquer que les légistes musulmans, qui n'ont pas ignoré ce qu'il y aurait d'absurde dans une condition sans rapport logique ni moral avec l'acte qu'il s'agirait d'accomplir, et qui traitent, partout ailleurs, de pareilles conditions de «non séantes» *Gairou moulaïéme*, et, par conséquent, de nulle valeur légale, ont pourtant encombré cette législation du divorce d'une véritable avalanche de conditions bizares, insensées même, ou puériles, et qui seraient — nous venons de le constater — non seulement sans rapport concevable avec un acte de répudiation, mais même absolument incompatibles avec un pareil acte de rigueur maritale [1]).

La force de l'instinct nomade, la tendance traditionnelle et *parfaitement justifiée,* d'affaiblir les liens du mariage au point où il suffirait d'un mouvement, d'un geste,

[1]) Il faut remarquer que c'est précisément au caractère conditionnel de la formule qu'est due l'inévitable irrévocabilité du fait hypothétique qui lui est connexe. Du moment que le mari, actuel, ou seulement éventuel, a subordonné le divorce à un fait contingent qu'il est dans le pouvoir de la femme de produire, tout moyen de prévenir l'effet de cette subordination ou de l'arrêter devient absolument impossible. Les légistes musulmans regardent tout engagement, voire même une simple promesse qui aurait été exprimée sous forme conditionnelle, comme l'équivalent légal et parfait d'une obligation contractée sous la foi d'un *serment* formel. Ils appellent même l'acte par lequel on contreviendrait à une pareille obligation: *parjure*, et affirment qu'il entraînerait la même responsabilité que celle que l'on encourrait en violant un serment des plus solennels et des plus positifs.

Si, d'une part, cette doctrine doit relever la valeur d'une promesse faite par un disciple du Prophète, on ne saurait, de l'autre, contester que la faculté d'expier le serment qu'on aurait négligé de tenir, ou dont on voudrait se délier à peu de frais, ne contribue à ravaler considérablement la valeur de cette promesse. Voir Système législatif, page 7, et Coran, chapitre LXVI vers. 1. 2.

d'un souffle pour les réduire en poussière, ont prévalu sur les exigences de l'état social dans lequel les auteurs responsables de ces insanités scientifiques venaient de se jeter si brusquement.

Dispositions Générales.

Pour que le divorce sous forme conditionnelle se produise au seul fait de la réalisation, par la femme, de la condition à laquelle il a été subordonné par le mari, il est essentiel:

1° que la condition posée soit d'un caractère contingent et futur.

La condition certaine, c'est-à-dire celle qui porte sur un fait indubitable, telle que celle-ci: «si le ciel est au-dessus de nous ( ) tu es répudiée», implique un divorce formel et immédiat; il en sera de même si la condition se trouve déjà réalisée au moment où le mari l'a posée, comme lorsque le mari aura dit: „Si ton frère arrive de son voyage, que tu sois répudiée» et qu'il s'est trouvé qu'il était déjà arrivé au moment où cette formule avait été prononcée. La condition impossible, c'est-à-dire celle qui serait absolument irréalisable, comme dans cet exemple: «si le chameau passe par le trou de l'aiguille, tu es répudiée» sera tenue pour nulle et non avenue.

2° que la proposition conditionnelle, au cas où elle aurait été employée après la proposition hypothétique, soit formulée nettement et avant qu'un intervalle de temps, plus étendu que de raison, ne se soit écoulé entre ces deux parties constitutives de la formule, à moins que l'arrêt de la parole qui a amené cet intervalle n'ait été le résultat évident d'un fait involontaire, tel que toux, éternûment, évanouissement subit, ou enfin une frayeur nerveuse, ou par suite d'un bâillonnement forcé, etc. autrement, le divorce serait immédiat.

3° que la condition n'ait point ni le caractère, ni l'aspect d'un acte de rétorsion, auquel le mari aurait seulement donné la forme d'une formule conditionnelle, comme par exemple si, répondant à une injure que sa femme lui aurait adressée, il lui dit: si je suis tel que tu dis, tu es répudiée. Une pareille condition ne produirait qu'un divorce immédiat, que le mari ait été ou non tel que sa femme l'avait qualifié.

4° que la proposition hypothétique — c'est-à-dire celle qui contient le terme répudiatoire — soit placée sous le régime d'une conjonction copulative (c'est presque toujours le mot *fa*), dans tous les cas où elle aurait été régulièrement précédée de la proposition conditionnelle; ce qui donne, pour modèle de ces sortes de formules, le libellé suivant: „si tu fais telle chose, ou si tel fait se produit *fa*, (alors) tu es répudiée" — sans cet emploi de la copule *fa*, on pourrait contester l'existence d'un rapport de dépendance entre les deux propositions de la formule. Les légistes ajoutent une cinquième disposition qui pourrait sembler superflue, c'est que le divorce conditionnel ne peut s'appliquer qu'à l'égard d'une femme avec laquelle on est *réellement marié* [1]). La naïveté qui se dégage de cette doctrine est

---

[1]) Il ne serait peut-être pas hors de propos de présenter un exemple des superfluités juridiques auxquelles se livrent parfois les auteurs musulmans, alors qu'on les voit omettre d'indiquer de quelle façon on devrait régler certains cas tout autrement importants et qui se produisent assez fréquemment au cours d'une vie sociale.

Les compilateurs de la *Méjallat* (recueil de lois codifiées, sanctionnées par le pouvoir suprême, et publiées à Constantinople), après avoir établi assez tempérée par cette considération, qui, du reste, ne nous est plus étrangère, qu'il est des cas où un pareil divorce peut s'effectuer sur des femmes encore étrangères. Au point de vue musulman, toute disposition est légale si elle est exercée sur une chose se trouvant en l'état de propriété actuelle du disposant, ou si elle est seulement rapportée *au cas où elle le deviendrait*. Ainsi un homme peut bien rendre une étrangère passible d'un acte de divorce accompli par lui-même en lui disant: si je t'épouse, tu... ou, pour rester dans les termes stricts de la loi: *fa*, (*alors*) tu es répudiée. — On sait que si, dans la suite, cet homme épouse la femme qu'il aura ainsi répudiée par anticipation, il n'aura pas plus tôt achevé de contracter mariage avec cette femme, qu'un divorce immédiat en aura été la suite certaine et inévitable [1])! On sait également qu'un étranger

---

que la chose louée doit être portée par le propriétaire dans l'endroit convenu et que, à défaut de stipulation particulière à cet égard, elle doit être portée, aux frais du propriétaire, dans l'endroit où elle est destinée à être soumise à l'usage pour lequel elle a été louée, font cette réserve aussi juste en elle-même qu'elle est, très probablement, inutile:

Art. 68, page 465 Majallat, édition de Constantinople 1297 de l'Hégire: «Si l'endroit où la livraison de la chose louée doit avoir lieu, n'a «pas été indiqué dans l'acte de la location, on observera les règles «suivantes:

«Si la chose louée consiste en immeubles» (tels que terre, maison, bain, magasin, boutique, etc.) «la livraison de ces immeubles se fera «toujours sur les lieux mêmes où ils sont situés», etc., etc.

Evidemment les auteurs de cette sorte de *code* ont prévu ce qu'il y aurait d'incommode, pour le propriétaire, si on pouvait le forcer à porter au loin la maison, la terre, le bain, etc., qu'il aurait eu la légèreté de louer sans avoir, préalablement et clairement, stipulé qu'ils seraient livrés sur les mêmes points du globe terrestre où l'on pourrait les trouver.

[1]) Il est réservé à l'homme qui aurait pris un tel engagement la faculté d'user d'un biais juridique qui concilie tous les intérêts. Il consiste en deux procédés, séparables et également efficaces. L'un de ces biais n'est point exempt de quelque désavantage, c'est d'épouser, en

peut, à titre de *foudouly*, répudier la femme d'un autre, et que celui-ci, dans le cas où il consentirait à donner suite à une pareille mesure, n'aurait qu'à dire „j'ai accepté.“

Il est aisé de voir que dans toute cette législation relative au divorce, le principal objet des légistes se trouve concentré dans la tâche, d'ailleurs parfaitement justifiée, d'entourer le mariage de tant de causes de dissolution qu'une épouse enlevée à la société, en surplus du droit naturel, ne puisse tenir à la vie d'un mari musulman, plus qu'un oiseau au filet d'une araignée. La polygamie — nous ne saurions trop le répéter — n'est possible qu'à cette condition! — Voir système législatif, page 87. Si la législation musulmane a permis un mariage si abusif, si opposé à l'ordre social et au droit naturel accessible à tout individu du sexe masculin, ce ne fut qu'après avoir tout fait pour rendre un pareil mariage aussi éphémère, aussi fragile, et, par conséquent, aussi

---

secondes noces, la femme atteinte par le divorce conditionnel. L'efficacité de ce procédé se fonde sur la considération que l'expression «toute femme que j'épouserais» n'implique point la répétition d'un divorce déjà effectué. L'engagement aura été accompli et entièrement épuisé dès la première fois qu'il aurait produit son effet. Il n'en serait pas de même si cet homme avait dit, non pas «toute femme que j'épouserais» mais «toutes les fois que j'épouserais une femme», attendu que la première formule n'aurait d'effet que sur *l'acte* seul de se marier, tandis que la seconde porte sur les *personnes* mêmes, et comprend, par conséquent, dans sa sphère d'action, toutes les femmes sans exception aucune avec lesquelles il pourrait se marier.

Le second procédé consiste à *se faire* marier par l'intervention d'un *foudouly*. Dans ce cas il doit s'abstenir de toute déclaration ou expression orale, et borner son concours personnel à un simple consentement *en action*, en faisant à la femme la remise du don nuptial. De cette manière son mariage ne sera point atteint par le divorce anticipé, vu qu'il y aurait lieu à le considérer légalement comme *épousé* et non comme *épousant*. Voir plus haut page, 257, note № 1.

peu durable que les tempéraments les plus impatients puissent jamais désirer!

Si la formule conditionnelle a pour objet de frapper de divorce éventuel des personnes non déterminées, l'expression *formelle* du terme conditionnel n'est point nécessaire; il suffirait, dans ce cas, que la formule contînt *implicitement* la valeur logique ou coutumière d'une condition; mais si elle est destinée à atteindre une personne déterminée, l'emploi *explicite* du terme conditionnel est indispensable. Ainsi si un homme dit: toute femme *que j'épouserais* soit répudiée, il ne pourra plus épouser une femme, qu'elle ne soit répudiée dans l'instant qui suit, sans intervalle, la contractation légale du mariage; tandis que s'il disait, par rapport à une femme déterminée, soit par son nom, soit par un geste démonstratif certain: „que cette femme qu'il épouserait serait répudiée", il pourra contracter mariage avec elle sans craindre de voir son mariage se dissoudre *aussitôt après avoir été contracté*, et, chose vraiment inouïe, en vertu de la seule et unique raison *qu'il a été contracté!* Mais ce même mariage subirait le sort de celui dont le mari *hypothétique* aurait fait une condition de divorce, si celui-ci, au lieu de dire: „cette femme que j'épouserai", avait dit: „cette femme, si je l'épousais", attendu que, dans ce cas, il aurait employé une formule *explicitement conditionnelle*.

La raison de cette différence établie entre ces deux modes de faire, de l'acte même du mariage, une cause efficiente de divorce, réside tout entière dans la considération, plus que spécieuse, que dans une formule générale, s'étendant d'une manière absolue à toutes les femmes, (toute femme que j'épouserais) ou à toute une catégorie de femmes, (toute femme, vierge, de telle ou telle complexion, Egyptienne ou Syrienne, etc., avec laquelle je contracterais mariage), le sens de la dépendance hypothétique est évident: il s'impose même à l'esprit par la raison selon les légistes, qu'on ne saurait rationnellement donner à une pareille formule la valeur d'une proposition *informative* signifiant que son auteur épouserait, l'une après l'autre, toutes les femmes, ou toute la catégorie de femmes auxquelles pourrait s'étendre sa déclaration. Enfin, il est évident, fait-on remarquer, que cette formule: „toute femme que j'épouserai", (même en y mettant le verbe à l'indicatif) porte assez clairement le caractère d'un engagement général sans détermination individuelle et, par conséquent, le caractère essentiel d'une mesure hypothétique, ce qui constitue, en effet, le vrai caractère d'une proposition conditionnelle.

On comprendra, sans peine, qu'il n'en saurait être ainsi d'une formule qui aurait pour objectif une personne individuellement désignée, comme de dire, par exemple, s'il s'agit d'une personne présente: *cette femme*, ou, s'il est évidemment question d'une absente: *la femme une telle* (en la désignant soit *nominativement*, soit par quelques attributs *spécificatifs* de famille ou d'extraction notoire), que j'épouserai soit répudiée. [1]) La cause rationnelle

---

[1]) La désignation nominative ne détermine d'une manière suffisante que la personne absente; la femme présente ne peut être désignée d'une manière parfaite que par un geste *démonstratif* et non équivoque.

Si la femme absente, objet du divorce conditionnel, n'est désignée que par des indices généraux tels que: celle qui serait brune, blonde, qui aurait des yeux bleus, noirs, etc., le divorce conditionnel et anticipé qui aurait été appliqué à une pareille femme ne manquerait pas de produire son effet aussitôt que la condition dissolutoire aurait été réalisée—c'est-à-dire de cette distinction est tirée de cette spécieuse considération qu'une formule dans laquelle le cas hypothétique de la condition n'est point formellement indiqué, peut bien avoir été employée dans un sens purement *informatif*. La proposition limitative „que j'épouserai" par laquelle se termine la formule, acquiert, par le fait même de son application à une femme déterminée, l'apparence d'une formule *déclaratoire positive* et devient, par conséquent, impropre à produire l'effet juridique d'une formule répudiatoire conditionnelle (153).

Les légistes signalent, comme conséquences des principes que nous venons de relater, un grand nombre de cas, dont la plupart, cependant, sont loin de présenter, par rapport à ces principes, une filiation logique et satisfaisante.

Nous croyons devoir mettre sous les yeux du lecteur quelques-uns des exemples didactiques que les auteurs les plus distingués de l'Ecole hanéfite ont donnés de ces cas. Nous sommes d'avis qu'il ne faut dérober à l'Europe savante, qui seule peut apporter quelque remède à l'état déplorable des peuples musulmans, aucun symptôme du mal terrible, profond et invétéré, dont leur législation est atteinte.

Un autre motif, non moins important, nous détermine à ne négliger aucun détail, c'est de préparer le lecteur à l'intelligence des originaux. L'obscurité, le défaut de méthode, le désordre chaotique qui règne dans ces ou-

---

que la femme qui répondrait à ce signalement et que cet homme aurait épousée, sera répudiée immédiatement après l'achèvement légal des formalités du mariage. La raison de cette doctrine se fonde sur la considération que la désignation de la femme par des traits physiques généraux donne à la formule la valeur d'une obligation conditionnelle et, par conséquent, la force d'une expression *formative* absolue:

vrages rend l'étude de la jurisprudence musulmane, dans les écrits des auteurs arabes, extrêmement pénible. Nous nous sommes efforcé de dissiper ces obscurités, en quelque sorte organiques, et de rendre, par là, la lecture des ouvrages musulmans possible, soutenable, peut-être même intéressante et non sans quelque profit réel pour nous-mêmes parfois dans le domaine d'une philosophie transcendante.

Voici quelques spécimens de ces cas, avec l'indication des conséquences juridiques auxquelles ils pourraient donner lieu:

1° Un homme a dit: toutes les fois que j'épouserais une femme, qu'elle soit répudiée.

Conséquence:

Il est condamné, pour toute la durée de sa vie, à ne pouvoir plus épouser une femme sans qu'elle devienne *répudiée* dans l'instant qui suit la contractation formelle de son mariage (voir plus haut page 284, note 1).

2° Il a dit: *cette* femme *que j'épouserai* soit répudiée.

Conséquence:

Il peut l'épouser et elle n'en sera point répudiée [1]).

3° Il a dit à son père: si tu me fais épouser une femme, qu'elle soit répudiée.

Conséquence:

Le père de cet homme peut le marier à cette même femme sans entraîner, par ce fait, la dissolution du mariage qu'il lui aura fait contracter [2]).

---

[1]) Parce que la femme avait été *individuellement déterminée*, et que la formule dissolutoire ne contenait pas le terme conditionnel *explicitement* formulé. Voir plus haut page 286.

[2]) Parce que la condition dissolutoire a consisté dans le fait d'avoir été marié par son père. Or celui-ci n'avait point le droit de le marier (il s'agit dans l'exemple d'un fils majeur). Donc le mariage contracté ne

4° Il a dit: si je donne à quelqu'un l'ordre de me marier, que la femme avec laquelle il m'aura marié soit répudiée.

Conséquence:

Comme cet homme a subordonné le divorce à la condition *d'ordonner* et non à celle de *contracter* le mariage, sa formule ne produira aucun effet dissolutoire. Il est évident, selon ces légistes, que le fait d'avoir *ordonné* porte le péché du *parjure* sur l'acte de l'*ordre*, et non sur celui du *mariage*, qui reste — par suite de cette circonstance — inaccessible à l'effet dissolutoire d'un divorce conditionnel (154).

5° Il a dit: si j'épouse une telle, ou si je la prends pour fiancée, qu'elle soit répudiée.

Conséquence:

Dans le cas où cet homme épouserait la femme visée par lui, *son parjure* proviendrait du fait des fiançailles, et non de celui du mariage, qui restera, par conséquent, indemne.

6° Il a dit: si j'épouse une femme aussi longtemps que je demeurerai dans cette ville, etc.

Conséquence:

L'effet de cette formule se maintiendra pendant tout le temps que durera son séjour en la ville désignée. Mais il suffirait à cet homme d'en sortir, avec l'attirail d'un voyage ordinaire, ne fût-ce que l'espace de quelques heures, pour pouvoir y revenir et y demeurer, à nouveau, entièrement affranchi de toute trace de son engagement primitif.

---

l'a été que par le fils même, et non par son père, donc, conclut-on, la condition répudiatoire n'a pas été réalisée.

Cette conséquence s'explique par une considération assurément plus subtile que judicieuse, à savoir: que le fait de quitter la ville, sous l'aspect d'un départ définitif, aura pour conséquence *d'épuiser* l'engagement conditionnel, en sorte que la reprise, par cet homme, de son habitation dans la même ville, lui constituera un *nouveau séjour* sans rapport avec le premier et, conséquemment, impropre à être considéré comme une continuation de ce même séjour visé dans la formule.

7° Il a dit à une étrangère qu'il a épousée dans la suite: si tu rends visite à Zeyde, etc.

Conséquence:

La formule n'aura aucun effet, par la raison qu'elle ne rapporte pas le divorce au régime du mariage, qui seul peut donner droit au divorce, mais à un fait indifférent qui n'en donne aucun et qui échappe, par sa nature, à l'action d'un étranger.

8° Il a dit à une étrangère: tu seras répudiée dès que tu seras mariée, et il l'épouse lui-même.

Conséquence:

La formule adressée à une étrangère et sans indication de l'individu avec lequel elle serait mariée n'aura aucun effet.

9° Il a dit à cette même étrangère: tu seras répudiée en te mariant avec moi, ou en me mariant avec toi.

Conséquence:

La formule sera efficace, attendu que le mariage posé en condition est formellement rapporté à l'homme qui l'aura prononcé.

10° Il a dit: toute femme vierge, ou toute femme de telle complexion, ou toute femme d'Egypte que j'épouserai, etc.

Conséquence:

La formule ne déterminant la femme que par des traits généraux, ou collectifs, pouvant s'appliquer à un nombre indéfini de personnes, sera considérée comme conditionnelle malgré l'absence du terme formel par lequel s'exprime ce cas. La limite latitudinaire de „vierge", de „Syrienne", „d'Egyptienne",équivaudra à une condition pure et simple, et donne à la formule l'efficacité d'un engagement conditionnel qui aurait été exprimé ainsi: „Si „jamais j'épouse une femme de cette qualification, qu'elle „soit répudiée." (Voir plus haut, page 287).

11° Il a dit: toute femme avec laquelle je me trouverai dans le même lit, etc.

Conséquence:

Cette formule sera vaine et de nul effet. La raison de cette nullité est que le résultat hypothétique, le divorce, ne s'y rapporte pas au mariage, mais à une circonstance qui peut bien se produire en dehors du mariage (le fait de se trouver avec une femme dans un même lit).

12° Il a dit: si j'épouse une femme avant cinq ans, etc. (c'est-à-dire d'ici cinq ans), etc.

Conséquence:

Cette déclaration gardera son effet dissolutoire jusqu'à la fin de la cinquième année, et non pas, comme on pourrait le croire, jusqu'au commencement de cette année (155).

13° Il a dit: toute femme que j'épouserais soit répudiée.

Conséquence:

La première femme seule qu'il épouserait après cette

déclaration serait répudiée. — Après quoi l'homme se trouvera, *ipso facto*, délié de son engagement, et il lui sera loisible d'épouser, soit une autre femme, soit celle-là même qui aurait été répudiée par suite de son mariage avec lui, sans que cet acte puisse impliquer, dans aucun sens, le divorce de la femme qu'il épouserait.

Cette doctrine s'explique par la considération que les mots «toute femme» dans une pareille expression (que j'épouserais) ne se rapporteraient pas à *l'acte* même *d'épouser*, mais à la *personne* qui serait *l'objet* de *cet acte*, et signifieraient «la femme quelle qu'elle soit». Par cette raison, que nous croyons suffisamment soutenable, l'engagement conditionnel ayant une fois reçu un entier accomplissement, sera tenu pour épuisé. (Voir plus haut, page 284, note 1.)

Nous croyons que ces exemples, que nous avons tirés, dans leur substance même, des digestes les plus estimés, suffiront pour faire ressortir le caractère enfantin et prétentieux à la fois de cette étonnante jurisprudence.

On a dû remarquer que les auteurs musulmans se livrent, dans leurs dissertations sur les divers procédés par lesquels on peut répudier sa femme, à un véritable travail de kaléidoscope. Ils s'appliquent, sérieusement et avec une exaspérante prétention, à présenter une liste complète de toutes les combinaisons phraséologiques par lesquelles un homme peut, non seulement *répudïer* sa femme, mais encore *ne point la répudier!!!* (156).

Observons ici que les Schafites, les Malkites (du moins le chef illustre de leur Ecole) et un grand nombre de docteurs estimés, à la tête desquels on remarque, surtout, le célèbre Mouhammad de Bagdad, repoussent l'opinion des Hanéfites qui tient pour valide et efficace le divorce appliqué à un mariage non encore contracté, et déclarent un pareil procédé de divorce vain et sans effet possible. Le glossateur du *Dorre* ajoute, après avoir signalé cette grave divergence, les paroles suivantes:

„Cette opinion de Mouhammad (par laquelle il s'écarte „de la doctrine de son maître, Abou Hanifa) doit être „prise pour base de toute décision juridique, „*bihi youfta*, „et, ajoute-t-il, il est loisible „au Hanéfite que la doctrine du „*maître* aurait gêné, de „suivre en cette matière l'avis de „l'Ecole Schafite, *Wa lil Hanafy taklidouhou*", c'est-à-dire de tenir le divorce, en tant qu'appliqué à un mariage non contracté, pour nul et non avenu. Il est évident que cette *autorisation* accordée au Hanéfite de suivre, sur ce sujet, l'opinion des Schafites, dit beaucoup moins que la disposition signalée, dans l'instant d'avant, et d'après laquelle il serait même *prescrit* de prendre cette opinion pour *base de toute décision juridique.* Mais ce n'est peut-être là qu'une simple négligence de style — l'essentiel c'est de retenir cette conclusion fondamentale: que de toute cette législation, si soigneusement compliquée, il peut bien, au choix du croyant, ne rester aucune trace visible! Un Hanéfite s'en trouverait-il tant soit peu gêné, il sauterait par-dessus, à pieds joints, et passerait, sans plus de cérémonies, dans le camp des Schafites, et toute cette minutieuse et bizarre dissertation hanéfite n'aura servi qu'à faire montre d'une science aussi foncièrement bizarre qu'elle était absolument inutile!

Voici un exemple bien caractéristique que l'on donne en illustration de cette dernière doctrine qui permet à un Hanéfite de combattre une opinion de sa propre secte par une opinion empruntée à l'Ecole Schafite:

Un homme avait dit: *si j'épouse une telle, qu'elle soit répudiée par trois fois*, et, après avoir fait cette déclaration, il l'épouse. La femme, qui apprend, seulement après son mariage, la déclaration dont elle avait été l'objet de la part de son mari, introduit, contre ce dernier, une action *en divorce dû* et non encore *acquitté.*

Dans les conditions indiquées de cet exemple, le mari peut déjouer et rendre vaine l'instance de sa femme, en portant le litige devant un juge de l'Ecole Schafite. Celui-ci, jugeant selon la doctrine préconisée par son Imam, rejette le divorce hypothétique, maintient le mariage et déboute la femme de sa demande (157).

Dans ce cas le mari, à quelque obédience doctorale qu'il appartienne, pourra, sans scrupule, user sur la personne de cette femme de la plénitude, des droits réservés aux maris légitimes — et cela, notons-le bien — alors même que, dans sa conscience de croyant hanéfite, et dans ses convictions discursives, il serait obligé de tenir tout rapport intime avec cette femme pour absolument illicite! (158).

Le glossateur du „Dorre“ qui rapporte ce procédé, à l'aide duquel il serait loisible au mari de *frustrer* sa femme du *bénéfice* d'un divorce hypothétique dont elle aurait été frappée dès avant son mariage, a soin d'ajouter cette remarque: „Il serait toujours plus sûr, *ahouatte*, après avoir obtenu ce jugement par l'organe d'un juge d'obédience schafite, de le faire confirmer par un juge hanéfite (159).

Kadi-Khan, qui accepte cette combinaison dans tous ses détails, fait cette seule réserve que le magistrat hanéfite qui serait appelé à confirmer la décision de son confrère schafite, doit s'abstenir de toute rémunération, qu'elle soit à titre d'honoraires habituels, ou à titre de procédé *occulte inductif*. Si, ajoute-t-il, en dehors des frais strictement nécessaires de l'enregistrement et des écritures légales, le juge a reçu quelque rémunération, l'acte de confirmation accompli par lui sera *vain* et de nul effet pour un Hanéfite (160).

Nous croyons devoir faire ressortir ici une doctrine bien curieuse et qui, à plus d'un titre, mérite l'attention du théologien, du moraliste, aussi bien que du philosophe.

C'est la suivante:

Le divorce éventuel dont il est question ici, peut être annulé, non seulement par un magistrat schafite, mais encore, et avec une égale efficacité, par un simple individu sans autre titre que sa probité, sa connaissance académique et la régularité de sa conduite. Si un pareil homme assure au mari qu'un divorce hypothétique n'engage à rien, et qu'il lui serait loisible de le tenir pour nul et non avenu, le mari est *religieusement* autorisé à se comporter, envers cette femme, suivant l'avis personnel de cet individu et, par conséquent, à s'épargner la peine de s'adresser à un juge schafite et de passer, successivement, par cette filière de licitations qui lui seraient imposées. L'auteur dont nous parlons qui cite cette doctrine semble le faire avec la satisfaction de l'homme qui viendrait d'indiquer à l'humanité le moyen de s'épargner les embarras ou les ennuis d'une pénible et fastidieuse obligation! (161).

C'est là, dit ce légiste, un moyen commode, à la portée de tous, et dont on peut user sans peine et sans frais. Mais, ajoute-t-il, en se rengorgeant visiblement dans son importance de légiste „nous *en savons un autre*, encore

„plus *commode* et plus expéditif que celui-ci. C'est que le „Hanéfite, placé à l'égard de cette doctrine entre deux avis „contraires émis par de simples juristes, mais légalement „irréprochables sous le rapport de la conduite personnelle, „peut faire choix, pour servir de règle à sa conduite, de l'un „ou l'autre de ces avis qui lui conviendrait le plus" (162).

L'auteur, cependant, du *Bahre* qui signale cette dernière ressource a soin d'ajouter, *tout bas*, et comme sous le sceau d'une confidence intime, qui serait destinée à rester secrète entre l'auteur et une certaine classe privilégiée de lecteurs: «c'est là un moyen légal que l'on „doit savoir, mais qu'on ne doit pas divulguer en le pre- „nant pour base d'une fétwa» (!) (163).

Un autre légiste non moins autorisé donne à ce conseil un certain développement en disant: „Personne ne „doit baser sur cette vérité un jugement légal, de crainte „que les ignorants n'arrivent, par là, à saper le système „législatif jusque dans ses fondements" (164). Abou-S-sou'oude, autre jurisconsulte non moins estimé, fait observer que si les docteurs recommandent la connaissance de cette vérité, ce n'est pas pour la divulguer, mais uniquement afin que celui qui l'apprendrait *puisse s'en servir dans* son *propre intérêt personnel* (165). *Faïdatou-l-ilmi biha, enne ïamala biha li nafsihi.* C'est là assurément un des traits les plus caractéristiques de la législation musulmane. Les docteurs paraissent heureux et fiers à la fois — non pas de l'existence de lois positives qui édifient la société sur le caractère du bien et du mal — mais, presque toujours, de l'existence, à côté de chaque loi, d'une autre qui la supprime du coup, ou qui neutralise son action au point de la rendre parfaitement inutile!

Les Hanéfites n'ont à l'appui de leur doctrine sur l'efficacité des divorces hypothétiques qui auront précédé le fait même du mariage, que des preuves discursives, uniquement fondées sur le principe des engagements conditionnels. Les Schafites opposent, à leurs confrères partisans du Grand Imam, l'autorité irrécusable du Prophète lui-même. Ils citent un *hadice* dont l'authenticité paraît également reconnue par leurs opposants et qui aurait dû trancher, catégoriquement, la question contre ces derniers. Il aurait été formulé en ces termes: Il n'y a point de divorce avant le mariage, *la talaka kabla nikahenne.* Il semble qu'en face d'une pareille autorité aucune contestation n'est plus possible; mais les Hanéfites ripostent par une observation d'un *truisme* bien étrange dans la bouche de légistes sérieux. Les paroles du Prophète, assurent-ils, doivent être entendues dans ce sens naturel qu'on ne peut répudier que la femme avec laquelle on est marié, et non pas celle d'un autre (!) (166). Il est, d'ailleurs, évident, ajoutent-ils, que l'efficacité du divorce hypothétique, qui aura été prononcé *conditionnellement* avant le mariage, se fonde sur le même principe général qui détermine, *inéluctablement*, l'accomplissement du fait hypothétique immédiatement après la production du fait contingent auquel il aura été subordonné.

Ce dernier raisonnement, envisagé dans sa valeur *polémique* comme un argument *ad hominem*, n'est pas dénué de quelque rationalité qui en justifierait l'emploi. En effet, il est admis, à l'unanimité, que toutes les manières d'effectuer un divorce conditionnel sont légitimes et qu'elles produisent leurs effets dissolutoires à la première réalisation du fait contingent posé en condition de ce divorce. Ils s'accordent, également, à dire que la dissolution s'effectuera, inévitablement alors même que le mari *éventuel* se serait ravisé et qu'il aurait eu, dans la suite, soit isolément, soit de conserve avec sa femme, la volonté de ne pas donner suite, si jamais il épousait cette femme, au divorce conditionnel dont il l'avait frappée par anticipation sur le mariage. Quant à l'explication des paroles attribuées au prophète, il est impossible d'accorder la moindre valeur intrinsèque au commentaire qu'ils font du *hadice* précité. On ne saurait raisonnablement supposer que le Prophète arabe ait voulu seulement nous enseigner, du haut de sa tribune prophétique, qu'un homme n'aurait pas le droit de *répudier*, de son propre chef, *la femme d'un autre.*

Les Hanéfites auraient pu, tout simplement, contester l'authenticité du *hadice* schafite, et se débarrasser ainsi, sans peine, d'une autorité qui, dans toùs les cas, ne laisserait pas d'être gênante; mais les docteurs des premiers siècles de l'Islam en venaient rarement, dans leur controverse, à ce procédé radical. Souvent un *hadice* rapporté, originairement, par un parti, était admis sans conteste par l'autre. Les traditions orales, ou plutôt les faits et gestes du Prophète, formaient une réserve de dispositions légales, de doctrines jurisprudentielles, trop précieuse pour qu'on osât la mettre en suspicion, ne fût-ce qu en faisant entrevoir la *possibilité matérielle* de transmettre de faux *hadices.* C'était l'unique source de direction qui pût suppléer à l'insuffisance du fonds législatif scriptural, or chaque croyant pouvait se trouver dans le cas d'avoir besoin d'une loi, d'une règle, d'une direction dont il n'existait pas trace dans le Coran. Dans ce cas la réserve des hadices offrait une précieuse ressource, et d'autant plus accessible à tous, qu'on ne pouvait exiger du rapporteur ni science ni capacité intellectuelle particulière. Il lui suffirait d'affirmer qu'il a entendu dire au Prophète telles ou telles paroles; qu'il l'a vu exécuter tel ou tel mouvement; accomplir telle ou telle action, pour que *l'augure* musulman soit censé avoir rempli toutes les conditions d'un *reporter* digne de la foi la plus absolue. On peut commenter un *hadice*, mais on ne doit pas en contester *l'exactitude*, et, encore moins, *l'authenticité*; parce qu'on ne saurait le faire sans troubler une source à laquelle chaque croyant avait droit de puiser à discrétion.

Dans cette situation il devait être tout naturel, aux Musulmans des deux premiers siècles de l'Hégire, d'envisager la précieuse ressource du *hadice* comme une sorte de *caisse publique* où tout membre de la communauté pouvait, au besoin, trouver un *crédit illimité*, et, en même temps, un moyen d'inscrire son nom dans les fastes législatifs de son pays!

---

[1]) Il est impossible de ne pas songer au fameux marché de «Passez-«moi la rhubarbe, je vous passerai le séné» quand on pense à cette sorte de respect religieux que les rapporteurs de *hadice* affectaient de se témoigner entre eux, et surtout, quand on voit avec quel soin ils évitaient de relever les *inventions* les plus évidentes de leurs rivaux.

On peut citer l'anecdote suivante, racontée par As-Souyouty, un des meilleurs historiens de l'Islam, comme un des exemples les plus frappants de cette sorte d'*entente tacite* qui semblait exister entre les croyants des premiers siècles de l'Islam de ne pas laisser planer le moindre doute sur la véracité de tous ceux qui se font une vocation, un métier de rapporter des *hadices*.

L'anecdote est racontée en ces termes:

Mahdi (troisième Khalife Abbasside) aimait passionnément à élever des pigeons et à les dresser pour la course et pour la poste. Il vit, un

Moua'ouïya, le premier khalife ommiade, surpris un jour marchant à quatre pattes, une corde au cou, et conduit, en guise de mouton, par l'un de ses enfants en bas âge, improvisa, pour la justification de sa conduite, un *hadice* d'un merveilleux à-propos. Il dit à l'individu, qui ne put dissimuler son étonnement en voyant le prince des croyants oublier à ce point sa dignité souveraine: *Tais toi, malheureux, et sache que j'ai entendu dire au Prophète: „quiconque a un petit enfant, qu'il l'amuse en „se faisant aussi petit que lui"* [1]) (167). Mais, dirait-on, cette doctrine qui fait des hadices un supplément indispensable

jour, entrer chez lui dix individus qui avaient pour *profession* de rapporter des *hadices*. On remarquait parmi les nouveaux venus Farage ben Foudalatte et Guiyace ben Ibrahim. Lorsque ce dernier fut présenté au Prince, un homme de la cour présent à l'audience lui dit: Raconte au Prince des croyants quelques *hadices*. Guiyace, qu'on ne pouvait jamais, paraît-il, prendre au dépourvu, répondit sur-le-champ: Prince des croyants, il m'est revenu par l'organe d'un tel, qui le tient d'un tel (suit une série non interrompue de rapporteurs, jusqu'à Abou Houraïra, compagnon et ami du Prophète), que l'apôtre de Dieu, en qui soit la bénédiction du Très-Haut, a dit: «aucune lutte de vitesse n'est permise en dehors de celles qui auraient pour sujets un cheval, une flèche ou un oiseau». Le mot «oiseau» ajoute l'auteur, a été évidemment forgé par l'obséquieux rapporteur pour flatter le goût du Prince. Celui-ci parut enchanté de cette haute approbation donnée à l'une de ses passions les plus vives, et fit donner au rapporteur, à titre de gratification et en témoignage de sa gratitude, une somme de dix mille dirhams (plus de six mille francs). Lorsque l'heureux rapporteur se fut retiré, le prince dit à haute voix: je jure que cet homme vient de mentir; mais, reprit-il, «c'est égal, il a bien su gagner cette gratification.»

On peut relever de cette anecdote deux faits importants: 1° que la qualité de rapporteur était regardée comme une profession, un métier impliquant une sorte de faculté permanente de citer toujours des hadices encore inédits, 2° que le Prince des croyants lui-même n'osait démentir ouvertement un rapporteur, tout certain qu'il fût de sa fausseté.

L'historien ajoute qu'à la suite de cet incident Mahdi donna l'ordre d'égorger tous les pigeons dont la présence, dans ses palais, faisait jusqu'alors un de ses divertissements les plus favoris (168).

de la révélation écrite, n'impliquerait-elle pas une sorte d'aveu formel de l'insuffisance du Coran? En effet, si ce livre est parfait, à quoi bon le *hadice*; s'il ne l'est pas, comment justifier ou seulement expliquer cette imperfection? Serait-ce la hâte, le manque de temps de l'auteur qui ne lui aurait pas permis de consigner dans ce livre tous les préceptes qui intéressent, à un si haut degré, le salut et le bonheur de l'humanité? Mais ce livre existe de toute éternité, et on peut croire que, Dieu d'un côté, l'éternité de l'autre, en voilà plus qu'il n'en fallait pour faire une œuvre parfaite, sans défaut, sans lacune et absolument adéquate à la fin pour laquelle elle a été faite [1]);

[1]) Rien, croyons-nous, ne saurait mieux donner une idée de cette immense somme d'absurdités et de non-sens qu'une conscience humaine est capable d'*absorber*, que cette histoire imaginée par les docteurs musulmans sur les origines du Coran.

Voici un résumé des principaux faits de cette histoire:

1° Le Coran, tel que nous l'avons, c'est-à-dire avec ses redites, ses imprécations, ses colères, ses ordres du jour se rapportant à des actualités n'intéressant que la personne du Prophète ou les quelques individus auxquels il avait affaire, ses contradictions ou, si l'on veut, les nombreux cas *d'abrogation* d'un passage par un autre *meilleur* (169) ou l'envoi par l'Eternel d'un passage à la place d'un autre que le Prophète avait *oublié* — ce livre, enfin, tel quel, a existé de toute éternité.

2° Il a été communiqué au Prophète par fragments, par versets détachés. Mais là au ciel il a *toujours* existé à l'état d'un livre complet absolument identique à celui que nous possédons maintenant (170).

3° La forme même, lexicologique et grammaticale, de ce livre n'est pas créée (171). Elle est coéternelle à Dieu, ce qui prouve, — disons-le en passant — que la langue arabe, ou plutôt le dialecte que l'on parlait à la Mecque, a existé de toute éternité; que Dieu même pense en cette langue et qu'il a l'habitude de s'en servir pour fixer, *uniquement pour son usage exclusif*, ses propres pensées.

4° La place de l'univers où ce livre se trouvait étalé avant que Dieu l'ait *descendu* à son bien-aimé prophète, c'était le neuvième ciel, et tout près du trône de l'Eternel; là, tracé en lettres magnifiques sur les *tables du destin*, attendait, depuis l'éternité, la foi et l'admiration des futurs Arabes du désert. Non loin du livre sacré, Dieu pouvait lire serait-ce le besoin de ménager l'espace, et de ne pas trop grossir les dimensions de ce livre qui aurait rendu néces-

---

(car il n'existait pas d'autre lecteur) le glorieux symbole de l'Islam: «il n'y a d'autre dieu que Dieu et Mahomet est son prophète» également écrit dans le pur dialecte de Koraïche (172).

5° Les six mille versets, ou à peu près, qu'il contient forment un nombre exactement égal de *miracles*, chaque passage étant, par lui-même, une véritable merveille d'éloquence et de sagesse surnaturelles, en sorte qu'il suffirait à l'homme, appelé à professer l'Islamisme, d'entendre un *seul* passage de ce livre pour demeurer convaincu qu'une *pareille manière de s'exprimer* ne pouvait avoir pour auteur que le Tout-Puissant lui-même! (173)

Ce jugement, qui impliquerait, chez l'heureux et non moins merveilleux croyant qui se permettrait de le concevoir, une *omniscience absolument divine*, doit être porté par tout homme vivant dans ce monde, et — conséquence inévitable — tout homme doit se croire parfaitement apte à juger, en maître infaillible, du caractère de l'éloquence, de ses degrés et des dernières limites de beauté et de puissance que la parole humaine peut atteindre, non seulement chez des tribus à moitié sauvages ou des races encore dans l'enfance, mais encore chez les nations les plus cultivées et les plus avancées de la terre!

C'est là, assurément, un miracle de science et d'infaillibilité que tout musulman, fût-il le plus ignorant de la terre, serait appelé à accomplir journellement!

Que penser des hommes qui seraient capables d'imaginer de pareilles légendes? — que penser, surtout, de ceux qui les acceptent? — comment expliquer la formation, voire même la conception de ces contes — où la niaiserie du fond le dispute à la futilité de la forme; où le défaut de bon sens n'a d'égal que l'absence de toute teinte poétique? — que penser enfin, d'un sentiment religieux qui fait du Coran une sorte d'idole céleste pour la laisser, durant des éternités infinies, sans autre admirateur, sans autre témoin que son auteur lui-même? Nous expliquerons ces singularités tout simplement par la nature même du génie arabe, qui ne pouvait agir autrement.

Trois grandes tendances passionnelles le caractérisent et lui assignent une place à part parmi les principaux facteurs qui régissent les destinées des nations:

1° un amour démesuré pour le merveilleux, et, conséquemment, une crédulité que rien ne saurait rebuter.

Témoin les histoires grossièrement, puérilement miraculeuses de la naissance du Prophète; de sa vocation; de son voyage dans le ciel; de saire l'omission de cette infinité de préceptes, de lois, de dogmes, de conseils dont nous devons la communication à l'initiative libre et foncièrement accidentelle des rappor-

---

son entrée dans la salle même du trône où siégeait l'Eternel; de l'accueil enthousiaste qui lui fut prodigué; du tapis immense qui couvrait cette pièce et sur lequel l'apôtre cheri, mais plein de politesse, marcha les pieds déchaussés; de sa conversation avec l'âne qui l'attendait depuis longtemps et dont les ancêtres avaient servi de monture à un grand nombre de prophètes; de la lune que le Prophète fendit en deux morceaux égaux, dont il jeta l'un sur le mont Kouaïka'anne et l'autre sur le sommet d'Abou koubaïsse (174), etc.

2° Une esthétique déroutée, enfantine, presque uniquement basée sur l'importance de la valeur vénale, dans notre monde, de la chose proposée à notre admiration, témoin la description des objets destinés à l'usage des Musulmans habitants du Paradis: Maisons construites alternativement de cubes d'or et d'argent; pavillons de plaisance creusés dans le corps d'une perle; palais formés d'une seule pierre de rubis; chaises d'or;étoffes brodées de perles; cheval céleste, El Bourake, dont la crinière était faite de rubis, et les oreilles d'émeraudes; voile céleste en fils d'or dont l'épaisseur occupe l'éspace de 500 annés de marche (175), etc.

3° Et c'est, assurément, la tendance la plus malheureuse de l'esprit de ce peuple, celle qui exerça la plus désastreuse influence sur sa destinée et qui précipita sa décadence morale et politique sur tous les points du globe où, selon la judicieuse expression de la Bible, il avait *dressé ses tentes*. Nous voulons parler d'un vice de conformation complexe et, en apparence, bien contradictoire. C'est, d'un côté, l'absence, chez l'Arabe, de toute conception ou disposition *poétique* et, de l'autre, une passion maladive pour la rime, le rythme et, en général, pour toute articulation *sonore* qui ferait plus ou moins vibrer l'air à son oreille, alors même qu'elle n'apporterait rien à son esprit. Les mots, la forme, la consonnance prévalent souvent, chez lui, sur les idées, sur le fond et sur la véritable harmonie de la raison.

L'Arabe conçoit rarement une vérité sans l'ensevelir aussitôt sous des monceaux d'ornementation purement lexicologiques. Pour lui la *sonorité* c'est la poésie, la consonnance, c'est le beau et la cadence c'est la raison. Sa législation, sa poésie, sa rhétorique, sa logique, sa religion même n'ont pas toujours échappé à l'influence de cette maladie de son oreille. Bien souvent il se nourrit de sons, et de presque rien que de sons. La forme lui fait oublier le fond, et le charme d'une phrase sonore lui cache le vide dont elle est..... remplie (176).

teurs? Mais songe-t-on jamais à une économie d'espace, à une simple abréviation de fond, à des coupures de ce genre quand il s'agit du bonheur social du peuple favori, et du salut éternel de l'humanité? Ces préceptes, ces lois, ces conseils auraient bien plus d'effet, bien plus de force dans le Coran, c'est-à-dire sortant de la bouche même de Dieu, que s'ils ne nous parvenaient que par l'organe de quelques individus qui nous sont entièrement inconnus, et dont ni la véracité ni la mission qu'ils se sont donnée ne s'appuieraient sur aucune raison accessible à notre intelligence ou à nos sens!? N'aurait-on pas, de plus, le droit de penser qu'une pareille économie eût été infiniment plus conséquente, plus rationnelle, plus en harmonie avec les vues attribuées à l'auteur même de ce livre, si, *épargnant* les parties *nécessaires,* elle se fût portée sur ces innombrables *redites* dont fourmille le texte sacré? Il n'y a aucun avantage à *dire* ce qui a *été déjà dit*, et cela à quelques pages, à quelques lignes, parfois à *quelques mots* d'intervalle! Tandis qu'il y en aurait d'incontestables à ne pas passer sous silence un précepte moral important (177), un dogme essentiel (178), quelque histoire édifiante (179), une loi dont une société humaine ne saurait se passer, ou dont l'absence constituerait un vide qui serait, en tous cas, bien plus sensible que celui qui résulterait d'une moindre répétition d'un passage quelconque du livre révélé.

Paradoxe de conscience presque incroyable! Les musulmans, qui ont élevé le Coran à la hauteur d'une personnalité vivante et *incréée,* ont reconnu, par le fait même de la place qu'ils ont réservée aux *hadices,* la nécessité *organique* de cette dernière source de direction, et, par une conséquence absolument inévitable, l'insuffisance, non moins organique, du livre sacré.

On peut donc déduire de leurs propres principes qu'il eût été plus rationnel, du moins plus conséquent avec l'objet final du Coran, si l'auteur de ce livre avait fait le sacrifice de ces innombrables redites et, surtout, de cette fastidieuse reproduction de ritournelles coraniques [1]),

[1]) Sorte de queues postiches collées à des phrases avec lesquelles elles n'ont aucun rapport logique. Elles n'ajoutent, par conséquent, absolument rien au sens déjà connu, sinon une certaine sonorité de rime ou de cadence qui opère une véritable incantation sur l'esprit arabe et le dispose à se nourrir de vide! (180).

On ne saurait imaginer jusqu'à quel point les séductions de la rime ont perverti le goût de la race arabe, et paralysé jusqu'à l'action même de l'intelligence. Que l'on examine, par exemple, les chansons populaires, qui, à notre point de vue, doivent être le moins entachées des pédantesques prétentions à la beauté de la forme, et on sera étonné du vide absolu qui règne dans cette principale manifestation du sentiment populaire. Nous regrettons que le cadre de cette étude ne nous permette pas d'en donner quelques exemples, à l'appui de notre observation. Nous en donnerons cependant un, un seul, mais qui sera — espérons-le — bien significatif.

Il y a quelques années une chanson composée en arabe vulgaire avait une immense vogue en Syrie; on l'entendait dans toutes les réunions joyeuses et elle formait, même pour les chrétiens de cette contrée, la partie la plus brillante de la musique au son de laquelle on se livrait à la danse. Voici le texte et la traduction littérale de la première strophe:

«ăzilī dănī lămmă, fătănī schămmă oŭ dămmă, Bĕttŏu lă ăhmĕl hămmă, sălă dăm'ī mŏurjănī»

ce qui veut dire, malgré deux énormes fautes de grammaire dont cette strophe est ornée:

«Mon censeur! laisse-moi, quand j'ai perdu un baiser et un parfum.
«J'ai passé la nuit sans inquiétude.
«Mes larmes ont coulé comme des grains de corail (181).»

Le reste est à l'avenant: absence d'idée, de sentiment, mais — par compensation, — abondance de rimes et de cadences. L'Arabe n'a jamais été plus exigeant!

Les ritournelles coraniques auxquelles nous venons de faire allusion se reproduisent, dans le Coran, 44 fois pour dire que Dieu est puiset qu'il eût donné place à des éléments de direction tout autrement importants, c'est-à-dire à ces mêmes révélations que des hommes sans titre à notre confiance, des hommes inconnus, sans vocation préalable et parmi lesquels il s'est glissé, selon les musulmans eux-mêmes, un grand nombre de faussaires, ont bien voulu nous transmettre, et à l'infaillibilité desquels il nous faut croire autant qu'à celle d'un prophète. Or, peut-on imaginer une situation plus bizarre que celle que présenterait un certain nombre d'hommes se rendant, de leur propre chef, organes de la volonté divine, et dont les récits, destinés à se transformer en autant de lois éternelles, ne seraient garantis par aucune autorité adéquate à la mission éminemment apostolique que ces hommes se sont donnée, et alors qu'ils se présentent comme des réparateurs des omissions ou des négligences accomplies par l'Eternel lui-même, c'est-à-dire par l'auteur même du livre merveilleux destiné à contenir tout ce qui est nécessaire au bonheur de l'humanité!

Nous ne parlerons pas de ces inutiles et exaspérantes ritournelles si fréquentes dans le Coran, telles que: *Dieu entend tout; Dieu voit tout; Dieu est glorieux; Dieu est puissant; Dieu est sage; Dieu est savant; Dieu est clément*, etc., auxquelles on avait eu, évidemment, recours pour masquer, par une simple *consonnance* rythmique, *la dissonance* logique des idées (qu'on nous permette la forme un peu arabe de cette antithèse) [1].

---

sant; 45 qu'il entend tout; 45 qu'il voit tout; 94 qu'il est glorieux; 97 qu'il est sage; 97 qu'il est indulgent; 172 qu'il est clément 175 qu'il est savant! etc (182).

[1]) On reconnaîtra, sans difficulté, qu'il était impossible de remédier aux incohérences de fond qui devaient, nécessairement, exister entre des

Nous nous bornerons à donner ici un spécimen de ces redites portant sur des parties du Coran *formant* la substance ou le fond même du récit, et non pas seulement un simple ornement postiche ou supplétif de ce même récit, comme on peut qualifier les ritournelles auxquelles nous venons de faire allusion. Un ou deux exemples suffiront. Nous mettrons entre parenthèse les mots qui ne sont pas formellement exprimés dans le texte, mais que l'on doit sous-entendre pour faire ressortir le sens véritable visé par l'auteur.

«Si une femme avait craint de (la part de) son mari un «acte de) désobéissance (à la loi ou au devoir) il n'y «aurait point de mal qu'ils se réconciliassent au prix de «quelque sacrifice (que la femme ferait au mari). La «réconciliation est (toujours) préférable, (et) les âmes «(humaines) sont préparées à être accessibles (aux sug-«gestions) de l'avarice... [1]) s'ils se séparent, Dieu les aidera «de sa munificence, et rendra chacun d'eux en état de se «passer de l'autre. Dieu est généreux et sage. A Dieu «appartient ce qui est dans les cieux et ce qui est sur «la terre ; si vous êtes incrédules, or à Dieu appartient

phrases détachées, sans commencement et sans fin saisissables, qui avaient été séparées, à leurs origines, par des intervalles de temps plus ou moins espacés, mais qu'on se proposait de raccorder, à tout prix, afin d'en faire *la matière réunie* d'un livre renfermé *entre deux planches* (183). Tel fut le principal objet d'Abou Bèkre et d'Osman qu'ils *se sont* appliqués à réaliser sur cette masse informe de fragments et de passages détachés renfermés, pêle-mêle, dans une caisse déposée chez Hafsa, l'une des nombreuses veuves du Prophète.

[1]) Cette dernière réflexion est une délicate *insinuation* faite à la femme de mettre à profit la cupidité naturelle des hommes pour améliorer, au prix de quelque sacrifice pécuniaire, sa situation d'épouse, en s'assurant, au moins, de la complaisance intéressée de son mari.

«ce qui est dans les cieux et ce qui est sur la terre. «Dieu est riche et digne de louanges. A Dieu appartient «ce qui est dans les cieux, et ce qui est sur la terre [1]). «Chap. IV, vers 127—131.

---

[1]) Le lecteur pourra comparer la traduction que nous venons de donner de ces passages, avec celle de M. Kazimirski que voici:

«Si une femme craint la violence de son mari ou son aversion pour elle, il n'y a aucun mal à ce qu'ils s'arrangent à l'amiable. La réconciliation vaut mieux. Les hommes sont portés à l'avarice.

«.... si les deux époux se séparent, Dieu les comblera de dons. Il est immense et sage. A lui appartient ce qui est dans les cieux et sur la terre. Si vous êtes incrédules, sachez que tout ce qui est dans les cieux et sur la terre lui appartient. Il est riche et glorieux. A lui appartient tout ce qui est dans les cieux et sur la terre.» (184)

Nous croyons devoir profiter de l'occasion pour rappeler, ici, que pour nous le véritable mérite d'une traduction, surtout lorsqu'elle est faite d'un livre tel que le Coran, consiste dans l'exactitude de la version, c'est-à-dire dans la plus grande *proximité* possible de l'original, et par conséquent dans la conservation plus ou moins entière de la physionomie caractéristique du texte à traduire, et non pas dans cette vaine et prétentieuse application à faire *évanouir* le caractère typique de l'auteur pour y substituer celui du traducteur. Nous sommes aussi conscient que personne de l'extrême sensibilité de la langue dans laquelle nous écrivons, mais nous pensons qu'il est déjà temps de faire un peu moins de cas de la forme, et d'avoir un peu plus d'égard pour le fond. On doit regretter que cette belle langue française, malgré ses immenses et incontestables richesses, soit restée, jusqu'à présent, si peu hospitalière. En règle générale, rien d'étranger n'y saurait trouver place qu'à la condition de se présenter tout accoutré à la dernière mode de Paris!!... Malgré de très sensibles progrès réalisés en France, depuis quelques annés, dans l'art de la traduction, on est encore loin d'avoir atteint, en cette matière, la mesure désirable, au-dessous de laquelle toute traduction ne saurait être, en réalité, qu'une sorte de faux commis en *écriture didactique*. On ne traduira, peut-être, pas l'antique vocation: «ἄνδρες ἀθηναῖοι», par cette invocation bien plus boulevardière de: «Messieurs es Athéniens», ... mais le: *Comment peut-on être Persan?* de Montesquieu restera toujours un cri de cœur profondément français!... disons-le franchement, puisque, après tout, on nous permettra de considérer la langue française comme nôtre, au même titre que celle du pays qui nous a vu naître.

En voici un autre exemple, où la répétition prend le caractère d'un vrai rabâchage:

Dis: «O infidèles, je n'adore pas ce que vous adorez, «et vous n'allez pas adorer ce que j'adore, et (moi) je ne «vais pas adorer ce que vous avez adoré, et vous n'allez «pas adorer ce que j'adore. Vous avez votre religion et «(moi) j'ai la mienne». Coran, chap. CIX.

La répétition qui caractérise ces passages est si violente, si inutile, et elle se présente sous un aspect si choquant que nous nous sentons forcément enclin à y voir la faute originaire d'un copiste inattentif. Mais—nous devons le reconnaître — jamais exégète musulman n'accepterait cette supposition, bien qu'il l'admette, sans réserve, à l'égard de la Bible et de l'Evangile, qui, de l'aveu même de l'Islam, sont, eux aussi, paroles de Dieu au même titre que le Coran. Ajoutons que les docteurs musulmans ont admis la possibilité de cette altération criminelle malgré la circonstance, si peu compatible avec l'existence d'un pareil méfait, que le livre descendu du ciel au Prophète avait eu pour *destination essentielle* de les confirmer *sans réserve,* c'est-à-dire tels qu'ils étaient *en fait* au moment où cette confirmation a été donnée. Voir Coran, chap. II, 38, 83, 85, 95. III, 44, 75. IV, 50. V, 52, VI, 92. XXXV, 28. XLVI, 11.

La contradiction est bien flagrante, sans doute, entre ces affirmations conciliantes et l'assertion oppositionnelle et agressive à laquelle s'est, à la fin, arrêtée la science musulmane, à savoir que les Juifs et les Chrétiens ont altéré le texte même des saintes Ecritures dont ils étaient *les seuls dépositaires.* Mais nous reconnaissons, également, que de pareilles contradictions devaient être inévitables dans la formation d'un livre qui se composait, par voie de simple entassement ou superpositions successives, de matières éparses sans rapport entre elles et dont chacune avait été déterminée par quelque nouvelle circonstance du moment. Il est évident que l'intérêt passager ou accidentel du moment dominait la situation, et d'autant plus impérieusement que rien alors ne devait faire présager qu'on réunirait, un jour, dans un corps d'ouvrage tout cet amas confus de phrases qui n'avaient plus d'objet, et qu'on en montrerait, ainsi, imprudemment, les graves incohérences.

Ici commence une nouvelle catégorie de suppositions bizarres, parmi lesquelles il en est une, surtout, qui a dû beaucoup exercer la sagacité casuistique des auteurs musulmans. C'est le cas où un homme, après avoir répudié, conditionnellement, sa femme par trois fois, viendrait, dès avant l'accomplissement de la condition répudiatoire, à la frapper d'un divorce également triple, mais *absolu et immédiat*. Le problème consiste dans la question de savoir si cette femme, au cas où elle réépouserait cet homme, après *licitation coïtale*, recouvrerait la faculté d'accomplir, sous le régime du mariage renouvelé, la condition dissolutoire à laquelle elle avait été soumise au cours de son mariage précédent, et déterminer ainsi, par cet acte, la dissolution du mariage présent.

Abou Hanifa et son premier disciple Abou Jousef sont pour la négative. Leur opinion est la conséquence d'un principe posé par le maître et qui domine déjà chez les Sunnites de toutes les Ecoles, à savoir: que le divorce subordonné est annulé par la *perte* que *subirait* la femme de sa qualité de femme *licite* par rapport à son mari, et non pas par celle qu'essuierait le mari à la suite de la déchéance de son droit de *propriétaire* sur son épouse. Doctrine que l'on formule ainsi: *iabtoulou et-ta'alikou bi zaouali-l-hilli, la bi zaouali-l-moulke.*

Pour comprendre cette doctrine il faut se rappeler:

1° Que la législation musulmane reconnaît au mari, sur son épouse, un droit de propriétaire véritable, bien que portant exclusivement sur cette partie de la personnalité féminine que la nature semble avoir entièrement placée à la disposition discrétionnaire du mari (Voir plus haut page 82 — 86) et appelle, par conséquent, le mariage, en tant que se rapportant à l'homme du sexe fort, *moulkon hokmy* «propriété juridique», par comparaison à «propriété réelle», *molkon hakiky*, que l'on peut acquérir sur les animaux et les choses [1]).

2° Que le divorce partiel ou révocable n'entraînerait,

La *propriété* se présente dans la législation musulmane sous trois aspects concentriques et suffisamment distincts: 1° «La propriété capitale» *molkou-r-rakaba*; 2° «La propriété juridique réelle» *molkon hokmyyon hakiky; 3° molkon hokmyyon hokmy.*

La première, c'est le droit de considérer une chose comme sienne et d'en disposer à son gré. C'est la propriété telle que nous la concevons dans notre droit, sauf, bien entendu, les réserves restrictives dont elle est entourée dans le système musulman (voir premier fascicule, page 2—7). La deuxième c'est le droit que le mariage confère au mari sur sa femme et que cette législation, à une certaine limite près, assimile à un droit de propritété. La troisième c'est l'état de domination maritale provisoire dans lequel se trouverait encore l'époux à la suite d'un divorce partiel et révocable, durant la retraite de vacuité vaginale.

En conséquence de cette manière de voir, ce divorce conditionnel qui aurait été appliqué à une femme *déjà répudiée partiellement* et qui serait encore en cours de *purger* sa retraite légale, serait parfaitement valide, dans ce sens qu'il ne manquerait pas de produire son effet dans le cas où la *répudiée* viendrait à réaliser la condition, soit pendant la retraite, soit après avoir renouvelé son mariage avec son mari, en vertu d'un nouveau contrat.

à l'égard de ce dernier, même après que la femme aura achevé sa retraite de vacuité vaginale, que la perte de son droit de propriétaire, sans affecter, dans aucun sens, son droit de réépouser cette même femme en vertu d'un nouveau contrat, et sans qu'il soit nécessaire de la faire liciter par l'odieuse intervention d'un second mari [1]). On peut formuler cette doctrine de la manière suivante:

La femme répudiée, même *partiellement*, obtient, à l'expiration de sa retraite, la dissolution définitive de son mariage et, par conséquent, son affranchissement de cette sorte de *servitude matrimoniale* qui suit un divorce *révocable*, et se maintient durant tout le temps de la retraite, mais la femme n'en resterait pas moins *licite* en elle-même par rapport à son mari, c'est-à-dire apte à le réépouser sans être obligée de chercher cette licitation dans les bras d'un second mari.

C'est précisément cette obligation de se faire *liciter* par un tiers pour pouvoir revenir à son premier mari que les légistes considèrent comme le résultat de la cessation, chez l'épouse *triplement répudiée*, de la qualité de femme licite, c'est-à-dire encore une fois „de femme apte, par elle-même (indépendamment d'un licitateur) à réépouser son premier mari. Or il est établi que le *triple* divorce *seul* peut créer cette obligation.

Exposé exemplaire de cette doctrine:

Un homme a dit à sa femme: si tu entres dans cette

---

[1]) Le mari ne perd la faculté d'épouser, à nouveau, sa répudiée sans intervention de licitateur, que dans le seul cas où il l'aurait répudiée par trois fois. Le divorce *bayenne* «aliénant» brise, d'un seul coup et instantanément, les liens du mariage; mais il n'entraîne pas, pour la femme, la détestable obligation de se faire *liciter*, dans le cas où elle voudrait revenir à son premier mari.

maison, tu es répudiée, par trois fois, et, avant que la condition répudiatoire fût réalisée, il la répudie par une répudiation immédiate *monjaze* et d'un égal nombre de fois. La femme accomplit sa retraite, convole à un second mariage, subit l'acte de la licitation, obtient la dissolution de cette seconde union et réépouse son premier mari en vertu d'un nouveau contrat. Enfin, sous le régime de ce mariage *renouvelé,* elle réalise la condition répudiatoire à laquelle elle avait été soumise au cours du mariage précédent.

Conséquence, selon Abou Hanifa:

Elle n'en serait atteinte d'aucune répudiation, le divorce triple et immédiat ayant annulé le divorce hypothétique.

Cette conséquence subirait une importante modification si, toute chose restant, d'ailleurs, égale, le nombre des répudiations conditionnelles avait été inférieur à celui des répudiations immédiates. Dans ce cas, selon Abou Hanifa, la femme ne sera atteinte, à la réalisation du fait dissolutoire, que d'un seul divorce, et selon Mouhammad, dont l'opinion est complètement abandonnée, elle sera, dans la même occurrenee, frappée de trois répudiations à la fois.

L'opinion du maître s'explique par le principe de l'expurgation opérée par le mari, *licitateur* qui, selon l'expression consacrée en jurisprudence musulmane, démolit toute répudiation précédente *Iahdoumou Eç-çalaça wa ma dounaha.* — Ce qui ne laisserait la femme que sous le coup du divorce conditionnel qui s'est effectué à la réalisation du fait hypothétique — selon les termes de l'exemple précité — par une seule fois.

Mouhammad, qui n'admet pas l'expurgation par licitation coïtale, laisse la femme sous le coup des répudiations immédiates, auxquelles serait venu s'ajouter le divorce conditionnel réalisé et, par conséquent, il la tient pour déjà frappée de trois répudiations [1]).

Une des particularités les plus bizarres du divorce conditionnel est qu'il peut être appliqué à une femme étrangère, sous la seule réserve que la condition répudiatoire consisterait dans le fait même du mariage que l'appliquant hypothétique pourrait contracter avec cette femme. D'après cette doctrine, si un homme dit à une femme étrangère: «si jamais je t'épouse que tu sois répudiée» et qu'il l'épouse dans la suite, un divorce adéquat à celui qu'il aura visé dans sa formule suivra immédiatement la contractation *sacramentelle* du mariage, et la femme rentrera, par suite de son mariage même, dans sa

---

[1]) L'opinion qui domine chez les Sunnites de toutes les Ecoles est que le second mari *licitateur* expurge la femme de toute trace de répudiation précédente. Mouhammad n'admettait *l'expurgation* qu'à l'égard de la femme qui aura été atteinte d'un triple divorce. Cet avis, qui ne manque pas d'une certaine raison au point de vue purement systématique, se fonde sur la considération que le *concours effectif* d'un licitateur n'est exigé que si la femme, qui désirerait revenir à son premier mari, avait été répudiée par trois fois. Tout autre divorce n'exigerait, pour légitimer ce retour, que le consentement de la femme à renouveler son mariage avec l'homme qui l'avait frappée d'un divorce partiel Dans cette situation il serait excessif de soumettre la femme au procédé de la licitation coïtale, alors que cette dure formalité ne serait nullement nécessaire pour le renouvellement de son mariage.

L'intervention d'un *licitateur* est toujours envisagée avec un sentiment d'horreur. La charité, aussi bien que la délicatesse, exigerait qu'on n'eût recours à ce moyen que dans les cas extrêmes, et alors seulement où l'odieuse mesure serait absolument inévitable. On peut conclure de toutes ces considérations que le *licitateur* ne doit pas avoir d'action, là où son action ne serait point nécessaire.

condition primitive de femme étrangère, ou passera à l'état d'une *épouse illicite*, selon que le divorce réalisé avait été prononcé sous la forme du *bayenne* «aliénant» ou sous celle du *raji'ie* «révocable». Dans l'un et l'autre cas, cependant, l'obligation répudiatoire du mari sera tenue pour avoir été entièrement épuisée à partir de la première fois qu'elle aura produit son effet. Voir plus haut, page 284 note 1.

La conséquence serait tout autre si, au lieu de la particule conditionnelle «si», *inne*, et ses semblables c'est-à-dire celles qui, en Grammaire, lui sont assimilées, le divorceur hypothétique s'était servi de la conjonction itérative *koullama* «toutes les fois que», en disant à l'étrangère «toutes les fois que je t'épouserais, tu serais répudiée». Une pareille formule aurait pour effet inévitable de condamner la femme à laquelle on l'aurait appliquée, à subir *toujours* un divorce immédiat toutes les fois que cet homme l'aura épousée.

Dans tous les cas où le divorce conditionnel aura été subordonné au mariage, la dissolution de cette union s'effectuera, sans rémission, dans l'instant même où la dernière syllabe de la formule sacramentelle relative à l'acceptation du mariage aura été prononcée.

Cette doctrine que nous venons de relater se formule ainsi «*Ioubtilou tangizou-ç-çalaci ta'alik-aç-çalace wa ma* «*dounaha; lakenne tangizou ma douna-aç-çala-ci la ioubtilou* «*ta'alika-ç-ça laça wa ma dounaha*». Ce que nous traduisons ainsi: «Un divorce triple et immédiat annule un «divorce subordonné d'un même nombre ou d'un nombre «inférieur; mais un divorce immédiat au-dessous de trois «n'annulerait aucun divorce subordonné, à quelque nombre «que ce mode de dissolution ait été formulé».

Cette doctrine est celle d'Abou Hanifa qui fait déjà autorité dans l'Ecole de ce nom. Mouhammad, dont nous rappelons le sentiment sur ce sujet à titre de simple donnée encyclopédique, est d'avis que, dans tous les cas d'un divorce conditionnel, la femme conservera le droit de donner suite à ce divorce, dans la mesure des répudiations restées *disponibles* jusqu'à concurrence du nombre suprême *trois*.

Pour qu'une formule répudiatoire ait le caractère d'un engagement conditionnel, il est de nécessité essentielle que ce caractère ressorte des termes mêmes employés, et non du sens, plus ou moins hypothétique, qui pourrait se dégager de cette formule.

Les termes ou les signes lexicologiques de l'obligation conditionnelle sont bien déterminés par la législation musulmane, ainsi que les règles syntaxiques selon lesquelles ces termes doivent être construits. En voici la nomenclature complète et un aperçu des règles grammaticales qui s'y rapportent:

Enne «si» (On fait au sujet de cette conjonction la remarque assez caractéristique que si elle a été prononcée comme *anne*, le divorce s'effectuerait *absolu* et immédiat; *iza* «lorsque» exprimant plutôt une dépendance de temps et non de fait.

Les termes suivants peuvent être assimilés, soit à des termes conditionnels [1]), soit à des termes *énonciatifs* simples [2]) selon que la formule est appliquée à une personne bien *déterminée*, ou à une personne qui ne l'est qu'*imparfaitement* [3]): *Lamma* «quand»; *mata* «lorsque»; *halama* «aussitôt que»; *indama* «au moment que».

Dans tous les cas la proposition hypothétique doit

être régie par la conjonction copulative «*fa*» «alors». L'absence de ce signe rend le divorce absolu et immédiat; exemple: si tu entres dans cette maison *fa* tu seras répudiée. Elle sera répudiée aussitôt après être entrée. Second exemple: si tu entres dans cette maison, tu seras répudiée (sans la copulative fa) la femme est répudiée sur-le-champ même.

Les légistes présentent un répertoire de formules répudiatoires conditionnelles, essentielles ou assimilées, et dans lesquelles l'absence de la copulative *fa* impliquerait, *ipso facto,* un divorce absolu et immédiat.

Ce sont *):

1°	La formule	conditionnelle	*talabyya*,	impérative [1].
2°	»	»	*ismyya*,	nominative [2].
3°	»	»	*jamida*,	défective [3].
4°	»	»	*salbyya*,	négative [4].
5°	»	»	*madya*,	définitive [5].
6°	»	»	*tanfisse*,	future [6].

*) Certaines de ces dénominations de catégories n'existent nulle part dans les digestes musulmans. Nous avons suppléé à cette lacune, purement didactique, en donnant à la 5me, à la 7me, à la 8me et à la 9me formule une dénomination arabe tirée du sens même que le terme conjonctif, qui en marque le caractère conditionnel, est destiné à lui attribuer.

[1]) Ainsi appelée parce que la proposition hypothétique affecte la forme *impérative*.

[2]) Parce qu'elle se compose d'un sujet et d'un attribut sans l'intervention d'aucune copule verbale.

[3]) Parce que le verbe qu'elle contient est défectif, *assa*.

[4]) Parce que la proposition hypothétique est présentée sous un aspect négatif.

[5]) Parce qu'elle est placée sous l'action de la conjonction *kadde* «déjà», qui exprime le passé défini.

[6]) Parce qu'elle fait dépendre la condition, non pas d'un fait métaphysique, mais *du temps* où un fait donné se produirait.

7° La formule conditionnelle *zamânyya*, temporaire [7].
8° » » *a'amma*, générale [8])
9° » » *mou'ïda*, itérative [9]).

EXEMPLES POUR CHACUNE DE CES FORMULES :

1. Si tu entres dans cette maison *fa* répudie-toi.
2. Si tu entres, etc., *fa* tu (es) répudiée.
3. » » » *fa* Peut-être ou puissiez-vous être répudiée.
4. Si tu entres, etc. *fa*, tu n'es pas ma femme.
5. » » » *fa* je t'ai répudiée.
6. » » » *fa* je te répudierai.
7. » » » *fa* alors je te répudierai.
8. Celle des femmes que, etc., *fa* soit répudiée.
9. toutes les fois que tu entres, etc., *fa* sois répudiée.

Il n'est pas sans intérêt de remarquer cette étrange propriété de la 8me formule; si elle est adressée par le mari à son unique épouse, la vertu répudiatoire de la formule sera tenue pour épuisée dès qu'elle aura été réalisée une fois. Voir plus haut, page 316 ; mais si elle est adressée par un mari polygame à plusieurs de ses épouses, celle d'entre elles qui entrerait serait répudiée et elle le serait autant de fois qu'elle aurait accompli la condition jusqu'au nombre suprême *trois* inclusivement.

Cette dernière disposition se fonde sur un raisonne-

---

[7]) Parce qu'elle est régie par un terme qui marque la futurité, ou la certitude absolue.

[8]) A cause de l'extension illimitée qui lui est donnée.

[9]) Parce qu'elle implique la reproduction de l'engagement à chaque réalisation du fait répudiatoire auquel le divorce avait été subordonné.

ment d'analogie d'après lequel le sujet indéfini *menne* «celui qui» «quiconque» se rapportant à un certain nombre d'individus comporte la répétition de l'action exprimée par le verbe dont ce pronom est le sujet, à l'égard de chacun de ces individus.

On conserve les paroles suivantes que le Prophète aurait prononcées au commencement d'un combat: *menne katala katilanne fa lahou salbouhou* «celui qui, ou quiconque aura tué un homme à l'ennemi, il se rendra propriétaire de sa dépouille». Il est évident, en effet, que ce droit n'est point épuisé à l'égard de chaque combattant, par le premier usage qu'il en aurait fait [1]).

Exposé exemplaire de ce cas:

Un homme, mari de plusieurs femmes, a dit: celle d'entre vous qui entrerait dans cette maison sera répudiée. Une seule de ses femmes y entra à plusieurs reprises: elle sera répudiée autant de fois qu'elle aura

---

[1]) En outre de ces paroles attribuées au Prophète, des juristes éminents ont tenté de justifier cette doctrine par voie de raisonnement. Ils disent que l'avertissement en question, par cela même qu'il est adressé à plusieurs personnes, acquiert, à l'égard de chacune d'elles, la valeur d'un engagement distributif et individuel à la fois, jusqu'à l'épuisement légal du nombre auquel une femme peut être répudiée.

Exemple:

Un homme a dit à ses trois épouses: «Celle d'entre vous qui me donnerait une pomme, serait répudiée». Il est évident que, aux termes de cet exemple, si chacune de ces trois femmes donnait une pomme à ce mari, trois répudiations seraient effectuées. A ce point de vue, chaque pomme qui serait donnée à ce mari par l'une ou l'autre de ses trois épouses, équivaudrait, dans la conséquence de cet acte, à un divorce pur et simple. Donc, conclut-on, chaque femme serait atteinte d'un nombre de divorce égal à celui des pommes qu'elle aurait données à son mari. Si chacune lui a donné par trois pommes, toutes les trois seraient triplement répudiées. C'est là — il faut le reconnaître — une conséquence toute naturelle à ce point de vue.

accompli cet acte, jusqu'à concurrence du nombre final *trois*.

Voici maintenant un nouveau torrent de suppositions fantastiques formant des cas où la bizarrerie le dispute à la banalité, et qui présentent rarement entre eux quelque trait d'analogie qui permette de les rattacher à quelque principe générateur. Nous les signalerons dans le désordre de leur empirisme et dans les termes mêmes dont les auteurs musulmans s'étaient servis pour les exprimer. Ce sera, croyons-nous, le meilleur moyen d'aider à les comprendre quand on les trouve dans les originaux écrits en langue arabe.

Commençons: Un homme, s'adressant à ses femmes, au nombre de quatre, a dit: celle d'entre vous qui survivra (!) aux autres soit répudiée (185).

Conséquence:

Aucune ne sera atteinte de divorce que lorsque trois de ces femmes seront déjà mortes. La survivante sera répudiée immédiatement après la mort de la troisième.

Il a dit à deux de ses femmes: celle de vous qui vivra le plus longtemps, soit répudiée.

Conséquence identique.

Il a dit à sa femme: si une telle (une étrangère) n'est pas morte demain, tu seras répudiée (186).

Conséquence:

La femme, objet de cette formule, sera répudiée le lendemain si la personne *une telle* n'est pas morte avant le coucher du soleil de ce jour.

Il a dit à nombre de ses femmes: celle d'entre vous qui mangerait de ce plat sera répudiée, et il arriva que toutes en ont mangé (187).

Conséquence:

Elles seront toutes répudiées; par la raison qu'elles ont toutes réalisé la condition répudiatoire.

Voici un cas où la solution ne manque pas d'une certaine finesse :

Un mari polygame a dit à nombre de ses femmes: «celle d'entre vous qui soulèverait cette planche (ou un poids quelconque) sera répudiée.» Après quoi, toutes ses femmes réunies l'ont porté ensemble (188).

Conséquence:

Le cas se prête aux distinctions suivantes:

Si le poids de la planche est tel qu'une seule de ces femmes eût suffi pour la soulever, aucune n'en serait atteinte de divorce. Mais si ce poids dépasse la portée ordinaire d'une seule personne, elles seraient toutes également frappées d'un divorce immédiat.

La distinction s'explique rationnellement par la considération que, dans le premier cas, le poids de la planche, étant inférieur à la capacité d'une seule, on doit croire que la planche n'a été, en réalité, soulevée par personne. Il est, en effet, certain que chacune de ces femmes n'a pu avoir soulevé qu'une partie de la planche, et non la planche *entière* — ce qui suffit pour les mettre toutes hors de la condition dissolutoire — et, dans le second, par le fait, également vrai, que le poids de la planche étant supérieur à la force d'une seule personne, a dû être distribué entre toutes les femmes qui ont soulevé la planche — ce qui les met toutes, par rapport à cette action, dans une seule et même position de droit et, par conséquent, leur mérite à toutes et à *titre égal*, un divorce immédiat. En effet, dans le premier cas, la planche *a pu être soulevée* par une seule, mais qu'on ne saurait désigner avec une certitude parfaite; or, on ne peut répudier sur un fait douteux; — donc point de divorce pour personne. Dans le second cas, la planche *n'a pu être soulevée* par une seule, mais elle l'a été, indistinctement et indivisiblement, par toutes; —donc toutes sont répudiées; car enfin chacune a réellement et effectivement contribué au soulèvement de cette planche.

Il a dit: celle d'entre vous qui m'annoncerait tel événement soit répudiée. Toutes le lui ont annoncé simultanément (189).

Conséquence:

Elle sont toutes répudiées d'un seul et même coup. Voici pourquoi:

Aucune de ces femmes ne pourrait invoqner une raison de priorité sur sa rivale. — Elles seront, par conséquent, toutes traitées comme si elles ne faisaient qu'une seule personne ou, si l'on veut, un seul *annonciateur*, ce qui, aux termes de la formule, doit leur donner à toutes un *droit* égal au *divorce* immédiat. Mais si, chaque chose restant d'ailleurs la même, l'annoncement n'a pas été simultané, celle qui l'aurait fait la première sera seule répudiée. Ce qui est parfaitement saisissable. En effet, la condition ayant consisté dans le fait de l'annoncement, il est évident qu'il n'y aurait *d'annoncement* qu'en tant que cet acte aurait eu pour objet un fait encore ignoré. Or les femmes suivantes n'ont fait que répéter une chose *déjà connue* et, par conséquent, sans caractère d'annoncement réel.

Le glossateur du *Dorre* propose à l'admiration de l'étudiant le cas suivant, qu'il a soin d'annoncer en ces termes: *wa menne lataïef el maça'elle* «un des cas intéressants (dans cette partie de la législation)» c'est celui où un homme qui avait dit à sa femme avec laquelle il avait déjà consommé le mariage (une femme introduite): «toutes les fois que je te répudierai, tu seras répudiée» et qui, après cette déclaration, la répudie. Le problème qu'il s'agira de résoudre, c'est de préciser le nombre de répudiations dont cette femme a été atteinte (190).

Solution:

Elle sera frappée, selon les conditions de ce cas, de deux répudiations dont voici l'analyse:

Elle sera atteinte: 1° d'*une* répudiation *initiale*, résultant de l'acte simple et direct dont elle *viendrait* d'être l'objet, en vertu de l'expression formative «*je te répudie*». 2° d'une répudiation *additionnelle* qui a dû, selon les termes de la formule, s'ajouter à la répudiation initiale. Ce qui élève le nombre des répudiations, successivement effectuées, à deux.

Le cas suivant ne serait pas, croyons-nous, moins digne que le précédent de l'attention du lecteur:

Un homme avait dit à un autre: toutes les fois que je m'assiérai chez toi, que ma femme soit répudiée. Après quoi il s'assied chez cet homme l'espace d'une heure [1]). La

---

[1]) Le mot *heure* doit être entendu en jurisprudence et partout où on le rencontre dans les traités didactiques ou dans les compositions narratives des Arabes, dans le sens d'une étendue de temps plus longue que celle que l'on mettrait, ordinairement, à exécuter l'action constituant le fait qui s'est produit endéans cette portion de la durée, et non pas cet espace divisionnaire du temps qui équivaut à la 24me partie d'un jour, autrement appelée: «l'heure sidérale». Dans l'exemple précité le mot heure est pris dans le sens d'une portion de temps pendant laquelle un homme eût pu exécuter, au moins, trois fois de suite, l'action de s'asseoir.

femme de cet homme subira, par suite de cet *arrêt*, un divorce triple. La raison sur laquelle se fonde cette doctrine n'est point exempte d'un certain intérêt. Nous allons essayer de l'expliquer:

On doit, tout d'abord, remarquer que la théologie morale des musulmans divise les actions humaines en deux catégories principales: celles qui sont susceptibles de durée au delà du temps strictement nécessaire pour les effectuer, et celles qui ne le sont pas. L'action, par exemple, de *marcher*, de *manger*, de *chanter*, de *copuler*, et en général de toute action divisible en autant de parties identiques, sont appelées *a'amalon moumtadda*, «actions susceptibles de prolongation», tandis que d'autres, telles que *avaler, sauter, prononcer, sortir, retourner, mourir, affranchir, répudier, promettre*, etc., qui ne sont pas susceptibles de s'étendre au delà du temps strictement nécessaire à les former, en d'autres termes, qui sont des actions qu'on peut *répéter*, mais qu'on ne pourrait pas prolonger, dans leur procès de formation, sont rangées dans la catégorie des actions non susceptibles d'extension, *a'amolon gaïrou moumtadda*. Ceci posé, les docteurs *musulmans* sont d'avis que la continuation d'une action *inextensible* par sa nature, au delà du temps absolument nécessaire à les produire, équivaut à une *répétition*. Or le mari ayant prolongé sa séance au delà du temps nécessaire à la formation du fait objet du serment, c'est-à-dire le fait de s'asseoir, toute prolongation de la séance d'un espace de temps suffisant à l'exécution mécanique de cette posture (l'action de s'asseoir) sera comptée pour une répétition de cette action et, par conséquent, pour une répudiation ajoutée à la précédente, et ainsi de suite jusqu'au nombre suprême trois, après lequel le mari aura épuisé sa faculté répudiatoire (191).

Le cas suivant ne le cède peut-être pas au précédent en bizarrerie, en fatuité, et en prétention à la profondeur:

Un homme marié à trois femmes a dit: Toutes les fois que je ferai telle chose, que ma femme soit répudiée. Il fait ensuite par trois fois la chose objet du serment (192).

Conséquence:

Les docteurs sont d'avis que la triple action du mari, c'est-à-dire le fait par lui d'avoir réalisé trois fois la condition répudiatoire, *mettra en jeu* trois répudiations, mais sans application *individuelle* à aucune de ces femmes. Les répudiations seraient comme planant sur l'ensemble des trois épouses, mais ne s'arrêtant encore sur la tête de personne. Il dépend, dans ce cas, du mari de les distribuer comme il l'entendra, sur ses femmes, ou de les réunir toutes sur la tête d'une seule, qu'il pourra choisir à son gré, pour l'objectif intégral de son triple divorce.

Le cas suivant paraîtra, peut-être, moins empreint de prétention à la profondeur, mais non, assurément, moins caractérisant cet esprit de la race sémitique qui se plaît à s'abîmer dans des vétilles et à s'exercer sur des *devinettes* futiles sans la moindre valeur scientifique:

Un homme avait dit à sa femme: «Toutes les fois que je te frapperai, tu seras répudiée», après quoi, il la frappe (193).

Conséquence:

Si cet homme a frappé sa femme d'une seule main, le divorce s'effectuera simple; s'il la frappe de ses deux mains à la fois, le divorce l'atteindra double, par la raison, observent ces profonds docteurs, qu'elle sera censée avoir été frappée deux fois. Une seule main ayant pu suffire à produire un *frappement complet,* l'emploi de la seconde aura donc le caractère d'une action *ajoutée* à une autre alors que celle-ci *était déjà complète.* Donc 1 action parfaite, + une autre = deux actions et, conséquemment, deux répudiations *bien comptées.*

L'empirisme juridique musulman n'a pas dédaigné de s'occuper de cas pareils à celui-ci:

Un homme de condition libre, pris de vin, a dit à un autre, dans un de ces mouvements d'expansion et de dévouement si naturels à l'ivresse: «Si je ne suis, ou si je n'étais pas ton esclave, que ma femme soit répudiée (194)».

Le problème qu'il s'agirait de résoudre, ce serait de savoir quelle serait la condition matrimoniale de cette femme, à la suite d'une pareille déclaration.

On résout ce problème en faisant les distinctions casuistiques suivantes:

L'homme qui, sous l'empire d'une incontestable ébriété, a fait cette déclaration est-il connu par son humilité, son extrême urbanité, par une politesse exagérée, aucun divorce ne se produira, et on mettra le serment du mari sur le compte d'une expression métaphorique par laquelle l'homme ivre aurait tenté de peindre un sentiment vrai, réel en son principe, (l'abnégation ou le dévouement de l'amitié), mais que l'ivresse avait démesurément intensifié, et aurait ainsi déterminé l'emploi d'une pareille figure.

On peut demander, sans doute, comment une loi dont l'unique objet est de régler les rapports extérieurs des hommes et qui ne saurait avoir d'action que sur les faits matériels déjà accomplis, peut se modifier — jusqu'à disparaître entièrement — en face de certaines appréciations purement subjectives que le juge, c'est-à-dire l'homme appelé à appliquer cette loi, a pu faire?

Il serait superflu et assurément malaisé d'entreprendre l'explication de cet écart des principes scientifiques; nous préférons reconnaître que la tâche n'en serait guère possible et que, à tout prendre, nous n'en sommes que plus content. Nous aimons mieux voir la dialectique musulmane manifester, en face de certaines questions d'un ordre purement social, quelque symptôme d'hésitation, de réserve, de précaution philosophique que de la voir prendre, à leur égard, ce ton de pédantesque certitude qui n'aurait d'autre fondement qu'une certaine combinaison de règles conventionnelles, uniquement admise sur l'autorité personnelle de quelques anciens *ulémas!*

Si le mari a subordonné le divorce à un acte de jeûne qui serait accompli par la femme, en lui disant par exemple: «Si tu jeûnes, tu es répudiée», la condition dissolutoire sera tenue pour avoir été entièrement réalisée si, pendant une heure, la femme n'a mis dans sa bouche ni introduit dans son estomac, par quelque moyen que ce soit, aucune matière tangible ou saisissable [1]). Il s'agit ici bien entendu de *l'heure légale* — voir plus haut page 324.

Mais si le mari a ajouté à la proposition conditionnelle «si tu jeûnes» un complément adverbial de temps qui ne peut être ici que le mot «jour», le divorce s'effec-

---

[1]) La religion musulmane considère toute matière, en quelque dimension ou quantité que ce soit, qui entrerait dans le corps, soit par déglutition, soit par résorption, soit par injection, à la manière d'un lavement, comme un fait suffisant pour rompre le jeûne rituel et pour annuler, du coup, l'effet du jeûne précédent.

tuera le jour même au coucher du soleil, quelle que soit l'heure de la journée où cette formule aurait été prononcée. Exemple: deux hommes ont répudié leurs femmes respectives sous cette forme, l'un vers l'aurore — c'est-à-dire à la pointe du jour rituel, et l'autre quelques secondes seulement avant le coucher du soleil de ce même jour. D'après la règle que nous venons de signaler, les deux femmes seront répudiées simultanément au coucher de ce même jour, bien que l'une n'eût jeûné que quelques instants, alors que le jeûne de l'autre eût duré toute une journée (195).

Cette doctrine s'explique par une autre préétablie qui lui sert de principe générateur, à savoir que toutes les fois qu'une obligation rituelle subordonnée au temps aurait subitement surgi, elle datera du moment même où cette obligation aura pris naissance, et durera, seulement, jusqu'au moment où elle devra cesser. Exemple: un infidèle embrasse l'Islamisme dans le courant d'une journée de Ramadan — soit quelques secondes avant le coucher du soleil — la loi lui impose le devoir d'observer le jeûne à partir du moment où il aura prononcé le symbole de la foi musulmane (il n'y a d'autre Dieu que Dieu et Mahomet est son prophète), jusqu'au coucher du soleil, quelque rapproché qu'ait pu se trouver l'instant où le jeûne a commencé de celui où, selon la loi, il est appelé à cesser.

Voici un cas fort curieux et qui n'est point exempt d'un certain intérêt au point de vue de cette casuistique musulmane souvent marquée par une dialectique aussi puérilement banale qu'elle paraît, parfois, se caractériser par de véritables et ingénieuses finesses:

Un homme a dit à sa femme enceinte: Si tu accouches d'un garçon, tu seras répudiée par une fois; mais si tu mets au monde une fille, tu le seras par deux. Or il arrive que cette femme accouche, à un court intervalle, de deux enfants, dont l'un est un garçon et l'autre une fille (196).

La solution de ce problème donne lieu à plusieurs distinctions importantes. L'enfant mâle est-il né le premier, la répudiation s'effectuera par une seule fois; dans le cas inverse, la femme sera atteinte de deux répudiations.

Cette règle s'explique, pour l'un et l'autre cas, par une considération basée sur les dispositions qui régissent la retraite de vacuité vaginale assignée aux femmes enceintes. La durée d'une pareille retraite étant limitée par le fait même de l'accouchement [1]), il est évident que le divorce subordonné à la naissance du second enfant rencontrerait la mère *déjà mise* hors mariage par suite de son second accouchement, et, par conséquent, dans un état d'extranéité absolument inaccessible à une seconde répudiation [2]).

S'il n'est point possible de savoir, avec certitude, lequel

---

[1]) Il faut se rappeler que la durée normale de la retraite de vacuité varie selon la cause efficiente qui avait amené la dissolution du mariage. Elle est de trois époques de menstrues suivies de deux périodes de pureté, et du commencement de la troisième, après toute dissolution de mariage par suite de divorce ou de rescision appliqués à une femme *introduite*; de quatre mois et dix jours, par suite de la mort du mari; elle est limitée, à l'égard de la femme enceinte, par l'accouchement ou par la délivrance; en cas de coïncidence de grossesse et de veuvage, par le terme le plus long.

Pour plus amples données, voir plus haut, page 43—45.

[2]) Voici l'analyse dialectique des deux cas:

Le premier accouchement a valu à la mère une répudiation *raji'ie* «révocable», par une fois, et lui a imposé, par suite de ce fait, une retraite de vacuité vaginale déterminée. Or, dans le cas précité, cette retraite ne pouvait avoir d'autre limite que le fait de l'accouchement de ces deux enfants est né le premier, le divorce s'effectuera par deux fois, comme si c'était la fille qui avait vu le jour la première, attendu que dans l'incertitude on doit par précaution donner la préférence à l'hypothèse du cas qui oblige le plus [1]) voir page 180, 181 et note page 191.

La solution du cas serait tout autre si le mari avait dit: «Si ce que tu portes dans ton sein est un garçon, tu seras répudiée par une fois, mais tu le seras par deux si c'est une fille». Si la femme, objet d'une pareille formule répudiatoire, met au monde deux enfants de sexes différents, elle ne sera atteinte d'aucune répudiation, parce qu'elle n'aura, au fond, satisfait, dans aucun sens, à la condition posée par le mari.

Nous savons, en effet (voir *Système législatif*, note page 26), que toute condition alternative est indivisible.

Aux termes de cette législation, *tout* ce que cette femme portait dans son sein devait être ou un garçon, ou une fille. Or l'accouchement a donné un résultat tout différent, puisque la portée n'a consisté ni en un garçon ni en une fille, mais en deux enfants de sexes différents, ce qui met la femme en dehors de la condition, et la rend impassible de la répudiation conditionnelle dont elle avait été l'objet.

Le cas changerait également de caractère si la for-

---

du second enfant dont elle se trouvait encore enceinte. L'accomplissement de cet acte physiologique met fin à la retraite et, partant, consomme la rupture du mariage.

[1]) On doit remarquer que dans tous ces cas la répudiation s'effectue dans la mesure du *bayenne*, par la raison déjà indiquée que le second accouchement entraîne l'annulation de ce reste de prérogative maritale qui survit au divorce *raji'e* «révocable», mais qui ne peut avoir d'autre durée que celle que l'on aurait reconnue à la retraite légale.

mule était ainsi conçue: Si tu recèles dans ton ventre un garçon, que tu sois répudiée par une fois, et par deux si c'est une fille». Si cette femme donne le jour, en une seule portée, à un garçon et à une fille, elle sera atteinte de trois répudiations, attendu que, dans ce cas, elle aura réellement *recélé* dans son sein l'un et l'autre à la fois — ce qui lui vaudra *une* répudiation du chef du garçon, et *deux* résultant de son accouchement d'une fille: total trois répudiations consécutives.

Le cas suivant ne le cédera pas en banalité et en cette exaspérante manie de faire parade de science et de paraître si parfaitement avisé et si constamment prêt à résoudre toutes les difficultés possibles:

Un homme a dit à sa femme: «Si je te rends enceinte «de mes œuvres, que tu sois répudiée». On demande de signaler le cas matériel où cette formule pourra entraîner la dissolution du mariage avec cette femme (197).

On pourrait croire que ce résultat se produira aussitôt qu'il sera possible de constater un état de grossesse *survenu* depuis cette déclaration; mais on s'y tromperait fort! Au point de vue musulman la grossesse ne peut se constater que par le *fait même accompli de l'accouchement*. Les signes apparents de cet état, font remarquer les docteurs de ce nom, peuvent bien n'être que le résultat d'une maladie: ballonnement du ventre, interruption morbide des menstrues, trouble gastrique, perversion de goût, hydropisie alvine, etc.; or, comme on ne saurait fonder sur le doute aucune décision juridique, la législation musulmane prescrit d'attendre l'accouchement, pour pouvoir se prononcer, avec certitude, sur la valeur physiologique de ces signes. Mais ici se présente une difficulté, non assurément sans quelque importance. La gestation pouvant, selon l'Ecole Hanéfite, durer de six mois à deux ans, on peut se demander comment on pourrait savoir, avec certitude absolue, que la grossesse a eu lieu depuis la déclaration, si l'accouchement s'est effectué endéans le terme légal et qu'il soit, par conséquent, possible d'en faire remonter la cause, avec une égale raison, à six mois, aussi bien qu'à deux ans de cet événement, les deux termes représentant le *minimum* et le *maximum possibles* d'une gestation légale?

Le problème est résolu de la manière suivante:

Si la femme accouche à plus de deux ans de cette déclaration du mari, il sera certain que la conception a été postérieure à la déclaration dissolutoire; si elle s'effectue avant l'expiration du terme maximum de deux ans, mais après celle du terme *minimum* de six mois, le cas sera *douteux* et n'entraînera aucune répudiation; attendu qu'un pareil accouchement ne saurait exclure, d'une manière absolue, la possibilité d'une grossesse datant d'avant la prononciation de la formule en question.

On doit, pourtant, remarquer que si l'accouchement a eu lieu plus de deux ans depuis la déclaration, le divorce sera reconnu comme ayant eu lieu juste au moment où la conception avait été soupçonnée sur l'apparence des indices ordinaires de ce phénomène.

Autre cas relatif à l'accouchement.

Un mari a dit à son épouse: «Si tu accouches tu es répudiée». Cette femme met ensuite au monde un enfant mort-né.

Conséquence:

Cette femme sera répudiée à raison du fait même de

l'accouchement ; car la condition visée dans la formule, c'est l'accomplissement de cet acte par *la femme*, et non la naissance de l'enfant. Il est évident, en effet, que le premier de ces deux faits peut seul se rapporter à la femme remplissant, dans l'exemple cité, le rôle d'un facteur ou sujet intégral («si tu accouches»), alors que le second ne peut se rapporter qu'à l'enfant même et, en quelque sorte, avec abstraction, dans l'espèce, de tout concours maternel. Pour que cette femme soit susceptible de divorce il faut que le mari eût dit: si l'enfant qui naîtra de toi est, etc. (198).

Autre cas de subordination:

Il a dit à son épouse ou à une étrangère: «Si je commerce avec toi, tu seras répudiée (199)».

Conséquence.

Le divorce s'effectuera à l'instant même où l'acte de la copulation légale aura été consommé, c'est-à-dire dans le moment même où *glandulam membri in vaginâ uxoris vir recondidi*. Si, à ce point ou au delà de l'acte sexuel, le mari demeure immobile jusqu'au dénoûment terminal, il n'aura accompli l'acte du divorce que par une seule fois. En cas de mouvement, la première *oscillation* comptera pour un acte entier et produira les effets juridiques attachés à la reprise, après divorce, des relations conjugales, *El mouraja'a;* ce qui aura pour résultat immédiat de réintégrer la femme dans sa condition matrimoniale, ou d'augmenter le nombre du divorce prononcé, selon que la femme avait été l'objet d'un divorce simple, *révocable* ou multiple et *aliénant*.

Remarquons que cette disposition présente une légère dérogation au principe général d'après lequel toute prolongation du procédé formatif d'une action non susceptible d'extension, équivaut à une répétition de cette même action. Voir plus haut page 325. L'écart cependant n'est point important; il consiste en ce point unique que l'acte de la copulation n'est divisible que par rapport à ses conséquences criminelles ou licitatrices.

Dans tous les autres cas, on doit le considérer, malgré le fait *d'oscillation* qu'il provoque, comme un acte simple et d'un seul tenant [1]).

Cette occurrence d'un divorce se réalisant à la suite d'un acte de cette nature (la copulation), peut donner lieu à une complication juridique des plus curieuses. Que l'on suppose, par exemple, que la femme à laquelle le mari aurait fait une pareille déclaration ait conçu à la suite de l'acte matériel accompli en cette séance. Il y aura évidemment lieu à demander quelle serait, dans ce cas, la condition légale de l'enfant par rapport à la légitimité de sa naissance. Il est, en effet, de toute évidence que le phénomène de la fécondation n'a pu se produire qu'après l'accomplissement du fait matériel de la copulation *au degré légal* et, par conséquent, postérieurement à la dissolution du mariage [2]). En *principe*, on devrait, semble-

---

[1]) Ce qui veut dire que pour être qualifié d'adultère ou pour liciter le retour à son mari d'une femme triplement répudiée, ou pour tenir un serment, ou enfin pour légitimer la réintégration de l'épouse imparfaitement répudiée, l'opération coïtale initiale seule suffirait; mais dans tous les autres cas, l'acte de la copulation ne forme, avec toutes ses évolutions, et quelle qu'en ait été la durée, qu'un acte unique et indivisible.

[2]) Puisque la condition répudiatoire sera considérée comme parfaitement réalisée dès l'instant où *maris glandula in vaginâ evanuit.* Ce qui, dans l'état normal des choses, précède l'évolution fécondatrice et doit, par conséquent, avoir pour résultat de placer cette évolution dernière en dehors du régime matrimonial.

t-il, tenir l'enfant pour avoir été conçu *hors mariage*; mais en considération de *l'unité* de la *séance* et par égard pour l'intérêt *vital* [1]) de l'enfant on supposera, dans le cas de l'exemple précité, que le phénomène de la fécondation s'est produit à la suite d'une phase *mouvementée*, circonstance qui opère, sur-le-champ, une réintégration, *mouraja'a*, de la femme dans sa condition matrimoniale et, partant, rattache l'enfant au régime du mariage un instant interrompu.

Si le divorce hypothétique avait été prononcé sous la forme irrévocable du *triple* ou du *bayenne*, la rupture *instantanée* du mariage devient inévitable, par la raison qu'un parail divorce entraîne, du coup, la déchéance du mari de tout droit de reprise obligatoire sur sa répudiée (200).

Le cas se compliquerait d'un nouvel élément de difficulté si la formule dissolutoire adressée par un individu à une étrangère avait subordonné la condition du divorce au fait même du mariage que l'individu en question contracterait dans la suite avec cette femme; et que cette dernière, devenue répudiée dès l'instant où elle aura achevé de prononcer sa formule d'acceptation, mette au monde un enfant endéans le temps légal. Ces circonstances forment un problème de filiation composé des éléments discordants suivants:

1° Le divorce s'est effectué dans le moment même où l'un des deux époux prononçait la dernière syllable de la formule *consentuelle* du mariage (celle qui doit servir

---

[1]) Nous savons, déjà, que les légistes musulmans regardent la naissance illégitime comme la condamnation à mort de l'enfant qui en aura été la victime.

de réponse à la formule affirmative), 2° L'enfant dont elle est devenue la mère endéans le terme légal n'a pu être conçu qu'à la suite d'une cause physique postérieure au divorce, voir page 334, 3° Attribuer cette cause au fait des époux, ce serait les accuser d'adultère sans preuves juridiques suffisantes et assumer, par conséquent, à leur égard la responsabilité d'une haute calomnie [1]) c'est-à-dire du crime du *kazf* «diffamation», contre lequel la législation musulmane sévit avec une extrême rigueur. On sait, d'ailleurs, que la justice de ce nom défend de faire intervenir, dans l'instruction des faits sur la nature desquels elle serait appelée à *statuer*, des suppositions *incriminantes*, partout où une *hypothèse absolvante* ne serait point absolument impossible. 4° La légitimité de la naissance, lorsqu'elle ne constituerait pas un fait évidemment et incontestablement *absurde*, s'impose à la justice comme un des droits les plus sacrés de l'enfant [2]).

Ces quatre points posés, on demande comment on doit qualifier, en justice, l'état civil d'un enfant qui aurait été mis au monde par une femme dont la mise hors mariage a dû être la conséquence immédiate et inéluctable de ce même mariage.

Le lecteur aura saisi aisément les côtés problématiques de ce cas. Voici comment il est résolu.

---

[1]) La calomnie qui a consisté dans le fait d'avoir accusé, *faussement*, d'adultère, ou sans preuves juridiques suffisantes, un musulman *notoirement* irréprochable, entraîne la peine de la fustigation, à savoir de quatre-vingts coups de lanières sur le corps du coupable.

[2]) Ce cas diffère de celui où la répudiation aurait été subordonnée au fait de la copulation, voir page 335 et note 2, par cette circonstance, que dans le premier, c'est le procès coïtal qui entraînerait le divorce, tandis que dans celui-ci, ce serait le fait *juridique* de la *contractation* même du *mariage* qui aurait amené la dissolution de ce contrat.

Les docteurs les plus autorisés sont presque tous portés à voir dans l'acte de la copulation et, conséquemment, dans celui de la *fécondation* qui aurait, immédiatement, suivi l'acte de la contractation, non pas un fait additionnel à cet acte, mais plutôt un fait qui lui est connexe et qui constitue, sous le rapport pratique ou final, la partie, pour ainsi dire, intégrante du contrat. Ils recommandent d'avoir recours, dans ce cas, non pas à la supposition la plus *favorable* — c'est-à-dire à celle qui mettrait les parties à l'abri de toute contravention religieuse,— mais à la doctrine la plus *libérale*, c'est-à-dire à celle qui verrait, dans le fait de la *jouissance sexuelle*, l'unique objet *immédiat* de toute union conjugale. A ce point de vue le commerce du mari avec une femme, qui aurait été divorcée par lui sous cette forme, ne tomberait hors mariage que dans le seul cas où il viendrait à être répété une seconde fois. L'acte sexuel pouvant être, en effet, envisagé comme une sorte d'affirmation ou de réalisation *tangible* du contrat matrimonial demeuré, jusqu'alors, à l'état abstrait, ne saurait avoir, à ce point de vue, que le même caractère reconnu à la «poignée de main» *Es safka*, ou à la pincée de terre qui représentent, entre acheteur et vendeur, la consommation du contrat ou la translation de l'immeuble dans le domaine de l'acquéreur (201).

On peut citer à l'appui de cette thèse que l'épouse avec laquelle le mari aura déjà commercé, est soumise à une tout autre législation que celle qui régit le sort d'une épouse encore *intacte*. La première est astreinte, après la dissolution du mariage, à observer les devoirs et les convenances qui se rattachent à la retraite de vacuité vaginale ; la seconde n'y est point contrainte ; la première possède une provision de *répudiabilité* pouvant la rendre accessible au divorce jusqu'à trois fois, tandis que le mariage de l'épouse encore *non introduite* est brisé dès la première fois; celle-là est astreinte à porter le deuil de son mari; celle-ci ne l'est pas, etc., autant de dispenses qui prouvent que le mariage n'acquiert sa valeur d'acte parfait que par la consommation réelle du mariage, au moins dans la mesure du procédé légal qui permet d'en soustraire, comme superflu, tout ce qui dépasse, dans les évolutions de cet acte, la stricte nécessité légale [1]).

Si la condition répudiatoire avait été double, elle sera censée avoir été parfaitement réalisée dès l'instant où l'une ou l'autre des conditions posées aura été l'objet d'une réalisation complète sous le régime du mariage. Exemple: «Si Pierre part et que Paul arrive tu seras répudiée»; il suffit que l'une ou l'autre de ces deux contingences se produise pendant le mariage pour entraîner immédiatement le divorce. Si la condition est seulement complexe, elle ne pourra produire d'effet dissolutoire que si elle se réalise dans tous ses détails; exemple: Si Pierre arrive *monté sur un cheval blanc*, tu seras répudiée. Il n'y aura de divorce, qu'autant que cette condition aura été entièrement remplie — c'est-à-dire dans toutes ses parties (fait, procédé, animal et nuance).

Voici un cas qui ne manque pas d'une certaine subtilité à retenir (202).

Un homme a dit à sa femme: «Si tu aimes les tour-

---

[1]) Le lecteur a déjà compris que dans l'acte dont il s'agit, ni le procès de *l'oscillation*, ni celui de la *fécondation*, ni le fait d'évoluer au delà d'une certaine mesure, ne sont nécessaires pour donner à cet acte la plénitude de son caractère légal.

ments de l'enfer, tu seras répudiée, toi et ta coépouse N., par un tel nombre de fois». Si la femme répond: «Oui, j'aime ces tourments», elle sera immédiatement répudiée, à l'exclusion de sa coépouse, qui ne sera atteinte d'aucun divorce. La raison de cette distinction consiste dans une considération parfaitement judicieuse, à savoir que la réponse de la femme, affirmant qu'elle aime une chose si détestable, équivaut à un *aveu*. Or il est de principe fondamental que personne ne peut avouer pour un autre — ce qui revient au principe de droit européen qu'un aveu n'est valable que contre celui qui le fait.

Il a dit à nombre de ses femmes: «Si vous faites telle chose, vous êtes répudiées»; aucune ne serait atteinte de divorce que si toutes ces femmes se mettent à faire, soit ensemble, soit séparément, la chose à laquelle le divorce aura été subordonné. Si une seule s'en abstient, elles en deviennent toutes réfractaires aux effets de la condition dissolutoire (203).

Le cas suivant peut fournir aux mauvais payeurs le moyen de se débarrasser, à peu de frais, des obsessions de leurs créanciers:

Un homme a dit à son créancier, pour le tranquilliser ou pour faire cesser une surveillance qui le gênait: «que ma femme Fatime soit répudiée si jamais je quitte la ville avant de te payer». Si la femme de cet individu ne s'appelle pas de ce nom, le débiteur peut quitter la ville sans que ce fait puisse affecter, en quoi que ce soit, la condition matrimoniale de cette épouse (204).

S'il a dit: «que ma femme soit répudiée s'il est dû à cet homme quelque chose sur moi» et que le réclamant ait démontré juridiquement la réalité ou le bien-fondé de sa créance, la femme de l'intimé sera immédiatement mise hors mariage. Mais si, le cas restant partout ailleurs le même, la dénégation avait été présentée sous une forme qui la rendît susceptible d'être conciliée avec l'affirmation du réclamant, comme, par exemple, si elle avait consisté en une pareille déclaration: «Oui, vraiment, je «lui devais cette somme; mais je la lui ai déjà rendue», sa femme n'en serait point répudiée. La cause explicative de cette distinction, telle que les auteurs l'ont signalée, paraît loin d'être satisfaisante. La contradiction, affirment-ils, qui existerait, en apparence, entre les deux allégations peut être éliminée en présumant que le défendeur se fût effectivement trouvé *un jour* débiteur du réclamant, mais que, plus tard, il cessât de l'être, soit par suite d'un *paiement intégral*, soit à raison d'un acquittement *gratuit*, à titre bénévole, de la part du créancier lui-même, deux faits *possibles*, que le débiteur peut avoir oubliés.

A ce point de vue la différence entre les deux allégations contraires proviendrait, exclusivement, de la différence *des temps* respectivement visés par les parties adverses [1]).

[1]) C'est la matière même de l'exemple que nous venons de citer textuellement qui donne, à cette doctrine jurisprudentielle, son caractère original, seul digne d'y arrêter l'attention du penseur. Si on n'avait fait que relater le principe de cette vérité banale qu'une dénégation ne saurait être considérée, en justice, comme telle que si elle était réellement contraire à l'affirmation qu'elle aurait pour objet de réfuter, on aurait avancé un *pur truisme*, sans aucune valeur didactique. Mais ici, dans l'exemple précité, il s'agit d'un homme qui aurait été cité en justice pour s'entendre condamner à payer une dette réclamée ou alléguée par un autre et qui opposerait à cette réclamation l'affirmation *précise* qu'il ne doit plus rien au demandeur. Comment après cela pourrait-on admettre

Cette disposition syncrétique pourrait paraître contraire à la tendance générale de cette législation de faciliter, par tous les moyens imaginables, la dissolution du mariage, tendance peut-être inconsciente, résultant d'une force *statique*, comme pour ramener un certain équilibre entre les *hommes* qui ont *le droit* de se *marier*, et le nombre des *femmes disponibles*. En tous cas ce n'est là qu'une des contradictions nombreuses auxquelles une législation *improvisée*, et procédant toujours *subsultim et impetu*, ne pourrait guère échapper. (205)

L'exemple suivant a été imaginé pour démontrer que, en matière de divorce, les dénégations de la femme tendant à contester le fait d'une répudiation, ne sauraient,

---

que les articulations de l'un ne soient point opposées à celles de l'autre? Et puis, on fait appel à la justice, non assurément pour la mettre à la torture, en lui proposant des devinettes et des problèmes linguistiques, mais pour s'édifier sur le caractère réel d'un fait en litige. Elle doit avoir, par conséquent, le droit de se livrer à toutes les investigations possibles et *d'exiger* des parties adverses, à peine d'être renvoyées comme des insensés, de formuler leurs articulations respectives d'une manière correcte, claire et sans équivoque possible. Il n'y aurait donc aucune raison pour qu'une pareille équivoque pût exister.

A cela on peut faire les remarques suivantes:

1° Que la justice musulmane — nous l'avons déjà établi — n'examine pas; elle commente. Elle interprète, d'après des règles préétablies, les articulations respectives des parties en face, telles qu'elles ont été faites du premier jet, et dans la mesure où elles ont été faites. Elle ne doit (sauf le cas où il s'agirait d'une action en adultère), ni demander des éclaircissements additionnels ou complétifs, ni exiger des précisions linguistiques, ni provoquer, par quelque artifice de procédure, des contradictions qui seraient de nature à démontrer la fausseté de la réclamation ou de la défense. 2° Dans l'exemple précité il s'agit seulement de statuer sur un *cas de conscience*, avec abstraction de toute décision judiciaire — on veut dire, tout simplement, au défendeur que dans tel cas sa femme deviendrait illicite pour lui, tandis que dans tel autre, aucune atteinte de péché ne serait portée à ses relations matrimoniales avec elle.

dans aucun cas, prévaloir contre l'action *formative* du mari, c'est-à-dire contre l'affirmation de celui des deux époux qui seul possède le droit de produire le fait répudiatoire contesté, et dont il peut user à tout moment:

Un mari, pris de perversion, dit à sa femme: «Si je ne *commerce* pas avec toi pendant tes menstrues, que tu sois répudiée.» La femme affirme dans la suite, contrairement à l'assertion de son mari, que celui-ci s'était abstenu de donner suite à son désir déréglé et que, par conséquent, le fait préventif (qui devait empêcher la réalisation du divorce), ne s'est point produit, ce qui lui donne le *droit* de se considérer comme déjà répudiée.

Le fait ainsi posé donne lieu aux distinctions suivantes:

Si au moment de la contestation la femme se trouve en état de menstrues, la parole pure et simple du mari fera foi, sinon, c'est l'assertion contraire de l'épouse qui fera autorité. Et voici pourquoi:

Les dénégations de la femme qui se trouverait dans la période ordinaire du flux menstruel ne serviraient de rien en face du pouvoir que possède le mari d'accomplir, sur-le-champ, le fait préventif contesté. La situation étant ainsi, il serait absolument irrationnel de supposer le mari *mentant* là où il n'aurait aucun besoin de commettre ce péché.

Les cas suivants appartiennent à cette catégorie de suppositions où le *mal de banalité* se manifeste à l'état aigu:

Une femme demande à son mari de la répudier. Celui-ci irrité dit: «Que tu sois répudiée par cinquante fois.» La femme fait observer que «trois lui suffiraient.» Eh bien, reprend le mari, «que trois de ces répudiations soient «appliquées à toi, et le reste, à tes coépouses.»

Conséquence :

La femme qui a sollicité le divorce sera seule répudiée. Aucune des autres femmes de ce mari ne peut être atteinte par cet *excédant* ou *reliquat* de répudiations qui sera resté sans emploi.

Cette exclusion se motive par une raison facile à saisir. Le divorce ne pouvant dépasser le nombre suprême «trois», on doit considérer tout nombre dépassant cette quantité comme nul. Les cinquante répudiations, étant déjà réduites à trois, aucune autre soustraction n'est plus possible. En effet, ce n'est pas «trois» qu'on a ôtés de cinquante, mais c'est cinquante qu'on *a réduits* à «trois».

Autre cas :

Un mari a dit à son épouse: «Si tu entres dans cette maison, tu seras répudiée» en répétant ces paroles jusqu'à trois fois.

Conséquence:

Il suffirait que cette femme entrât une seule fois dans la maison en question, pour qu'elle fût atteinte d'un divorce triple et immédiat.

Si, dans ce cas, le mari affirme avoir entendu, par cette répétition, intensifier seulement le caractère de sa déclaration, il sera cru dans le sens religieux pur, et, par conséquent, mis à l'abri de toute censure du chef de ses relations ultérieures avec cette femme, mais celle-ci n'en sera pas moins reconnue, dans le sens *pratique* ou *judiciaire*, pour avoir été répudiée par trois fois (206).

Autre cas:

Il a dit: «Si je t'épouse et si je t'épouse (la condition

est choisie au hasard) tu seras répudiée», elle ne sera atteinte de répudiation que s'il l'épouse pour la seconde fois. Mais s'il avait prononcé la proposition hypothétique la première en disant: «Tu seras répudiée si je t'épouse, si je t'épouse», elle sera répudiée dès la première fois. Il est indifférent dans ce cas que la formule répétée ait été précédée de la conjonction copulative «et» ou employée sans l'intervention de ce mot. S'il a dit trois fois: «si je t'épouse tu seras répudiée», elle sera répudiée par une, en l'épousant pour la première fois; par une autre, en l'épousant pour la seconde; et par une troisième en l'épousant pour cette dernière fois.

Autre:

Il a dit à sa femme, au moment où il partait pour un voyage: «Si mon absence dure plus de quatre mois, tu seras libre de disposer de ta personne: *fa amrouki bi ïadiki*. Ensuite, et dès avant l'arrivée de ce terme, il la répudie par une répudiation immédiate; la femme achève sa retraite et convole avec un autre individu; elle obtient, dans la suite, la dissolution de ce mariage, et revient à son premier mari en vertu d'un nouveau contrat. Le mari s'absente et son absence dure plus de quatre mois. On demande si cette circonstance pourrait faire revivre l'autorisation, qui lui avait été accordée sous le régime du premier mariage, de disposer de sa personne.

Les docteurs les plus renommés sont pour l'affirmative. L'autorisation restera dans toute sa vigueur, attendu, font-ils observer, qu'elle a été subordonnée à une condition qui s'est reproduite avec une parfaite exactitude.

Il faut remarquer, cependant, que si le divorce immédiat s'était effectué par un nombre inférieur à «trois», le mariage renouvelé ne fera revivre cette autorisation que dans l'opinion d'Abou Hanifa, qui attribuait au fait de la *licitation coïtale* la propriété d'expurger la femme *de toute trace* de répudiation précédente, alors que Mouhammad ne lui reconnaissait cette vertu qu'à l'égard d'un divorce triple. Voir plus haut pages 314, 315 et note.

Autre:

Un mari invite sa femme à se prêter à ses caresses, mais elle s'y refuse. Quand donc le feras-tu? demande le mari repoussé.—Demain, répond la femme.— Eh bien, reprend le mari irrité, si demain tu ne remplis pas ta promesse, tu seras répudiée. Il arrive que la journée suivante se passe sans qu'ils se souviennent de leur rendez-vous.

Quelle sera la conséquence d'une pareille combinaison de faits?

Cette femme ne serait point répudiée, attendu qu'il n'était pas dans son pouvoir de tenir sa promesse, l'ayant complètement oubliée (207).

Un mari subordonne le divorce au fait de commercer avec sa femme, en employant à la place de ce terme un mot arabe homonyme du mot qui signifie «fouler aux pieds», *wata'a*. On demande quel serait l'effet de cette condition si la femme prend elle-même l'initiative de l'acte, *et viris personnam aut habitam sumet.*

Ce cas donne lieu aux distinctions suivantes. Si le mari ne se trouvait pas dans ce moment en possession de ses facultés mentales et de la plénitude de ses sens, et que cet accident n'ait pas été causé par l'usage que le mari aurait fait d'une matière enivrante ou narcotique, mais licite en elle-même[1]), telle que l'opium, le pavot, les graines du chanvre, etc., il n'y aura point de divorce; mais si le fait a été accompli alors que le mari se trouvait à l'état de veille et en possession de ses facultés morales et sensorielles, ou seulement sous l'influence d'une ébriété motivée par l'usage d'une boisson enivrante et en même temps prohibée pour elle-même, telle que le vin, l'eau-de-vie, les liqueurs, etc., le rôle ou le *habitus corporis* qui aurait été pris par la femme sera imputé au mari, et entraînera la répudiation de la femme, c'est-à-dire la dissolution du mariage qui aurait été subordonnée à un acte de copulation pure et simple.

Autre cas:

Il a dit: «Si je ne te rassasies pas de caresses, tu seras répudiée.» On demande quel serait le moyen légal à l'aide duquel on pourrait empêcher la réalisation du divorce subordonné à une telle condition.

Les légistes voient dans une telle promesse un engagement du mari de se comporter avec sa femme de façon à lui laisser le temps d'achever toutes les particularités afférentes à son rôle féminin. La promesse sera

---

[1]) Nous avons déjà eu l'occasion de remarquer que l'état d'ivresse n'invalide les engagements personnels, surtout en matière d'*Iscatte*, «désistement» qu'autant que la cause qui l'aura produit a été due à l'usage d'une substance narcotique ou enivrante, mais licite en elle-même, c'est-à-dire, appartenant à cette catégorie de corps appelés «purs» *tahers*, et dont l'usage, bien que moralement blâmable, n'est cependant l'objet d'aucune prohibition formelle.

La raison justificative de cette doctrine repose sur la considération casuistique que le droit d'user de pareilles matières, malgré leurs propriétés toxique ou hébétantes, droit résultant du fait même que cet usage n'est interdit par aucune loi expresse, constitue un *indice* suffisant d'*immunité* à l'égard des actes imprudents ou insensés qui peuvent s'effectuer sous leur influence délétère. Voir système législatif, page 120 et note.

remplie et épuisée, dès qu'elle aura été accomplie, ne fût-ce qu'une seule fois.

Voici un cas qui ne le cède à aucun en fait de banalité et de prétentions.

Un homme est le mari de trois femmes dont l'une se trouve dans un état d'impureté passagère par suite d'une récente relation sexuelle, la deuxième en état de menstrues et la troisième en couches. Le mari, s'adressant sumultanément à ses trois épouses, leur dit: «La plus impure d'entre vous est répudiée, et puis celle qui se trouve dans l'état le plus dégoûtant». On demande quel serait l'ordre dans lequel ces femmes seront successivement répudiées.

Le commentateur du *Dorre* qui cite ce cas, et qui applique à chacune des deux premières femmes la qualification qu'on doit lui reconnaître, laisse la troisième (la femme maculée par un récent commerce sexuel) sans indication de la note descriptive sous laquelle elle peut être désignée. Pour l'auteur en question, la plus impure c'est la femme en couches; la plus dégoûtante, est celle qui est en état de menstrues. Nous croyons rester dans la sphère de ces appréciations en réservant, à la troisième, l'état le plus honteux — c'est-à-dire celui qui doit affecter le plus le sentiment de la pudeur féminine.

L'occurrence que voici présente une difficulté casuistique assez intéressante:

Un homme désirant demander un service à un individu de ses amis lui dit: «J'ai quelque chose à implorer de toi». — Que ma femme — répond l'ami, soit répudiée si je ne te l'accorde pas. — C'est, justement, reprend le solliciteur, que tu répudies ta femme.

La difficulté est complexe et paraît sans solution possible, le divorce devant s'imposer au mari dans tous les cas imaginables. En effet, s'il refuse de rendre ce service à l'impétrant, il se trouvera avoir réalisé la condition répudiatoire, et, par conséquent, avoir répudié sa femme; s'il le lui accorde, il sera également obligé de la répudier, par la raison péremptoire que la chose réclamée n'était autre que la répudiation de cette même femme.

Les auteurs affirment que l'unique moyen que la science puisse indiquer pour épargner au mari la douleur de répudier une épouse dont il ne voudrait pas se séparer, ce serait d'envisager la déclaration du solliciteur comme une simple réclamation d'un homme endossant la position juridique de *demandeur*, et, partant, comme étant, à ce titre, sujette à la preuve testimoniale. Assumant, à son tour, le rôle de *défendeur*, le mari repousse la réclamation, et met, par là, son ami, le demandeur, en demeure de la prouver. Or une pareille démonstration serait *radicalement impossible*, puisqu'il s'agirait d'un fait *intentionnel* qui échappe au *témoignage des sens*, seul et unique domaine de la preuve juridique.

Conséquence:

Le *demandeur* sera débouté pour *défaut* de *preuves*, et le mari mis à l'abri du cruel résultat dont il était menacé.

Le cas suivant a dû considérablement occuper la sagacité salomonienne des ulémas:

Une femme qui avait pris, dans la poche de son mari, une pièce de monnaie, l'a remise à un boucher en paiement d'un morceau de viande qu'elle lui avait acheté. Le mari mécontent lui dit: «Si tu ne me rends pas ma pièce, «que tu sois répudiée par trois fois». Quel serait le moyen juridique qui préviendrait l'application de ce divorce que les deux époux sont d'accord à vouloir écarter, et sachant que le boucher avait déjà mêlé cette pièce parmi un grand nombre d'autres semblables, en sorte qu'il était devenu impossible de la distinguer.

Voici le moyen que la *science* indique pour prévenir le divorce :

Que la femme s'arrange avec le boucher de façon à pouvoir se rendre propriétaire de toute la caisse de son débit (en lui en rendant l'équivalent), et de la remettre ensuite tout entière à son mari. La pièce de ce dernier, devant nécessairement se trouver dans cette caisse, la femme l'aura ainsi rendue à son mari et, par conséquent, empêché la réalisation du fait répudiatoire.

On peut remarquer ici que la *seule remise* de la caisse entre les mains du mari suffirait pour prévenir le divorce en question, et que, cette formalité remplie, elle pourra rendre, dans l'instant d'après, cette même caisse au boucher qui la lui aura prêtée.

On pourrait douter de la correction scientifique de cet exemple, par la raison, très plausible en elle-même, que les pièces de monnaie doivent être, en principe et par *analogie*, rangées dans la catégorie des objets *similaires* qui ne s'individualisent pas, et qui, par conséquent, se rendent par des équivalents exacts, ou considérés comme tels, et non par leur substance identique. Mais cette règle ne saurait nullement s'appliquer à la monnaie visée par les légistes musulmans. En parlant de *dirham* ou de *dinar*, ces derniers entendent toujours des pièces de numéraire très *irrégulièrement frappées*, et présentant entre elles de sensibles variations de poids. Il est évident que ces objets devaient, par ce trait, entrer dans la classe des objets *aïnne,* c'est-à-dire susceptibles d'individualisation [1]). Voir Propriété, page 47 et ss.

Si la condition répudiatoire consiste dans le fait même de la mort future du mari, il y aura à faire les distinctions casuistiques suivantes:

1° Si la condition se rapporte à la mort pure et simple de ce dernier, indépendamment de tout rapport à une date précise, la formule sera vaine et de nul effet.

Exemple: Tu seras répudiée à ma mort, ou après ma mort, conséquence = 0.

2° Si elle se rapporte à un temps précisé, et que la mort du mari survienne avant l'arrivée de ce temps, la formule sera également tenue pour vaine et sans résultat.

Exemple: Le mari avait dit: Tu seras répudiée le 1er jour de Ramadan, et ensuite il est mort avant cette date, conséquence = 0.

3° Si la mort arrive après l'expiration du terme précisé, le divorce se réalisera *ipso facto* et s'effectuera rétrospectivement, c'est-à-dire que la femme sera, en conséquence de cette règle, tenue pour avoir été mise hors mariage depuis le premier jour de Ramadan.

Exemple: Tu seras répudiée dans deux mois, et il est mort le troisième mois depuis cette déclaration.

Cette formule produira un divorce adéquat au coefficient qui l'accompagnait, ou à la valeur intensitive ou péjorative des termes qui l'ont exprimé.

---

[1]) Les produits inorganiques de la nature sont des objets similaires et, partant, non susceptibles d'individualisation. Par analogie, on doit pouvoir assimiler à ces produits ceux de la fabrication mécanique.

Législation des formules subordonnant le divorce a la volonté de Dieu et, en général, a toute volonté essentiellement impénétrable.

Tout divorce conditionnel qui aura été subordonné à la volonté de Dieu, ou à toute autre pour l'exacte connaissance de laquelle l'homme ne possède aucun moyen de contrôle d'une certitude absolue, sera tenu pour nul *in radice* et restera sans aucun effet (208).

Exemple: Tu es répudiée si Dieu, si le Prophète, si le roi un tel, si le lion, si la muraille, etc., le veut. Effet = 0.

Cette disposition n'est soumise qu'à une seule réserve, à savoir que les termes conditionnels [1]) et les termes suspensifs [2]) soient exprimés clairement, d'une voix distincte et avant qu'il se soit passé un intervalle de temps plus long que de raison, entre la proposition hypothétique et celle qui pose la condition. Un empêchement *irrésistible*, une cause involontaire d'arrêt ou de retardement constitueront une excuse suffisante. Mais si l'obstacle a visible-

---

[1]) Le trait caractéristique d'une déclaration conditionnelle est de se rapporter à un fait futur contingent et indépendant de toute idée de temps; telle serait toute expression déclaratoire placée sous le régime de la conjonction *enne* «si.»

[2]) Nous entendons par cette dénomination opposée à celle de «terme conditionnel» le sens d'une subordination purement temporelle — c'est-à-dire nullement métaphysique, tels que celui qu'expriment les conjonctions «lorsque», «quand». Ces derniers termes subordonnent également l'accomplissement d'une promesse ou d'un engagement à la production d'un fait contingent, mais présenté sous l'aspect d'une occurrence attendue qui arrivera sûrement. «Si je fais» signifie je puis faire et je puis ne pas faire, mais si je fais, telle chose arrivera, tandis que l'expression quand, lorsque je ferai telle chose se fera présente l'action sous l'aspect d'une chose qui se fera positivement, et dont l'accomplissement coïncidera avec le fait objet de la déclaration subordonnée.

ment et incontestablement duré au delà de la séance légale, l'intimé sera mis dans l'alternative d'affirmer, sous la foi du serment, que son intention était de subordonner son divorce à la volonté de Dieu; du Prophète; de tel ou tel être existant dont il serait impossible de connaître la volonté, ou de se voir jugé comme ayant effectivement répudié sa femme.

Cette réserve se fonde sur un principe de jurisprudence ainsi conçu:

«Toute expression suspensive (faisant dépendre une chose d'une autre), *ta'alike*, ou excipante (renfermant une exception), *estiçna* ne saurait avoir d'effet qu'en tant qu'elle aura été prononcée distinctement et, surtout, immédiatement après la proposition hypothétique. „*Enne ïakouna-ach-chartou mouttassilanne bil-machroute.*"

Même cas, à cette différence près que l'expression réservatrice aurait été proférée à la suite d'un intervalle plus espacé que ne l'exigerait le besoin physiologique de la respiration, ou celui de l'articulation mécanique de la parole, et en dehors de toute influence d'une cause excusante.

Le résultat d'un pareil fait serait de périmer la réserve, et de produire un divorce immédiat.

Si la cause excusante a consisté dans le *fait même* de la mort soudaine de l'un ou l'autre des deux époux, il y aurait à faire certaines distinctions.

Exemple: Un homme, après avoir confié à deux croyants *irréprochables* qu'il répudierait sa femme sous la réserve de la volonté divine, dit à celle-ci: «Tu es répudiée par trois fois» et avant d'avoir eu le temps de prononcer la proposition réservatrice, «si Dieu le veut», la femme meurt. (209)

Conséquence:

La femme n'est atteinte d'aucun divorce. Elle meurt, par conséquent, dans son état d'épouse légitime.

Même cas, à la seule différence que c'est le mari qui meurt subitement avant d'avoir exprimé sa réserve.

Conséquence:

La femme est répudiée dès l'instant où le mari a prononcé ce participe (répudiée), (210).

Il n'est pas aisé de saisir la différence, entrevue par les auteurs musulmans, entre la mort du mari et celle de l'épouse. La raison qu'ils en donnent ne nous paraît guère satisfaisante. Voici comment cette distinction est justifiée dans les digestes les plus estimés: (211).

La mort de l'épouse l'a rendue inacessible au divorce. De plus, cet événement s'est produit au moment où, au dire du mari, le divorce allait revêtir le caractère d'un divorce conditionnel. Or il est de règle que toute formule de répudiation, qui serait suivie d'un terme déterminatif, restrictif ou disjonctif, est indivisible et constitue, avec ce terme, une seule et même formule. Elle produit, par conséquent, un effet également indivisible[1]). La formule réservatrice, il est vrai, n'a pas été exprimée, la mort ayant surpris le mari avant d'avoir

---

[1]) Il suffit qu'elle ait une tendance de modification, dans quelque sens que ce soit, pour qu'elle s'incorpore avec la proposition formative, au point de ne plus former avec elle qu'une seule proposition, et pour déterminer la justice à les considérer comme si elles avaient été prononcées simultanément, sans aucune solution de continuité. Il est de règle, enfin que toute qualification s'identifie avec la chose qualifidé pour devenir, avec la substance de cette dernière, l'objet d'une conception, sinon synthétiquement et objectivement une, du moins intellectuellement et subjectivement indivisible.

pu la prononcer; mais elle est constante par le témoignage de deux témoins irrécusables, préalablement institués par le mari; or, il est de principe fondamental que la chose attestée par deux témoins irrécusables doit produire la même certitude que celle qui serait due au témoignage de nos propres sens. *Eç-çabitou bich-chahadati, kaç-çabiti bil mou'aïana* — principe vrai et auquel nous devons, du moins, la partie prédominante de nos connaissances. A ce point de vue, on doit considérer comme conditionnel le divorce dont cette femme avait été frappée, et, partant, comme nul, puisqu'il n'est point possible de savoir, avec certitude, quelle a pu être cette volonté au moment où cet acte de subordination a été effectué (212).

Quant au résultat contraire qui se produirait au cas où c'est le mari qui serait mort avant d'avoir exprimé sa réserve, elle se fonderait sur cette considération que l'expression formative: «tu es divorcée» avait été prononcée alors que le mari était encore en vie et, par conséquent, en possession de son droit de répudier sa femme à sa guise. Cette formule, prononcée sans réserve *apparente*, a dû exercer son action dissolutoire à l'instant même où elle a été prononcée. La mort du mari a donc laissé la femme sous le coup d'un divorce absolu. Le témoignage pris en réserve par le mari, et qui seul pourrait en éliminer les effets, ne saurait être valable qu'en tant qu'il aurait été invoqué par le demandeur, qui, dans cet exemple, est représenté par la femme [1]. Or, aux termes

[1]) Parce que c'est elle qui aurait intérêt à prouver qu'elle n'a pas été réellement répudiée, afin de pouvoir conserver son droit à la succession de son mari prédécédé. Il est évident que, dans le cas inverse, c'est le mari qui aurait intérêt à faire usage du témoignage préalablement

de l'exemple précité, le mari avait institué ces témoins dans des vues personnelles, et qui devaient exclure toute connaissance de cette circonstance par l'épouse, objet de cette ostensible menace. Enfin le mari avait préalablement institué ces témoins en vue de pouvoir repousser, dans *son propre intérêt*, le divorce apparent que sa femme pourrait *réclamer*, et pour le cas seulement où il aurait besoin, par suite de cette *réclamation*, de faire appel à leur témoignage.

C'est cette impossibilité, pour la femme, d'user du témoignage *éliminateur*, qui constitue la différence entre les deux survies. Sous cet aspect, le cas présenterait bien plus un résultat *incidentel* de *procédure*, que celui d'une disposition abstraite découlant d'un principe de droit préétabli.

On peut encore justifier cette distinction entre les deux *survies* par les considérations suivantes, qui paraissent, au moins, tenir à quelques règles connues:

La mort fait perdre à chacun des deux époux, en matière de divorce, la faculté qui lui est propre. La femme n'en possède que de passives, nommément la faculté ou la capacité d'être répudiée au gré du mari (*la répudiabilité*).

---

mis en réserve pour annuler le divorce, et, par conséquent, établir le droit du mari à hériter de sa femme à titre d'époux.

Toutes ces dispositions visent le cas où le divorce aurait été effectué sous la forme intensive du bayenne qui supprime, du coup, c'est-à-dire dès avant l'achèvement de la retraite légale, tout droit de successibilité entre les deux époux.

Dans tout autre cas, le fait de survie serait, sous le rapport des effets juridiques, absolument indifférent pour l'un ou l'autre des deux époux, attendu que la dissolution du mariage, par suite d'un divorce raji'ie, ne supprime la successibilité matrimoniale qu'après l'achèvement réel ou fictif de cette retraite.

Les facultés du mari, sous ce rapport, sont toutes actives, (la répudiation dans le sens transitif), et elles se présentent sous deux aspects opposés, mais concentriques : la puissance formative et la puissance éliminatrice. Par la première, le mari produit, effectue, crée le divorce; par la seconde, il le supprime, il le suspend, ou il le modifie dans un sens quelconque. Sa mort, survenant après qu'il a usé de la première de ces deux facultés (la formative), laisse la femme sous le coup d'une action qu'il n'est plus dans son pouvoir marital d'éliminer ni de modifier. Le prédécès de la femme enlève à celle-ci sa faculté proéminente en matière de divorce, à savoir *la répudiabilité*, et laisse au mari ses autres facultés intactes, ce qui aura pour résultat immédiat de faire, d'un côté perdre au mari *le moyen* de répudier cette femme *déjà décédée* et devenue *irrépudiable*, et, de l'autre, de lui donner la possibilité *matérielle* de faire appel au témoignage *réservé* et, partant, de prouver la nullité du divorce dont sa femme avait été *ostensiblement* frappée.

Le glossateur du Dorre adopte cette dernière explication, avec une légère modification dans l'exposé didactique qu'il en fait et qui la rend encore plus obscure (213).

Passons à d'autres cas :

Si la proposition hypothétique a été prononcée par le mari, et la réserve éliminatrice par un autre individu, il y aurait à faire les distinctions suivantes :

1° Le mari croyait-il que cette réserve produirait son effet, alors même qu'elle aurait été formulée par un autre individu que l'époux, aucun effet dissolutoire ne saurait en résulter.

2° Sait-il, au contraire, qu'une pareille réserve, présentée par un étranger, ne produirait aucun effet, un divorce immédiat et absolu (sans condition), sera appliqué à cette femme. L'étranger qui a formulé cette réserve aurait joué le rôle de la personne juridique appelée *el foudouly*, l'intrus, voir page 257 et note.

C'est là encore un exemple de plus de cette étrange doctrine qui fait dépendre les effets d'une loi, de l'opinion *subjective* de l'individu même dont elle est appelée à régler la conduite, tendance, d'ailleurs, contraire aux allures plutôt pédantesques de la législation musulmane qui se caractérise par un attachement superstitieux à la lettre de la loi. On sait, en effet, que dans la majorité des cas elle ne tient compte que de la valeur lexicologique des mots, et presque jamais de l'objet rationnel dont ces mots devraient être le *signe* et non *le remplaçant*. Cette législation proclame sa pédantesque tendance sous la forme du principe suivant: «*al oumdatou a'ala ou'mimi-l-lafzi, la a'ala khoussous-s-il garad*» [1]. Mais ce ne serait pas pour la première fois que nous aurions eu l'occasion de signaler et de constater les flagrantes et nombreuses variations d'un système de lois si soudainement sorti de l'esprit arabe [2])!

La vertu suspensive ou éliminatrice de toute subor-

[1]) Ce qui veut dire que «en matière de droit, il sera toujours loisible à celui qui aura prononcé un mot équivoque ou susceptible de diverses acceptions, de lui assigner, en justice, le sens qu'il lui plairait de choisir ou d'alléguer comme répondant à celui qu'il avait entendu lui donner, alors même que ce sens serait incompatible — mais non absolument impossible — avec l'objet rationnel du fait mis en question.»

[2]) On peut ramener cette doctrine sous l'empire d'une règle rationnelle en considérant que le silence du mari, ou son abstention de repousser la réserve de l'étranger, malgré la croyance erronée, mais réelle, qu'il aurait en l'efficacité éliminatrice d'une pareille réserve, équivaudrait à une adhésion interne de sa part aux effets imaginaires auxquels cette réserve pourrait donner lieu.

dination à la volonté d'un autre, selon que cette volonté est pénétrable ou inaccessible à notre compréhension, est entièrement indépendante de l'intelligence linguistique de cette formule par celui qui s'en servirait, pourvu qu'elle ait été libellée en langue arabe.

Il n'est pas impossible que cette réserve relative à la langue arabe subisse quelque modification dans les contrées musulmanes où cette langue, en dehors du Coran, n'aurait introduit, dans le langage usuel de ces contrées, aucuns éléments empruntés à un fonds purement arabe, tels que les principaux termes du vocabulaire religieux: Dieu, Prophète, apôtre, khalife. pèlerinage, prière, foi, sacrifice, aumône, jeûne, etc.

L'expression réservatrice qui aurait été formulée ainsi: «avec» ou «par la volonté de Dieu» à la place de l'expression plus correcte «si Dieu le veut» *inne cha'a Allah*, serait identique, dans tous ses effets, à cette dernière. Il en serait de même de certains termes considérés comme exprimant un sens semblable à celui qui résulterait d'une subordination directe à la volonté de Dieu.

Ces termes sont au nombre de dix; ce sont: 1) *el izne* «la permission», 2) *el amre* «le commandement», 3) *el hokme* «le jugement», 4) *el karare* «la décision», 5) *el ilme* «la science», 6) *el koudra* «le pouvoir», 7) *el irada* «la volonté» (signifiant acceptation), 8) *er-rougba* «le désir», 9) *er-rida*, le consentement, et enfin le vocable typique, 10) *el machyya* «le bon vouloir». On sait, d'ailleurs, empiriquement, que la langue arabe fournit, pour les trois derniers termes, un grand nombre de synonymes et qui sont, en tant que se rapportant au mot qui désigne l'Etre suprême, assimilés aux premiers.

Partout où l'un ou l'autre de ces termes ou de leurs pareils est employé dans une formule de divorce conditionnel, il y aura à faire les distinctions suivantes:

1° Si ces termes se rapportent à Dieu, la formule où ils figurent prend le caractère d'une proposition abrogative, et rend, par conséquent, l'expression hypothétique, vaine et sans effet.

Il y a toutefois à l'égard du terme «pouvoir» et, dans une mesure moindre, à celui du mot «science», quelque divergence d'avis entre les principaux docteurs de l'Ecole.

Exemples pour tous ces termes: Si Dieu le permet; le commande; le juge bon; le décide; le sait; le peut; le veut; le désire; et enfin si Dieu le veut bien. Dans tous ces cas le divorce hypothétique est annulé.

La cinquième formule «si Dieu le sait» signifierait, selon les docteurs opinant pour l'abrogation: si Dieu sait que je te répudierai, et cette autre: «si Dieu le peut», si Dieu a placé ton divorce parmi les choses qu'il a déterminées dans sa toute-puissance. Il est évident qu'il s'agirait là de deux éventualités qu'on peut envisager, sous le rapport de leur compréhensibilité, à deux points de vue différents.

2° Si ces termes (les 10) se rapportent à un homme déterminé dont il serait moralement possible de connaître la volonté actuelle, la formule sera tenue pour avoir été *translative*, c'est-à-dire pour une formule conférant à un tiers à titre de propriétaire «*tamlike*» le droit qui appartenait au mari de répudier à volonté sa femme légitime. Dans ce cas l'acte sera soumis à la législation qui régit la translation de la propriété, et sera, par conséquent, limité, quant à la durée de ce droit, par celle de la *séance légale*. Voir plns haut.

Exemple: «tu es répudiée si un tel le veut». L'homme, à la volonté duquel le divorce a été subordonné, ne pourrait garder ce droit que pendant la durée de la séance légale au cours de laquelle ce droit lui avait été conféré.

Les légistes font remarquer ici, non assurément sans quelque ostentation de savoir, que les termes dont nous venons de présenter la nomenclature empiriquement arrêtée, peuvent être employés de 320 manières différentes, et voici comment:

Les conjonctions copulatives avec lesquelles on peut tour à tour employer ces termes sont au nombre de 4: la proposition instrumentale ou adhésive *el moulassaka bi* signifiant «avec», «par»; l'attributive ou explicative *li* «à cause», «afin» la locale ou limitative *fi* «dans» exprimant un rapport de localité, de contenance, etc., et enfin la conjonction conditionnelle essentielle «*inne*».

Ceci posé, nous ajouterons qu'il serait loisible d'exprimer verbalement la proposition conditionnelle, et écrire la proposition hypothétique, et vice versa, ou les exprimer toutes sous la forme écrite ou sous la forme parlée, ce qui fait en tout, 4 propositions $\times$ 10 termes $= 40 \times 2 = 80 \times 2 = 160 \times 2 = 320$. (214)

Dans tous ces cas le divorce ne s'effectuera qu'à la condition, pour la justice, de connaître avec exactitude quelle a été sur ce sujet la volonté à laquelle le divorce a été subordonné.

La conséquence de cette doctrine est facile à saisir. La formule restera sans effet si les termes précités sont rapportés à Dieu; elle sera considérée comme translative de pouvoir, s'ils se rapportent à la volonté d'un être vivant et raisonnable, c'est-à-dire en état de vouloir et d'exprimer cet acte avec conscience de son fait et de ses conséquences.

Si le mari a dit: tu es répudiée quelle que soit la volonté de Dieu, le divorce s'effectuera sur-le-champ *monjaze*.

Voici un cas sur lequel il règne entre les auteurs de notables divergences. Il se rattache à certaines particularités de la grammaire arabe, mais comme il est de principe religieux de tenir la langue arabe pour l'instrument *seul* exact d'exprimer les vérités divines, aussi bien que celles qui appartiennent aux facultés humaines, les particularités que nous allons signaler prennent, sous la plume de ces auteurs, le caractère de «vérités absolues» auxquelles tout procédé linguistique humain doit se conformer.

Pour comprendre donc le côté problématique de ce cas il faudra tenir compte des données grammaticales suivantes:

1) Que dans les propositions *descriptives*, c'est-à-dire celles qui se composent d'un sujet et d'un attribut qualificatif, l'Arabe n'emploie aucune copule de liaison lexicologique entre ces deux termes. Ainsi la proposition française: «Dieu est grand» prend en arabe la forme agrégative [1]) de: Dieu grand, ou, pour marquer la terminai-

---

[1]) Nous voulons désigner, par cet adjectif, l'opposé du rapport organique qui existerait entre le sujet et l'attribut et qui serait marqué par une copule verbale représentant cette troisième opération de l'esprit qui, après la conception de la *qualité* à l'état abstrait et général, et de celle du *sujet* à l'état tangible et déterminé, trouverait conforme à la réalité d'attribuer l'une à l'autre. En arabe ce rapport n'est indiqué, au positif du présent, que par la terminaison, au nominatif, de ces deux termes.

son caractéristique du rapport descriptif, *Deus magnus*, procédé, d'ailleurs, très commun à la langue russe.

Ces propositions — ainsi agencées — sont nommées *joumalonne ismyya* «propositions substantives», par opposition à celles qui auraient un verbe pour prédicat et qui s'appellent, pour cette raison: *joumalonne fi'ilyya*, propositions verbales, comme: l'homme parle, mon ami est venu, etc., propositions dans lesquelles l'Arabe exprime le prédicat verbal à l'instar des autres langues, à cette seule différence près que si le verbe est employé en guise d'attribut, la proposition se construit dans l'ordre français: (sujet et prédicat); ainsi on dit en arabe: *el insanou iatakalamou* «l'homme parle», pour marquer un qualificatif, et: *iatakalamou ou-l-insanou* «parle l'homme» — pour exprimer une action réelle seulement par rapport à un temps déterminé, ou entendu comme tel.

Ceci posé, l'Arabe exige de lier la proposition hypothétique à la conditionnelle (si celle-ci a été exprimée la première) par la conjonction consécutive *fa*; ainsi cette formule: «Si tu entres dans cette maison, tu es ou tu seras répudiée», doit être rendue en arabe avec une sorte d'insistance pléonastique sur le rapport qui existe entre les deux propositions, — ce qui correspond à une certaine manière de parler qui paraît fort habituelle en Russie et suffisamment tolérée en France: «si vous venez, *alors* je vous dirai», etc. En conséquence de cette habitude, l'Arabe exprimerait la formule conditionnelle, en tant que la condition précède la proposition hypothétique, de cette manière: «si tu viens, *fa* je te dirai».

Si cette conjonction n'a pas été exprimée, le divorce s'effectuera absolu et immédiat, par la raison que la conditionnelle ne se trouverait pas liée, ou connexe à l'hypothétique.

S'ensuit-il que l'observation de cette règle s'impose toujours, même dans le cas où la formule dissolutoire aurait été prononcée dans une autre langue que l'arabe? S'ensuit-il, par exemple, qu'un musulman français (en supposant qu'il puisse s'en trouver) qui dirait, selon l'esprit de sa langue: «si tu entres, tu es répudiée» sans intervention de la conjonction *fa*, aurait frappé sa femme d'un divorce absolu et immédiat, tandis que s'il avait dit «*fa*» ou «alors» tu es répudiée» la dissolution du mariage ne pourrait s'effectuer qu'après la réalisation de la condition répudiatoire? Le cas n'est pas prévu, ou, du moins, il ne l'a pas été sous l'aspect d'une formule musulmane exprimée en langue étrangère; — il l'a été seulement sous celui d'une formule libellée en arabe, et prononcée par un étranger qui ignore complètement le sens des mots dont elle est composée. Dans ce cas, disent les docteurs, la formule produit son effet, alors même que cet étranger n'en aurait nullement compris le sens. Par déduction de cette doctrine, on devrait refuser à tout idiome étranger la propriété d'exprimer quelque chose de canonique ou de légal. La conséquence serait absurde assurément, mais non impossible, ni même sans exemple. Ce phénoménal acte de conscience qui consiste à éprouver une irrésistible tendance à localiser ou à nationaliser l'*économie* métaphysique de la religion, et à limiter sa sphère d'action à une certaine étendue géographique de ce monde, n'est certes pas d'invention musulmane. On peut rappeler Israël, qui poussa son nationalisme jusqu'à transporter dans le ciel la forme nationale qu'il avait eue sur la terre, certaines peuplades à moitié sauvages qui croient exalter Dieu en faisant le vide autour de la religion qu'elles professent, et qui condamnent, avec une égale horreur, la foi de l'étranger, et toute tentative de le ramener à leur croyance, qu'ils croient, cependant, seule capable de plaire à Dieu! tels que les Druzes du Liban, et, dans une mesure quelque peu réduite, les Wahabites du Iêmenne en Arabie, et certaines petites sectes chrétiennes qui ne prêchent jamais et qui condamnent toujours! Nous pouvons même affirmer que cette sorte d'aberration de la conscience se rencontre, parfois, chez des individus appartenant à la catégorie des hommes éclairés. On voit ces derniers se renfermer, scrupuleusement, dans les étroites limites de leurs circonscriptions nationales; ils ne se montrent nulle part, et, chose vraiment singulière: ils croient qu'ils n'ont nullement le droit, et encore moins l'obligation de paraître ailleurs que dans les régions qui les ont vus naître! En un mot, ils donnent à tous les peuples de la terre qui ne sont pas, par hasard, parqués dans la sphère de leur activité religieuse, le droit incontestable d'ignorer jusqu'à leur existence, et, mettant le comble à leurs prétentions contradictoires, ils leur font un crime de cette ignorance!

Nous savons, d'ailleurs, que le Coran ne peut être lu que dans la langue arabe, c'est-à-dire en l'idiome de Koreïche; que certaines formules de piété ou de culte doivent être, à peine d'impiété, exprimées en arabe; — que la prière personnelle même doit être faite en cette langue. Nous savons, enfin, que pour les musulmans, où qu'ils soient, l'arabe c'est la langue par excellence, la langue *pour tout de bon*, tandis que toutes les autres —

moins sans doute la langue du *maître*—au cas où il ne serait pas de race arabe, ne sont, en réalité, qu'une sorte de jargon, sur les procédés duquel on ne peut rien fonder de religieusement légal [1]). (215)

---

[1]) L'auteur de ces lignes se rappelle, non assurément sans tristesse, avoir entendu, en Egypte, un excellent prêtre monophysite d'une incontestable piété, reprocher à un autre ecclésiastique de sa communion, comme un acte d'impiété et de profanation pour le saint caractère dont il était revêtu, de parler en français, idiome *hétérodoxe* dont un ministre de la véritable religion ne doit, jamais, se servir pour l'expression de sa pensée! Le seul trait par lequel ce bon prêtre différât d'un musulman, qui croit au caractère *divin* de la langue arabe, est encore à l'avantage de ce dernier! Le musulman est *propagateur*, d'une bien triste manière, sans doute, mais il ne lui vient jamais, à l'esprit de rester seul détenteur de la vérité! Au profond sentiment d'horreur qu'il éprouve pour les croyances des *kafirs*, il a su joindre l'obligation, au moins conséquente, de les convertir à sa foi. Il vous dit nettement, ouvertement et sans plus de façon: «Prenez ma religion, ou laissez-moi «prendre votre vie, et si, par hasard, vous tenez à l'une, aussi bien qu'à «l'autre, soyez mon esclave». Lui, le prêtre eutychéen, qui ne croit pas moins sincèrement à l'éternelle damnation de tous les non-monophysites, c'est-à-dire à quelque chose comme à la perte de la presque totalité du genre humain, lui, disons-nous, ne dira pas un mot, ne fera pas un geste pour remettre ces pauvres égarés dans la voie du salut! Il les excommunie de grand cœur, il les maudit à perte d'haleine ; mais en secret, à huis clos, confidentiellement, entre lui et ces chers et seuls serviteurs de Dieu, les monophysites de l'Afrique ! Il n'ira jamais trouver ces égarés, ces millions innombrables d'âmes plongées dans les ténèbres de la perdition, pour tenter au moins de les éclairer d'un rayon de ce divin flambeau que lui seul possède chez lui sous le *boisseau!* Le pieux ministre du Seigneur est tout prêt à condamner l'univers; mais il ne faut pas lui dire de faire le moindre effort pour le salut de ce pauvre et malheureux univers! Maudire, excommunier, dénigrer les non-eutychéens, c'est son devoir; prêcher, annoncer aux autres la vérité, ce n'est pas son affaire ! Il a des raisons, toutes sortes de raisons qui lui permettent de laisser périr le monde et tout ce qu'il contient ! Et, chose vraiment remarquable, le bon prêtre aime à passer pour *libéral!* Il ne dira pas, lui: «Hors de mon Eglise point de salut!» Seulement—il faut bien passer quelque chose à ce libéral, à cet ami de l'humanité,— seulement il croit que le monde ne contient d'autres vrais croyants que lui et ses

On doit remarquer que la subordination à une volonté impénétrable, qui annule ou qui suspend les effets du divorce, ne saurait agir que sur une formule hypothétique de divorce qui n'aura été prononcée qu'une seule

---

amis. La Chrétienté tout entière n'est, pour lui, qu'un vaste nid de gentils et de mécréants; les Allemands, les Anglais, les Russes, les Français, etc., etc., ne sont, à proprement parler, que de modernes païens! puisqu'ils ne sont pas même *baptisés!* L'excellent et pieux monophysite croyait, fermement, que toute cette civilisation européenne, tout ce progrès dans les sciences, dans les arts, dans les mœurs, dans la morale, tout ce zèle de croyants, tout ce dévouement de martyrs, ces immenses travaux de tous les jours, ces gigantesques combats de toutes les heures, pour la propagation, la défense ou le triomphe de l'Evangile, tâche à laquelle son Eglise—il le reconnaît volontiers—est restée absolument étrangère, a été inspirée et réalisée par des hommes encore plongés dans les ténèbres du paganisme, sous l'empire — non du Christ — mais de Satan lui-même; il croyait, enfin, non moins saintement, que partout ailleurs que sur ses heureux coreligionnaires, l'action du Christ sur l'humanité a été littéralement *nulle!*

Doit-on déduire de ces préjugés que pour ce prêtre la véritable Eglise de l'universel rédempteur du monde se trouve, depuis près de 15 siècles, dans cette phase bizarre, inouïe, paradoxale de son histoire que *l'apathie*, la *stérilité* et la plus glaciale des *indifférences* soient devenues l'unique indice caractéristique par lequel Dieu a voulu honorer autant que distinguer cette Eglise?

On ne pense pas à cette conséquence; il est même probable que la conscience de ce saint homme, mise en face d'une pareille déduction, hésiterait à l'admettre; mais il n'en restera pas moins acquis qu'il croit, aussi sincèrement qu'à sa propre existence, aux prémisses qui doivent l'amener forcément!

En décrivant ainsi ces quelques traits d'une touchante naïveté d'esprit, nous n'avons nullement l'intention de présenter les sentiments religieux de ce prêtre sous l'aspect d'une ridicule outrecuidance. Le profond sentiment que nous avons des imperfections humaines, nous fait une loi de respecter toutes les convictions, quelque absurdes qu'elles puissent nous paraître. Qui sait si certaines de nos idées qui nous paraissent si raisonnables, ne sont pas, aux yeux d'êtres mieux organisés que nous, des absurdités encore plus fortes que celles dont nous venons de donner cette courte esquisse?

fois. Ce qui donne lieu à cette conséquence que toute expression conditionnelle ne peut agir que dans une exacte proportion du nombre de fois qu'elle aura été prononcée. Ainsi, dans cette formule : «tu es répudiée par trois fois, tu es répudiée par trois fois, si Dieu le veut», l'expression réservatrice : «si Dieu le veut» n'éliminerait que la première formule répudiatoire. La femme restera, dans ce cas, frappée d'un triple divorce immédiat et absolu en vertu de la seconde formule non suivie de réserve. Si le mari a répété deux fois la réserve en question, aucun divorce ne se produira.

L'aptitude civile n'est exigée, pour la validité d'un divorce conditionnel, que par rapport, seulement, au moment précis où l'engagement *subordonné* a été formulé, et non pas par rapport au temps futur où la condition dissolutoire sera réalisée. Ainsi si un homme, en possession de cette aptitude, répudie sa femme sous forme réservée, son divorce ou engagement hypothétique sera tenu pour valide, et il s'effectuera *immanquablement* à la réalisation de la condition, alors même que cette réalisation aurait eu lieu après la perte de son aptitude, — comme, par exemple, si dans la suite il a perdu ses facultés mentales; s'il a été mis en interdiction par suite d'une manifeste extravagance; s'il a abjuré l'Islamisme; s'il a émigré en pays *harbite* (non soumis à un pouvoir musulman), etc.; dans tous ces cas qui seraient survenus après l'engagement éventuel, aucune atteinte n'en sera portée à sa validité initiale.

Du divorce limité par une exception ou une soustraction numérale.

L'exception numérale qui suivrait un divorce multiple ne pourrait produire d'effet qu'en tant qu'elle se rapporterait à une partie du divorce, et non pas à la totalité du nombre par lequel il aurait été formulé. Ainsi la formule «tu es divorcée par trois fois moins deux» ne produirait qu'un divorce simple, mais celle-ci : «tu es divorcée par trois fois, moins trois ou excepté trois,» produira un divorce triple, attendu que l'exception totale doit être considérée comme vaine et de nulle valeur légale.

Cette doctrine, qui paraît avoir reçu la consécration de toutes les Ecoles, est exclusivement fondée sur une règle de dialectique incontestable, à savoir que l'exception doit toujours porter sur un nombre moindre que la quantité normale. Si elle se rapporte à un nombre égal, elle sera considérée comme une *rétractation*, ou un retrait d'aveu, ce qui ne saurait être accepté. Il est permis de rétracter, sous certaines conditions, un témoignage déjà présenté en justice, mais aucune rétractation ne pourrait atténuer, en quoi que ce soit, ni le caractère obligatoire d'un *aveu* déjà constaté, ni, en matière *d'iscate* (désistement d'un droit), la force d'une expression formative régulière.

Ici se présente un cas qui mérite d'être remarqué :

Un homme connu pour avoir un vice de bégayement qui lui fait répéter, par une sorte d'ânonnement, les mots qu'il prononce, a dit à sa femme «tu es divorcée, tu es divorcée, si Dieu le veut, si Dieu le veut» en répétant ainsi la formule hypothétique autant de fois que la formule réservatrice. On demande si on peut appliquer à ce cas la règle déjà exposée d'après laquelle la formule soustractive agit sur la formule hypothétique en raison directe de leurs nombres respectifs.

Voici comment ce problème est résolu:

1° La répétition de la formule répudiatoire, malgré la probabilité de sa provenance d'un vice de prononciation, sera considérée comme régulière, c'est-à-dire comme répondant à l'intention réelle du mari, et produira le même effet *d'addition* que si elle avait été proférée par un homme d'une prononciation normale.

2° La répétition de la formule exceptionnelle, réservatrice ou soustractive, sera seule attribuée au vice de bégayement et tenue pour nulle et non avenue.

Exemple:

Un homme atteint de bégayement ou d'ânonnement a dit à sa femme: «tu es répudiée, tu es répudiée, si Dieu le veut, si Dieu le veut».

La justice le tiendra pour avoir répudié sa femme par une seule fois, comme s'il lui avait dit: tu es frappée d'un divorce $\times$ (2—1).

Nous n'avons plus guère besoin de rappeler que, des deux hypothèses opposées, c'est presque toujours celle qui favorise le plus la dissolution du mariage que la justice musulmane adopte de préférence à celle qui serait d'une tendance contraire.

Si l'*exception* portait, non pas sur le *nombre* des répudiations que le mari entendrait *accorder* à sa femme, mais sur celui des *femmes* actuellement en sa possession qu'il voudrait mettre hors mariage, on observera les règles suivantes:

1° L'exception totale et *directe* sera nulle. Voir plus haut page 369 — ce qui veut dire qu'il en est de l'exception totale portant sur le nombre des épouses, comme de cette exception qui porterait sur le nombre des répudiations à accorder à une seule de ces épouses.

Exemple :

Mes quatre femmes sont répudiées moins ou excepté mes quatre femmes, implique du coup la répudiation simultanée de toutes ces femmes.

Mais l'exception ou la soustraction sera tenue pour valable si elle n'a pas été directe, c'est-à-dire si elle n'a pas consisté dans la négation pure et simple de la formule hypothétique qui l'avait précédée. Exemple: «mes quatre femmes sont répudiées, excepté, ou, moins *Khadija*, *Fatime*, *Aïcha* et *Zeynabe*». Dans ce cas, aucune de ces femmes ne sera atteinte de divorce, alors même qu'elles auraient été toutes exactement désignées sous leurs vrais noms respectifs. Il en serait de même si le mari avait exprimé la soustraction en indiquant de la main ses quatre femmes réunies et en disant: «moins celles-ci».

Voici maintenant une autre série de cas bizarres qui pourraient se présenter, selon les prévisions de la justice musulmane, au cours d'une vie humaine, et sur lesquels tout uléma, digne de ce nom, doit savoir statuer avec une exactitude absolue.

Un homme a dit à sa femme: «tu es répudiée par trois «fois excepté trois fois, excepté une fois, excepté deux fois» [1]).

---

[1]) En face de pareilles banalités, on sent le besoin d'assurer au lecteur qu'il a bien lu, et que tous ces exemples sont, textuellement tirés des digestes les plus estimés! (216)

Il est nécessaire de savoir par combien de fois cette femme a été répudiée.

L'oracle affirme, sans hésiter, que c'est par deux fois.

Voici par quel procédé de calcul on parvient à cette précision:

3 répudiations — 3 = 3 l'exception étant totale; mais 3 — 1 = 2; 2 — 2 = 2 (même raison que dans la première réduction); donc le nombre des répudiations restées efficaces est réduit à 2.

Le lecteur, tout habitué déjà qu'on puisse le supposer aux banalités de la méthode musulmane, n'en serait pas moins surpris — pensons-nous — de cette profusion d'hypothèses si bizarres qui rattachent la casuistique musulmane à un ordre de spéculation intellectuelle absolument indéfinie, ne reposant sur aucune base scientifique saisissable. La solution, cependant, que nous venons de relater de ce cas peut bien, au moins, se rattacher à un principe rationnel, puisqu'elle n'est, au fond, que l'application d'une règle qui régit, en général, les procédés de l'*exception,* règle absurde, sans doute, mais déjà préétablie.

La série des cas suivants, absolument réfractaires à toute analyse scientifique, donnera une idée plus parfaite de cet amour pour les vétilles et de cette tendance de l'esprit sémite à transformer les vérités en *devinettes* plus ou moins puériles. (217)

Il s'agit de dispositions légales régissant cette partie du divorce multiple, suivie d'une exception sous forme d'une soustraction numérale, et dont la bizarrerie, le défaut de suite et l'absence de toute corrélation systématique affectent, parfois, les apparences d'un véritable délire.

Il n'y aurait, assurément, aucune difficulté à comprendre que si quelqu'un dit à sa femme: tu es répudiée par dix fois moins neuf, il l'aura répudiée par une seule fois; par deux, s'il avait dit: ...par moins 8; par trois si la soustraction avait été de trois unités, etc. Mais ce qui serait tout autrement problématique, ce serait de déterminer le nombre exact des répudiations dont une femme aurait été atteinte dans le cas où le mari aurait ajouté, à la formule répudiatoire, une série de soustractions successives s'effectuant, en apparence, chacune sur celle qui la précède.

Ce cas donne lieu à deux distinctions: Les soustractions ont-elles été exprimées avec l'intervention de la conjonction *wa* «et»? dans ce cas, le nombre terminal de la série sera seul retranché du nombre principal.

Exemple: tu es répudiée par 10 et par moins 9, et par moins 8, et par moins 7; le nombre 7, terminant la série, sera retranché du nombre principal 10, la différence 3 représentera le nombre des répudiations effectuées.

Les nombres retranchés n'ont-ils été, au contraire, précédés d'aucune conjonction, chaque nombre sera ôté de celui qui l'a immédiatement précédé, à cette seule réserve qu'on retient la différence de chaque soustraction pour l'ajouter à celle de la différence suivante, et que, enfin, on reconstitue, de la somme de toutes ces différences, jusqu'à concurrence du nombre suprême *trois*, la quantité réelle des répudiations réalisées. Dans cette seconde conjoncture, il est évident que la condition constitutive de la règle elle-même exige que la série des nombres à retrancher successivement, les uns des autres, soit formée par des *tranches* de nombres se suivant au pair — c'est-à-dire deux à deux, en sorte que chaque nombre soit suivi de celui dont il doit se retrancher.

Ceci posé, voici le problème juridique que l'on fait dériver de cette disposition:

Un homme a dit à sa femme: tu es répudiée par dix moins 9, moins 8, moins 7, moins 6, moins 5, moins 4, moins 3, moins 2, moins 1 [1]. On demande par combien de fois cet homme a répudié sa femme.

Par trois, répond la jurisprudence musulmane; attendu que chaque nombre devant se retrancher de celui qui le précède, le nombre qui restera, à la suite de toutes ces réductions successives, sera le nombre 5, chiffre dépassant, de deux unités, le total des répudiations possibles; on élimine cet excédant, et on s'arrêtera au nombre suprême *trois*.

Un légiste célèbre indique le procédé de calcul, en quelque sorte *mécanique*, à l'aide duquel on pourra résoudre de pareils problèmes. Il consiste à écrire, alternativement, sur deux colonnes parallèles, le nombre principal, «*l'antécédent*», et le nombre qui doit s'en retrancher, «*le conséquent*»; à faire, ensuite, la somme de chaque co-

---

1) Nous sommes en face d'un de ces graves et monstrueux enfantillages de la science musulmane. Nous nous sentons, par conséquant dans le cas où il faut assurer au lecteur que ce sont là des choses sérieuses qui existent réellement et qui sont destinées à régir la destinée intellectuelle d'une grande portion de la race humaine!

Nous comprenons, autant que personne, ce qu'il y a de niais et de ridicule à la fois dans de pareilles dissertations, mais — répétons-le encore une fois — il s'agit pour nous de donner à l'Europe une idée exacte de la culture musulmane, et, par conséquent, de ne rien dissimuler de ses défauts, qui constituent autant de symptômes objectifs sur lesquels seuls il serait possible d'établir la *diagnose* du mal qui mine les sociétés musulmanes, et que l'Europe savante est appelée à traiter après en avoir pris dûment connaissance.

lonne et, enfin, à retrancher la plus petite de la plus grande: la différence représentera, ou le nombre *brut* du divorce, s'il dépasse le nombre suprême *trois*, et dans ce cas on élimine tout excédant; ou bien, le nombre net et réel, si la différence ne dépasse pas ce nombre.

Le tableau suivant donnera une idée de ce procédé:

Tu es répudié par	10	moins	9
moins	8	»	7
»	6	»	5
»	4	»	3
»	2	»	1

Ce qui donne pour la somme de la première colonne 30, et pour celle de la seconde 25. Donc $30-25=5-2=3$ Nombre représentant le coefficient des répudiations dont la femme, objet de cette formule complexe, a pu être frappée, ce qui peut se résumer en cette expression $30-25=$ le divorce le plus intense $=(5-2)=3$ [1]).

Il va sans dire que nous ne prétendons nullement

[1]) Dans le libellé de cet exemple didactique de soustractions *continues* l'expression formative ou hypothétique «tu es répudiée» est censée n'avoir été prononcée qu'une seule fois. Le problème consisterait, donc, à trouver le nombre exact des répudiations dont cette femme a dû être fraspée, sachant que toute cette série de réductions successives se rapporte à une seule et même formule répudiatoire. Si celle-ci a été répétée, il y aura autant de divorces que de formules prononcées. Dans ce cas le divorce aura été effectué *triple* dès la troisième répétition.

Il faut remarquer, pour la meilleure intelligence de cette disposition, que chaque formule répudiatoire forme, avec les termes qui la déterminent, dans quelque sens que ce soit (nombre ou intensité), un acte de répudiation indivisible, à cette seule réserve que les termes déterminatifs aient été prononcés en temps utile.

Il n'est guère besoin d'ajouter que les autres formules — en sus de la troisième — seront annulées comme frappant à vide — c'est à-dire au delà de la réalité quantitative d'un divorce légalement possible.

présenter ces vétilles et ces laborieuses insanités à l'admiration de nos légistes et de nos philosophes; mais nous avons la conscience de bien faire en attirant leur philanthropique attention sur de pareilles infirmités morales qui font le malheur de tous les peuples qui en sont atteints, et la honte de ceux qui, sous le fallacieux prétexte d'une bienveillante protection, abandonnent ces *vieux enfants* à leurs déplorables égarements, et font de cette intéressante et innombrable masse de fidèles, ou de *théistes,* les plus convaincus de l'univers, des enfants batailleurs pleins de présomption et foncièrement inconscients des imperfections de leur système de législation sociale! Le divorce, cet acte si grave, si fécond en cruels résultats, cette douloureuse mutilation de la famille, à laquelle on ne devrait se résoudre qu'en désespoir de cause et dans l'extrême nécessité, est réduit, dans la législation musulmane, à une sorte de jeu de passe-passe, où le mari, en *prestidigitateur* diligent, *jongle* avec la femme, transformée entre ses mains en objet inanimé qu'il lance, attrape, cache, escamote, déplace à plaisir avec la rapidité du charmeur le plus pressé d'en finir. (218)

De quelques règles particulières de «Procédure» a suivre en matière de divorce conditionnel.

Les auteurs signalent certaines règles de procédure comme *exclusivement applicables* aux divers cas d'un divorce conditionnel. Nous les résumerons de la manière suivante:

1) En cas de désaccord, entre les deux époux, sur le fait même de la condition et en l'absence, de part et d'autre, de preuves juridiques, l'affirmation pure et simple du mari fera foi.

2) Si le désaccord porte sur la réalisation de la condition répudiatoire, la parole du mari, *appuyée de son serment*, prévaudra sur les dénégations de la femme.

3) La preuve négative — c'est-à-dire celle qui aurait pour objet de dénier un fait affirmé par l'un des deux époux — peut être admise, en matière de divorce conditionnel, dans les circonstances et sous les réserves réunies suivantes:

A. Si cette preuve a pour but de réfuter l'assertion du mari d'avoir fait dépendre son divorce d'une condition *dûment exprimée*.

Dans ce cas les témoins doivent *éviter* de donner à leur déposition le caractère d'une *dénégation directe*. Pour rester dans les limites de la légalité, ils ne doivent pas dire: Cet homme *n'avait pas formulé* de réserve; mais seulement: nous ne lui en *avons entendu* formuler aucune.

B. Si elle a pour objet d'établir en justice que la condition répudiatoire ne s'est point réalisée.

Il est également de rigueur, dans ce dernier cas, pour les témoins, de ne point user de dénégations directes, et de borner leurs témoignages à cette simple déclaration qu'ils n'ont point connaissance que le fait en question se soit réalisé.

Dans cette situation, s'il n'y a point de preuve juridique, la parole du mari, *appuyée* de son serment, fera foi [1]).

4) La parole *seule* du mari (même sans serment) suffirait pour prouver qu'il avait subordonné sa déclaration

---

[1]) La première règle *A* se rapporte à l'existence même d'une condition, et la seconde, *B* à la réalisation de cette condition: deux objets distincts en fait autant qu'en conséquences. (219)

répudiatoire à la *volonté de Dieu.* Dans tout autre cas de divorce *subordonné*, la parole du mari ne saurait faire foi qu'en l'absence de preuves juridiques. On doit, toutefois, remarquer que s'il ne s'agissait que d'un divorce sous forme de *kholo'o* (moyennant compensation pécuniaire offerte par la femme), la preuve juridique s'imposerait d'une manière absolue, en sorte que, à défaut d'une pareille preuve, aucun serment ne sera déféré au défendeur. Ce qui veut dire que dans cette occurrence, la cause en litige sera rejetée comme impropre à être soumise à la justice.

5) Toute fraction de divorce est élevée à la valeur de l'unité entière si elle représente, dans la formule, une addition; mais cette fraction sera éliminée en entier, si elle représente une soustraction.

Exemple pour les deux cas:

Un mari a dit à sa femme: «tu es répudiée par une fois *et demie*»; cette femme sera censée avoir été répudiée par deux fois; mais s'il lui avait dit: «je te répudie par deux *moins la moitié* d'une fois», il l'aura frappée de deux répudiations d'un seul coup. (220)

6) Certains auteurs ajoutent, au principe général d'après lequel l'impossibilité absolue, soit d'empêcher, soit de réaliser la condition répudiatoire, entraîne la nullité de cette condition, la remarque restrictive suivante:

L'impossibilité en question est une cause de nullité à l'égard des conditions *négatives,* mais non pas à l'égard des conditions *positives.*

Les auteurs mettent ici, à la place de «positif» et de «négatif», deux termes assez difficiles à rendre en français avec une parfaite exactitude. Ce sont les mots *«ou'oujoudy»* et *«a'adamy»*. Le premier signifie chose *tangible*, sensible, existante, susceptible de formation, etc., par opposition au second, qui doit indiquer le contrepied de ce sens. Nous croyons rendre d'assez près l'acception *technique* de ces vocables en traduisant les deux expressions *«chartonne ou'oujoudy»* et *«chartonne a'adamy»* par condition *impérative*, et condition *prohibitive*. La première aurait pour objet final de commander l'accomplissement d'une action, à peine de divorce; la seconde, de la défendre, à cette même peine.

Aux termes du principe que nous venons de signaler, l'une produit le divorce si elle n'est point réalisée, alors même que la cause qui avait empêché cette réalisation aurait été involontaire et irrésistible à la fois; l'autre, la dernière, le produirait dans le cas inverse, c'est-à-dire dans le cas où la condition aurait été réalisée.

Exemple: Le mari a dit à sa femme: «si tu n'entres pas dans cette maison [1]), tu seras répudiée». La femme n'entre pas dans la maison indiquée, elle est répudiée, que le *non entrer* ait été volontaire, ou forcé. Mais s'il avait dit: «si tu entres dans cette maison, tu seras répudiée» et qu'on ait fait entrer cette femme par un acte

---

[1]) Il va sans dire que la condition portant, dans l'exemple précité, sur le fait *d'entrer*, ou de *ne pas entrer*, est choisie au hasard et qu'il en serait exactement de même, *de juri et de facto*, «principièrement et pratiquement», de toute autre action qui aurait été commandée, ou interdite, sous cette même forme, c'est-à-dire à peine de divorce. En employant ici le mot «entrer» nous n'avions d'autres vues que de rester fidèle à notre méthode prédominante de reproduire, à la suite de l'explication que nous aurions donnée d'une doctrine législative musulmane plus ou moins bizarre, la matière même des exemples didactiques dont les auteurs de ce nom les plus distingués se sont servis pour l'illustration de cette doctrine.

de violence dans la maison interdite, le fait serait nul, et aucune répudiation ne saurait l'atteindre.

La raison qui autorise, suivant les docteurs, cette différence entre les résultats respectifs de ces deux expressions est absolument insaisissable. Les auteurs ne l'indiquent même pas, évidemment parce qu'elle leur a paru résister à toute tentative de ce genre.

Nous croyons pouvoir hasarder une lointaine explication psychologique qui peut bien, en l'absence de toute autre d'un ordre plus rationnel, n'avoir pas été entièrement étrangère à la conception de cette différence entre les résultats de ces deux manières de poser une condition. Remarquons que *faire une action déterminée* implique un acte de volonté incomparablement plus réel, plus conscient, plus précis que la simple occurrence négative *de ne pas faire*. On fait seulement ce qu'on veut; mais ce qu'on ne fait pas embrasse une étendue de contingences si illimitée, si infinie, qu'on ne saurait rattacher cette *immense abstention* à aucune intervention directe de la volonté. A ce point de vue il sera — pensons-nous — permis de dire que là où la volonté paraît devoir être impliquée le plus, la violence constituerait une cause de nullité pour la condition, et, naturellement, là où cette volonté concourt le moins, la violence ne sera point une cause de nullité. Dans cette formule: «si tu n'entres pas», la condition est impérative: on ordonne d'entrer — l'impossibilité d'accomplir cet acte détermine un fait négatif: le *non faire*, circonstance dans laquelle la *volonté* individuelle est fort peu impliquée. Dans ce cas, la formule conserve la plénitude de sa force répudiatoire, malgré le fait involontaire qui a rendu *impossible* l'action *d'entrer*. La formule: si tu entres, etc., est prohibitive, elle défend d'entrer; on ne saurait y contrevenir que par un acte positif, précis et conscient de la volonté: celui «d'entrer» *le faire*. Dans cette occurrence tout fait qui serait de nature à empêcher le concours de la *volonté*, dans l'accomplissement de cette action, serait une cause de nullité, comme *incompatible* avec le caractère *existentiel* de la condition posée. (221)

Cette explication, que nous n'avons trouvée nulle part dans les digestes musulmans, mais à laquelle nous croyons pouvoir nous arrêter, non sans quelque raison psychologique, nous paraît, malgré ses incontestables *lacunes*, la seule qu'il soit possible d'alléguer pour la justification de cette doctrine. Il est probable que les auteurs musulmans ont bien plus *senti*, comme par instinct, la raison de cette différence qu'ils ne l'ont conçue par voie de théorie philosophique.

7) Dans tous les cas où le fait en litige entre les deux époux serait de nature à n'être connu que par une déclaration personnelle et libre de la femme elle-même, la parole de cette dernière ferait foi, et prévaudrait sur toute autre preuve possible.

Il est certain, d'ailleurs, que la justice peut soumettre la femme, dans certains cas, à la visite médicale, à la seule réserve *inévitable* de faire exécuter cette mesure par une femme; mais il n'en resterait pas moins vrai qu'il est une foule de cas où la déclaration de la femme fournit la seule base de certitude ou d'information possible, comme, par exemple, lorsqu'il s'agit de déterminer la date précise où le flux menstruel a pris naissance, soit *initialement*, soit *itérativement*, ou du fait légal de la copulation, de l'accomplissement du procédé final de la fécondation, etc. Il est évident que, dans tous ces cas, on ne pourrait faire intervenir ni enquête médicale ni témoins juridiques et que, par conséquent, force est à la justice d'accepter, comme seule possible, l'affirmation pure et simple de la femme. (222)

8) Si la condition répudiatoire avait consisté en la survenue ou l'apparition du flux menstruel, comme, par exemple, si le mari avait dit à sa femme: «lorsque tu auras tes menstrues, tu seras répudiée», il sera loisible à la femme, objet d'un pareil divorce, de convoler à un second mariage aussitôt après l'apparition de ce flux, pourvu, toutefois, qu'elle n'ait pas encore subi les approches du mari, en d'autres termes qu'elle soit restée jusqu'alors une épouse *non introduite*.

Il faut toutefois remarquer que si cette femme venait à mourir en possession du second mari, dès avant le troisième jour de ses menstrues, sa succession, à titre d'épouse, passerait, de plein droit, à son premier mari, et non pas au second, comme l'énoncé du cas aurait pu le faire supposer.

Voici pourquoi:

A. L'épouse *non introduite* n'est point soumise à l'observation de l'attente légale *el i'idda*, parce qu'il n'y a pas nécessité pour elle de constater la *vacuité* de son sein de tout fruit dû aux œuvres de son premier mari.

B. Le flux sanguin ne saurait être légalement tenu pour une véritable apparition de menstrues que s'il a duré plus de trois jours. (223)

Cette dernière considération nous permet de penser que dans la science des théologiens, ou des juristes musulmans, aucune sécrétion sanguine (hémorragie) résultant d'une cause morbide ne saurait durer plus de trois jours! Si elle dépasse ce terme, il devient certain, aux yeux de ces docteurs, qu'elle ne peut provenir que d'un écoulement normal de menstrues! Il n'est pas rare de voir ces théologiens trancher, avec une étonnante assurance, des questions du domaine de la médecine ou de toute autre science qu'ils ignorent profondément. Cela ne serait, sans doute, ni étonnant, ni surtout si dangereux, si leurs affirmations ne devaient, dans la suite, se transformer en autant de dogmes religieux, et, partant, en vérités consacrées et absolument inattaquables.

9) Toute condition prohibitive qui aura été réalisée ne fût-ce qu'une seule fois sera tenue pour épuisée [1].

Ce n'est certes pas sans peine et, parfois, sans éprouver une profonde tristesse que nous nous sommes appliqué à consigner, dans ces pages, cet étourdissant enfantillage des auteurs musulmans. On est presque porté à désespérer de l'esprit humain quand on pense qu'il est sous le ciel des hommes qui admirent ce verbiage, qui en sont fiers, et qui croient, du fond de leur âme, que la Providence

[1]) On tire de cette doctrine, d'ailleurs bien rationnelle en elle-même, la raison juridique d'un biais auquel les occasions d'y avoir recours doivent se présenter assez fréquemment dans la vie usuelle d'un mari musulman. Il arrive qu'un homme, sous l'impression d'une irritation momentanée, interdit à sa femme, sous peine de *divorce triple*, de faire une chose dont aucune raison ne justifierait la prohibition. Or, on peut annuler les effets de cette défense en appliquant à sa femme un divorce simple, mais immédiat, de laisser passer le terme de la retraite et, ensuite, de réépouser cette femme en vertu d'un nouveau contrat. Si après cela la femme accomplit l'action défendue, elle n'en sera atteinte d'aucun divorce, vu que le renouvellement de son mariage avec son mari lui comptera comme un nouveau mariage et, par conséquent, comme non passible des engagements destinés à affecter le premier.

les a élevés, par cette législation, au-dessus de tous les peuples de la terre. C'est un fait aussi déplorable qu'il est constant, que les musulmans, partout où ils se trouvent, en Arabie, ou en Europe, dans les contrées plus qu'à demi sauvages de l'Afrique, ou en face de la supériorité sociale la plus évidente de la chrétienté, n'ont pour notre législation, pour notre culture, pour nos mœurs, et, surtout, pour nos personnes qu'un sentiment d'horreur *mêlé de mépris*. Notre civilisation les éblouit, mais elle ne les éclaire pas; elle irrite même leur orgueil, elle blesse cette incroyable fierté religieuse dont chaque musulman est animé, et pousse, encore plus au fond de leur âme, cette haine, littéralement mortelle, qu'ils nous ont vouée, haine terrible puisqu'elle est commandée par la religion elle-même, haine implacable, puisqu'elle ne peut être satisfaite que par notre extermination, ou par notre asservissement à la plus humiliante et à la plus vexatoire des dominations! (224)

Les auteurs, cependant, dont nous parlons, qui paraissent tant admirer cet immense bavardage, sont — on ne saurait trop le proclamer — pleins d'intelligence; on est parfois surpris de la finesse de certaines de leurs observations et ébloui du merveilleux éclat de certaines de leurs pensées. Malgré cette incontestable et déplorable obscurité qui règne dans leurs écrits, résultant bien plus de l'insuffisance des procédés techniques que de quelque défectuosité organique propre à la langue dans laquelle ces auteurs ont écrit, on ne saurait contester ni la beauté, ni la vigueur de leur langage, ni surtout l'ingénieuse exactitude de leurs définitions aux larges envergures. — Rebuté, tout d'abord, par la tournure parfois presque *énigmatique* de leurs expressions, le lecteur attentif qui saura s'armer de patience, finira, *presque* toujours, par découvrir la pensée intime de l'auteur, et alors il sera étonné de voir combien ces expressions qui lui paraissaient, l'instant d'avant, si peu intelligibles, se trouvent cependant en une si juste correspondance avec les idées que l'au teur avait à exprimer.

Tout cela est incontestable; mais tout cela est, malheureusement, traversé, bouleversé, défiguré par cet éternel enfantillage qui constitue, pour ainsi dire, la marque caractéristique de la race. L'Arabe aime peut-être la science, surtout lorsqu'elle peut lui procurer quelque jouissance *matérielle immédiate;* mais il aime encore plus croire que savoir. La crédulité — qui n'a absolument rien à faire avec la foi [1]), la crédulité brute, cette sorte d'enfance continue, cette paresse, ou plutôt cette lâcheté de l'esprit qui redoute tout mouvement en avant, de crainte de se heurter à une vérité qui serait contraire à ses préjugés ou à ces *chères sottises,* fait le fond du caractère de l'Arabe et la raison unique et déterminante de sa placide quiétude.

Cette déplorable crédulité de l'Arabe que rien n'effarouche a coïncidé, pour le malheur de la race, avec une absence à peu près absolue de toute culture intellectuelle, de tout fonds moral, nous dirons même de toute conception religieuse de quelque portée pratique saisissable. [2]) Elle

---

[1]) Voir plus haut pages 13, 14, 15, 16 et notes.

[2]) L'Arabe de l'époque apostolique n'avait aucune idée précise de la *propriété*, ni dans le sens économique, ni dans le sens moral. Le bien, l'honneur, la conscience, la liberté personnelle, la vie même *d'autrui* étaient loin de constituer, à ses yeux, quelque chose de sacré, d'inviolable, ou, en termes plus analytiques, un *avoir* inaccessible à l'*action*, et, partant, au *droit* de la force. Contraint, par tant de circonstances

n'avait que trop disposé l'Arabe de l'époque apostolique à échanger, sans trop regimber, ses vagues et *stériles*

---

plus ou moins impérieuses. à vivre, presque constamment, du produit de son *agression*, ou de celui de sa *ruse*, l'Arabe ne devait ni ne pouvait se former de ce droit d'autrui une idée de beaucoup plus élevée que celle dont le lion, par exemple, l'épervier, le chacal, etc., seraient disposés à concevoir de l'immunité des animaux destinés à leur servir de nourriture. L'absence absolue de cette première base de toute société possible devait, naturellement, contribuer dans une grande mesure à lui faire accepter sans grande peine une religion qui ouvre à ses instincts d'*agression* et de *rapine* un champ d'action en quelque sorte sans limite. Cette religion, en outre d'un paradis si adaptable au tempérament des Arabes, qu'elle leur promet en récompense de leur foi, paradis où l'on ne ferait que manger, boire et accomplir des prodiges d'amour, elle leur dit: «Vous, ô Arabes, la plus noble créature que jamais Dieu ait «présentée à la terre» (225), «vous ne serez plus des êtres misérables, «affamés, épars, errant, comme des fauves du désert, à la recherche de «votre pâture. Vous formerez, à partir du moment où, soit de gré, soit «de force, vous vous *serez dits musulmans,* une troupe d'hommes vé«ritables; car, sachez-le bien, ceux-là seuls sont hommes qui professent «ma doctrine. — Vous serez une armée de *moujahids* qui se battent «dans la voie de Dieu et sous sa puissante et invincible égide! Vous «serez chargés de soumettre l'*univers* à la foi, ou à la domination de «l'Islam, — ce qui signifie, *en pratique*, que vous serez conviés *à* en«lever à cet univers dans le cas où il aurait l'insolente impiété de ne «point faire de vos «sommations», une grande partie de ses richesses, de son honneur, de sa conscience; mais si, aimant mieux s'instituer témoin d'un fait *allégué* «qu'il ignore sincèrement» que de traîner, dans une abjecte servitude, une misérable existence, il consent à commettre par «lâcheté ce que j'appellerais, moi-même: *un faux témoignage*, vous lui «donnerez l'accolade fraternelle; vous le déclarerez *bon musulman* et «vous l'inviterez à prendre place dans les rangs des champions de la «*vérité!* En un mot, s'il ment, c'est un frère; ouvrez-lui vos bras; s'il refuse de *mentir* à Dieu, au Prophète, à vous-mêmes, à sa «conscience, oh, alors, vous lui arracherez la vie, et vous vous emparerez «de tout ce qu'il possédait sur cette terre, y compris sa femme devenue «votre légitime concubine et ses enfants transformés en humbles et vilains «esclaves!!! »

Il est évident qu'une pareille religion qui commanderait à l'Arabe des actions qui lui sont si habituelles, si conformes à ses mœurs, à ses instincts, à ses besoins, des actions qui constituaient jusqu'alors, sur une échelle infiniment plus réduite, l'unique ressource de son existence et la principale manifestation de ses facultés vitales, il est évident, disons-nous *superstitions*, son culte, en quelque sorte gratuit ou désintéressé de païen, et déjà s'affaissant ou reculant partout devant l'invasion du monothéisme moderne, contre une religion qui se présentait à lui avec des vues déterminées, des promesses alléchantes, qui avançait rapidement sous la bannière glorieuse et désormais unique de l'Arabie devenue centre et source de lumière, de puissance et de direction universelle. Autour de cette bannière seule pouvaient, désormais, se ralier ces tribus sans nombre, jusqu'ici divisées en fractions hostiles les unes aux autres et vivant, presque constamment, de massacre *réciproque* et de *mutuelle* rapine! L'Islamisme, ce dernier mot de la crédulité humaine, prit l'Arabe dans les langes d'une véritable enfance morale, et c'est grâce à cette fatale réunion d'un intellect et d'une conscience encore à l'état de cartes blanches, que l'Arabe a pu unir, dans le fond de son âme, sous l'inspiration de la nouvelle foi, les tendances psychiques les plus incompatibles, les plus contraires. — Il a allié à l'empirisme le plus erratique auquel le disposait sa nature de

---

qu'une pareille religion, si parfaitement contempérante à la nature de l'Arabe, ne pouvait tarder de trouver le chemin de son cœur et de le dominer de toute la puissance d'une *passion* devenue *fanatisme* en devenant article de foi! Et puis, il n'y a ordinairement de pire tyran que celui qui a été l'objet d'une tyrannie. On aime à venger sur le plus faible une injure qu'on avait subie de la main du plus fort! Le musulman du jour qui rompt des lances pour le triomphe de l'Islam, qui contraint les gens à l'embrasser, avait été, la veille même, contraint, sous toute sorte de peines, à attester la mission prophétique de Mahomet. — Il éprouve, le jour suivant, une certaine *volupté* de *vindicte* à violenter, à son tour, la conscience des autres. D'ailleurs, forcer l'étranger à prononcer la formule musulmane devient, pour la nouvelle *recrue*, la marque certaine de la dignité apostolique, et la seule affirmation effective du pouvoir!

On peut défier l'histoire de l'Islamisme d'avancer un seul cas, un seul exemple, un seul fait de propagande religieuse qui dérogeât, en quoi que ce soit, à ces tristes et constantes vérités!

nomade, la superstitieuse et servile exaltation de la forme que l'enseignement *autoritaire* de sa nouvelle religion lui a suggérée. Ce dernier écueil sur lequel se jetait son intelligence consistait à déduire des conséquences, manifestement absurdes, d'une certaine combinaison de principes déjà placés, par avance — autrement dit, par pure crédulité, — au-dessus de toute discussion possible, bien qu'ils aient été, eux-mêmes, établis sur les bases les plus discutables au point de vue de la raison pure. (226)

Dès le second siècle de l'Hégire, la législation musulmane devenait déjà un amalgame de toutes les étourderies de l'enfance, de toutes les infirmités de la décrépitude, et de toutes les présomptions d'une culture encore à peine ébauchée. Si l'Arabe a pu devenir, en peu d'années, sous l'action impulsive de l'Islam, un héros et un conquérant redoutable, c'est que ses mœurs, ses instincts, ses traditions l'avaient bien disposé à jouer ce double rôle. [1]) Les

---

[1]) Il est un fait incontestable et qui explique de la manière la plus naturelle le succès de l'Islamisme dans les premiers temps de son apparition. Cette religion, qui a été bien plus un signe de ralliement, un mot d'ordre, un drapeau de combat, que la manifestation d'un sentiment d'hommage à la divinité, n'a apporté la moindre restriction, la moindre contrariété ni aux mœurs, ni aux habitudes, ni même aux superstitions les plus vulgaires des anciens Arabes; elle n'a fait, au contraire, que flatter ces puissants facteurs des destinées sociales en les appliquant à la réalisation d'un objet infiniment plus attrayant, et en leur donnant pour sphère d'activité, non plus les sables arides et brûlants du pays natal, mais les vastes régions d'un monde civilisé, prospère et rempli de toutes les délices que la nature a refusées à leurs tristes déserts. Le brigandage auquel l'Arabe était forcé de se livrer pour chercher la subsistance la plus réduite, la plus élémentaire de sa vie de nomade, prit, sous l'inspiration de la nouvelle foi, le caractère méritoire d'un véritable apostolat; l'agression, celui d'une guerre sainte, de *Gihade* pour la gloire de Dieu, pour l'exaltation de sa parole, et, surtout, pour l'enrichissement de ses zélés partisans. La violence enfin contre le «*Cafir*»

nécessités de sa vie, au milieu d'une nature désolée et ingrate, le forçaient à être ou un bandit ou un voleur, mais un bandit systématique, profondément convaincu de la légitimité naturelle de ses méfaits et de ses penchants. Il ne pouvait connaître d'autre loi que la force ou la ruse, qui, elle aussi, représente un côté de la force brute, ni d'autre règle de conduite que l'incitation momentanée de ses besoins, ou plutôt de ses appétits dévorants et toujours inassouvis. L'Islam laissa l'Arabe tel que la nature et les conditions économiques de sa vie l'avaient pu faire. Il n'a voulu ni n'a pu lui imposer rien qui ne fût compatible avec ces deux puissants facteurs de sa destinée. Seulement il fit de ce brigand anarchique, et presque sans religion, un brigand discipliné et tout enflammé d'enthousiasme et de piété. Il ouvrit à ses penchants, à ses instincts héréditaires, c'est-à-dire à sa cupidité, à sa soif de jouissances charnelles, à ses instincts de lutte et de rapine, un vaste champ d'action et une perspective de félicités sans bornes. Jusqu'ici sous le Paganisme, l'Arabe vivait

l'étranger, remplaça, très heureusement, celle que ces nomades, privés de tous les biens de la nature, se voyaient obligés d'exercer sur leurs propres congénères, *en famille*, entre intimes, pour s'arracher mutuellement jusqu'à la dernière cruche de lait dont se nourrissait la famille tout entière. La religion du Prophète a fait de ce ramassis de brigands une nation compacte fortement unie contre l'étranger, belliqueuse et toujours rangée en bataille sous la bannière d'un seul Dieu ou — ce qui revient au même — sous celle de son unique représentant sur la terre. Rien n'a été touché de ce qui appartenait au culte enfantin des Arabes païens. La vénération de la pierre noire, le parcours circulatoire autour du Ka'aba, le corps couvert d'un manteau sans couture, les ablutions journalières, les sacrifices sanglants, le pèlerinage à la Mecque, l'abstention de toute chasse sur le territoire sacré de la ville sainte et de toute effusion de sang pendant les mois consacrés à la trêve de Dieu, etc., etc., tout le rite païen a été scrupuleusement conservé et même prescrit, sous la forme la plus pressante, dans le livre céleste de la nouvelle loi.

misérable et affamé, il risquait sa vie pour *conquérir* la *pitance* d'un *jour.* [1]) S'il était heureux dans sa *chasse aux biens d'autrui*, sa vie s'en trouvait assurée pour encore un *jour de plus*; s'il succombait, son âme s'en irait dans l'air comme celle de la chamelle chérie qui l'avait nourri; jamais il n'a pu penser que l'âme d'un homme valût mieux que celle du coursier bien-aimé qui a pu lui sauver maintes fois la vie et conserver un père à sa famille. L'Islam, enfin, lui a montré un nouveau genre de combat dans lequel il aura pour allié le Dieu des armées, et pour adversaires les ennemis que ce même Dieu a destinés, de toute éternité, à tomber sous son glaive ou à courber le front sous son joug. La victoire devait être certaine, et n'était la volonté du Très-Haut d'accorder la couronne du martyre à quelques-uns de ceux qui combattent sous sa bannière, aucun musulman ne serait tombé sous les coups d'un infidèle. Si cette gloire lui était réservée, il sera transporté au Paradis, seul endroit où son sensualisme effréné puisse trouver une suffisante *pâ-*

---

[1]) Les difficultés de la vie matérielle, pour l'Arabe du désert, étaient telles que c'est à peine qu'il tolérait une progéniture exclusivement composée de garçons. La naissance d'une fille était regardée, par ces déshérités de la nature, comme un malheur actuel ou comme le présage d'un désastre futur! Il était permis au père de famille de se débarrasser de sa fille en l'enterrant vivante. Il pensait conjurer, par cette atrocité, les revers de fortune que cet événement semblait lui annoncer. Les garçons pourraient, en grandissant, contribuer à l'acquisition de la subsistance, augmenter les ressources de la famille et, conséquemment, les chances de prolonger une existence si organiquement précaire, ne fût-ce que de quelques jours de plus, tandis que la fille ne pourrait qu'en aggraver les charges. Les garçons pouvaient être utiles; on tolérait qu'ils vécussent, les filles ne le pouvaient guère; on les tuait! On accueillait les uns avec la générosité qu'inspirait l'espérance, on repoussait les autres avec l'étroit et malheureux égoïsme que suggérait la misère!

ture. Soixante-dix houris toujours pures, toujours vierge et, pour comble de félicité idéale, jamais *enceintes;* des jardins sous lesquels coulent des fleuves d'eau limpide, pour maintenir l'heureux séjour dans un rêve de fraîcheur printanière que la nature a refusée à l'immense fournaise de l'Arabie; des fleuves de miel, de vin, de lait d'un goût exquis, seront sa récompense et lui permettront de se repaître, à satiété, de toutes ces délices qui avaient manqué à sa vie dans le désert et qui faisaient, cependant — quand il en entendait parler — le plus précieux objet de ses rêves et de ses ardentes convoitises.

Désormais il aura pour ennemis, ou pour *fournisseurs de butin*, non plus ses congénères, souvent aussi pauvres que lui, mais des peuples prospères, riches et en même temps condamnés à la défaite par ce Dieu très grand sous la bannière duquel il est invité à marcher.

De plus, la nouvelle foi a sanctifié son sensualisme et en a fait un des attraits les plus puissants des félicités célestes. Non seulement elle n'a pas flétri à ses yeux la luxure ni, en général, aucune jouissance charnelle, mais elle les exalta outre mesure, au point de représenter l'excès même de ces plaisirs comme la plus haute récompense que Dieu aime à accorder à ses élus! Les prophètes auront, dès cette vie, dans les combats de l'amour, la vaillance de *quarante athlètes*. Au Paradis cette puissance sera incomparablement plus considérable. L'Apôtre de Dieu, objet de faveurs exceptionnelles, aura autant de femmes qu'il lui plaira d'appeler à sa couche nuptiale, les fidèles, quatre et un nombre illimité de concubines acquises à prix d'argent, ou enlevées de vive force à l'ennemi (227). Au ciel le nombre des épouses sera presque deux fois décuplé, et la durée de chaque *séance conjugale* se prolongera l'espace de quarante années consécutives! (228)

Habitué à n'apprécier d'autres jouissances que celles qui satisferaient un sensualisme effréné, l'Arabe devait nécessairement considérer toute application mentale, quel qu'en pût être l'objet, comme une peine dont il serait légitime de vouloir s'affranchir. Ses idées sur cette matière donnent à son culte, à sa dévotion, un caractère à part — évidemment sans partage par aucun des cultes qui nous sont connus. Elles se caractérisent par une phénoménale absence de toute poésie sentimentale. On n'y voit d'autre expression que celle de la crainte et de la servitude dans le sens le plus vulgairement tyrannique. La pratique du culte le plus sommaire, le plus mécanique, qui n'affecte ni n'impressionne, dans aucun sens, ni l'esprit ni le cœur, un culte qui consiste à donner à son corps certaines attitudes et à lire quelques passages du Coran que l'on choisirait au hasard, le seul, enfin, que le génie arabe ait pu inventer pour glorifier Dieu, est présenté, par cette même religion, comme une *véritable corvée* dont on reconnaît franchement, dogmatiquement, le caractère pénible, et l'effet profondément obsesseur de sa fréquence journalière! [1])

---

[1]) Il est impossible de ne pas remarquer que dans le culte inventé par le génie arabe il n'y a absolument rien de vivant, rien que la conscience du pratiquant puisse s'assimiler avec quelque sincérité. La prière, elle-même, en tant que devant résumer un acte d'hommage, d'amour ou de reconnaissance envers le Tout-Puissant, n'existe pas dans ce culte; l'Arabe n'y a point pensé, par la raison qu'un pareil sentiment de pure justice et d'admiration, un sentiment entièrement *désintéressé* n'est point dans sa nature (229). La prière qu'il récite, à certains moments fixes du jour, porte le caractère d'une peine infligée dans l'unique but de créer au pratiquant un mérite proportionné à l'intensité de cette

Le christianisme, par exemple, voit dans le culte l'expression extérieure de ce sentiment d'amour et d'hommage adressé à l'Eternel, expression dans laquelle l'âme du fidèle se réconforte, s'éclaire et se *délecte*. L'Arabe, au contraire, n'envisage cette interprétation d'un sentiment interne, supposé réellement existant et sans lequel le culte se-

peine. Cet acte de dévotion consiste à lire, par cœur, quelques passages du Coran que l'on pourrait choisir au hasard, et alors même qu'ils n'auraient pas le moindre rapport à l'objet ou aux sentiments de celui qui se livre à cette lecture. Quand on voit des Arabes debout ou prosternés, présentant l'aspect de la plus profonde componction, on croira difficilement que cet imposant recueillement, cette saisissante anagogie sont inspirés par la répétition, à Dieu, c'est-à-dire à leur *propre auteur*, de phrases semblables à celles-ci: «Nous avons fait descendre le Coran «dans la nuit propice. Qu'est-ce qui te fera comprendre ce que c'est que «la nuit propice? La nuit propice est meilleure que mille mois (évidem«ment, qui ne seraient pas propices). Dans cette nuit les anges et l'Esprit «(c'est-à-dire l'esprit par excellence, Gavriel), descendent avec la per«mission de leur Seigneur, (apportant), (toute sorte) de commandements; «ce sera la paix jusqu'au lever de l'aurore». Coran, ch. CXVII, ou dans le genre des paroles suivantes:

«Pour l'union des Koreïchites, pour leur union dans l'envoi de cara«vanes en hiver et en été, (dis-leur) d'adorer le Seigneur de cette mai«son (le temple du Ka'aba) qui les a nourris dans la famine, et qui les «a rassurés dans le danger» ch. CVI, ou semblables à celles-ci:

«(Je jure) par le figuier et par l'olivier; par le mont Sinaï; par «cette contrée fidèle que nous avons créé l'homme d'après le meilleur «modèle.» CXV.

Il est évident que ces admirables paroles, malgré leur *sublime éloquence*, ne sont guère propres à être assimilées, dans un sens quelconque, par une conscience humaine, et que, par conséquent, elles sont destinées à rester — pour celui qui les récite à titre *d'acquittement d'une dette* — à l'état de simples sons qui vibrent en l'air, mais qui ne peuvent réfléchir dans le fond de l'âme ni image, ni pensée, ni sentiment ni rien qui puisse affecter les facultés morales de l'homme.

En face de cette situation, il serait bien injuste de ne pas excuser ce sentiment de lassitude morale qu'éprouvent les bons croyants dans l'exercice d'un culte qui laisse l'âme et l'esprit si *en dehors* de sa *sphère* d'influence!

rait un non-sens ridicule et dégradant, que du côté purement servile du devoir.

Le récit suivant, dont l'authenticité est généralement attestée par toutes les Ecoles sunnites, mettra cette thèse en parfaite évidence. Il s'agit d'un long pourparler, interrompu et recommencé à plusieurs reprises, entre l'Eternel et son prophète favori, au sujet de la «prière» et dont les consciencieux historiens du *mi'irage* nous ont, très exactement, conservé le très édifiant souvenir :

.... En sortant de l'audience que le Très-Haut venait de lui accorder, le Prophète passa près de son confrère Moïse. Celui-ci l'arrête et lui dit : Quel nouveau devoir ton maître vient-il de te prescrire? — D'imposer à mon peuple, répondit le Prophète, l'obligation de faire cinquante prières par jour.—C'est trop, remarqua le législateur d'Israël; j'eus avant toi affaire aux hommes. Ils me donnèrent bien de la peine; ils n'accepteront pas une pareille obligation ; retourne vers ton Seigneur et dis-lui : Mon peuple ne supportera pas une si énorme quantité de prières, va! Mahomet suit le conseil de son confrère, et retourne, derechef, près de Moïse. Celui-ci lui pose à nouveau la même question. Dieu, annonça le Prophète, m'a fait grâce de dix prières. — Il en reste quarante, observa l'officieux Prophète des Juifs, c'est toujours trop, va encore retrouver ton Seigneur, et dis-lui : Mon peuple serait incapable d'accomplir un pareil devoir, et prie-le de t'accorder une nouvelle réduction. Mahomet obtempéra à l'avis de Moïse, et annonça, en retournant, l'abandon, par l'Eternel, de dix autres prières. Reste trente, calcula le libérateur d'Israël, la réduction n'est pas suffisante, va-t'en, encore une fois, demander une nouvelle décharge de ce devoir... Enfin ce manège, inspiré par Moïse, se répéta jusqu'à ce que le nombre des prières, de soustraction en soustraction, se réduisit au nombre assez raisonnable de cinq. C'est encore trop pour ces hommes, insista le fils d'Amram; — va encore demander un nouvel allégement de cette obligation. — Oh non! fit le Prophète, j'aurais conscience (littéralement j'aurais honte) d'importuner si fréquemment l'Eternel de mes sollicitations. J'ai déjà accepté les cinq prières. Dans ce moment on entendit la voix de Dieu criant du fond du neuvième ciel: «J'ai arrêté mes commandements, j'ai «allégé les devoirs de mes serviteurs, j'ai réduit les cin«quante prières à cinq, mais j'ai conservé à ce nombre la «valeur méritoire de cinquante prières; «*Khamisse* page 130.

Il serait difficile d'inventer une légende plus démonstrative, plus concluante à l'appui de notre thèse que pour l'Arabe le culte que l'on rend à Dieu est une *corvée* pénible, dont il serait légitime de vouloir s'affranchir. Elle prouve même que cette appréciation relative au culte est reconnue pour juste par le Tout-Puissant lui-même, qui, renchérissant sur le sentiment de Moïse, regarde la réduction des prières, l'abréviation du culte comme une grâce insigne.

L'Arabe ne pouvait échapper à la loi qui conforme les êtres aux conditions de la sphère où ils vivent. Il devait nécessairement refléter, dans son caractère et dans les tendances générales de son esprit, l'image du milieu dans lequel se passait son existence triste et désolée. Il devait être, par conséquent, et avant tout, empirique et primesautier. La finesse et la vivacité de son tempérament donnaient à ses sens une acuité peu ordinaire, et le rendaient extrêmement impressionnable, extrêmement sensible à la moindre action de tout agent extérieur. Il vivait enseveli dans les profondeurs illimitées d'une nature dénudée, monotone, indéfinie, vague, n'offrant qu'à de rares et grands intervalles quelques indices de vie disséminés sur une immense étendue de *néant*, comme des épaves dispersées sur la surface d'une mer sans mouvement et sans rivages. Une pareille nature ne pouvait manquer de répercuter, jusque dans le fond de son âme, son ton vague et monotone, ou sa note aiguë et discordante. Le procès intime de sa pensée devait inévitablement prendre la forme de cette aride et brute immensité où il était destiné à se mouvoir. Il aura des idées lumineuses, grandes même, mais éparses, rares, sans rapport entre elles, séparées par de grands intervalles de vide, et ces idées formeront le fond ou, si l'on veut, le *capital roulant* de son intelligence et de ses conceptions. Sa pensée portera l'empreinte, *le fac-simile* de cette nature; elle sera vaste, mais pauvre, et protéiforme; brillante, mais monotone; [1]) chaude, mais sèche; belle, mais sans atours et, souvent, horriblement vêtue! (230)

---

[1]) Il est impossible de ne pas reconnaître l'exiguïté des facultés imaginatives des Arabes et, partant, cette étonnante disposition de leur esprit à la monotonie, quand on pense que la langue arabe possède 28 articulations phonétiques et seulement 15 figures pour les représenter.

Ces dernières sont différenciées entre elles par la position des points diacritiques, par le nombre de ceux-ci ou par leur absence, ainsi les lettres b. t. ç se caractérisent respectivement de cette manière: b ··b ···b; les lettres f. k. s'écrivent ·f ··f; r, z, deviennent r :r, etc.

Ce fait est choisi au basard parmi un grand nombre d'autres semblables. — En voici un autre également pris *dans le tas*, mais qui montre clairement le peu de variation qu'affectent les produits du génie arabe, et, surtout, cette *merveilleuse endurance* dont il paraît être

Voilà, croyons-nous, des raisons suffisantes pour nous expliquer la partie du phénomène relative à l'empirisme arabe et au manque de suite qui caractérise la science et la littérature de ce nom [1])

---

cuirassé en face des monotonies et des répétitions les plus exaspérantes.

On lit dans un livre célèbre et qui se trouve dans toutes les mains les paroles textuelles suivantes:

Wa adraka chahrizada-as-sabah fa sakatatte ani-l-kalam-il-Moubah.

Nous allons traduire ces paroles en tâchant d'imiter, autant que possible, la phraséologie *rimée* de l'original, afin de mieux faire sentir le caractère si intolérablement obsesseur de cette harassante répétition dont elles sont l'objet:

«A ce moment Sharizade, surprise par la lumière du jour, se vit «obligée d'interrompre son intéressant discours.»

Et, à cinq ou six mots d'intervalle, le lecteur est condamné à lire, un égal nombre de fois, les phrases suivantes, heureusement au moins, non rimées:

«La nuit suivante, s'adressant au roi, Sharizade a dit: «Il m'est «revenu ô bien heureux souverain»; après ces mots suit la répétition textuelle d'une partie du récit précédent (!)

Le lecteur peut-il croire que toutes ces paroles que nous venons de citer se répètent, à quelques lignes d'intervalles, exactement MILLE ET UNE FOIS??

[1]) Il n'est pas aisé de dire ce que l'on doit entendre par «science arabe». Y a-t-il vraiment eu des savants Arabes? et à qui faut-il attribuer l'ensemble de ces travaux scientifiques que l'on désigne sous ce nom? Nous croyons rester dans les limites de la vérité en disant que les auteurs qui ont illustré ce nom par leurs écrits peuvent être appelés *Arabes* dans ce sens que leur *méthode* et la *tournure* de leur pensée appartiennent à cette grande branche de la race sémite. Hâtons-nous de dire que nous entendons, par ces deux termes que nous venons de souligner, la tendance à l'empirisme qui caractérise l'esprit naturellement erratique des races nomades, et, surtout, le côté décoratif de la forme, c'est-à-dire cette fatale manie pour la rimaille et la prosodie, passion funeste autant qu'inexplicable, et à laquelle nous croyons pouvoir attribuer une des principales raisons qui ont amené la décadence définitive et *irrémédiable* de la race arabe!

Il est probable que le lecteur ne trouvera pas ces deux emprunts faits au caractère arabe suffisants pour légitimer la désignation, sous ce

Quant au défaut contraire: le pédantisme outré de l'Arabe-musulman, son attachement superstitieux à une prétendue logique de la méthode, nous croyons pouvoir l'attribuer à l'extrême ténuité de son esprit, jointe à l'étonnante précocité de sa culture. — En effet l'Arabe, doué d'une intelligence supérieure, mais sans fonds scientifique d'aucun genre, sans traditions sociales, *sans histoire*, presque même sans religion et sans fonds moral déterminé, a été, grâce à l'accidentelle, mais très puissante impulsion de l'Islam, mis subitement en contact avec des peuples civilisés en possession d'une culture déjà fort avancée. Par le succès de ses armes sur ces peuples, succès déterminé par les incitations de l'intérêt le plus impulsif du ciel et de la terre réunis, [1]) il se voyait supérieur à

nom, des travaux auxquels nous avons fait allusion; dans ce cas nous avouerons que nous n'en savons pas d'autres!

[1]) Quelque puissante et irrésistible qu'ait pu être l'impulsion donnée par les incitations d'un pareil intérêt à des hommes qui ne vivaient que de rapine et de combat, il est, pour le moins, douteux que ces hordes indisciplinées, à moitié sauvages, et éminemment personnelles, eussent pu accomplir de si grands exploits, remporter de si brillantes victoires sur des soldats de profession, versés dans l'art de la guerre et commandés par des chefs tout autrement instruits et expérimentés que ces *condottieres* improvisés de l'Islam, il est douteux que des nomades qui se mesuraient, pour la première fois, avec des légions romaines eussent accompli des actions si éclatantes s'ils n'avaient eu à leur disposition un *instrument de guerre* sans pareil et qui faisait absolument défaut à leurs ennemis. Nous voulons parler du cheval arabe, comparé à celui que les autres peuples possédaient.

La différence, paraît-il, entre ces deux types de la race chevaline était si grande que les Arabes qui voyaient, pour la première fois, des chevaux étrangers s'imaginèrent qu'ils étaient en face d'une nouvelle espèce de quadrupèdes qui n'avaient avec le cheval que de très lointains rapports — aussi leur ont-ils refusé jusqu'au nom de cheval. Ils l'ont appelé «*berzaoune*», mot sans doute de provenance étrangère et qui a servi, dans la suite, chez ces mêmes Arabes, à désigner le ces peuples qu'il venait de terrasser, par les qualités belliqueuses dont il est doué et auxquelles il a toujours été redevable jusque de sa subsistance quotidienne; mais il se reconnaissait leur inférieur en tout ce qui regardait la culture intellectuelle et les ressources de confort et de bien-être que cette culture pourrait procurer. Il était trop positif, et, surtout, trop abandonné aux entraînements des sens pour être accessible aux attraits de la science abstraite, et, en même temps, trop avide de jouissances pour ne pas se préoccuper des moyens qui pourraient lui procurer, comme à ces vaincus, les délices d'une vie encore inconnue à sa race, mais dont ces victimes de la force brute venaient de lui donner le séduisant spectacle. Son premier sentiment en face des innombrables attraits de la civilisation des Grecs et des Perses, qui péchait, même déjà, par un excès de mollesse, ce fut d'apprendre, lui aussi, le secret d'être heureux, c'est-à-dire, selon l'idée que lui inspirait son sensualisme outré, le

---

produit d'un croisement entre le cheval et l'ânesse (le contraire de celui qui produit le mulet) dénomination déterminée par cette incontestable ressemblance qui existait entre ce *métis* et le cheval étranger. Taille petite et très ramassée, encolure courte et plate, queue basse et pendante, crinière hérissée et en broussaille, bouche grande et carrée, etc.; ce sont là les principaux traits sous lesquels l'antiquité romaine ou grecque nous a transmis le *fac-simile*, pour ainsi dire, de leurs chevaux.

Or il est hors de doute que dans les guerres des premiers siècles de l'Islamisme le nombre de la cavalerie égalait, sinon dépassait, le nombre de l'infanterie. Nous croyons qu'il était impossible aux Grecs et aux Perses de résister à ces foudroyantes charges de cavalerie, manœuvre terrible à laquelle les Arabes avaient recours contre un ennemi supérieur. Ajoutons que le cheval arabe de cette époque était encore dans l'apogée de ses perfections; qu'il n'avait pas encore subi les désastreuses conséquences d'un élevage mal entendu, qui l'a rendu de beaucoup inférieur au cheval anglais, son descendant heureux, rationnellement élevé et mieux conduit. (231)

secret de bien vivre et de faire, de son court passage sur cette terre, autre chose qu'un éternel combat contre l'infidèle. C'était là incontestablement le sentiment qui dominait l'Arabe dès l'époque des premiers khalifes abbassides. L'impulsion guerrière se maintint à peine l'espace de trois siècles. Elle faiblit considérablement au premier contact de la civilisation étrangère, et fit place à une soif ardente de jouissance et de bien-être.

Ces nouveaux besoins seuls ont pu tempérer les excitations antisociales de l'Islamisme à la guerre sainte[1]) et *distraire*

---

[1]) C'est-à-dire à la guerre d'extermination ou d'asservissement que la nouvelle religion lui commandait de livrer à tous ceux qui refuseraient de se constituer, à sa sommation, et sur son unique affirmation. *témoins sincères* d'un fait qu'ils ignorent et qui se serait passé dans le ciel entre Dieu et son prophète!

Nous nous réservons de démontrer, en temps propice, que certains passages du Coran relatifs à la guerre sainte sont indubitablement apocryphes, et qu'ils ont dû être forgés par les compilateurs de ce livre à une époque où la *force militante* de l'Islam, purement défensive à son origine, avait déjà, grâce à quelques succès partiels remportés sur de petites hordes d'opposants, acquis une certaine consistance qui pût inspirer à ces nouveaux croyants quelque confiance en l'efficacité de son action même effensive. Certains autres passages n'avaient évidemment, ni ne pouvaient avoir qu'une portée exclusivement défensive. Ils prescrivaient aux néophytes de l'Islam de ne point se laisser détourner de leur croyance par les menaces des Païens qui chercheraient à les ramener à leurs anciens égarements — d'opposer, au besoin, la force à la force, dussent-ils tomber martyrs de leur foi. C'est ce que ce livre a dû appeler «Combattre dans la voie de Dieu». On donna, plus tard, à ces passages un développement, en quelque sorte anachronique, en les transformant en incitations directes à une guerre ouvertement agressive pour forcer les gens à embrasser l'Islamisme, ou à se soumettre au pouvoir politique de ses représentants.

Les *inventeurs* du fameux *hadice* qui fait dire au Prophète: «j'ai «reçu la mission de combattre les mécréants jusqu'à ce qu'ils se sou«mettent à ma loi» oublient une chose bien simple et non moins évidente — c'est que les musulmans formaient nécessairement, à leur origine, les nouveaux conquérants, pendant de longues périodes de temps, de la mission paradoxale de convertir ou de subjuguer le genre humain par la force des armes. Sous les Abbassides l'idée d'acquérir de la science pour être heureux devenait bien plus populaire que celle de faire des conquêtes pour élargir le règne de Dieu sur la terre. La conquête elle-même n'était plus envisagée que comme moyen d'assurer, ou de recouvrer cette félicité matérielle, devenue déjà le principal pivot de la société musulmane qui venait de naître. La fiction s'évanouissait rapidement; la nature et la raison reprenaient leur empire. La science de l'ennemi éveillait bien plus les appétits des Arabes

---

une *infime minorité* et qu'un pareil langage de la part du nouvel apôtre eût été aussi déplacé que dangereux pour sa propre cause. — C'eût été plus qu'un défi porté aux Païens, c'eût été une invitation, une excitation à ces derniers d'user de violence à son égard, et d'étouffer, sous l'action d'une puissante contrainte, le premier élan de sa vocation, en un mot de voir en lui non seulement un *hérésiarque*, un novateur religieux, mais encore un ennemi déclaré qui se propose d'attenter, par *la force* et *la violence*, à leur vie, à leur honneur et à leur liberté! Une pareille déclaration de la part du grand Prophète eût été aussi absurde, aussi *imprudente* que si l'une des deux ou trois puissances musulmanes actuelles ayant à elles toutes, à peine *30 millions* de *vrais croyants*, s'avisait de déclarer aux puissances non musulmanes qui tiennent sous leur domination directe plus *de cent vingt millions de musulmans sunnites*, qu'elle croit de son devoir de combattre ces puissances afin de les forcer à embrasser la foi de l'Islam, ou à se soumettre humblement au pouvoir de ses représentants! Si on peut affirmer, sans le moindre risque d'être démenti par qui que ce soit, que jamais, *au grand jamais*, aucune puissance musulmane ne voudrait *risquer* de jeter une pareille déclaration à *la face* de l'Europe, on nous permettra d'affirmer, à notre tour, que *jamais* le grand Prophète, qui était infiniment plus sage et mieux inspiré que ceux qui ont osé mettre dans sa bouche des paroles si absurdes et si antisociales à la fois, n'a pu avancer une pareille outrecuidance à laquelle le temps, les circonstances et la réalité ne devaient pas tarder à porter un démenti si éclatant!!!

qu'une curiosité purement scientifique, besoin intellectuel que les nomades de la veille étaient encore incapables de sentir. L'Arabe voulait être savant, uniquement pour *savoir* jouir, au moins, à l'égal de ses vaincus. Ce fut là, il faut le reconnaître, son premier pas vers la civilisation, et ce fut aussi l'unique mobile qui l'y poussât. De là cette fébrile ardeur avec laquelle lui, le fils du désert, le nomade à moitié sauvage, se jeta sur les sciences et sur les arts qui embellissent la vie, et qui constituaient à ses yeux le seul point dans lequel il se reconnaissait, tout triomphant qu'il était, inférieur à l'étranger qu'il venait de subjuguer.

Il s'attacha de préférence aux sciences positives et à la logique, bien qu'il l'ait assez mal comprise. Il se représentait ces sciences comme douées de vertus surnaturelles, magiques, quelque chose qui tient du merveilleux, et qui, par cela même, a dû singulièrement plaire à son esprit tout naturellement porté, non pas à tout poétiser, comme on le croit communément, mais à tout grossir [1]), jusqu'aux dimensions de l'impossible, c'est-à-dire,

---

[1]) Cette tendance à tout exagérer qui caractérise, selon nous, l'esprit arabe, est, surtout, manifeste et se présente avec une extrême intensité, depuis l'époque musulmane. On dirait que la foi du grand prophète, qui n'est, au fond, qu'un immense *crédulisme*, a disposé cet esprit à ne reculer devant aucune impossibilité. La poésie des Arabes musulmans n'est, en effet, qu'un grossier tissu d'absurdités. Les vers suivants de Moutanabby dont nous allons donner la traduction, et qui font l'admiration des Arabes, donneront une idée de ce *gigantesque jargon* dont les littérateurs modernes de l'Islam sont si friands. Le poète veut expliquer la cause des pleurs qu'il s'est *surpris* avoir versés après l'absence de sa bien-aimée:

. . . . (Je ne pleurais pas du temps où mon amie se trouvait près de moi). «On dirait que les chameaux qui l'ont portée au loin étaient sous certains rapports, jusqu'à la grandeur incommensurable du miracle! De même qu'un illettré est toujours porté à voir, dans chaque livre, une manifestation *transcendante* de la raison absolue, de même l'Arabe s'exagérait, outre mesure, la portée pratique de ces sciences, ou, plutôt, il n'a pu entrevoir cette portée que sous l'unique aspect d'une *affaire lucrative.* Elles n'avaient pour lui d'autre valeur que *d'enseigner l'art de jouir;* aussi n'ont-elles pas tardé à dégénérer, entre ses mains, en une sorte de magie par laquelle on opère des faits prodigieusement *avantageux.* La science qui apprend à calculer et à prévoir les mouvements des étoiles se métamorphosa, dans son esprit, en la science de prédire l'avenir et, partant, de se former aisément une immense fortune; la connaissance des éléments divers dont se compose une matière donnée, se convertit en l'art de fabriquer de l'or; le moyen d'arriver à la connaissance des quantités inconnues par des voies qui les relient aux quantités connues devint une sorte de «géomancie» *darbou-r-raml* à l'aide de laquelle on découvre les secrets de l'ordre moral le plus intime; la

---

«couchés sur mes paupières, et que lorsque ces animaux furent mis en «marche mes yeux s'ouvrirent et donnèrent libre passage aux larmes «dont ils étaient remplis» (!!!).

On peut multiplier à l'infini de pareils exemples, mais il suffit de rapporter ici la remarque qu'un commentateur de Moutanabby a faite à propos d'une certaine surprise que ces vers avaient inspirée à un prince grec:

«L'Empereur romain, dit l'auteur, trouva mauvais ces beaux vers «et leur opposa cette ridicule objection: «Comment cet homme a-t-il pu «imaginer que des chameaux avaient pu se tenir couchés sur ses «yeux» ! ?

Que dire d'un homme de lettres célèbre parmi les Arabes qui trouve ridicule une pareille objection! (232)

science qui règle la filiation des idées, devint l'art d'être infaillible [1]).

On peut — pensons-nous — ranger cette idée que les Arabes se sont faite de la logique au nombre des aberrations scientifiques qui ont le plus influé sur le caractère de leur éphémère culture. Sans ignorer le mécanisme d'une démonstration régulière, ils adoptèrent, surtout en jurisprudence et en théologie morale, des doctrines qui n'avaient d'autre fondement qu'une déduction tirée, non assurément sans quelque habileté, d'un principe préétabli et qui bien souvent consistait, lui-même, en une évidente antinomie, ou une choquante opposition aux conditions les plus élémentaires de la certitude. Du moment qu'une déduction a été faite selon les règles de l'art, ils l'acceptaient sans la moindre hésitation, quelque évidente que puisse être l'absurdité du résultat logique auquel elle a abouti. Au lieu de voir, dans l'absurdité de la conséquence, la fausseté du principe dont on l'a tirée, ou dont on est parti, ils se faisaient une gloire scientifique de s'y soumettre. Ils disaient, en pareil cas «le raisonnement, ou plutôt le *syllogisme*, fait des miracles» *El bourhanou iasna'ou-l-ajayebs.* C'est toujours l'exagération ou l'admiration du novice, l'enthousiasme du commençant, encore presque illettré, en face de la moindre constatation de la science écrite ou consignée dans un livre.

Il serait, pourtant, injuste, disons-le encore une fois,

---

[1]) Voici comment les auteurs arabes ont défini la «logique»: «*el mantikou a'alatonne canounyyatonne ya'ssoumou moura'atouha ez-souhna a'n-il khata'i bil fikre*». Ce qui signifie: «la logique est un instrument soumis à des lois dont l'observation met l'esprit à l'abri de l'erreur», littéralement: *rend l'esprit infaillible.*

de ne pas reconnaître à cette science, et telle qu'elle est, des qualités rares, qui lui donnent une haute place parmi les plus admirables produits de l'esprit humain; elle se distingue par la puissance de son langage ; par des aperçus et par des points de vue d'une originalité et d'une finesse remarquables; par des observations ingénieuses; par une exquise perception de rapports entre les objets les plus disparates en apparence — (qualité, nous devons l'avouer, qu'ils poussaient parfois jusqu'au ridicule). Malheureusement toutes ces merveilles d'intelligence et de conception sont troublées, jusque dans leur source, par les effets constants d'une maladie endémique de la race arabe, maladie réelle, mais dont on ne se doute généralement pas, et, ce qui plus est, maladie d'un caractère absolument contraire à un mal imaginaire qu'on se plaît, communément, à attribuer aux Orientaux en général, et aux Arabes en particulier.

Cette maladie, c'est une sorte *d'engourdissement* organique de *l'imagination*, une *atonie* des facultés *représentatives* de l'esprit. Par une conséquence nécessaire de cette fatale infirmité, l'Arabe est foncièrement *monotone*. Les produits de son imagination, semblables à ceux de la nature désolée qui sert de cadre à sa vie, sont rares et fort peu variés. Ses images, ses comparaisons, ne représentent à l'esprit aucune forme possible, ni même concevable; elles n'ont rien de pittoresque, de sincèrement descriptif; elles n'évoquent à l'esprit aucune beauté de forme, aucun tableau, parce qu'elles ne sont nulle part reflétées dans la nature; ses figures, si tant est qu'il puisse en concevoir, ne sont que des *masses* informes de *grandeurs brutes*, elles ne sont pas des figures, elles ne sont que des lignes enserrant des espaces plus ou moins distants, et absolument vides de toute réalité, de toute forme vivante saisissable. La grandeur pour ainsi dire *géométrique*, ou la quantité *arithmétique*, forment, à ses yeux, l'unique base de toute beauté et de toute valeur esthétique.

On demanda à un enfant de quel plat, parmi ceux qu'on lui offrait, il voudrait manger.—Moi, répondit le gourmand mioche, moi, je veux manger *beaucoup!»* C'est précisément ce «beaucoup» qui constitue, aux yeux de l'Arabe, l'unique secret de toute jouissance humaine et la base naturelle de toute appréciation esthétique. Il en est littéralement fasciné. Il veut avoir *beaucoup* de femmes, dans le monde présent et, naturellement, *beaucoup* plus dans le monde à venir: il aime à manger *beaucoup* ici-bas, si jamais l'occasion s'en présente, mais il espère satisfaire ce penchant dans une mesure *beaucoup* plus grande, à ses repas du paradis où des masses, des monceaux de viandes lui seront servis; les belles *hourys* qui lui sont destinées dans le paradis seront douées d'une beauté si... immense que chacune d'elles en s'asseyant couvrira, de ses étourdissants *appas*, la surface de toute une aire de notre monde; il rêve des fleuves de *lait,* des fleuves de *vin*, des fleuves de *miel;* le voilà amoureux et, on ne sait trop pourquoi, le voilà le plus malheureux des hommes; il pleure sans cesse d'amour et de désir; les larmes qu'il verse inondent la terre d'un déluge plus grand que celui de Noé; si le monde ne s'est pas noyé dans l'immensité de ce cataclysme de l'amour arabe, c'est grâce aux ouragans de ses soupirs qui ont fait évaporer les eaux de l'abîme. L'amour a tellement amaigri son corps que, n'était la voix qu'on entendait sortir de sa bouche, personne ne se serait douté de son existence; un autre avait atteint un état d'émaciation si complète qu'il a perdu la capacité de projeter la moindre ombre! etc., etc; sa bien-aimée ne viendra pas la *nuit* lui rendre visite, car comment un *soleil* apparaîtrait-il à cette heure des ténèbres sans se dénoncer aux regards des envieux qui épient sa conduite? Elle est plus belle que la pleine lune, aussi lorsqu'elle découvre son visage, on voit la lune, confuse et humiliée, se cacher derrière un nuage. Lorsque c'est le soleil qui est pris pour terme de comparaison, la bien-aimée devient un soleil pour tout de bon: son visage brûle les objets sur lesquels il darde ses rayons, dessèche les marais, fait hâler les visages, et qui sait s'il ne fait pas croître des radis! Ses yeux sont des sabres, sa taille est une lance, les premiers portent aux hommes des coups de taille, la seconde des coups d'estoc qui les percent de part en part: tous tuent et répandent le sang de leurs victimes aussi réellement que les armes ordinaires que l'on désigne sous ces noms! La main de celui à qui lui, le poète, tend la sienne pour recueillir le prix de ses louanges, est plus vaste que la mer, puisque celle-ci disparaît tout entière dans l'immensité *de la main du* fortuné héros de sa *haute* et sincère poésie![1])

L'Arabe, enfin, disons-le catégoriquement, présente

---

[1]) Rien ne saurait mieux révéler le caractère ouvertement banal et absolument sans intérêt du *Schi-ire* (de la poésie) des Arabes que ce-fait constant que le *Schi-re* a presque toujours été, surtout depuis le premier siècle de l'Islam, le langage habituel de la flatterie la plus plate et, dans la plupart des cas, une sorte de masque sous lequel se cache une honteuse mendicité. Le mot sha'ère (poète) est devenu à peine un euphémisme pour désigner *un gueux* qui vit des louanges hyperboliques qu'il adresse aux passants plus ou moins bien vêtus, louanges dans lesquelles il a toujours soin de faire sonner bien haut la générosité de ces derniers et son espoir d'être bien récompensé des éloges qu'il vient de leur prodiguer (233).

cette phénoménale disposition psychique qu'en poésie aussi bien qu'en histoire, il n'a nullement le sentiment de la *sincérité*, pas même envers sa *propre personne* et — ce qui complète cette bizarre disposition — il ne cherche même pas à en faire *illusion!* (234)

Nous avons multiplié les exemples pour prouver cette thèse que l'Arabe parle, non pas toujours pour communiquer une idée, mais souvent pour faire montre d'une certaine habileté; — non pour persuader, mais pour rendre toute adhésion au sens *aléatoire* [1]) qui pourrait résulter de la disposition des mots rangés en arabesques, absolument impossible!

[1]) Nous nous sommes servi de ce terme faute d'en avoir trouvé un autre plus exact, ou, du moins, plus expressif. Nous sommes persuadé que l'homme qui *cherche* à composer des phrases rimées soumet, aux hasards des formes diverses qu'affecte la *structure* littérale ou phonétique des mots dont il peut disposer, non seulement le mode de son expression, mais encore, et dans une grande mesure, le *fond* même de sa pensée. En vérité un pareil homme n'a nullement *pensé* les *idées* qu'il a pu exprimer; il n'a fait qu'adopter, comme siennes, des idées que la consonnance rythmique a dû lui suggérer!

Prenons, pour exemple, ce vers de la *Henriade* où la rime paraît être, suivant les *règles de l'art*, absolument irréprochable:

Je chante ce héros qui régna sur la France
Et par droit de conquête et par droit de naissance.

Ce vers rappelle les deux faits suivants:

1) La naissance de Henri IV comme seul héritier légitime de la couronne d'un pays dont le nom rime avec le mot «naissance».

2) La révolte de ce pays, en la personne des *ligueurs*, et, ensuite, sa défaite et sa soumission à ce prince. (Nous supposons ici, pour l'exactitude historique de ce vers, que Paris lui ouvrit ses portes par capitulation entre les mains d'un conquérant devenu irrésistible, et non par reconnaissance ou par sympathie pour un prince qui revient au catholicisme comme ce fut, cependant, le cas).

Ajoutons à ces deux faits positifs l'existence *accidentelle* d'une consonnance entre le nom de ce pays, et le mot «*naissance*» mot, heureusement pour le poète, déjà fort altéré de son origine latine.

Nous pensons qu'il y a une somme de probabilités presque infinie

Il n'y a là rien qui doive nous étonner. L'esthétique arabe est essentiellement fantastique, parce qu'elle ne s'inspire d'aucune réalité naturelle. La source d'où elle procède est placée en dehors de la nature. Ne prenant pas son modèle dans le domaine de la réalité, l'Arabe ne pouvait trouver de base fixe ni pour le beau ni pour le vrai—qu'il tentait d'exprimer par sa parole, son burin ou sa plume—l'arabesque est la seule ressource réservée à son génie. Il la pratique en paroles comme il la pratique en gravures. Mais où trouver le motif de l'arabesque? Il n'existe nulle part; puisqu'on ne peut le trouver ni en de-

---

que c'est précisément cette consonnance, purement *aléatoire*, qui avait été la raison déterminante de l'idée exprimée dans ce vers. Il paraît, en effet, que ces deux faits, qui constituent le fond poétique de ce commencement de la *Henriade*: «La naissance» comme héritier du trône, et le droit additionnel de la «conquête» n'auraient pu s'étaler dans ce vers, sous cet aspect *vrai* et naturel à la fois, si le mot *France* ne rimait pas avec celui de «*naissance*».

Que l'on suppose, par exemple, que ces deux faits se soient passés en Angleterre et que Henri IV ait été un prince anglais, il est évident que ce vers n'eût point existé. Mais cette consonnance française est un fait absolument accidentel—elle est le résultat d'un fait indépendant de l'auteur; disons le mot vrai: c'est le résultat d'un simple hasard!

Nous ne voulons pas déprécier la valeur d'une belle pensée par cela seul qu'elle est exprimée sous une forme rimée. Nous voulons, seulement, établir cette vérité que l'usage de la rime éloigne ou affaiblit considérablement le rapport de *parenté* qui doit exister entre notre esprit, ou notre conscience, et notre expression. Nous admirons la beauté intrinsèque de pareils vers, malgré la rime dont ils seraient *ornés*, mais de cette admiration que nous réservons au travail d'une machine à calculer. Nous éprouvons pour de pareilles œuvres un malaise moral comme si nous étions en face d'une *pensée* derrière laquelle il n'y aurait pas eu de *penseur!*

Que de grâces ne devons-nous rendre à l'Auteur de tout bien de ce que cet enfantillage indigne d'hommes sérieux, ce principe destructeur de toute véritable éloquence, ce funeste présage d'une inévitable décadence morale, n'a pu s'introduire en Europe que dans une proportion extrêmement réduite et, partant, peut-être sans grand danger!

hors de l'homme, ni en dedans de lui. L'œil et la main ont infiniment plus de part dans l'art décoratif de l'arabesque qu'on n'en saurait attribuer à l'imagination; on *exécute* une arabesque, on ne *l'imagine* pas; elle se forme successivement, au fur et à mesure qu'avance la main de l'artiste. La première ligne, qu'on peut choisir ou tracer au hasard, décide de la figure qu'il faudra donner à la ligne suivante, de façon que jamais l'ensemble de ce jeu de lignes ne saurait se concevoir d'avance, ni, par conséquent, présenter, au dehors, le *fac-simile* d'un tableau déjà formé dans l'intelligence. Des lignes symétriquement brisées et offrant une fausse apparence avec des tracés d'écriture coufique constituent tout le secret de cette prétendue beauté de l'arabesque.

Il est très probable que ce genre de décoration a été inventé par quelques artistes illettrés qui cherchaient à donner à leur ornementation l'aspect linéaire de l'écriture — tendance artistique dont on peut, jusqu'à nos jours encore, constater les indices chez les ouvriers de l'Orient musulman en général, et chez ceux de la Perse, en particulier, qui bien souvent tracent sur leurs ouvrages, — bien qu'assez grossièrement, — des combinaisons de lignes accusant, de la manière la plus évidente, l'intention de l'artiste de donner à ses tracés l'aspect d'une inscription mystique quelconque (235).

Il est d'usage, en parlant des produits intellectuels des Arabes, de vanter les tendances poétiques de ce peuple et l'ardeur enflammée de leur imagination. En vérité, rien n'est moins exact! A l'exception de la race juive, les sémites sont, de tous les peuples qui ont marqué sur la scène du monde, ceux qui paraissent les moins doués de sens poétique. La parole figurée même, cette première manifestation d'une conception poétique, leur est absolument inconnue. L'idée abstraite ou métaphysique de *l'image* a toujours été inaccessible à leur entendement. L'Arabe ne peint jamais sa pensée; il est né *iconoclaste.* Ses images, c'est-à-dire les mots qu'il détourne de leur sens propre, présentent, sous cette nouvelle forme, l'aspect d'une grossière caricature, et cela encore lorsqu'elle ne se résume pas en un méprisable calembour; ses tableaux sont des charges; il n'emploie une figure qu'après l'avoir dépouillée de toute valeur illustrative. Il ne dira jamais : couronner des efforts, mais couronner la *tête* des efforts; l'expression : il faut s'appliquer à l'étude, acquiert, sous sa plume, la valeur d'une parole hautement éloquente en revêtant la forme *monstrueuse* suivante: il faut retrousser les jambes de l'application, ou, il faut lancer le coursier de l'application dans l'arène de l'étude; j'ai pensé devient, dans le style faussement imagé de ces grands enfants: j'ai lâché l'oiseau de la pensée dans le firmament de la réflexion; tu m'as obligé par tes bienfaits, se *jargonise* par: tu as semé dans la terre du jardin de mon cœur des arbres de reconnaissance, etc., etc.!

Voici un exemple d'un portrait peint par un éloquent poète qui inspire aux musulmans de Syrie plus que de l'enthousiasme:

«Ami, ma patience faiblit; le frère de mon âme s'est «éloigné de moi». Puis immédiatement: «ma bien-aimée m'a «rendu visite, des effluves d'ambre l'accompagnaient, elle «avait le visage couvert de ses cheveux noirs comme d'un «voile épais. — Lorsque ce voile se fut écarté on vit un «soleil fiché sur une branche» !!! (236)

Les personnes qui voudraient avoir une idée du caractère si éminemment enfantin des facultés représentatives de la race arabe ne liront pas — pensons-nous —sans intérêt le récit d'un incident de voyage arrivé au Prophète à l'occasion de son excursion céleste: *mi'irage*, au moment où, au bout de sa course, il arrivait à la porte du neuvième ciel.

Ils parcourront, avec non moins d'intérêt, une description faite, au dire des rapporteurs, par le Prophète lui-même, d'une partie des félicités réservées dans le ciel aux moins méritants d'entre les hommes qui professent la foi de l'Islam. Nous croyons superflu d'ajouter que ce n'est là, *incident* et *hadice*, qu'un spécimen de plus de cette étonnante habitude qui s'est introduite, depuis la mort du grand Prophète, de le faire toujours parler et agir selon le désir, l'intérêt ou l'esprit de celui à qui il pouvait plaire de poser en *témoin* des faits et gestes qu'il lui attribuait, en d'autres termes, en *organe véritable*, de la révélation aussi nécessaire, aussi autorisé qu'un apôtre *authentique*. Mais il n'en restera pas moins acquis que le faussaire, qui osa attribuer au Prophète de pareilles inepties, croyait, dans le fond de son âme, avoir rendu service à Dieu et à son Prophète en leur attribuant des faits si sublimes et si dignes de Dieu et de son bien-aimé favori.

Nous allons résumer les deux faits en question:

.... Arrivés près de l'arbre du «lotus» qui marque l'extrémité de l'espace *sidrat-oul-montaha*, l'ange Gabriel, qui accompagnait le Prophète à titre de guide, s'arrêta un instant et invita le Prophète à prendre le devant.—Non pas, fit l'apôtre de Dieu, je ne prendrai jamais le pas sur un être tel que toi! — Tu es plus cher à Dieu que moi, observa l'Archange; — cet honneur te revient de droit, avance! Mahomet obéit, par déférence, à son guide. Celui-ci s'approcha alors du voile qui couvrait le Portique de l'heureux séjour et le secoua de sa main. A l'instant une voix se fit entendre de l'intérieur, disant: Qui est là? — C'est moi, répond le chef des légions célestes, sans se faire connaître autrement. — Et qui est l'homme, reprit la voix, qui t'accompagne? — C'est Mahomet, assura l'Archange. — A-t-il été invité? demanda la fidèle sentinelle de la demeure céleste. — Oui, répondit Gabriel. Dans ce moment un ange cria en arabe: *Allahou akbarre*, Dieu est le plus grand. — C'est vrai, entonna l'Eternel du haut de son trône: Je suis grand. — Un autre ange proclama le symbole de l'Islam: Il n'y a d'autre Dieu que Dieu! — C'est vrai, fit encore le Tout-Puissant; il n'y a d'autre Dieu que moi, mon serviteur a dit vrai. Un troisième esprit céleste acheva la formule islamique et proclama, à haute voix, que Mahomet est l'apôtre de Dieu! — C'est encore vrai, attesta l'Eternel, c'est moi qui ai envoyé Mahomet; mon serviteur a dit la vérité. *Khamisse*, Histoire du Prophète, manuscrit de la Bibliothèque de l'Institut Impérial des langues orientales, pages 256 et autres.

Voici maintenant le prétendu *hadice*: L'apôtre de Dieu dit un jour à son auditoire: Ne voudriez-vous pas que je vous fisse connaître les moindres félicités qui sont réservées aux moins méritants d'entre vous? — Si fait, dirent ceux-ci, nous le voulons bien.

Sachez donc, reprit le Prophète, que le moins favorisé d'entre vous, au moment où il se disposera à franchir la porte du paradis, verra venir au devant de lui les nombreux serviteurs destinés à être attachés à sa personne. Ils lui diront : Sois le bienvenu ; il était déjà temps que notre maître nous rendît visite. Ceci dit, ils étendront sous ses pieds de magnifiques tapis avec lesquels on couvrira l'espace de quarante années de marche [1]... Ils le reconduiront ensuite vers une énorme pierre de rubis rouge contenant soixante-dix compartiments; — chacun contient soixante-dix pavillons et dans chaque pavillon ou chambre nuptiale se trouvera couchée une *houry*. On lui montrera la chambre qui lui est réservée, au milieu de laquelle s'élève sa couche nuptiale couvrant de ses dimensions l'espace d'un mille carré — (évidemment pour loger les immenses appas qui lui sont destinés). — On lui présentera son premier repas céleste servi dans soixante-dix plats d'or remplis de mets exquis et variés. On l'introduira ensuite auprès des *hourys*. Il verra chacune de ces beautés célestes assise sur son lit et couverte de soixante-dix robes de différentes couleurs. (!) La finesse de sa complexion est telle que l'heureux possesseur de ces charmes verra, à travers la peau de ses jambes nues, la *moelle* de ses os (!!!) Il s'approchera d'elle et il s'oubliera dans ses bras pendant *quarante années* de suite— après quoi il passera dans la couche d'une autre, qu'il trouvera encore plus belle que la première, etc., etc.

Tiré, pour le fond, de la page 49 du livre didactique

---

[1]) L'auteur de l'insipide sornette qu'on vient de lire ne détermine pas autrement la mesure de cette marche. En général les auteurs musulmans n'indiquent les distances, soit célestes, soit terrestres, que par le mot vague et indéfiniment élastique de «marche» *massir*. Il est probable qu'ils entendent une marche faite à pied, ou à dos de chameau, procédé de locomotion qu'on voit estimé, dans quelques écrits musulmans à raison de trois milles à l'heure.

intitulé «*fakahatou-l-azouake*, par le chéïkhe Mouhammad el a'alem. Imprimé d'ordre de Kassim-Pacha, ministre de la guerre en l'an 1290 H. (1872), au Caire, à l'Imprimerie khédivale [1]).

En face de pareilles dispositions psychiques qui tiennent à l'organisme de la race, à son histoire, à la nature de son sol, et, enfin, à la fatale influence de l'hérédité, nous croyons fort peu probable que des musulmans de

[1]) L'ouvrage est suivi d'une longue lettre écrite par Ibrahim Abdoul-Gaffar El Doussouky, célèbre en Egypte par l'étendue de ses connaissances en théologie et en jurisprudence. La forme de cette lettre, destinée à constater le mérite transcendant de l'ouvrage, bien que calquée sur celles que l'on écrit ordinairement, en pareille circonstance, pour servir de *takrize* (sorte d'approbation admirative des ouvrages présentés par leurs auteurs aux hommes de marque dans le pays, en vue de provoquer, de leur part, des éloges plus ou moins hyperboliques pour leurs œuvres), mérite, même sous cet aspect, d'être signalée au lecteur aussi littéralement que possible. Elle présentera, au moins par sa phraséologie rimée, un modèle accompli d'une pièce de littérature courante telle qu'un grand uléma de nos jours paraîtrait fier d'en écrire, et atteste, en outre, la valeur didactique de l'ouvrage que nous avons cité:

«Moi Ibrahim Abdoul-Gaffar *Ed-Doussouky*, je m'adresse à Dieu sous les auspices du Khalife Omar *El Farouky* (titre donné à Omar signifiant: celui qui a su séparer la foi ou la lumière d'avec l'incrédulité ou les ténèbres). Je dis:

«Aujourd'hui a été achevée, par l'assistance de Dieu que l'on adore *partout*, l'impression du livre intitulé «La délectation du *Goût*». J'ai promené le coursier de ma pensée dans les prairies de cet *épitome*; je l'ai trouvé un bosquet orné de fleurs qui sourient à *l'homme*, portant des fruits mûrs et *beaux*, et projetant, au loin, les rayons de son merveilleux *flambeau*; le doux zéphir qui souffle sur ces fleurs de *printemps*, en répand la senteur dans les villes et dans les *champs*. Il met en évidence — à l'aide d'une éclatante *lumière*,— les plus précieux secrets du mérite attaché à la sainte *guerre*; exaltant la noble lutte qui rend le Dieu des hommes propice le jour de la *résurrection*, à cause des dangers courus pour le triomphe de la sainte *religion*, lutte qui comble le croyant, dans ce monde, de gloire et *d'honneurs*, et le plonge, dans le monde à venir, dans la félicité et le *bonheur*. Comment n'en serait-il pas ainsi de cet *ouvrage*, alors que celui qui en a écrit les admirables *pages*, cette race soient accessibles à notre civilisation actuelle. Ils pourront incontestablement exceller dans toutes les branches de l'activité humaine qui auraient quelque rapport avec le caractère national, en d'autres termes, ils pourront égaler, sinon surpasser même, les nations les plus civilisées dans l'art de la guerre; mais on ne doit leur demander aucune vertu *sociale*. L'Arabe sera toujours, et quoi qu'il fasse, un nomade d'esprit et de caractère. Il ne se pliera jamais à l'intérêt collectif de la masse; l'anarchie, l'indiscipline, la soif de jouir formeront toujours le fond de son âme et le principal mobile de ses actions. Il sera flatteur, obséquieux et même tout à fait plat envers le plus fort; il n'aura pas de métaphore assez hyperbolique pour l'exalter; mais il profitera de la première occasion pour le terrasser et—au besoin—pour le décrier. La législation musulmane, cette suprême expression de ses vertus et de ses vices, restera la seule qui lui convienne, la seule qu'il puisse comprendre, et la seule à laquelle il puisse conformer sa conduite!

---

c'est le spirituel, l'éloquent, le *savant*, dont le nom est célèbre parmi les petits et parmi les *grands*, etc., etc.» Suivent des avalanches d'éloges incroyables que nous nous abstenons de reproduire, dans l'espoir que la partie de cette pièce si étrange que nous venons de mettre sous les yeux du lecteur suffira pour donner une idée de l'esprit qui domine chez cette race jusqu'à nos jours.

Nous n'y ajouterons qu'une seule remarque, c'est qu'il ne faut espérer en la possibilité de civiliser l'Orient musulman, que le jour où les Arabes auront dédaigné ce faux et stupide ornement de la rime — et qu'ils auront appris que la parole est donnée à l'homme pour peindre sa pensée, et non pas pour produire des sons inutiles! Nous croyons, hélas, que ce jour est encore fort loin de nous!

ERRATA.

Page	Ligne	On lit :	Lisez :
40	27	a ligitimité	la ligitimité
61	31	organiques et	organiques, et
84	16	sexe entre	sexe, entre
86	22	de voir	devoir
99	23	*talakou-l*	*talakou-d-*
144	24	*ouaou*	*oua*
147	2	*ouaou*	*oua*
148	5	double	simple
»	6	le troisième	le deuxième ou le troisième
»	7	le deuxième	le premier
217	20	*ouasfou*	*ouasfa*
208	28	et devient	devient
220	22	estranéité	extranéité
221	13	lasuite	la suite
222	19	estranéité	extranéité
»	30	pendant le temps de la retraite	sous forme conditionnelle
236	4	estranéité	extranéité
252	17	le	ce
257	23	contrat, civil	contrat civil
264	23	Et = *ta'alike*	Et – *ta'alike*
309	36	es	les
312	20	3° (lacune)	propriété juridique fictive
313	12	et se	et qui se
318	17	tanfisse	tanfissyya
320	9	il se rendra	se rendra
386	26	faire	s'effrayer
		sine dies	sine die

Printed in Dunstable, United Kingdom

91219908R00238